2021年证券从业通关辅导丛书

U0821462

《证券市场基本法律法规》

通关攻略与考点解析

证券从业通关辅导丛书编写组　编

中国财经出版传媒集团
中国财政经济出版社

图书在版编目（CIP）数据

《证券市场基本法律法规》通关攻略与考点解析／证券从业通关辅导丛书编写组编．—北京：中国财政经济出版社，2021.3

（2021 年证券从业通关辅导丛书）

ISBN 978-7-5223-0389-5

Ⅰ.①证…　Ⅱ.①证…　Ⅲ.①证券法-中国-资格考核-自学参考资料　Ⅳ.①D922.287

中国版本图书馆 CIP 数据核字（2021）第 032338 号

责任编辑：张　莹　　　　责任校对：徐艳丽

封面设计：陈宇琰　　　　责任印制：刘春年

中国财政经济出版社 出版

URL：http：//www.cfeph.cn

E-mail：cfeph@cfeph.cn

社址：北京市海淀区阜成路甲 28 号　邮政编码：100142

营销中心电话：010-88191522

天猫网店：中国财政经济出版社旗舰店

网址：https：//zgczjjcbs.tmall.com

北京时捷印刷有限公司印刷　各地新华书店经销

成品尺寸：185mm×260mm　16 开　26 印张　627 000 字

2021 年 3 月第 1 版　2021 年 3 月北京第 1 次印刷

定价：68.00 元

ISBN 978-7-5223-0389-5

（图书出现印装问题，本社负责调换，电话：010-88190548）

本社质量投诉电话：010-88190744

前　言

证券业从业人员资格考试是由中国证券业协会负责组织的全国统一考试，取得证券从业资格是进入证券行业的必备要求，是进入银行或非银行金融机构、上市公司、投资公司、大型企业集团、财经媒体、政府经济部门的重要参考，也是个人财商水平的体现，是个人进行投资获利的知识技能。

为方便广大考生及时了解证券业从业人员资格考试，掌握考试内容，顺利进入金融行业，我们依据考试大纲并结合真题，推出了《〈证券市场基本法律法规〉通关攻略与考点解析》和《〈金融市场基础知识〉通关攻略与考点解析》两本辅导用书，辅助考生应战。具体来说，本套辅导教材有如下特色：

一、立足考纲　精析考点

本套辅导教材将该考试复习范围和考试内容融为一体，紧密贴合证券业从业人员一般从业资格考试大纲，全面覆盖考点内容。同时，结合近期证券行业发展变化、法律法规以及境内外市场最新概况，充分吸收新的概念、案例和数据、业务、规则等，力求达到整体性、实用性、针对性相统一，有助于考生知识架构的建立和知识点的梳理。

二、体例科学　知识详尽

本套辅导教材全面涵盖证券业相关的基本概念、市场概况、证券品种、风险知识以及主要法规、管理规范、业务规范、违法责任等考试内容。编写体例具有系统性和逻辑性，篇章设置科学且体系化，包括章前思维导图、节前考纲要求、考点梳理以及节后真题实练等环节，层层递进，夯实基础。同时，用星级标注考点，便于考生由总到分、由浅入深地梳理学习内容。考点内容也编排得详略得当，力图用更加凝练的语言表达、更直观的图表列示，让考生快速且全面地掌握考试内容和知识重点。

三、专业指导　精心编写

本套辅导教材由编写组各位专家和学者群策群力、通力合作、精心汇编。编写组成员深谙考试大纲及知识点，能帮助考生把握考试的命题规律，使全书具有针对性和指导性。

四、视频解析，备考无忧

为了帮助大家解决复习中的疑难问题，更加精细地学习，我们针对各章内容配备了对应视频课程和章节练习题，使用图书封底“海绵金融”APP或扫描相关页面二维码，即可观看视频课程及完成相应习题。除此之外，本书对每小节的课后练习题亦做了单独的视频讲解，以帮助大家抓住重点，争取用一本书解决所有备考难题。

本套辅导教材的编写力求内容准确、详略得当，需要搜集与证券业从业资格考试教材相关的知识点，特此感谢参与资料收集与整理的人员：王欣、桂子白、郭帆帆、周鑫、王雨、刘一燕、何晶晶、朱悦明、宋鑫鑫、牛泉勇、韩悦飞、田明、王丹。感谢他们在编写过程中所付出的辛勤劳动。但由于编写工作浩繁、时间紧迫，书中难免有疏漏、不足之处，恳请广大考生和社会各界人士不吝指正！

编写组

2021年3月

目　录

第一章 证券市场基本法律法规

思维导图

本章思维导图见图 1-1 所示。

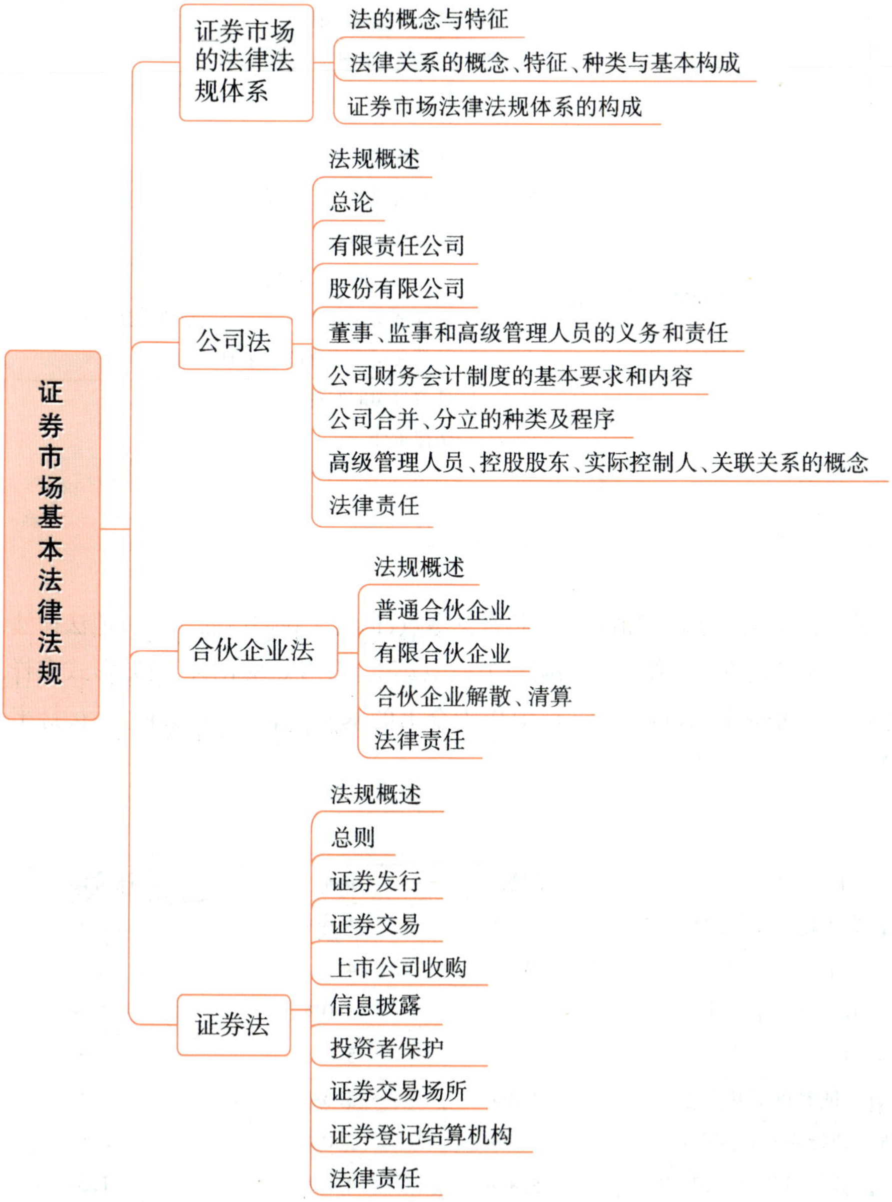

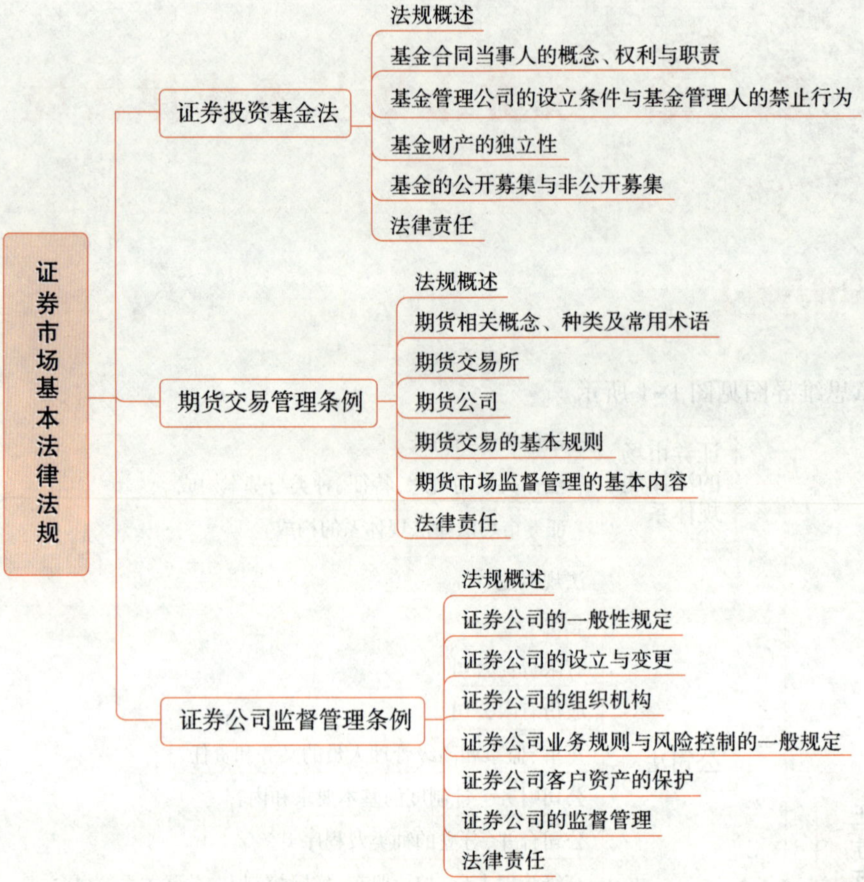

图 1-1　第一章思维导图

考情分析

本章需要重点理解法的概念和特征，不是常见考点，但对于我们后面学习其他法律法规有非常大的帮助。本章的重点为第二节和第三节以及第七节，考点变化大，出题形式多样。另外本章虽然在整个考试中题量比重不高，但作为全书的基础内容，需要认真复习，打牢基础（见表 1-1）。

表 1-1　第一章考情分析

小节名称	题量[①]	页码[②]	性价比[③]
第一节　证券市场的法律法规体系	1.4%	1.0%	1.4
第二节　公司法	10.8%	4.4%	2.5
第三节　合伙企业法	6.2%	3.0%	2.1
第四节　证券法	11.6%	5.0%	2.3
第五节　证券投资基金法	3.8%	3.5%	1.1
第六节　期货交易管理条例	2.3%	3.0%	0.8
第七节　证券公司监督管理条例	5.8%	4.0%	1.5

注:①题量是根据历年真题占比计算而来;

②页码是每个小节在整本书籍的占比;

③性价比是题量和页码的比值。性价比标志着本小节的重要性。

特别提示:查看本章节视频,请使用“海绵金融 APP”或“微信”扫描右侧二维码

第一节　证券市场的法律法规体系

考纲要求

本节考纲要求如表 1-2 所示。

表 1-2　第一章第一节考纲要求

考纲要求	星级	具体内容
了解	★	①法的概念与特征 ②法律关系的概念、特征、种类与基本构成
熟悉	★★	证券市场法律法规体系的构成

考点梳理

一、法的概念与特征★

(一)法的概念

法是由国家制定或认可并由国家强制力保证实施的,反映特定物质生活条件所决定的统治阶级意志,以权利和义务为内容,以确认、保护和发展对统治阶级有利的社会关系和社会秩序为目的的规范系统。

(二)法的特征

法的特征具体包括以下四点:

(1)法是调整人们的行为或社会关系的规范,具有规范性。法的规范性是法的基本特征,使法对人们的行为或社会关系具有指引、评价、预测、教育及强制的作用。这既是法区别于其他社会规范的重要标志,也是法作为人类文明进步成果的重要体现。

(2)法是由国家制定或认可的社会规范,具有国家意志性。

(3)法是以权利和义务为内容的社会规范。

(4)法是依靠国家强制力来保障实施的规范,具有国家强制性。国家的强制力是保障法得以实施的最后手段,但并不是唯一手段。在现实生活中,法的实施还需要社会舆论、道德观念等因素的力量来保障。

二、法律关系的概念、特征、种类与基本构成★

(一)法律关系的概念与特征

法律关系是以法律规范为基础形成的、以权利和义务为内容的社会关系,其特征如表 1-3 所示。

表 1-3　　法律关系的特征

法律关系的特征	具体内容
是以法律规范为基础形成的一种社会关系	法律规范是法律关系产生的前提和基础，任何一种法律关系均以特定的法律规范为依据。一种社会关系只有经过法律规范的确认或认可才会上升为法律关系
是以权利和义务为内容的社会关系	法律关系是法律规范在社会关系中的映射与体现。在各种社会关系中，只有法律关系是以权利和义务为内容，其他社会关系并不是以法律上的权利和义务为内容。正是因为这一特点，使得法律关系与依据习惯、道德、宗教等行为规范而形成的社会关系区别开来
是法律主体之间的社会关系	法律规范中对于法律关系的主体作出了具体规定，只有在符合法律规范中有关主体规定的自然人、法人或其他组织之间，才能够建立法律关系

（二）法律关系的种类

根据法律关系所调整的社会关系种类，可以依据不同标准将法律关系进行划分，具体划分如图 1-2 所示。

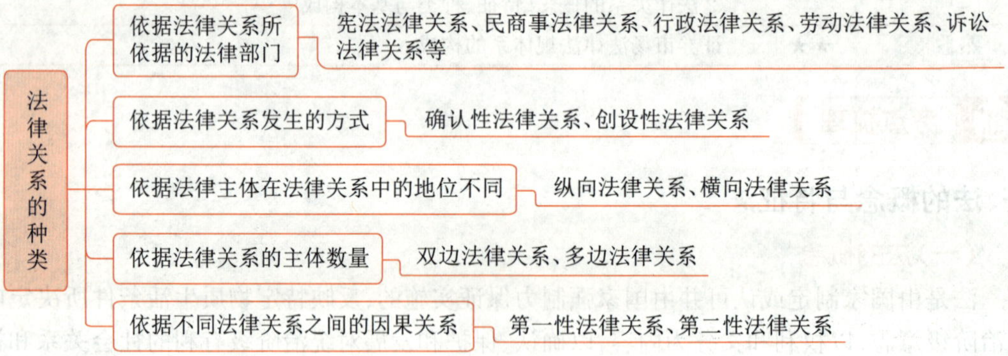

图 1-2　法律关系种类划分图

（三）法律关系的基本构成

法律关系由主体、客体和内容三个要素构成，具体内容如表 1-4 所示。

表 1-4　　法律关系的基本构成

构成要素	事项		具体内容
法律关系主体	概念		是指在法律关系中享有权利和承担义务的人，简称为“法律主体”
	分类	自然人	在我国法律管辖的范围内，自然人包括我国公民以及在我国境内的外国人和无国籍人
		组织	是指一定数量的自然人为实现特定目的而依法组成的机构。根据性质和特征，可分为国家机关、营利性法人或非法人组织、非营利性法人或社会组织三类
		国家	是指由领土、居民和政府组成的、拥有主权的政治实体
法律关系客体	概念		是法律关系主体的权利和义务所指向的对象，是法律关系产生和存在的前提，表现为一定利益的法律形式

续表

构成要素	事项	具体内容	
法律关系客体	分类	物	是指受法律关系主体支配的、以物理形态表现的物。它可以是天然物，如土地、河流、树木等；也可以是生产物，如电脑、汽车、轮船等
		人身、人格	人身是生命权、身体权、健康权等权利所指向的客体；人格是姓名权、名誉权、荣誉权等权利所指向的客体
		精神成果	又称为智力成果，是指人们通过智力劳动所创造出来的精神产品，如文艺作品、科学发明等。精神成果是著作权、商标权、专利权等知识产权的重要客体
		行为	是指法律主体中承担义务的一方按照法定或约定的义务所实施的行为，包括作为和不作为两种情形
法律关系内容	权利	是指国家通过法律规定给予权利主体可以为或不为一定行为，或者得要求他人为或不为一定行为的许可及保障手段	
	义务	是指国家通过法律规定，要求义务主体应当为一定行为或不得为一定行为的约束手段	

三、证券市场法律法规体系的构成★★

我国证券市场法律法规体系（见表1–5），是以《证券法》为核心，以规范证券市场的运行为目的，由相关法律、行政法规、部门规章、规范性文件及行业自律规则等构成的法律法规体系，为我国证券市场的健康运行提供了法治保障。

表1–5　证券市场法律法规体系的构成

主要层级	事项	具体内容
法律	概念	是指由全国人民代表大会及全国人民代表大会常务委员会制定的规范性法律文件
	主要法规	包括《证券法》《公司法》《刑法》《证券投资基金法》《信托法》等；《物权法》《合同法》《担保法》《反洗钱法》等也与证券资本市场有着密切联系
行政法规	概念	是指国务院根据宪法规定的权限，为执行法律的规定或行使职权的需要，按照法定程序所制定的各类规范性文件
	主要法规	包括《证券公司监督管理条例》《证券公司风险处置条例》《证券、期货投资咨询管理暂行办法》《证券交易所风险基金管理暂行办法》《期货交易管理条例》《企业债券管理条例》等
部门规章	概念	是指由国务院各组成部门、直属特设机构、直属机构，中国证券监督管理委员会等国务院直属事业单位等具有行政管理职能的机构，根据法律和国务院的行政法规、决定、命令，在本部门的权限范围内制定的各类规范性文件
	主要法规	包括《证券公司和证券投资基金管理公司合规管理办法》《证券期货投资者适当性管理办法》《证券投资基金管理公司管理办法》《私募投资基金监督管理暂行办法》《证券公司风险控制指标管理办法》《内地与香港股票市场交易互联互通机制若干规定》等

续表

主要层级	事项	具体内容
规范性文件	概念	是指除部门规章以外的,由有关部门或具有行政管理职能的机构依照法定职权和规定程序制定并公布的,在管辖范围内具有普遍约束力并在一定期限内反复适用的文件
	主要法规	包括《证券公司内部控制指引》《证券公司治理准则》等
行业自律规则	概念	是指由行业自律组织根据国家相关法律、行政法规、部门规章、规范性文件及本组织的章程或相关文件制定的规则
	主要法规	①证券交易所制定的自律规则,如《上海证券交易所交易规则》等 ②中国证券业协会制定的自律规则,如《中国证券业协会会员管理办法》等 ③中国证券登记结算有限责任公司制定的自律规则,如《中国证券登记结算有限责任公司开户代理机构管理业务指南》等

真题实练

1. 法律主体是法律关系的参加者。下列属于法律主体的是(　　)。

Ⅰ. 我国公民　　Ⅱ. 在我国境内的外国人

Ⅲ. 组织　　Ⅳ. 国家

A. Ⅰ、Ⅱ、Ⅲ　　B. Ⅰ、Ⅱ、Ⅲ、Ⅳ

C. Ⅰ、Ⅲ、Ⅳ　　D. Ⅱ、Ⅲ、Ⅳ

2. 下列关于法的特征的说法,正确的有(　　)。

Ⅰ. 法是由国家制定或认可的组织规范,具有国家意志性

Ⅱ. 法是调整人们的行为或社会关系的规范,具有规范性

Ⅲ. 法是以权利和义务为内容的社会规范

Ⅳ. 法是依靠国家强制力来保证实施的规范,具有国家强制性

A. Ⅰ、Ⅳ　　B. Ⅱ、Ⅲ

C. Ⅰ、Ⅱ、Ⅲ、Ⅳ　　D. Ⅱ、Ⅲ、Ⅳ

【答案及解析】

1. B 【解析】法律主体是法律关系的参加者,主要包括自然人、组织和国家三类。在我国法律管辖的范围内,可以成为法律主体的自然人包括我国公民以及在我国境内的外国人和无国籍人。

2. C 【解析】法的特征具体包括:法是调整人们的行为或社会关系的规范,具有规范性;法是由国家制定或认可的社会规范,具有国家意志性;法是以权利和义务为内容的社会规范;法是依靠国家强制力来保障实施的规范,具有国家强制性。

第二节　公司法

考纲要求

本节考纲要求如表 1-6 所示。

表 1-6　　第一章第二节考纲要求

考纲要求	星级	具体内容
了解	★	①公司的设立方式及设立登记的要求 ②公司章程的内容 ③有限责任公司的设立和组织机构 ④董事、监事和高级管理人员的义务和责任 ⑤公司合并、分立的种类及程序
熟悉	★★	①公司法人财产权的概念 ②关于公司经营原则的规定 ③分公司和子公司的法律地位 ④公司对外投资和担保的规定 ⑤有限责任公司注册资本制度 ⑥有限责任公司股东会、董事会、监事会的职权 ⑦股份有限公司的组织机构 ⑧股份有限公司的股份发行 ⑨股份有限公司股份转让的相关规定及对上市公司组织机构的特别规定 ⑩高级管理人员、控股股东、实际控制人、关联关系的概念 ⑪法律责任
掌握	★★★	①公司的种类 ②有限责任公司股权转让的相关规定 ③股份有限公司的设立方式与程序 ④公司财务会计制度的基本要求和内容

考点梳理

一、法规概述

现行《公司法》根据 2018 年 10 月 26 日第十三届全国人民代表大会常务委员会第六次会议《关于修改〈中华人民共和国公司法〉的决定》第四次修正。《公司法》是为了规范公司的组织和行为，保护公司、股东和债权人的合法权益，维护社会经济秩序，促进社会主义市场经济的发展而制定。我国的公司法法律体系以《公司法》为核心，由相关法律、行政法规、部门规章等共同组成。

二、总论

公司是指以营利为目的，由一个股东单独投资组建或者特定人数的股东联合投资组建，股东以其投资额为限对公司负责，公司以其全部财产对外承担民事责任的企业法人。

（一）公司的种类★★★

公司可依据不同的分类标准作不同的分类，具体内容如图 1-3 所示。

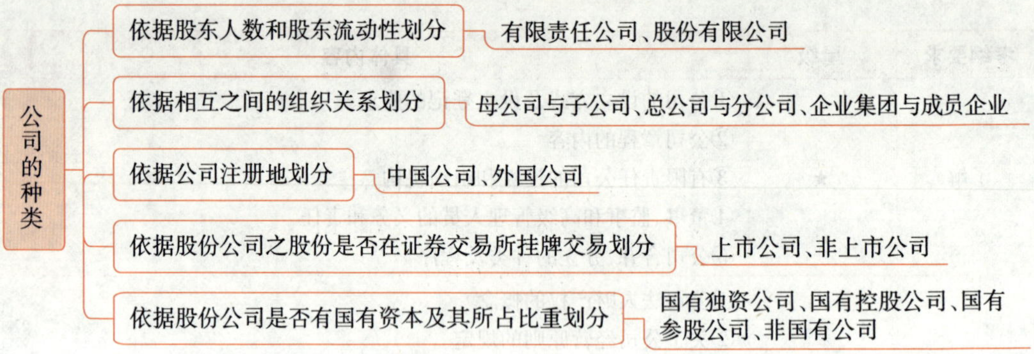

图 1-3　公司的种类

我国《公司法》适用的公司类型有两种，即有限责任公司和股份有限公司，两者的区别如表 1-7 所示。

表 1-7　有限责任公司和股份有限公司的区别

区别	有限责任公司	股份有限公司
概念	是指由特定人数的股东所组成，股东以其认缴的出资额为限对公司承担责任，公司以其全部资产对外承担民事责任的公司	是指由一定人数以上的股东组成，公司全部资本分为等额股份，股东以其认购的股份为限对公司承担责任，公司以其全部资产对外承担民事责任的企业法人
股东人数	在 50 人以下	无上限
股份流动性	股份转让前须征求其他股东意见	资本划分为等额股份，股份转让相对便捷、自由
资金募集	不可以公开发行股份募集资金	可以公开发行股份募集资金

（二）公司法人财产权的概念★★

公司是企业法人，有独立的法人财产，享有法人财产权。公司以其全部财产对公司的债务承担责任。

公司股东应当遵守法律、行政法规和公司章程，依法行使股东权利，不得滥用股东权利损害公司或者其他股东的利益；不得滥用公司法人独立地位和股东有限责任损害公司债权人的利益。

（三）关于公司经营原则的规定★★

公司从事经营活动，必须遵守法律、行政法规，遵守社会公德、商业道德，诚实守信，接受政府和社会公众的监督，承担社会责任。

（四）分公司和子公司的法律地位★★

分公司和子公司的法律地位的具体内容，如表 1-8 所示。

表 1-8　　分公司和子公司的法律地位

类型	事项	具体内容
分公司	概念	是指在业务、资金、人事等方面受本公司管辖而不具有法人资格的分支机构
	法律地位	公司可以设立分公司，分公司不具有法人资格，其民事责任由公司承担
	特征	分公司具有非独立性，主要表现为： ①分公司不具有法人资格，不能独立享有权利、承担责任，其一切行为的后果及责任由公司承担 ②分公司没有独立的公司名称及章程，其对外从事经营活动必须以总公司的名义，遵守总公司的章程 ③分公司在人事、经营上没有自主权，其主要业务活动及主要管理人员由总公司决定并委任，并根据总公司的委托或授权进行业务活动 ④分公司没有独立的财产，其所有资产属于总公司，并作为总公司的资产列入总公司的资产负债表中
子公司	概念	是指一定数额的股份被另一公司控制或依照协议被另一公司控制、支配的公司
	法律地位	公司可以设立子公司，子公司具有法人资格，依法独立承担民事责任
	特征	其一定比例以上的资本被另一公司持有或通过协议方式受到另一公司实际控制。对子公司有控制权的公司是母公司。子公司的重大决策仍需母公司决定
		子公司是独立的法人，具有独立的法人人格。子公司的独立性主要表现为： ①拥有独立的公司名称和公司章程 ②拥有独立的组织机构 ③拥有独立的财产，能够自负盈亏，独立核算 ④以自己的名义开展经营活动，从事各类民事活动 ⑤独立承担公司行为所带来的后果和责任

（五）公司的设立

公司设立是指为组织公司并取得法人资格而完成的一系列筹建行为的总称。

1. 公司的设立方式★

公司的设立方式有两种，即发起设立和募集设立，其具体内容如表 1-9 所示。

表 1-9　　公司设立的方式

设立方式	事项	具体内容
发起设立	概念	是指由发起人认购公司应发行的全部股份而设立公司
	适用对象	适用于有限责任公司和股份有限公司
募集设立	概念	是指由发起人认购公司应发行股份的一部分,其余股份向社会公开募集或者向特定对象募集而设立公司
	适用对象	只适用于股份有限公司
	限定条件	发起人认购的股份不得少于公司股份总数的 35%,但是法律、行政法规另有规定的,从其规定

2. 公司设立登记的要求★

设立公司,应当依法向公司登记机关申请设立登记。法律、行政法规规定设立公司必须报经批准的,应当在公司登记前依法办理批准手续。

依法设立的公司,由公司登记机关发给公司营业执照。公司营业执照签发日期为公司成立日期。公司营业执照应当载明公司的名称、住所、注册资本、经营范围、法定代表人姓名等事项。公司营业执照记载的事项发生变更的,公司应当依法办理变更登记,由公司登记机关换发营业执照。

有限责任公司,必须在公司名称中标明“有限责任公司”或者“有限公司”字样。股份有限公司,必须在公司名称中标明“股份有限公司”或者“股份公司”字样。有限责任公司变更为股份有限公司,应当符合《公司法》规定的股份有限公司的条件。股份有限公司变更为有限责任公司,应当符合《公司法》规定的有限责任公司的条件。

(六)公司章程的内容★

1. 公司章程的概念

公司章程,是指公司依法制定的,规定公司名称、住所、经营范围、经营管理制度等重大事项的基本文件。公司章程是公司组织或活动的基本准则。设立公司必须依法制定公司章程。公司章程对公司、股东、董事、监事、高级管理人员具有约束力。

2. 公司章程的记载事项

一般将公司章程记载事项区分为必要记载事项和任意记载事项。必要记载事项又可以进一步区分为绝对必要记载事项和相对必要记载事项。

有限责任公司章程应当载明的事项:①公司名称和住所;②公司经营范围;③公司注册资本;④股东的姓名或者名称;⑤股东的出资方式、出资额和出资时间;⑥公司的机构及其产生办法、职权、议事规则;⑦公司法定代表人;⑧股东会会议认为需要规定的其他事项。

股份有限公司章程应当载明的事项:①公司名称和住所;②公司经营范围;③公司设立

方式；④公司股份总数、每股金额和注册资本；⑤发起人的姓名或者名称、认购的股份数、出资方式和出资时间；⑥董事会的组成、职权和议事规则；⑦公司法定代表人；⑧监事会的组成、职权和议事规则；⑨公司利润分配办法；⑩公司的解散事由与清算办法；⑪公司的通知和公告办法；⑫股东大会会议认为需要规定的其他事项。

（七）公司对外投资和担保的规定★★

公司可以对外投资和提供担保。公司提供担保的方式包括保证、抵押和质押等。公司对外投资和为他人提供担保，需承担相应的责任，因而会对公司和股东的利益产生影响。

公司向其他企业投资或者为他人提供担保，依照公司章程的规定，由董事会或者股东会、股东大会决议；公司章程对投资或者担保的总额及单项投资或者担保的数额有限额规定的，不得超过规定的限额。公司为公司股东或者实际控制人提供担保的，必须经股东会或者股东大会决议。对于被担保人股东或者受被担保实际控制人支配的股东，不得参加该担保事项的表决。该项表决由出席会议的其他股东所持表决权的过半数通过。

对于股份有限公司，《公司法》和公司章程规定对外提供担保等事项必须经股东大会作出决议的，董事会应当及时召集股东大会会议，由股东大会就上述事项进行表决。

上市公司在一年内担保金额超过公司资产总额 30% 的，应当由股东大会作出决议，并经出席会议的股东所持表决权的 2/3 以上通过。

三、有限责任公司

（一）有限责任公司注册资本制度★★

有限责任公司注册资本制度的具体内容，如表 1-10 所示。

表 1-10　有限责任公司注册资本制度的具体内容

事项	具体内容
注册资本	有限责任公司的注册资本为在公司登记机关登记的全体股东认缴的出资额。法律、行政法规以及国务院决定对有限责任公司注册资本实缴、注册资本最低限额另有规定的，从其规定
出资方式	股东可以用货币出资，也可以用实物、知识产权、土地使用权等可以用货币估价并可以依法转让的非货币财产作价出资；但是，法律、行政法规规定不得作为出资的财产除外。对作为出资的非货币财产应当评估作价，核实财产，不得高估或者低估作价。法律、行政法规对评估作价有规定的，从其规定
出资义务	股东应当按期足额缴纳公司章程中规定的各自所认缴的出资额。股东以货币出资的，应当将货币出资足额存入有限责任公司在银行开设的账户；以非货币财产出资的，应当依法办理其财产权的转移手续。股东不按照规定缴纳出资的，除应当向公司足额缴纳外，还应当向已按期足额缴纳出资的股东承担违约责任

续表

事项	具体内容
出资不足的补充	有限责任公司成立后,发现作为设立公司出资的非货币财产的实际价额显著低于公司章程所定价额的,应当由交付该出资的股东补足其差额;公司设立时的其他股东承担连带责任
企业信用信息公示	现行《公司登记管理条例》已不要求公司登记"实收资本",公司营业执照亦无须记载"实收资本"数额。但公司应通过企业信用信息公示系统及时公示其股东认缴和实缴出资、出资时间、出资方式等情况

(二)有限责任公司的设立和组织机构★

1. 有限责任公司的设立

设立有限责任公司,应当具备下列条件:

(1)股东符合法定人数,有限责任公司由50个以下股东出资设立。

(2)有符合公司章程规定的全体股东认缴的出资额。

(3)股东共同制定公司章程。

(4)有公司名称,建立符合有限责任公司要求的组织机构。

(5)有公司住所。

2. 有限责任公司的组织机构

我国《公司法》原则上要求有限责任公司需建立股东会、董事会和监事会,但例外允许股东人数较少和规模较小的有限责任公司不设立董事会和监事会,设执行董事和1至2名监事。具体内容如表1-11所示。

表1-11　有限责任公司组织机构的构成

组织机构	事项	具体内容
股东会	组成	有限责任公司股东会由全体股东组成
	性质	股东会是公司的权力机构,依法行使职权
董事会/执行董事	组成	有限责任公司设董事会,其成员为3至13人。股东人数较少或者规模较小的有限责任公司,可以设1名执行董事,不设董事会。执行董事可以兼任公司经理。执行董事的职权由公司章程规定
		董事会设董事长1人,可以设副董事长。董事长、副董事长的产生办法由公司章程规定
	任期	董事任期由公司章程规定,但每届任期不得超过3年。董事任期届满,连选可以连任
	性质	董事会是经营决策和业务执行机构,董事会成员由股东会选举产生

续表

组织机构	事项	具体内容
经理	有限责任公司可以设经理，由董事会决定聘任或者解聘。经理对董事会负责	
监事会/监事	组成	有限责任公司设监事会，其成员不得少于 3 人。股东人数较少或规模较小的有限责任公司，可以设 1 至 2 名监事，不设监事会
		监事会应当包括股东代表和适当比例的公司职工代表，其中职工代表的比例不得低于 1/3，具体比例由公司章程规定
		监事会设主席 1 人，由全体监事过半数选举产生。监事会主席召集和主持监事会会议；监事会主席不能履行职务或者不履行职务的，由半数以上监事共同推举 1 名监事召集和主持监事会会议
		董事、高级管理人员不得兼任监事
	任期	监事的任期每届为 3 年。监事任期届满，连选可以连任
	性质	监事会是监督机构，监事会成员由股东会选举或者职工代表大会、职工大会或其他方式民主选举

（三）有限责任公司股东会、董事会、经理、监事会的职权★★

有限责任公司股东会、董事会、经理、监事会的职权内容，如表 1-12 所示。

表 1-12　　有限责任公司股东会、董事会、经理、监事会的职权内容

组织机构	行使职权
股东会	①决定公司的经营方针和投资计划 ②选举和更换非由职工代表担任的董事、监事，决定有关董事、监事的报酬事项 ③审议批准董事会的报告 ④审议批准监事会或者监事的报告 ⑤审议批准公司的年度财务预算方案、决算方案 ⑥审议批准公司的利润分配方案和弥补亏损方案 ⑦对公司增加或者减少注册资本作出决议 ⑧对发行公司债券作出决议 ⑨对公司合并、分立、解散、清算或者变更公司形式作出决议 ⑩修改公司章程 ⑪公司章程规定的其他职权 对上述所列事项股东以书面形式一致表示同意的，可以不召开股东会会议，直接作出决定，并由全体股东在决定文件上签名、盖章
董事会	①召集股东会会议，并向股东会报告工作 ②执行股东会的决议 ③决定公司的经营计划和投资方案 ④制订公司的年度财务预算方案、决算方案 ⑤制订公司的利润分配方案和弥补亏损方案 ⑥制订公司增加或者减少注册资本以及发行公司债券的方案 ⑦制订公司合并、分立、解散或者变更公司形式的方案

续表

组织机构	行使职权
董事会	⑧决定公司内部管理机构的设置 ⑨决定聘任或者解聘公司经理及其报酬事项，并根据经理的提名决定聘任或者解聘公司副经理、财务负责人及其报酬事项 ⑩制定公司的基本管理制度 ⑪公司章程规定的其他职权
经理	①主持公司的生产经营管理工作，组织实施董事会决议 ②组织实施公司年度经营计划和投资方案 ③拟订公司内部管理机构设置方案 ④拟订公司的基本管理制度 ⑤制定公司的具体规章 ⑥提请聘任或者解聘公司副经理、财务负责人 ⑦决定聘任或者解聘除应由董事会决定聘任或者解聘以外的负责管理人员 ⑧董事会授予的其他职权 公司章程对经理职权另有规定的，从其规定。经理列席董事会会议
监事会	①检查公司财务 ②对董事、高级管理人员执行公司职务的行为进行监督，对违反法律、行政法规、公司章程或者股东会决议的董事、高级管理人员提出罢免的建议 ③当董事、高级管理人员的行为损害公司的利益时，要求董事、高级管理人员予以纠正 ④提议召开临时股东会会议，在董事会不履行《公司法》规定的召集和主持股东会会议职责时召集和主持股东会会议 ⑤向股东会会议提出提案 ⑥依照《公司法》第 151 条的规定，对董事、高级管理人员提起诉讼 ⑦公司章程规定的其他职权 监事可以列席董事会会议，并对董事会决议事项提出质询或者建议。监事会、不设监事会的公司的监事发现公司经营情况异常，可以进行调查；必要时，可以聘请会计师事务所等协助其工作，费用由公司承担。监事会、不设监事会的公司的监事行使职权所必需的费用，由公司承担

(四)有限责任公司股权转让的相关规定★★★

1. 股权的自愿让与

有限责任公司的股东之间可以相互转让其全部或者部分股权。股东向股东以外的人转让股权，应当经其他股东过半数同意。股东应就其股权转让事项书面通知其他股东征求同意，其他股东自接到书面通知之日起满 30 日未答复的，视为同意转让。其他股东半数以上不同意转让的，不同意的股东应当购买该转让的股权；不购买的，视为同意转让。

经股东同意转让的股权，在同等条件下，其他股东有优先购买权。2 个以上股东主张行使优先购买权的，协商确定各自的购买比例；协商不成的，按照转让时各自的出资比例行

续表

组织机构	划分	内容
股东大会	职权	①决定公司的经营方针和投资计划 ②选举和更换非由职工代表担任的董事、监事,决定有关董事、监事的报酬事项 ③审议批准董事会的报告 ④审议批准监事会或者监事的报告 ⑤审议批准公司的年度财务预算方案、决算方案 ⑥审议批准公司的利润分配方案和弥补亏损方案 ⑦对公司增加或者减少注册资本作出决议 ⑧对发行公司债券作出决议 ⑨对公司合并、分立、解散、清算或者变更公司形式作出决议 ⑩修改公司章程 ⑪公司章程规定的其他职权
董事会	组成	股份有限公司设董事会,其成员为 5 至 19 人。董事会成员中可以有公司职工代表。董事会中的职工代表由公司职工通过职工代表大会、职工大会或者其他形式民主选举产生
	任期	董事任期由公司章程规定,但每届任期不得超过 3 年。董事任期届满,连选可以连任。董事任期届满未及时改选,或者董事在任期内辞职导致董事会成员低于法定人数的,在改选出的董事就任前,原董事仍应当依照法律、行政法规和公司章程的规定,履行董事职务
	职权	①召集股东会会议,并向股东会报告工作 ②执行股东会的决议 ③决定公司的经营计划和投资方案 ④制订公司的年度财务预算方案、决算方案 ⑤制订公司的利润分配方案和弥补亏损方案 ⑥制订公司增加或者减少注册资本以及发行公司债券的方案 ⑦制订公司合并、分立、解散或者变更公司形式的方案 ⑧决定公司内部管理机构的设置 ⑨决定聘任或者解聘公司经理及其报酬事项,并根据经理的提名决定聘任或者解聘公司副经理、财务负责人及其报酬事项 ⑩制定公司的基本管理制度 ⑪公司章程规定的其他职权
	董事长的产生及职权	董事会设董事长 1 人,可以设副董事长。董事长和副董事长由董事会以全体董事的过半数选举产生。董事长召集和主持董事会会议,检查董事会决议的实施情况。副董事长协助董事长工作,董事长不能履行职务或者不履行职务的,由副董事长履行职务;副董事长不能履行职务或者不履行职务的,由半数以上董事共同推举 1 名董事履行职务
经理		股份有限公司设经理,由董事会决定聘任或者解聘 关于有限责任公司经理职权的规定,适用于股份有限公司经理 公司董事会可以决定由董事会成员兼任经理

续表

组织机构	划分	内容
监事会	设立与组成	股份有限公司设监事会,其成员不得少于3人。监事会应当包括股东代表和适当比例的公司职工代表,其中职工代表的比例不得低于1/3,具体比例由公司章程规定。监事会中的职工代表由公司职工通过职工代表大会、职工大会或者其他形式民主选举产生 监事会设主席1人,可以设副主席。监事会主席和副主席由全体监事过半数选举产生。监事会主席召集和主持监事会会议;监事会主席不能履行职务或者不履行职务的,由监事会副主席召集和主持监事会会议;监事会副主席不能履行职务或者不履行职务的,由半数以上监事共同推举1名监事召集和主持监事会会议 董事、高级管理人员不得兼任监事
	任期	监事的任期每届为3年。监事任期届满,连选可以连任。监事任期届满未及时改选,或者监事在任期内辞职导致监事会成员低于法定人数的,在改选出的监事就任前,原监事仍应当依照法律、行政法规和公司章程的规定,履行监事职务
	职权	①检查公司财务 ②对董事、高级管理人员执行公司职务的行为进行监督,对违反法律、行政法规、公司章程或者股东会决议的董事、高级管理人员提出罢免的建议 ③当董事、高级管理人员的行为损害公司的利益时,要求董事、高级管理人员予以纠正 ④提议召开临时股东会会议,在董事会不履行《公司法》规定的召集和主持股东会会议职责时召集和主持股东会会议 ⑤向股东会会议提出提案 ⑥依照《公司法》第151条的规定,对董事、高级管理人员提起诉讼 ⑦公司章程规定的其他职权
	监事会或监事的职权	监事可以列席董事会会议,并对董事会决议事项提出质询或者建议。监事会、不设监事会的公司的监事发现公司经营情况异常,可以进行调查;必要时,可以聘请会计师事务所等协助其工作,费用由公司承担

(三)股份有限公司的股份发行★★

1.股份发行的原则

股份的发行,实行公平、公正的原则,同种类的每一股份应当具有同等权利。同次发行的同种类股票,每股的发行条件和价格应当相同;任何单位或者个人所认购的股份,每股应当支付相同价额。股份有限公司的资本划分为股份,每一股的金额相等。公司的股份采取股票的形式。股票是公司签发的证明股东所持股份的凭证。

2.股份发行的价格

股票发行价格可以按票面金额,也可以超过票面金额,但不得低于票面金额。

3.股份的形式和记载

股票采用纸面形式或者国务院证券监督管理机构规定的其他形式。股票应当载明下列主要事项:①公司名称;②公司成立日期;③股票种类、票面金额及代表的股份数;④股票的编号。股票由法定代表人签名,公司盖章。发起人的股票,应当标明发起人股票字样。

公司发行的股票,可以为记名股票,也可以为无记名股票。公司向发起人、法人发行的股票,应当为记名股票,并应当记载该发起人、法人的名称或者姓名,不得另立户名或者以代表人姓名记名。

公司发行记名股票的,应当置备股东名册,记载下列事项:①股东的姓名或者名称及住所;②各股东所持股份数;③各股东所持股票的编号;④各股东取得股份的日期。发行无记名股票的,公司应当记载其股票数量、编号及发行日期。

4. 发行新股

公司发行新股,股东大会应当对下列事项作出决议:①新股种类及数额;②新股发行价格;③新股发行的起止日期;④向原有股东发行新股的种类及数额。

公司报经国务院证券监督管理机构注册后公开发行新股时,必须公告新股招股说明书和财务会计报告,并制作认股书。发起人向社会公开募集股份,应当由依法设立的证券公司承销,签订承销协议;发起人向社会公开募集股份,应当同银行签订代收股款协议。代收股款的银行应当按照协议代收和保存股款,向缴纳股款的认股人出具收款单据,并负有向有关部门出具收款证明的义务。公司发行新股,可以根据公司经营情况和财务状况,确定其作价方案。公司发行新股募足股款后,必须向公司登记机关办理变更登记,并公告。

(四)股份有限公司股份转让的相关规定及对上市公司组织机构的特别规定★★

股东持有的股份可以依法转让。股东转让其股份,应当在依法设立的证券交易场所进行或者按照国务院规定的其他方式进行。

1. 记名股票、无记名股票的转让

记名股票,由股东以背书方式或者法律、行政法规规定的其他方式转让;转让后由公司将受让人的姓名或者名称及住所记载于股东名册。股东大会召开前 20 日内或者公司决定分配股利的基准日前 5 日内,不得进行前款规定的股东名册的变更登记。但是,法律对上市公司股东名册变更登记另有规定的,从其规定。

无记名股票的转让,由股东将该股票交付给受让人后即发生转让的效力。

2. 发起人及董事、监事、高级管理人员股份转让的限制

发起人持有的本公司股份,自公司成立之日起 1 年内不得转让。公司公开发行股份前已发行的股份,自公司股票在证券交易所上市交易之日起 1 年内不得转让。

公司董事、监事、高级管理人员应当向公司申报所持有的本公司的股份及其变动情况,在任职期间每年转让的股份不得超过其所持有本公司股份总数的 25%。所持本公司股份自公司股票上市交易之日起 1 年内不得转让。上述人员离职后半年内,不得转让其所持有的本公司股份。公司章程可以对公司董事、监事、高级管理人员转让其所持有的本公司股份作出其他限制性规定。

3. 股票的上市交易

上市公司的股票，依照有关法律、行政法规及证券交易所交易规则上市交易。上市公司必须依照法律、行政法规的规定，公开其财务状况、经营情况及重大诉讼，在每会计年度内半年公布一次财务会计报告。

4. 公司股份回购

公司不得收购本公司股份。但是，有下列情形之一的除外：

(1)减少公司注册资本。

(2)与持有本公司股份的其他公司合并。

(3)将股份用于员工持股计划或者股权激励。

(4)股东因对股东大会作出的公司合并、分立决议持异议，要求公司收购其股份。

(5)将股份用于转换上市公司发行的可转换为股票的公司债券。

(6)上市公司为维护公司价值及股东权益所必需。

公司因前款第(1)项、第(2)项规定的情形收购本公司股份的，应当经股东大会决议；公司因前款第(3)项、第(5)项、第(6)项规定的情形收购本公司股份的，可以依照公司章程的规定或者股东大会的授权，经2/3以上董事出席的董事会会议决议。

公司依照《公司法》第142条第1款规定收购本公司股份后，属于第(1)项情形的，应当自收购之日起10日内注销；属于第(2)项、第(4)项情形的，应当在6个月内转让或者注销；属于第(3)项、第(5)项、第(6)项情形的，公司合计持有的本公司股份数不得超过本公司已发行股份总额的10%，并应当在3年内转让或者注销。

上市公司收购本公司股份的，应当依照《证券法》的规定履行信息披露义务。上市公司因《公司法》第142条第1款第(1)项、第(5)项、第(6)项规定的情形收购本公司股份的，应当通过公开的集中交易方式进行。

公司不得接受本公司的股票作为质押权的标的。

5. 上市公司组织机构的特别规定

《公司法》中所称的上市公司，是指其股票在证券交易所上市交易的股份有限公司。

上市公司设立独立董事，具体办法由国务院规定。上市公司设董事会秘书，负责公司股东大会和董事会会议的筹备、文件保管以及公司股东资料的管理，办理信息披露事务等事宜。

上市公司在1年内购买、出售重大资产或者担保金额超过公司资产总额30%的，应当由股东大会作出决议，并经出席会议的股东所持表决权的2/3以上通过。上市公司董事与董事会会议决议事项所涉及的企业有关联关系的，不得对该项决议行使表决权，也不得代理其他董事行使表决权。该董事会会议由过半数的无关联关系董事出席即可举行，董事会会议所作决议须经无关联关系董事过半数通过。出席董事会的无关联关系董事人数不足3人的，应将该事项提交上市公司股东大会审议。

五、董事、监事和高级管理人员的义务和责任★

（1）董事、监事、高级管理人员应当遵守法律、行政法规和公司章程，对公司负有忠实义务和勤勉义务。董事、监事、高级管理人员不得利用职权收受贿赂或者其他非法收入，不得侵占公司的财产。

（2）股东会或者股东大会要求董事、监事、高级管理人员列席会议的，董事、监事、高级管理人员应当列席并接受股东的质询。董事、高级管理人员应当如实向监事会或者不设监事会的有限责任公司的监事提供有关情况和资料，不得妨碍监事会或者监事行使职权。

（3）董事、高级管理人员不得有下列行为：①挪用公司资金；②将公司资金以其个人名义或者以其他个人名义开立账户存储；③违反公司章程的规定，未经股东会、股东大会或者董事会同意，将公司资金借贷给他人或者以公司财产为他人提供担保；④违反公司章程的规定或者未经股东会、股东大会同意，与本公司订立合同或者进行交易；⑤未经股东会或者股东大会同意，利用职务便利为自己或者他人谋取属于公司的商业机会，自营或者为他人经营与所任职公司同类的业务；⑥接受他人与公司交易的佣金归为己有；⑦擅自披露公司秘密；⑧违反对公司忠实义务的其他行为。

（4）董事、高级管理人员违反经营义务所得的收入应当归公司所有。

（5）董事、监事、高级管理人员执行公司职务时违反法律、行政法规或者公司章程的规定，给公司造成损失的，应当承担赔偿责任。

六、公司财务会计制度的基本要求和内容★★★

（一）公司财务会计制度的基本要求

（1）公司应当依照法律、行政法规和国务院财政部门的规定建立本公司的财务、会计制度。

（2）公司应当在每一会计年度终了时编制财务会计报告，并依法经会计师事务所审计。财务会计报告应当依照法律、行政法规和国务院财政部门的规定制作。

（3）有限责任公司应当依照公司章程规定的期限将财务会计报告送交各股东。股份有限公司的财务会计报告应当在召开股东大会年会的20日前置备于本公司，供股东查阅；公开发行股票的股份有限公司必须公告其财务会计报告。

（4）公司除法定的会计账簿外，不得另立会计账簿。对公司资产，不得以任何个人名义开立账户存储。

（5）公司应当向聘用的会计师事务所提供真实、完整的会计凭证、会计账簿、财务会计报告及其他会计资料，不得拒绝、隐匿、谎报。

（二）公司财务会计制度的内容

公司财务会计制度的内容，如表1-15所示。

表 1-15　　公司财务会计制度的具体内容

公司财务会计制度	具体内容
提取法定公积金	公司分配当年税后利润时，应当提取利润的 10% 列入公司法定公积金。公司法定公积金累计额为公司注册资本的 50% 以上的，可以不再提取
	公司的法定公积金不足以弥补以前年度亏损的，在提取法定公积金之前，应当先用当年利润弥补亏损
	法定公积金转为资本时，所留存的该项公积金不得少于转增前公司注册资本的 25%
提取任意公积金	公司从税后利润中提取法定公积金后，经股东会或者股东大会决议，还可以从税后利润中提取任意公积金
列入资本公积金的情形	股份有限公司以超过股票票面金额的发行价格发行股份所得的溢价款以及国务院财政部门规定列入资本公积金的其他收入，应当列为公司资本公积金
公积金的用途	公司的公积金用于弥补公司的亏损、扩大公司生产经营或者转为增加公司资本。但是，资本公积金不得用于弥补公司的亏损
利润分配	公司弥补亏损和提取公积金后所余税后利润，有限责任公司股东按照实缴的出资比例分取红利；公司新增资本时，股东有权优先按照实缴的出资比例认缴出资。但是，全体股东约定不按照出资比例分取红利或者不按照出资比例优先认缴出资的除外
	股份有限公司按照股东持有的股份比例分配，但股份有限公司章程规定不按持股比例分配的除外
	股东会、股东大会或者董事会违反规定，在公司弥补亏损和提取法定公积金之前向股东分配利润的，股东必须将违反规定分配的利润退还公司
	公司持有的本公司股份不得分配利润
聘用、解聘会计师事务所	公司聘用、解聘承办公司审计业务的会计师事务所，依照公司章程的规定，由股东会、股东大会或者董事会决定
	公司股东会、股东大会或者董事会就解聘会计师事务所进行表决时，应当允许会计师事务所陈述意见

七、公司合并、分立的种类及程序★

(一)公司合并的种类

公司合并可以采取吸收合并或者新设合并。一个公司吸收其他公司为吸收合并，被吸收的公司解散。两个以上公司合并设立一个新的公司为新设合并，合并各方解散。

(二)公司合并、分立的程序

公司合并、分立的程序，如表 1-16 所示。

表 1-16 公司合并、分立的程序

程序	具体内容
股东会决议	公司合并或分立,应当由公司的股东(大)会作出决议。有限责任公司,必须经代表2/3以上表决权的股东通过。股份有限公司,必须经出席会议的股东所持表决权的2/3以上通过
编制资产负债表及财产清单	①公司合并,应当由合并各方签订合并协议,并编制资产负债表及财产清单 ②公司分立,其财产作相应的分割,应当编制资产负债表及财产清单
对债权人的通知或公告	公司应当自作出合并、分立决议之日起10日内通知债权人,并于30日内在报纸上公告
债务承担	①公司合并的,债权人自接到通知书之日起30日内,未接到通知书的自公告之日起45日内,可以要求公司清偿债务或者提供相应的担保。公司合并时,合并各方的债权、债务,应当由合并后存续的公司或者新设的公司承继 ②公司分立的,分立前的债务由分立后的公司承担连带责任。但是,公司在分立前与债权人就债务清偿达成的书面协议另有约定的除外
办理合并登记手续	①公司合并或者分立,登记事项发生变更的,应当依法向公司登记机关办理变更登记;公司解散的,应当依法办理公司注销登记;设立新公司的,应当依法办理公司设立登记 ②公司增加或者减少注册资本,应当依法向公司登记机关办理变更登记。公司需要减少注册资本时,必须编制资产负债表及财产清单。公司应当自作出减少注册资本决议之日起10日内通知债权人,并于30日内在报纸上公告 ③债权人自接到通知书之日起30日内,未接到通知书的自公告之日起45日内,有权要求公司清偿债务或者提供相应的担保 ④有限责任公司增加注册资本时,股东认缴新增资本的出资,依照《公司法》设立有限责任公司缴纳出资的有关规定执行 ⑤股份有限公司为增加注册资本发行新股时,股东认购新股,依照设立股份有限公司缴纳股款的有关规定执行

八、高级管理人员、控股股东、实际控制人、关联关系的概念★★

高级管理人员,是指公司的经理、副经理、财务负责人,上市公司董事会秘书和公司章程规定的其他人员。

控股股东,是指其出资额占有限责任公司资本总额50%以上或者其持有的股份占股份有限公司股本总额50%以上的股东;出资额或者持有股份的比例虽然不足50%,但依其出资额或者持有的股份所享有的表决权已足以对股东会、股东大会的决议产生重大影响的股东。

实际控制人,是指虽不是公司的股东,但通过投资关系、协议或者其他安排,能够实际支配公司行为的人。

关联关系,是指公司控股股东、实际控制人、董事、监事、高级管理人员与其直接或者间接控制的企业之间的关系,以及可能导致公司利益转移的其他关系。但是,国家控股的企业之间不应因为同受国家控股而具有关联关系。

九、法律责任★★

1. 虚报注册资本、欺诈取得公司登记的法律责任

违反《公司法》规定，虚报注册资本、提交虚假材料或者采取其他欺诈手段隐瞒重要事实取得公司登记的，由公司登记机关责令改正，对虚报注册资本的公司，处以虚报注册资本金额5%以上15%以下的罚款；对提交虚假材料或者采取其他欺诈手段隐瞒重要事实的公司，处以5万元以上50万元以下的罚款；情节严重的，撤销公司登记或者吊销营业执照。

2. 虚假出资的法律责任

公司的发起人、股东虚假出资，未交付或者未按期交付作为出资的货币或者非货币财产的，由公司登记机关责令改正，处以虚假出资金额5%以上15%以下的罚款。

3. 抽逃出资的法律责任

公司的发起人、股东在公司成立后，抽逃其出资的，由公司登记机关责令改正，处以所抽逃出资金额5%以上15%以下的罚款。

4. 另立会计账簿的法律责任

违反《公司法》规定，在法定的会计账簿以外另立会计账簿的，由县级以上人民政府财政部门责令改正，处以5万元以上50万元以下的罚款。

5. 财务会计报告虚假记载的法律责任

公司在依法向有关主管部门提供的财务会计报告等材料上作虚假记载或者隐瞒重要事实的，由有关主管部门对直接负责的主管人员和其他直接责任人员处以3万元以上30万元以下的罚款。

6. 其他

公司不依照《公司法》规定提取法定公积金的，由县级以上人民政府财政部门责令如数补足应当提取的金额，可以对公司处以20万元以下的罚款。

真题实练

1. 设立股份有限公司，在中国境内有住所的发起人应占发起人总数的（　　）。

A. 全部　　B. 2/3以上

C. 1/3以上　　D. 半数以上

2. 上市公司在一年内担保金额超过公司资产总额的（　　），应当由股东大会作出决议，并经出席会议的股东所持表决权的2/3以上通过。

A. 15%　　B. 20%

C. 30%　　D. 50%

3. 下列关于有限责任公司监事会的说法，错误的是（　　）。

Ⅰ.设监事会的,其成员不得少于5人

Ⅱ.股东人数较少或者规模较小的,可以不设监事会

Ⅲ.监事会应当包括不高于总人数1/3的公司职工代表

Ⅳ.董事、高管可以兼任监事

A.Ⅲ、Ⅳ　　B.Ⅱ、Ⅲ

C.Ⅰ、Ⅲ、Ⅳ　　D.Ⅰ、Ⅱ、Ⅳ

4.以下属于记名股票转让方式的是(　　)。

Ⅰ.交付转让　　Ⅱ.背书转让

Ⅲ.具名转让　　Ⅳ.法律法规规定的方式

A.Ⅱ、Ⅳ　　B.Ⅰ、Ⅱ　　C.Ⅰ、Ⅳ　　D.Ⅱ、Ⅲ

【答案及解析】

1.D　**【解析】**设立股份有限公司,应当有2人以上200人以下为发起人,其中须有半数以上的发起人在中国境内有住所。

2.C　**【解析】**上市公司在一年内担保金额超过公司资产总额30%的,应当由股东大会作出决议,并经出席会议的股东所持表决权的2/3以上通过。

3.C　**【解析】**根据《公司法》,有限责任公司设监事会,其成员不得少于3人;股东人数较少或者规模较小的有限责任公司,可以设1至2名监事,不设监事会;监事会应当包括股东代表和适当比例的公司职工代表,其中职工代表的比例不得低于1/3,具体比例由公司章程规定;董事、高级管理人员不得兼任监事。

4.A　**【解析】**记名股票由股东以背书方式或者法律、行政法规规定的其他方式转让。

第三节　合伙企业法

考纲要求

本节考纲要求见表1-17所示。

表1-17　第一章第三节考纲要求

考纲要求	星级	具体内容
了解	★	①合伙企业与公司的区别 ②合伙企业利润分配、亏损分担的原则 ③新合伙人入伙的条件 ④有限合伙企业协议的内容 ⑤合伙企业的解散事由 ⑥合伙企业的清算规则 ⑦合伙企业注销后的债务承担
熟悉	★★	合伙企业财产分割、转让以及处分的相关规定

续表

考纲要求	星级	具体内容
掌握	★★★	①合伙企业的概念 ②合伙企业的种类 ③普通合伙人的主体适格性的限制性要求 ④合伙协议的订立形式与基本原则 ⑤设立合伙企业的条件 ⑥合伙企业经营中应当经全体合伙人一致同意的重要事项 ⑦合伙人退伙、除名的情形或条件 ⑧特殊普通合伙企业的内容 ⑨有限合伙企业的合伙人、有限合伙企业的名称 ⑩有限合伙企业的出资 ⑪有限合伙企业事务的执行 ⑫有限合伙企业的特殊性 ⑬有限合伙和普通合伙的转化 ⑭违反合伙企业法及合伙协议应当承担的主要法律责任

考点梳理

一、法规概述

现行《合伙企业法》于 2006 年 8 月 27 日修订通过，是为了规范合伙企业的行为，保护合伙企业及其合伙人、债权人的合法权益，维护社会经济秩序，促进社会主义市场经济的发展而制定。

二、总论

(一)合伙企业的概念★★★

合伙企业是指由自然人、法人和其他组织依照《合伙企业法》订立合伙协议，共同出资，共担风险，共享收益，对合伙企业债务承担责任的经营性组织。

(二)合伙企业与公司的区别★

合伙企业与公司的区别见表 1-18 所示。

表 1-18　合伙企业与公司区别一览表

区别	合伙企业	公司
法律地位不同	不是法人，是非法人企业	是企业法人，具有独立的法人主体资格
财产独立性不同	财产属于合伙人共有	财产独立于股东
承担的责任不同	普通合伙人对合伙企业承担无限责任	股东对公司的责任以出资为限，承担有限责任

另外，与公司相比，合伙企业具有高度的人合性，因此合伙企业的加入、退出、运营管理等方面，与公司均有较大不同。

（三）合伙企业的种类★★★

根据合伙人对合伙企业债务承担责任的不同，合伙企业可分为普通合伙企业和有限合伙企业。普通合伙企业和有限合伙企业的主要区别见表 1-19 所示。

表 1-19　　普通合伙企业和有限合伙企业主要区别一览表

区别	普通合伙企业	有限合伙企业
概念	由普通合伙人组成，合伙人对合伙企业债务承担无限连带责任。对普通合伙人承担责任的形式有特别规定的，从其规定	由普通合伙人和有限合伙人组成，普通合伙人对合伙企业债务承担无限连带责任，有限合伙人以其认缴的出资额为限对合伙企业债务承担责任
合伙人对企业债务的责任	所有出资人均须对合伙企业的债务承担无限连带责任	有限合伙人对企业债务承担有限责任，普通合伙人对合伙企业的债务承担无限责任或无限连带责任
合伙人数量	投资人数为 2 人以上，无上限规定	投资人数为 2 人以上 50 人以下，且至少有 1 个普通合伙人
合伙人权利	合伙人对执行合伙事务享有同等的权利	有限合伙人不得执行合伙企业中的事务
利润分配	出资人不得在合伙协议中约定将全部利润分配给部分合伙人或由部分合伙人承担企业的全部亏损	根据合伙协议的约定可以将全部利润分配给部分合伙人，但不得约定企业全部亏损由部分合伙人承担
竞业禁止	不得自营或与他人合作经营与合伙企业相竞争的业务	可自营或与他人合作经营与本企业相竞争的业务，但合伙协议另有约定的除外
关联交易	不得同本企业进行交易，但合伙协议另有约定或经全体合伙人一致同意的除外	可以与合伙企业进行交易，但合伙协议约定不能进行交易的除外
出资份额出质	合伙人以其出资份额出质，须经全体合伙人一致同意，否则其出质行为无效	可将出资份额出质，但合伙协议约定有限合伙人不能以其出资份额出质的除外

（四）普通合伙人的主体适格性的限制性要求★★★

为保护国有资产和上市公司股东的利益，国有独资公司、国有企业、上市公司不得成为普通合伙人。另外，公益性的事业单位、社会团体，其财产也不宜对外承担无限连带责任，因此，公益性的事业单位、社会团体也不得成为普通合伙人。

（五）合伙协议的订立形式与基本原则★★★

订立合伙协议，设立合伙企业，是平等民事主体的合伙人之间的民事活动，因此，在订立合伙协议、设立合伙企业时，也应当遵循民法下的自愿、平等、公平、诚实信用原则。

为了明确合伙人之间的权利义务，使合伙人和合伙企业在长期的生产经营活动中始终遵守约定的规则，维护合伙企业正常的经营秩序，合伙企业设立时，合伙协议应由全体合伙人协商一致，且必须以书面形式订立。

三、普通合伙企业

（一）设立合伙企业的条件★★★

根据《合伙企业法》第14条的规定，设立合伙企业，应当具备的条件如表1-20所示。

表1-20 合伙企业设立的条件

应具备的条件	具体内容
有2个以上合伙人。合伙人为自然人的，应当具有完全民事行为能力	合伙企业具有较强的人合性特征。设立合伙企业，必须有2个或2个以上自然人、法人或其他组织作为合伙人。合伙人为自然人的，应当具有完全民事行为能力。根据《民法总则》第17条、第18条的规定，具有完全民事行为能力的自然人是指18周岁以上的自然人或者16周岁以上未满18周岁、以自己的劳动收入为主要生活来源的未成年人
有书面合伙协议	设立合伙企业，合伙人应当以书面方式签订合伙协议。根据《合伙企业法》第18条的规定，合伙协议应当载明下列事项：合伙企业的名称和主要经营场所的地点；合伙目的和合伙经营范围；合伙人的姓名或者名称、住所；合伙人的出资方式、数额和缴付期限；利润分配、亏损分担方式；合伙事务的执行；入伙与退伙；争议解决办法；合伙企业的解散与清算；违约责任
有合伙人认缴或者实际缴付的出资	根据《合伙企业法》第16条的规定，合伙人的出资方式包括：货币、实物、知识产权、土地使用权、其他财产权利、劳务。合伙人以实物、知识产权、土地使用权或者其他财产权利出资，需要评估作价的，可以由全体合伙人协商确定，也可以由全体合伙人委托法定评估机构评估。合伙人以劳务出资的，其评估办法由全体合伙人协商确定，并在合伙协议中载明
有合伙企业的名称和生产经营场所	企业名称是企业区别于其他组织的基本标志，合伙企业也应当有自己的名称。根据《合伙企业法》第15条的规定，合伙企业名称中应当标明"普通合伙"字样。生产经营场所是企业进行生产经营活动的处所。合伙企业从事经营活动必须具备生产经营场所，否则将无法存续下去。除上述条件外，设立合伙企业还应当具备法律、行政法规规定的其他条件

（二）合伙企业财产分割、转让以及处分的相关规定★★

根据《合伙企业法》第20条的规定，合伙企业的财产包括由合伙人的出资、以合伙企业名义取得的收益和依法取得的其他财产。

根据《合伙企业法》第21条的规定，除法律另有规定外，合伙人在合伙企业清算前，不得请求分割合伙企业的财产。合伙人在合伙企业清算前私自转移或者处分合伙企业财产的，合伙企业不得以此对抗善意第三人。

根据《合伙企业法》第 22 条、第 23 条、第 24 条的规定，合伙人转让其有合伙企业中的全部或者部分财产份额时，应当通知其他合伙人；除合伙协议另有约定外，须经其他合伙人一致同意。合伙人向合伙人以外的人转让其在合伙企业中的财产份额的，除合伙协议另有约定外，在同等条件下，其他合伙人有优先购买权。合伙人以外的人依法受让合伙人在合伙企业中的财产份额的，经修改合伙协议即成为合伙企业的合伙人，依照《合伙企业法》和修改后的合伙协议享有权利，履行义务。

根据《合伙企业法》第 25 条的规定，合伙人以其在合伙企业中的财产份额出质的，须经其他合伙人一致同意；未经其他合伙人一致同意，其行为无效，由此给善意第三人造成损失的，由行为人依法承担赔偿责任。

（三）合伙事务的执行

合伙企业的事务执行，是指合伙企业的经营管理及对内、对外关系中的事务处理等活动。合伙企业是人合性的经营组织，合伙人对执行合伙事务都享有同等的权利。根据《合伙企业法》第 26 条的规定，按照合伙协议的约定或者经全体合伙人决定，可以委托 1 个或者数个合伙人对外代表合伙企业，执行合伙事务。作为合伙人的法人、其他组织执行合伙事务的，由其委派的代表执行。

对外代表合伙企业，执行合伙事务的合伙人被称为“执行事务合伙人”。根据《合伙企业法》第 27 条的规定，委托 1 个或者数个合伙人执行合伙事务的，其他合伙人不再执行合伙事务。

根据《合伙企业法》第 27 条、第 28 条、第 29 条的规定，不执行合伙事务的合伙人有权监督执行事务合伙人执行合伙事务的情况。执行事务合伙人应当定期向其他合伙人报告事务执行情况以及合伙企业的经营和财务状况，其执行合伙事务所产生的收益归合伙企业，所产生的费用和亏损由合伙企业承担。合伙人为了解合伙企业的经营状况和财务状况，有权查阅合伙企业会计账簿等财务资料。受委托执行合伙事务的合伙人不按照合伙协议或者全体合伙人的决定执行事务的，其他合伙人可以决定撤销该委托。

根据《合伙企业法》第 30 条的规定，除《合伙企业法》对合伙企业的表决办法另有规定以外，合伙人对合伙企业有关事项作出决议，按照合伙协议约定的表决办法办理。合伙协议未约定或者约定不明确的，实行合伙人一人一票并经全体合伙人过半数通过的表决办法。

（四）合伙企业经营中应当经全体合伙人一致同意的重要事项★★★

根据《合伙企业法》第 31 条的规定，除合伙协议另有约定外，合伙企业的下列事项应当经全体合伙人一致同意：

（1）改变合伙企业的名称。

（2）改变合伙企业的经营范围、主要经营场所的地点。

（3）处分合伙企业的不动产。

（4）转让或者处分合伙企业的知识产权和其他财产权利。

（5）以合伙企业名义为他人提供担保。

(6)聘任合伙人以外的人担任合伙企业的经营管理人员。

为维护合伙企业与全体合伙人的共同利益,《合伙企业法》中规定了合伙人的竞业禁止、限制交易以及不得从事损害合伙企业活动等三项义务。根据《合伙企业法》第 32 条的规定,合伙人不得自营或者同他人合作经营与本合伙企业相竞争的业务。除合伙协议另有约定或者经全体合伙人一致同意外,合伙人不得同本合伙企业进行交易。合伙人不得从事损害本合伙企业利益的活动。

(五)合伙企业利润分配、亏损分担的原则★

根据《合伙企业法》第 33 条的规定,合伙企业利润分配和亏损分担的原则是:

(1)按照合伙协议的约定办理。

(2)合伙协议未约定或者约定不明确的,由合伙人协商决定。

(3)协商不成的,由合伙人按照实缴出资比例分配、分担。

(4)无法确定出资比例的,由合伙人平均分配、分担。

此外合伙协议不得约定将全部利润分配给部分合伙人或者由部分合伙人承担全部亏损。

(六)合伙企业的债务清偿

为维护善意第三人的合法权益,根据《合伙企业法》第 37 条的规定,合伙企业对合伙人执行合伙事务以及对外代表合伙企业权利的限制,不得对抗善意第三人。

根据《合伙企业法》第 38 条、第 39 条、第 40 条、第 42 条的规定,合伙企业对其债务,应先以其全部财产进行清偿。合伙企业不能清偿到期债务的,合伙人承担无限连带责任。合伙人由于承担无限连带责任,清偿数额超过其亏损分担比例的,有权向其他合伙人追偿。

合伙人的自有财产不足清偿其与合伙企业无关的债务的,该合伙人可以以其从合伙企业中分取的收益用于清偿;债权人也可以依法请求人民法院强制执行该合伙人在合伙企业中的财产份额用于清偿。人民法院强制执行合伙人的财产份额时,应当通知全体合伙人,其他合伙人有优先购买权。

(七)新合伙人入伙的条件(见图 1-4)★

- 入伙
  - 入伙的概念
    - 是指合伙企业接纳新的合伙人进入合伙企业的过程,即在合伙企业存续期间,合伙人以外的人申请加入合伙企业并被合伙企业接纳,从而成为合伙企业合伙人
  - 入伙的条件
    - 除合伙协议另有约定外,应当经全体合伙人一致同意,依法订立书面入伙协议
    - 订立入伙协议时,原合伙人应当向新合伙人如实告知原合伙企业的经营状况和财务状况
  - 新入伙人的权利、责任
    - 入伙的新合伙人与原合伙人享有同等权利,承担同等责任
    - 入伙协议另有约定的,从其约定
    - 新合伙人对入伙前合伙企业的债务承担无限连带责任

图 1-4 新合伙人入伙的条件

(八)合伙人退伙、除名的情形或条件★★★

合伙人退伙、除名的情形或条件,如表1-21所示。

表1-21 合伙人退伙、除名的情形或条件

<table>
<tr><th>项目</th><th colspan="2">主要内容</th></tr>
<tr><td>退伙的概念</td><td colspan="2">是指在合伙企业存续期间,合伙人因特定情形发生而退出合伙企业,失去合伙人资格的法律事实或法律行为</td></tr>
<tr><td rowspan="3">退伙的分类</td><td>自愿退伙</td><td>是指合伙人基于自己的主观意愿主动提出退伙而退出合伙企业,失去合伙人资格</td></tr>
<tr><td>法定退伙</td><td>是指因法定情形的出现,合伙人资格当然消失,又被称为当然退伙</td></tr>
<tr><td>除名退伙</td><td>是指出现法定或约定事由时,其他合伙人作出决议将某一合伙人除名,其该名合伙人失去合伙人资格</td></tr>
<tr><td>约定/未约定合伙期限的退伙</td><td colspan="2">根据《合伙企业法》第45条,第46条规定,可以退伙的情形:
①合伙协议约定的退伙事由出现
②经全体合伙人一致同意
③发生合伙人难以继续参加合伙的事由
④其他合伙人严重违反合伙协议约定的义务
合伙协议未约定合伙期限的,合伙人在不给合伙企业事务执行造成不利影响的情况下,可以退伙,但应当提前30日通知其他合伙人</td></tr>
<tr><td>当然退伙</td><td colspan="2">根据《合伙企业法》第48条规定,当然退伙的情形:
①作为合伙人的自然人死亡或者被依法宣告死亡
②个人丧失偿债能力
③作为合伙人的法人或者其他组织依法被吊销营业执照、责令关闭、撤销,或者被宣告破产
④法律规定或者合伙协议约定合伙人必须具有相关资格而丧失该资格
⑤合伙人在合伙企业中的全部财产份额被人民法院强制执行
合伙人被依法认定为无民事行为能力人或者限制民事行为能力人的,经其他合伙人一致同意,可以依法转为有限合伙人,普通合伙企业依法转为有限合伙企业。其他合伙人未能一致同意的,该无民事行为能力或者限制民事行为能力的合伙人退伙。退伙事由实际发生之日为退伙生效日</td></tr>
<tr><td>除名退伙</td><td colspan="2">根据《合伙企业法》第49条规定,可以决议除名的情形:
①未履行出资义务
②因故意或者重大过失给合伙企业造成损失
③执行合伙事务时有不正当行为
④发生合伙协议约定的事由
对合伙人的除名决议应当书面通知被除名人。被除名人接到除名通知之日,除名生效,被除名人退伙</td></tr>
</table>

(九)特殊的普通合伙企业★★★

以专业知识和专门技能为客户提供有偿服务的专业服务机构,可以设立为特殊的普通

合伙企业。特殊的普通合伙企业名称中应当标明“特殊普通合伙”字样。

特殊普通合伙企业的特殊之处表现在责任承担的方式上：

(1)1个合伙人或者数个合伙人在执业活动中因故意或者重大过失造成合伙企业债务的，应当承担无限责任或者无限连带责任，其他合伙人以其在合伙企业中的财产份额为限承担责任。

(2)合伙人在执业活动中非因故意或者重大过失造成的合伙企业债务以及合伙企业的其他债务，由全体合伙人承担无限连带责任。

(3)合伙人执业活动中因故意或者重大过失造成的合伙企业债务，以合伙企业财产对外承担责任后，该合伙人应当按照合伙协议的约定对合伙企业造成的损失承担赔偿责任。

(4)特殊的普通合伙企业应当建立执业风险基金，办理职业保险。执业风险基金用于偿付合伙人执业活动造成的债务。执业风险基金应当单独立户管理。具体管理办法由国务院规定。

四、有限合伙企业

(一)有限合伙企业概述★★★

有限合伙企业的合伙人、名称、企业协议的内容、出资的内容，如表1-22所示。

表1-22 有限合伙企业概述

有限合伙企业	具体内容
有限合伙企业的合伙人及名称	有限合伙企业由2个以上50个以下合伙人设立，但是，法律另有规定的除外。有限合伙企业至少应当有1个普通合伙人。有限合伙企业名称中应当标明“有限合伙”字样
有限合伙企业协议的内容	有限合伙企业协议除需满足普通合伙企业协议内容的要求外，还应当载明下列事项： ①普通合伙人和有限合伙人的姓名或者名称、住所 ②执行事务合伙人应具备的条件和选择程序 ③执行事务合伙人权限与违约处理办法 ④执行事务合伙人的除名条件和更换程序 ⑤有限合伙人入伙、退伙的条件、程序以及相关责任 ⑥有限合伙人和普通合伙人相互转变程序
有限合伙企业的出资	①有限合伙人可以用货币、实物、知识产权、土地使用权或者其他财产权利作价出资。有限合伙人不得以劳务出资 ②有限合伙人应当按照合伙协议的约定按期足额缴纳出资；未按期足额缴纳的，应当承担补缴义务，并对其他合伙人承担违约责任 ③有限合伙企业登记事项中应当载明有限合伙人的姓名或者名称及认缴的出资数额

(二)有限合伙企业事务的执行★★★

1.有限合伙企业事务的执行人

有限合伙企业由普通合伙人执行合伙事务。执行事务合伙人可以要求在合伙协议中确定执行事务的报酬及报酬提取方式。

有限合伙人不执行合伙事务，不得对外代表有限合伙企业。有限合伙人的下列行为，不视为执行合伙事务：

（1）参与决定普通合伙人入伙、退伙。

（2）对企业的经营管理提出建议。

（3）参与选择承办有限合伙企业审计业务的会计师事务所。

（4）获取经审计的有限合伙企业财务会计报告。

（5）对涉及自身利益的情况，查阅有限合伙企业财务会计账簿等财务资料。

（6）在有限合伙企业中的利益受到侵害时，向有责任的合伙人主张权利或者提起诉讼。

（7）执行事务合伙人怠于行使权利时，督促其行使权利或者为了本企业的利益以自己的名义提起诉讼。

（8）依法为本企业提供担保。

2. 有限合伙企业的利润分配

有限合伙企业不得将全部利润分配给部分合伙人；但是，合伙协议另有约定的除外。

（三）有限合伙企业的特殊性★★★

有限合伙企业的特殊性的具体内容如表 1–23 所示。

表 1–23　有限合伙企业的特殊性

<table>
<tr><th>项目</th><th colspan="2">具体内容</th></tr>
<tr><td>自我交易及同业竞争</td><td colspan="2">有限合伙人可以同本有限合伙企业进行交易；但是，合伙协议另有约定的除外。有限合伙人可以自营或者同他人合作经营与本有限合伙企业相竞争的业务；但是，合伙协议另有约定的除外</td></tr>
<tr><td>财产份额的出质</td><td colspan="2">有限合伙人可以将其在有限合伙企业中的财产份额出质；但是，合伙协议另有约定的除外</td></tr>
<tr><td>财产份额的外部转让</td><td colspan="2">有限合伙人可以按照合伙协议的约定向合伙人以外的人转让其在有限合伙企业中的财产份额，但应当提前 30 日通知其他合伙人</td></tr>
<tr><td rowspan="2">有限合伙企业与第三人的关系</td><td>表见普通合伙</td><td>第三人有理由相信有限合伙人为普通合伙人并与其交易的，该有限合伙人对该笔交易承担与普通合伙人同样的责任。有限合伙人未经授权以有限合伙企业名义与他人进行交易，给有限合伙企业或者其他合伙人造成损失的，该有限合伙人应当承担赔偿责任</td></tr>
<tr><td>债务承担</td><td>有限合伙人的自有财产不足清偿其与合伙企业无关的债务的，该合伙人可以以其从有限合伙企业中分取的收益用于清偿；债权人也可以依法请求人民法院强制执行该合伙人在有限合伙企业中的财产份额用于清偿。人民法院强制执行有限合伙人的财产份额时，应当通知全体合伙人。在同等条件下，其他合伙人有优先购买权</td></tr>
<tr><td>入伙、退伙</td><td colspan="2">新入伙的有限合伙人对入伙前有限合伙企业的债务，以其认缴的出资额为限承担责任。
有限合伙人有下列情形之一的，当然退伙：
①作为有限合伙人的自然人死亡或者被依法宣告死亡
②作为有限合伙人的法人或者其他组织依法被吊销营业执照、责令关闭、撤销，或者被宣告破产</td></tr>
</table>

续表

项目	具体内容
入伙、退伙	③法律规定或者合伙协议约定有限合伙人必须具有相关资格而丧失该资格 ④有限合伙人在合伙企业中的全部财产份额被人民法院强制执行
	作为有限合伙人的自然人在有限合伙企业存续期间丧失民事行为能力的，其他合伙人不得因此要求其退伙
	作为有限合伙人的自然人死亡、被依法宣告死亡或者作为有限合伙人的法人及其他组织终止时，其继承人或者权利承受人可以依法取得该有限合伙人在有限合伙企业中的资格
	有限合伙人退伙后，对基于其退伙前的原因发生的有限合伙企业债务，以其退伙时从有限合伙企业中取回的财产承担责任

(四)有限合伙和普通合伙的转化★★★

有限合伙企业仅剩有限合伙人的，应当解散；有限合伙企业仅剩普通合伙人的，转为普通合伙企业。

除合伙协议另有约定外，普通合伙人转变为有限合伙人，或者有限合伙人转变为普通合伙人，应当经全体合伙人一致同意。

有限合伙人转变为普通合伙人的，对其作为有限合伙人期间有限合伙企业发生的债务承担无限连带责任。普通合伙人转变为有限合伙人的，对其作为普通合伙人期间合伙企业发生的债务承担无限连带责任。

五、合伙企业解散、清算

(一)合伙企业的解散事由★

合伙企业有下列情形之一的，应当解散：

(1)合伙期限届满，合伙人决定不再经营。

(2)合伙协议约定的解散事由出现。

(3)全体合伙人决定解散。

(4)合伙人已不具备法定人数满 30 天。

(5)合伙协议约定的合伙目的已经实现或者无法实现。

(6)依法被吊销营业执照、责令关闭或者被撤销。

(7)法律、行政法规规定的其他原因。

(二)合伙企业的清算规则★

合伙企业解散，应当由清算人进行清算。合伙企业的清算规则如表 1-24 所示。

表 1-24　合伙企业的清算规则

项目	具体内容
清算人	清算人由全体合伙人担任；经全体合伙人过半数同意，可以自合伙企业解散事由出现后 15 日内指定 1 个或者数个合伙人，或者委托第三人，担任清算人；自合伙企业解散事由出现之日起 15 日内未确定清算人的，合伙人或者其他利害关系人可以申请人民法院指定清算人

续表

项目	具体内容
清算人的义务	清算人在清算期间执行下列事务：①清理合伙企业财产，分别编制资产负债表和财产清单；②处理与清算有关的合伙企业未了结事务；③清缴所欠税款；④清理债权、债务；⑤处理合伙企业清偿债务后的剩余财产；⑥代表合伙企业参加诉讼或者仲裁活动
债权保护	清算人自被确定之日起 10 日内将合伙企业解散事项通知债权人，并于 60 日内在报纸上公告；债权人应当自接到通知书之日起 30 日内，未接到通知书的自公告之日起 45 日内，向清算人申报债权；债权人申报债权，应当说明债权的有关事项，并提供证明材料。清算人应当对债权进行登记
清算期间	清算期间，合伙企业存续，但不得开展与清算无关的经营活动
清偿顺序	合伙企业财产在支付清算费用和职工工资、社会保险费用、法定补偿金以及缴纳所欠税款、清偿债务后的剩余财产，依照普通合伙企业利润分配、亏损分担规则进行分配
清算报告	清算结束，清算人应当编制清算报告，经全体合伙人签名、盖章后，在 15 日内向企业登记机关报送清算报告，申请办理合伙企业注销登记

（三）合伙企业注销后的债务承担★

合伙企业注销后，原普通合伙人对合伙企业存续期间的债务仍应承担无限连带责任。合伙企业不能清偿到期债务的，债权人可以依法向人民法院提出破产清算申请，也可以要求普通合伙人清偿。合伙企业依法被宣告破产的，普通合伙人对合伙企业债务仍应承担无限连带责任。

六、法律责任★★★

（1）采取欺骗手段取得企业登记的。由企业登记机关责令改正，处以 5000 元以上 5 万元以下的罚款；情节严重的，撤销企业登记，并处以 5 万元以上 20 万元以下的罚款。

（2）未标明合伙企业名称字样的。由企业登记机关责令限期改正，处以 2000 元以上 1 万元以下的罚款。

（3）未领取营业执照从业、未及时办理变更登记的。未领取营业执照，而以合伙企业或者合伙企业分支机构名义从事合伙业务的，由企业登记机关责令停止，处以 5000 元以上 5 万元以下的罚款。合伙企业登记事项发生变更时，未依照《合伙企业法》规定办理变更登记的，由企业登记机关责令限期登记；逾期不登记的，处以 2000 元以上 2 万元以下的罚款。合伙企业登记事项发生变更，执行合伙事务的合伙人未按期申请办理变更登记的，应当赔偿由此给合伙企业、其他合伙人或者善意第三人造成的损失。

（4）职务侵占、非法侵占的。合伙人应当将该利益和财产退还合伙企业；给合伙企业或者其他合伙人造成损失的，依法承担赔偿责任。

（5）擅自处理须经全体合伙人一致同意方可执行事务的。给合伙企业或者其他合伙人造成损失的，依法承担赔偿责任。

（6）非执行事务合伙人擅自执行合伙事务的。给合伙企业或者其他合伙人造成损失的,依法承担赔偿责任。

(7)擅自从事竞争业务或与合伙企业交易的。该收益归合伙企业所有;给合伙企业或者其他合伙人造成损失的,依法承担赔偿责任。

(8)合伙人的违约责任。合伙人违反合伙协议的,应当依法承担违约责任。合伙人履行合伙协议发生争议的,合伙人可以通过协商或者调解解决。不愿通过协商、调解解决或者协商、调解不成的,可以按照合伙协议约定的仲裁条款或者事后达成的书面仲裁协议,向仲裁机构申请仲裁。合伙协议中未订立仲裁条款,事后又没有达成书面仲裁协议的,可以向人民法院起诉。

(9)清算人违法违规的。清算人未依照《合伙企业法》规定向企业登记机关报送清算报告,或者报送清算报告隐瞒重要事实,或者有重大遗漏的,由企业登记机关责令改正。由此产生的费用和损失,由清算人承担和赔偿。清算人执行清算事务,牟取非法收入或者侵占合伙企业财产的,应当将该收入和侵占的财产退还合伙企业;给合伙企业或者其他合伙人造成损失的,依法承担赔偿责任。清算人违反《合伙企业法》规定,隐匿、转移合伙企业财产,对资产负债表或者财产清单作虚假记载,或者在未清偿债务前分配财产,损害债权人利益的,依法承担赔偿责任。

(10)行政机关工作人员违法违规的。有关行政管理机关的工作人员违反《合伙企业法》规定,滥用职权、徇私舞弊、收受贿赂、侵害合伙企业合法权益的,依法给予行政处分。

(11)违反《合伙企业法》规定,构成犯罪的,依法追究刑事责任。违反《合伙企业法》规定,应当承担民事赔偿责任和缴纳罚款、罚金,其财产不足以同时支付的,先承担民事赔偿责任。

真题实练

1. 以下关于合伙人的权利的说法正确的是(　　)。

A. 普通合伙企业的合伙人根据出资不同对执行合伙事务享有不同的权利

B. 普通合伙企业的合伙人对执行合伙事务享有同等的权利

C. 有限合伙企业的有限合伙人根据出资不同对执行合伙事务享有不同的权利

D. 有限合伙企业的有限合伙人对执行合伙事务享有同等的权利

2. 以下关于合伙企业解散的说法,错误的是(　　)。

A. 合伙期限届满,合伙人决定不再经营

B. 合伙协议约定的解散事由出现

C. 2/3 合伙人决定解散

D. 合伙人已不具备法定人数满 30 天

3. 以下关于有限合伙企业,说法正确的是(　　)。

Ⅰ. 有限合伙企业由 1 个以上 50 个以下合伙人设立

Ⅱ. 有限合伙企业由 2 个以上 50 个以下合伙人设立

Ⅲ. 有限合伙企业至少应该有 1 个普通合伙人

Ⅳ.有限合伙企业可以没有普通合伙人

A. Ⅰ、Ⅲ　　B. Ⅰ、Ⅳ

C. Ⅱ、Ⅲ　　D. Ⅱ、Ⅳ

4.下列关于有限合伙企业协议应当特别载明内容的说法,正确的有(　　)。

Ⅰ.协议特别载明普通合伙人的姓名或者名称

Ⅱ.协议特别载明有限合伙人的姓名或者名称

Ⅲ.协议特别载明普通合伙人入伙、退伙的条件

Ⅳ.协议特别载明有限合伙人入伙、退伙的条件

A. Ⅰ、Ⅱ、Ⅳ　　B. Ⅰ、Ⅱ、Ⅲ

C. Ⅱ、Ⅲ、Ⅳ　　D. Ⅰ、Ⅲ、Ⅳ

【答案及解析】

1.B　**【解析】**普通合伙企业的合伙人对执行合伙事务享有同等的权利。有限合伙企业的有限合伙人不得执行合伙企业中的事务。

2.C　**【解析】**合伙企业有下列情形之一的,应当解散:①合伙期限届满,合伙人决定不再经营;②合伙协议约定的解散事由出现;③全体合伙人决定解散;④合伙人已不具备法定人数满30天;⑤合伙协议约定的合伙目的已经实现或者无法实现;⑥依法被吊销营业执照、责令关闭或者被撤销;⑦法律、行政法规规定的其他原因。

3.C　**【解析】**有限合伙企业由2个以上50个以下合伙人设立;但是,法律另有规定的除外。有限合伙企业至少应当有1个普通合伙人。

4.A　**【解析】**有限合伙协议除需满足普通合伙企业协议内容的要求外,还应当载明下列事项:①普通合伙人和有限合伙人的姓名或者名称、住所;②执行事务合伙人应具备的条件和选择程序;③执行事务合伙人权限与违约处理办法;④执行事务合伙人的除名条件和更换程序;⑤有限合伙人人伙、退伙的条件、程序以及相关责任;⑥有限合伙人和普通合伙人相互转变程序。

第四节　证券法

考纲要求

本节考纲要求如表1-25所示。

表1-25　第一章第四节考纲要求

考纲要求	星级	具体内容
熟悉	★★	①证券法的适用范围 ②证券承销业务的种类、承销协议的主要内容 ③承销团及主承销人

续表

考纲要求	星级	具体内容
熟悉	★★	④证券的销售期限 ⑤代销制度 ⑥操纵证券市场行为 ⑦上市公司收购的程序和规则 ⑧证券交易场所的组织架构、交易规则和风险基金制度 ⑨证券登记结算机构的设立条件、职能、业务规则和证券结算风险基金 ⑩违反证券发行规定的法律责任 ⑪违反证券交易规定的法律责任 ⑫违反证券机构管理、人员管理相关规定的法律责任及证券机构的法律责任
掌握	★★★	①证券发行和交易的“三公”原则 ②发行交易当事人的行为准则 ③证券发行、交易活动禁止行为的规定 ④公开发行证券的有关规定 ⑤证券交易的条件及方式等一般规定 ⑥掌握证券上市的条件和终止上市交易的情形 ⑦内幕交易行为 ⑧虚假陈述,信息误导行为和损害客户利益行为 ⑨上市公司收购的方式 ⑩信息披露制度、定期报告、临时报告及相关法律责任 ⑪投资者保护制度、投资者的分类、投资者保护机构、债券持有人会议、诉讼规则及相关法律责任 ⑫上市公司收购的法律责任 ⑬违反信息披露规则的法律责任、违反投资者保护规则的法律责任

考点梳理

一、法规概述

现行《证券法》为2019年12月28日第十三届全国人民代表大会常务委员会第十五次会议修订后的版本,于2020年3月1日起施行。

《证券法》是为了规范证券发行和交易行为,保护投资者的合法权益,维护社会经济秩序和社会公共利益,促进社会主义市场经济的发展,制定的法律。

我国的证券法法律体系以《证券法》为核心,由相关法律、行政法规、部门规章及规范性文件和自律性规则共同组成,为证券发行和交易行为的正常运行提供了法律法规保障,也为监管部门履行监管职责提供了制度依据。

原《证券法》一共240条,本次作了较大调整完善。总结起来主要有十个方面:①全面推行证券发行注册制度;②大幅提高违法违规成本;③完善投资者保护制度;④进一步强化信息披露要求;⑤完善证券交易制度;⑥取消多项行政许可;⑦进一步规范中介机构职责履行;⑧建立健全多层次资本市场体系;⑨强化监管执法和风险防控;⑩扩大证券法适用范围,增加存托凭证为法定证券,将资产支持证券和资管产品写入证券法等。

二、总则★★★

《证券法》的适用范围、证券发行和交易的“三公”原则、当事人的行为准则和发行、交易活动的禁止行为如表 1-26 所示。

表 1-26　　《证券法》适用范围及准则

项目	具体内容
《证券法》的适用范围	①在中华人民共和国境内,股票、公司债券、存托凭证和国务院依法认定的其他证券的发行和交易 ②政府债券、证券投资基金份额的上市交易 ③资产支持证券、资产管理产品发行、交易的管理办法,由国务院依照《证券法》的原则规定
	在中华人民共和国境外的证券发行和交易活动,扰乱中华人民共和国境内市场秩序,损害境内投资者合法权益的,依照《证券法》有关规定处理并追究法律责任
证券发行和交易的“三公”原则	证券的发行、交易活动,必须遵循公开、公平、公正的“三公”原则
发行交易当事人的行为准则	当事人具有平等的法律地位,应当遵守自愿、有偿、诚实信用的原则
证券发行、交易活动的禁止行为	必须遵守法律、行政法规;禁止欺诈、内幕交易和操纵证券市场的行为

三、证券发行

(一)公开发行证券的有关规定★★★

证券发行包括公开发行和非公开发行。公开发行证券,必须符合法律、行政法规规定的条件,并依法报经国务院证券监督管理机构或者国务院授权的部门注册;未经依法注册,任何单位和个人不得公开发行证券。证券发行注册制的具体范围、实施步骤,由国务院规定。

1. 公开发行的定义

有下列情形之一的,为公开发行:①向不特定对象发行证券;②向特定对象发行证券累计超过 200 人,但依法实施员工持股计划的员工人数不计算在内;③法律、行政法规规定的其他发行行为。

非公开发行证券,不得采用广告、公开劝诱和变相公开方式。

2. 公开发行新股的条件、程序和规则

(1)公司首次公开发行新股应当符合的条件。

①具备健全且运行良好的组织机构;②具有持续经营能力;③最近 3 年财务会计报告被出具无保留意见审计报告;④发行人及其控股股东、实际控制人最近 3 年不存在贪污、贿

赂、侵占财产、挪用财产或者破坏社会主义市场经济秩序的刑事犯罪;⑤经国务院批准的国务院证券监督管理机构规定的其他条件。

(2)设立股份有限公司公开发行股票应当符合的条件。

设立股份有限公司公开发行股票,应当符合《公司法》规定的条件和经国务院批准的国务院证券监督管理机构规定的其他条件,向国务院证券监督管理机构报送募股申请和下列文件:①公司章程;②发起人协议;③发起人姓名或者名称,发起人认购的股份数、出资种类及验资证明;④招股说明书;⑤代收股款银行的名称及地址;⑥承销机构名称及有关的协议。

依照《证券法》规定聘请保荐人的,还应当报送保荐人出具的发行保荐书。法律、行政法规规定设立公司必须报经批准的,还应当提交相应的批准文件。

(3)公司公开发行新股应当报送募股申请的文件。

①公司营业执照;②公司章程;③股东大会决议;④招股说明书或者其他公开发行募集文件;⑤财务会计报告;⑥代收股款银行的名称及地址。

依照《证券法》规定实行承销的,还应当报送承销机构名称及有关的协议。

(4)发行人申请首次公开发行股票的程序。

发行人申请首次公开发行股票的,在提交申请文件后,应当按照国务院证券监督管理机构的规定预先披露有关申请文件。

国务院证券监督管理机构或者国务院授权的部门应当自受理证券发行申请文件之日起3个月内,依照法定条件和法定程序作出予以注册或者不予注册的决定,发行人根据要求补充、修改发行申请文件的时间不计算在内。不予注册的,应当说明理由。

证券发行申请经注册后,发行人应当依照法律、行政法规的规定,在证券公开发行前公告公开发行募集文件,并将该文件置备于指定场所供公众查阅。发行证券的信息依法公开前,任何知情人不得公开或者泄露该信息。发行人不得在公告公开发行募集文件前发行证券。

3. 公开发行债券的条件、程序和规则

(1)公开发行公司债券应当符合的条件。

①具备健全且运行良好的组织机构;②最近3年平均可分配利润足以支付公司债券1年的利息;③国务院规定的其他条件。

公开发行公司债券筹集的资金,必须按照公司债券募集办法所列资金用途使用;改变资金用途,必须经债券持有人会议作出决议。公开发行公司债券筹集的资金,不得用于弥补亏损和非生产性支出。

上市公司发行可转换为股票的公司债券,除应当符合上述公开发行公司债券规定的条件外,还应当符合公开发行股票的条件,并报国务院证券监督管理机构核准。但是,按照公司债券募集办法,上市公司通过收购本公司股份的方式进行公司债券转换的除外。

(2)不得再次公开发行公司债券的情形。

①对已公开发行的公司债券或者其他债务有违约或者延迟支付本息的事实,仍处于继续状态;②违反《证券法》规定,改变公开发行公司债券所募资金的用途。

(3)申请公开发行公司债券应当向国务院授权的部门或者国务院证券监督管理机构报送的文件。

①公司营业执照;②公司章程;③公司债券募集办法;④国务院授权的部门或者国务院证券监督管理机构规定的其他文件。

依照《证券法》规定聘请保荐人的,还应当报送保荐人出具的发行保荐书。

(二)证券承销业务的种类、承销协议的主要内容★★

1. 证券承销业务的种类

证券承销业务采取代销或者包销方式,具体内容如表1-27所示。

表1-27　证券承销业务的种类

种类	具体内容
证券代销	指证券公司代发行人发售证券,在承销期结束时将未售出的证券全部退还给发行人的承销方式
证券包销	指证券公司将发行人的证券按照协议全部购入,或在承销期结束时将售后剩余证券全部自行购入的承销方式

2. 承销协议的主要内容

发行人向不特定对象发行的证券,法律、行政法规规定应当由证券公司承销的,发行人应当同证券公司签订承销协议。证券公司承销证券,应当同发行人签订代销或者包销协议,载明下列事项:

(1)当事人的名称、住所及法定代表人姓名。

(2)代销、包销证券的种类、数量、金额及发行价格。

(3)代销、包销的期限及起止日期。

(4)代销、包销的付款方式及日期。

(5)代销、包销的费用和结算办法。

(6)违约责任。

(7)国务院证券监督管理机构规定的其他事项。

(三)承销团和主承销人★★

向不特定对象发行证券聘请承销团承销的,承销团应当由主承销和参与承销的证券公司组成。

(四)证券的销售期限★★

证券的代销、包销期限最长不得超过90日。证券公司在代销、包销期内,对所代销、包销的证券应当保证先行出售给认购人,证券公司不得为本公司预留所代销的证券和预先购入并留存所包销的证券。公开发行股票,代销、包销期限届满,发行人应当在规定的期限内将股票发行情况报国务院证券监督管理机构备案。

（五）代销制度★★

股票发行采用代销方式，代销期限届满，向投资者出售的股票数量未达到拟公开发行股票数量70%的，为发行失败。发行人应当按照发行价并加算银行同期存款利息返还股票认购人。

四、证券交易

（一）证券交易的条件及方式★★★

证券交易的条件及其方式，如表1-28所示。

表1-28　证券交易的条件及方式

证券交易	具体内容
条件	①证券交易当事人依法买卖的证券，必须是依法发行并交付的证券。非依法发行的证券，不得买卖 ②依法发行的证券，《公司法》和其他法律对其转让期限有限制性规定的，在限定的期限内不得转让
方式	①公开发行的证券，应当在依法设立的证券交易所上市交易或者在国务院批准的其他全国性证券交易场所交易 ②非公开发行的证券，可以在证券交易所、国务院批准的其他全国性证券交易场所、按照国务院规定设立的区域性股权市场转让 ③证券在证券交易所上市交易，应当采用公开的集中交易方式或者国务院证券监督管理机构批准的其他方式

（二）证券上市的条件和终止上市交易的情形★★★

1. 证券上市的条件

申请证券上市交易，应当向证券交易所提出申请，由证券交易所依法审核同意，并由双方签订上市协议。证券交易所根据国务院授权的部门的决定安排政府债券上市交易。

申请证券上市交易，应当符合证券交易所上市规则规定的上市条件。证券交易所上市规则规定的上市条件，应当对发行人的经营年限、财务状况、最低公开发行比例和公司治理、诚信记录等提出要求。

2. 证券终止上市交易的情形

上市交易的证券，有证券交易所规定的终止上市情形的，由证券交易所按照业务规则终止其上市交易。证券交易所决定终止证券上市交易的，应当及时公告，并报国务院证券监督管理机构备案。

对证券交易所作出的不予上市交易、终止上市交易决定不服的，可以向证券交易所设立的复核机构申请复核。

（三）禁止内幕交易★★★

1. 内幕信息与其知情人

内幕信息的内容及知情人的具体规定，如表1-29所示。

表 1-29　　内幕信息的内容及知情人的具体规定

项目	具体内容
内幕信息的知情人	①发行人及其董事、监事、高级管理人员 ②持有公司 5% 以上股份的股东及其董事、监事、高级管理人员，公司的实际控制人及其董事、监事、高级管理人员 ③发行人控股或者实际控制的公司及其董事、监事、高级管理人员 ④由于所任公司职务或者因与公司业务往来可以获取公司有关内幕信息的人员 ⑤上市公司收购人或者重大资产交易方及其控股股东、实际控制人、董事、监事和高级管理人员 ⑥因职务、工作可以获取内幕信息的证券交易场所、证券公司、证券登记结算机构、证券服务机构的有关人员 ⑦因职责、工作可以获取内幕信息的证券监督管理机构工作人员 ⑧因法定职责对证券的发行、交易或者对上市公司及其收购、重大资产交易进行管理可以获取内幕信息的有关主管部门、监管机构的工作人员 ⑨国务院证券监督管理机构规定的可以获取内幕信息的其他人员
内幕信息	证券交易活动中，涉及发行人的经营、财务或者对该发行人证券的市场价格有重大影响的尚未公开的信息，为内幕信息 《证券法》第 80 条第 2 款、第 81 条第 2 款所列重大事件（即需要报送临时报告时所发生的重大事件）属于内幕信息

2. 内幕交易的禁止性规定

(1) 禁止证券交易内幕信息的知情人和非法获取内幕信息的人利用内幕信息从事证券交易活动。

(2) 证券交易内幕信息的知情人和非法获取内幕信息的人，在内幕信息公开前，不得买卖该公司的证券，或者泄露该信息，或者建议他人买卖该证券。

(3) 持有或者通过协议、其他安排与他人共同持有公司 5% 以上股份的自然人、法人、非法人组织收购上市公司的股份，《证券法》另有规定的，适用其规定。

(4) 内幕交易行为给投资者造成损失的，应当依法承担赔偿责任。

(四) 禁止操纵证券市场行为★★

禁止任何人以下列手段操纵证券市场，影响或者意图影响证券交易价格或者证券交易量：

(1) 单独或者通过合谋，集中资金优势、持股优势或者利用信息优势联合或者连续买卖。

(2) 与他人串通，以事先约定的时间、价格和方式相互进行证券交易。

(3) 在自己实际控制的账户之间进行证券交易。

(4) 不以成交为目的，频繁或者大量申报并撤销申报。

(5) 利用虚假或者不确定的重大信息，诱导投资者进行证券交易。

(6) 对证券、发行人公开作出评价、预测或者投资建议，并进行反向证券交易。

(7) 利用在其他相关市场的活动操纵证券市场。

(8) 操纵证券市场的其他手段。

操纵证券市场行为给投资者造成损失的，应当依法承担赔偿责任。

(五)禁止虚假陈述、信息误导行为★★★

(1)禁止任何单位和个人编造、传播虚假信息或者误导性信息，扰乱证券市场。

(2)禁止证券交易场所、证券公司、证券登记结算机构、证券服务机构及其从业人员，证券业协会、证券监督管理机构及其工作人员，在证券交易活动中作出虚假陈述或者信息误导。

(3)各种传播媒介传播证券市场信息必须真实、客观，禁止误导。传播媒介及其从事证券市场信息报道的工作人员不得从事与其工作职责发生利益冲突的证券买卖。

(4)编造、传播虚假信息或者误导性信息，扰乱证券市场，给投资者造成损失的，应当依法承担赔偿责任。

(六)禁止损害客户利益行为★★★

禁止证券公司及其从业人员从事下列损害客户利益的行为：

(1)违背客户的委托为其买卖证券。

(2)不在规定时间内向客户提供交易的确认文件。

(3)未经客户的委托，擅自为客户买卖证券，或者假借客户的名义买卖证券。

(4)为牟取佣金收入，诱使客户进行不必要的证券买卖。

(5)其他违背客户真实意思表示，损害客户利益的行为。

违反前款规定给客户造成损失的，应当依法承担赔偿责任。

五、上市公司收购

(一)上市公司收购的方式★★★

投资者可以采取要约收购、协议收购及其他合法方式收购上市公司。具体方式如表1-30所示。

表1-30　上市公司收购方式

方式	具体内容
要约收购	①通过证券交易所的证券交易，投资者持有或者通过协议、其他安排与他人共同持有一个上市公司已发行的有表决权股份达到30%时，继续进行收购的，应该向该上市公司所有股东发出收购上市公司全部或者部分股份的要约 ②收购上市公司部分股份的收购要约应当约定，被收购公司股东承诺出售的股份数额超过预定收购的股份数额的，收购人按比例进行收购 ③收购要约约定的收购期限不得少于30日，并不得超过60日。在收购要约确定的承诺期限内，收购人不得撤销其收购要约。收购人需要变更收购要约的，应当及时公告，载明具体变更事项，且不得存在下列情形：降低收购价格；减少预定收购股份数额；缩短收购期限；国务院证券监督管理机构规定的其他情形 ④收购要约提出的各项收购条件，适用于被收购公司的所有股东 ⑤采取要约收购方式的，收购人在收购期限内，不得卖出被收购公司的股票，也不得采取要约规定以外的形式和超出要约的条件买入被收购公司的股票

续表

方式	具体内容
协议收购	①采取协议收购方式的，收购人可以依照法律、行政法规的规定同被收购公司的股东以协议方式进行股份转让 ②以协议方式收购上市公司时，达成协议后，收购人必须在3日内将该收购协议向国务院证券监督管理机构及证券交易所作出书面报告，并予公告。在公告前不得履行收购协议 ③采取协议收购方式的，协议双方可以临时委托证券登记结算机构保管协议转让的股票，并将资金存放于指定的银行 ④采取协议收购方式的，收购人收购或者通过协议、其他安排与他人共同收购一个上市公司已发行的有表决权股份达到30%时，继续进行收购的，应当向该上市公司所有股东发出收购上市公司全部或者部分股份的要约。但是，经国务院证券监督管理机构免除发出要约的除外

（二）上市公司收购的程序和规则★★

1. 持股比例达到5%时的程序和规则

通过证券交易所的证券交易，投资者持有或者通过协议、其他安排与他人共同持有一个上市公司已发行的有表决权股份达到5%时，应当在该事实发生之日起3日内，向国务院证券监督管理机构、证券交易所作出书面报告，通知该上市公司，并予公告，在上述期限内不得再行买卖该上市公司的股票，但国务院证券监督管理机构规定的情形除外。

2. 持股比例每增减5%时的程序和规则

投资者持有或者通过协议、其他安排与他人共同持有一个上市公司已发行的有表决权股份达到5%后，其所持该上市公司已发行的有表决权股份比例每增加或者减少5%，应当依照前款规定进行报告和公告，在该事实发生之日起至公告后3日内，不得再行买卖该上市公司的股票，但国务院证券监督管理机构规定的情形除外。

3. 持股比例每增减1%时的程序和规则

投资者持有或者通过协议、其他安排与他人共同持有一个上市公司已发行的有表决权股份达到5%后，其所持该上市公司已发行的有表决权股份比例每增加或者减少1%，应当在该事实发生的次日通知该上市公司，并予公告。

4. 持股比例达到30%时的程序和规则

通过证券交易所的证券交易，投资者持有或者通过协议、其他安排与他人共同持有一个上市公司已发行的有表决权股份达到30%时，继续进行收购的，应当依法向该上市公司所有股东发出收购上市公司全部或者部分股份的要约。收购上市公司部分股份的要约应当约定，被收购公司股东承诺出售的股份数额超过预定收购的股份数额的，收购人按比例进行收购。

（三）收购行为完成后的事项

（1）收购期限届满，被收购公司股权分布不符合证券交易所规定的上市交易要求的，该上市公司的股票应当由证券交易所依法终止上市交易；其余仍持有被收购公司股票的股东,有权向收购人以收购要约的同等条件出售其股票,收购人应当收购。

(2)收购行为完成后,被收购公司不再具备股份有限公司条件的,应当依法变更企业形式。

(3)在上市公司收购中,收购人持有的被收购的上市公司的股票,在收购行为完成后的18个月内不得转让。

(4)收购行为完成后,收购人与被收购公司合并,并将该公司解散的,被解散公司的原有股票由收购人依法更换。

(5)收购行为完成后,收购人应当在15日内将收购情况报告国务院证券监督管理机构和证券交易所,并予公告。

六、信息披露★★★

(一)信息披露制度

发行人及法律、行政法规和国务院证券监督管理机构规定的其他信息披露义务人,应当及时依法履行信息披露义务。信息披露义务人披露的信息,应当真实、准确、完整,简明清晰,通俗易懂,不得有虚假记载、误导性陈述或者重大遗漏。证券同时在境内境外公开发行、交易的,其信息披露义务人在境外披露的信息,应当在境内同时披露。

信息披露义务人披露的信息应当同时向所有投资者披露,不得提前向任何单位和个人泄露。但是,法律、行政法规另有规定的除外。任何单位和个人不得非法要求信息披露义务人提供依法需要披露但尚未披露的信息。任何单位和个人提前获知的前述信息,在依法披露前应当保密。

除依法需要披露的信息之外,信息披露义务人可以自愿披露与投资者作出价值判断和投资决策有关的信息,但不得与依法披露的信息相冲突,不得误导投资者。发行人及其控股股东、实际控制人、董事、监事、高级管理人员等作出公开承诺的,应当披露。不履行承诺给投资者造成损失的,应当依法承担赔偿责任。

(二)定期报告

上市公司、公司债券上市交易的公司、股票在国务院批准的其他全国性证券交易场所交易的公司,应当按照国务院证券监督管理机构和证券交易场所规定的内容和格式编制定期报告,并按照下列规定报送和公告:

(1)在每一会计年度结束之日起4个月内,报送并公告年度报告,其中的年度财务会计报告应当经符合《证券法》规定的会计师事务所审计;

(2)在每一会计年度的上半年结束之日起2个月内,报送并公告中期报告。

发行人的董事、高级管理人员应当对证券发行文件和定期报告签署书面确认意见。发行人的监事会应当对董事会编制的证券发行文件和定期报告进行审核并提出书面审核意见。监事应当签署书面确认意见。

发行人的董事、监事和高级管理人员应当保证发行人及时、公平地披露信息，所披露的信息真实、准确、完整。董事、监事和高级管理人员无法保证证券发行文件和定期报告内容的真实性、准确性、完整性或者有异议的，应当在书面确认意见中发表意见并陈述理由，发行人应当披露。发行人不予披露的，董事、监事和高级管理人员可以直接申请披露。

（三）临时报告

发生可能对上市公司、股票在国务院批准的其他全国性证券交易场所交易的公司的股票交易价格产生较大影响的重大事件，投资者尚未得知时，公司应当立即将有关该重大事件的情况向国务院证券监督管理机构和证券交易场所报送临时报告，并予公告，说明事件的起因、目前的状态和可能产生的法律后果。

公司的控股股东或者实际控制人对重大事件的发生、进展产生较大影响的，应当及时将其知悉的有关情况书面告知公司，并配合公司履行信息披露义务。

发生可能对上市交易公司债券的交易价格产生较大影响的重大事件，投资者尚未得知时，公司应当立即将有关该重大事件的情况向国务院证券监督管理机构和证券交易场所报送临时报告，并予公告，说明事件的起因、目前的状态和可能产生的法律后果。

对股票交易价格和债券交易价格产生较大影响的重大事件如表 1–31 所示。

表 1–31　　对股票交易价格和债券交易价格产生较大影响的重大事件

项目	具体内容
对股票交易价格产生较大影响的重大事件	①公司的经营方针和经营范围的重大变化 ②公司的重大投资行为，公司在 1 年内购买、出售重大资产超过公司资产总额 30%，或者公司营业用主要资产的抵押、质押、出售或者报废一次超过该资产的 30% ③公司订立重要合同、提供重大担保或者从事关联交易，可能对公司的资产、负债、权益和经营成果产生重要影响 ④公司发生重大债务和未能清偿到期重大债务的违约情况 ⑤公司发生重大亏损或者重大损失 ⑥公司生产经营的外部条件发生的重大变化 ⑦公司的董事、1/3 以上监事或者经理发生变动，董事长或者经理无法履行职责 ⑧持有公司 5% 以上股份的股东或者实际控制人持有股份或者控制公司的情况发生较大变化，公司的实际控制人及其控制的其他企业从事与公司相同或者相似业务的情况发生较大变化 ⑨公司分配股利、增资的计划，公司股权结构的重要变化，公司减资、合并、分立、解散及申请破产的决定，或者依法进入破产程序、被责令关闭 ⑩涉及公司的重大诉讼、仲裁，股东大会、董事会决议被依法撤销或者宣告无效 ⑪公司涉嫌犯罪被依法立案调查，公司的控股股东、实际控制人、董事、监事、高级管理人员涉嫌犯罪被依法采取强制措施 ⑫国务院证券监督管理机构规定的其他事项

续表

项目	具体内容
对债券交易价格产生较大影响的重大事件	①公司股权结构或者生产经营状况发生重大变化 ②公司债券信用评级发生变化 ③公司重大资产抵押、质押、出售、转让、报废 ④公司发生未能清偿到期债务的情况 ⑤公司新增借款或者对外提供担保超过上年末净资产的20% ⑥公司放弃债权或者财产超过上年末净资产的10% ⑦公司发生超过上年末净资产10%的重大损失 ⑧公司分配股利，作出减资、合并、分立、解散及申请破产的决定，或者依法进入破产程序、被责令关闭 ⑨涉及公司的重大诉讼、仲裁 ⑩公司涉嫌犯罪被依法立案调查，公司的控股股东、实际控制人、董事、监事、高级管理人员涉嫌犯罪被依法采取强制措施 ⑪国务院证券监督管理机构规定的其他事项

(四)法律责任

信息披露义务人未按照规定披露信息，或者公告的证券发行文件、定期报告、临时报告及其他信息披露资料存在虚假记载、误导性陈述或者重大遗漏，致使投资者在证券交易中遭受损失的，信息披露义务人应当承担赔偿责任；发行人的控股股东、实际控制人、董事、监事、高级管理人员和其他直接责任人员以及保荐人、承销的证券公司及其直接责任人员，应当与发行人承担连带赔偿责任，但是能够证明自己没有过错的除外。

依法披露的信息，应当在证券交易场所的网站和符合国务院证券监督管理机构规定条件的媒体发布，同时将其置备于公司住所、证券交易场所，供社会公众查阅。

国务院证券监督管理机构对信息披露义务人的信息披露行为进行监督管理。证券交易场所应当对其组织交易的证券的信息披露义务人的信息披露行为进行监督，督促其依法及时、准确地披露信息。

七、投资者保护★★★

证券公司向投资者销售证券、提供服务时，应当按照规定充分了解投资者的基本情况、财产状况、金融资产状况、投资知识和经验、专业能力等相关信息；如实说明证券、服务的重要内容，充分揭示投资风险；销售、提供与投资者上述状况相匹配的证券、服务。证券公司违反上述规定导致投资者损失的，应当承担相应的赔偿责任。投资者在购买证券或者接受服务时，应当按照证券公司明示的要求提供前述所列真实信息。拒绝提供或者未按照要求提供信息的，证券公司应当告知其后果，并按照规定拒绝向其销售证券、提供服务。

(一)投资者的分类

根据财产状况、金融资产状况、投资知识和经验、专业能力等因素，投资者可以分为普通投资者和专业投资者。专业投资者的标准由国务院证券监督管理机构规定。

普通投资者与证券公司发生纠纷的，证券公司应当证明其行为符合法律、行政法规以及国务院证券监督管理机构的规定，不存在误导、欺诈等情形。证券公司不能证明的，应当承担相应的赔偿责任。

（二）投资者保护的具体方式

1. 投资者保护机构

上市公司董事会、独立董事、持有1%以上有表决权股份的股东或者依照法律、行政法规或者国务院证券监督管理机构的规定设立的投资者保护机构，可以作为征集人，自行或者委托证券公司、证券服务机构，公开请求上市公司股东委托其代为出席股东大会，并代为行使提案权、表决权等股东权利。依照上述规定征集股东权利的，征集人应当披露征集文件，上市公司应当予以配合。

禁止以有偿或者变相有偿的方式公开征集股东权利。公开征集股东权利违反法律、行政法规或者国务院证券监督管理机构有关规定，导致上市公司或者其股东遭受损失的，应当依法承担赔偿责任。

上市公司应当在章程中明确分配现金股利的具体安排和决策程序，依法保障股东的资产收益权。上市公司当年税后利润，在弥补亏损及提取法定公积金后有盈余的，应当按照公司章程的规定分配现金股利。

2. 债券持有人会议

公开发行公司债券的，应当设立债券持有人会议，并应当在募集说明书中说明债券持有人会议的召集程序、会议规则和其他重要事项。

公开发行公司债券的，发行人应当为债券持有人聘请债券受托管理人，并订立债券受托管理协议。受托管理人应当由本次发行的承销机构或者其他经国务院证券监督管理机构认可的机构担任，债券持有人会议可以决议变更债券受托管理人。债券受托管理人应当勤勉尽责，公正履行受托管理职责，不得损害债券持有人利益。

债券发行人未能按期兑付债券本息的，债券受托管理人可以接受全部或者部分债券持有人的委托，以自己名义代表债券持有人提起、参加民事诉讼或者清算程序。

（三）法律责任

发行人因欺诈发行、虚假陈述或者其他重大违法行为给投资者造成损失的，发行人的控股股东、实际控制人、相关的证券公司可以委托投资者保护机构，就赔偿事宜与受到损失的投资者达成协议，予以先行赔付。先行赔付后，可以依法向发行人以及其他连带责任人追偿。

（四）诉讼规则

投资者与发行人、证券公司等发生纠纷的，双方可以向投资者保护机构申请调解。普通投资者与证券公司发生证券业务纠纷，普通投资者提出调解请求的，证券公司不得拒绝。投资者保护机构对损害投资者利益的行为，可以依法支持投资者向人民法院提起诉讼。

发行人的董事、监事、高级管理人员执行公司职务时违反法律、行政法规或者公司章程的规定给公司造成损失，发行人的控股股东、实际控制人等侵犯公司合法权益给公司造成损失，投资者保护机构持有该公司股份的，可以为公司的利益以自己的名义向人民法院提起诉讼，持股比例和持股期限不受《公司法》规定的限制。

投资者提起虚假陈述等证券民事赔偿诉讼时，诉讼标的是同一种类，且当事人一方人数众多的，可以依法推选代表人进行诉讼；可能存在有相同诉讼请求的其他众多投资者的，人民法院可以发出公告，说明该诉讼请求的案件情况，通知投资者在一定期间向人民法院登记。人民法院作出的判决、裁定，对参加登记的投资者发生效力。

投资者保护机构受50名以上投资者委托，可以作为代表人参加诉讼，并为经证券登记结算机构确认的权利人向人民法院登记，但投资者明确表示不愿意参加该诉讼的除外。

八、证券交易场所

证券交易所、国务院批准的其他全国性证券交易场所为证券集中交易提供场所和设施，组织和监督证券交易，实行自律管理，依法登记，取得法人资格。证券交易所、国务院批准的其他全国性证券交易场所的设立、变更和解散由国务院决定。国务院批准的其他全国性证券交易场所的组织机构、管理办法等，由国务院规定。

（一）一般规定

设立证券交易所必须制定章程。证券交易所章程的制定和修改，必须经国务院证券监督管理机构批准。

证券交易所必须在其名称中标明证券交易所字样。其他任何单位或者个人不得使用证券交易所或者近似的名称。

证券交易所可以自行支配的各项费用收入，应当首先用于保证其证券交易场所和设施的正常运行并逐步改善。

实行会员制的证券交易所的财产积累归会员所有，其权益由会员共同享有，在其存续期间，不得将其财产积累分配给会员。

（二）证券交易所的组织架构★★

实行会员制的证券交易所设理事会、监事会。证券交易所设总经理1人，由国务院证券监督管理机构任免。

有下列情形之一的，不得担任证券交易所的负责人：①因违法行为或者违纪行为被解除职务的证券交易所、证券登记结算机构的负责人或者证券公司的董事、监事、高级管理人员，自被解除职务之日起未逾5年；②因违法行为或者违纪行为被吊销执业证书或者被取消资格的律师、注册会计师或者其他证券服务机构的专业人员，自被吊销执业证书或者被取消资格之日起未逾5年。

因违法行为或者违纪行为被开除的证券交易场所、证券公司、证券登记结算机构、证券服务机构的从业人员和被开除的国家机关工作人员，不得招聘为证券交易所的从业人员。

（三）证券交易所的交易规则★★

（1）进入实行会员制的证券交易所参与集中交易的，必须是证券交易所的会员。证券交易所不得允许非会员直接参与股票的集中交易。

（2）投资者应当与证券公司签订证券交易委托协议，并在证券公司实名开立账户，以书面、电话、自助终端、网络等方式，委托该证券公司代其买卖证券。

（3）证券公司根据投资者的委托，按照证券交易规则提出交易申报，参与证券交易所场内的集中交易，并根据成交结果承担相应的清算交收责任；证券登记结算机构根据成交结果，按照清算交收规则，与证券公司进行证券和资金的清算交收，并为证券公司客户办理证券的登记过户手续。

（4）证券交易所应当为组织公平的集中交易提供保障，实时公布证券交易即时行情，并按交易日制作证券市场行情表，予以公布。证券交易即时行情的权益由证券交易所依法享有。未经证券交易所许可，任何单位和个人不得发布证券交易即时行情。

（四）证券交易所的责任和义务

因不可抗力、意外事件、重大技术故障、重大人为差错等突发性事件而影响证券交易正常进行时，为维护证券交易正常秩序和市场公平，证券交易所可以按照业务规则采取技术性停牌、临时停市等处置措施，并应当及时向国务院证券监督管理机构报告。证券交易所对其依照本条规定采取措施造成的损失，不承担民事赔偿责任，但存在重大过错的除外。

（五）证券交易所的风险基金★★

证券交易所应当从其收取的交易费用和会员费、席位费中提取一定比例的金额设立风险基金。风险基金由证券交易所理事会管理。

风险基金提取的具体比例和使用办法，由国务院证券监督管理机构会同国务院财政部门规定。

证券交易所应当将收存的风险基金存入开户银行专门账户，不得擅自使用。

九、证券登记结算机构

证券登记结算机构为证券交易提供集中登记、存管与结算服务，不以营利为目的，依法登记，取得法人资格。设立证券登记结算机构必须经国务院证券监督管理机构批准。

（一）证券登记结算机构的设立条件、职能、业务规则★★

证券登记结算机构的相关内容如表1-32所示。

表 1-32　证券登记结算机构的设立条件、职能、业务规则

项目	具体内容
条件	①自有资金不少于人民币 2 亿元 ②具有证券登记、存管和结算服务所必须的场所和设施 ③国务院证券监督管理机构规定的其他条件 证券登记结算机构的名称中应当标明“证券登记结算”字样
职能	①证券账户、结算账户的设立 ②证券的存管和过户 ③证券持有人名册登记 ④证券交易的清算和交收 ⑤受发行人的委托派发证券权益 ⑥办理与上述业务有关的查询、信息服务 ⑦国务院证券监督管理机构批准的其他业务
业务规则	①在证券交易所和国务院批准的其他全国性证券交易场所交易的证券的登记结算，应当采取全国集中统一的运营方式 ②证券登记结算机构章程、业务规则应当依法制定，并经国务院证券监督管理机构批准 ③交易的证券，应当全部存管在证券登记结算机构。证券登记结算机构不得挪用客户的证券 ④证券登记结算机构应当向证券发行人提供证券持有人名册及有关资料；证券登记结算机构应当根据证券登记结算的结果，确认证券持有人持有证券的事实，提供证券持有人登记资料；证券登记结算机构应当保证证券持有人名册和登记过户记录真实、准确、完整，不得隐匿、伪造、篡改或者毁损 ⑤证券登记结算机构应当采取下列措施保证业务的正常进行：具有必备的服务设备和完善的数据安全保护措施；建立完善的业务、财务和安全防范等管理制度；建立完善的风险管理系统 ⑥证券登记结算机构应当妥善保存登记、存管和结算的原始凭证及有关文件和资料；其保存期限不得少于 20 年 ⑦证券登记结算机构申请解散，应当经国务院证券监督管理机构批准 ⑧投资者委托证券公司进行证券交易，应当通过证券公司申请在证券登记结算机构开立证券账户；证券登记结算机构应当按照规定为投资者开立证券账户；投资者申请开立账户，应当持有证明中华人民共和国公民、法人、合伙企业身份的合法证件。国家另有规定的除外 ⑨证券登记结算机构作为中央对手方提供证券结算服务的，是结算参与人共同的清算交收对手，进行净额结算，为证券交易提供集中履约保障；证券登记结算机构为证券交易提供净额结算服务时，应当要求结算参与人按照货银对付的原则，足额交付证券和资金，并提供交收担保；在交收完成之前，任何人不得动用用于交收的证券、资金和担保物；结算参与人未按时履行交收义务的，证券登记结算机构有权按照业务规则处理前款所述财产 ⑩证券登记结算机构按照业务规则收取的各类结算资金和证券，必须存放于专门的清算交收账户，只能按业务规则用于已成交的证券交易的清算交收，不得被强制执行

(二)证券结算风险基金★★

证券登记结算机构应当设立证券结算风险基金，用于垫付或者弥补因违约交收、技术故障、操作失误、不可抗力造成的证券登记结算机构的损失。

证券结算风险基金从证券登记结算机构的业务收入和收益中提取，并可以由结算参与人按照证券交易业务量的一定比例缴纳。证券结算风险基金的筹集、管理办法，由国务院

证券监督管理机构会同国务院财政部门规定。

证券结算风险基金应当存入指定银行的专门账户，实行专项管理。证券登记结算机构以证券结算风险基金赔偿后，应当向有关责任人追偿。

十、法律责任

（一）违反证券发行规定的法律责任★★

发行人、证券公司、保荐人违反规定应承担的法律责任如表 1-33 所示。

表 1-33　违反证券发行规定的法律责任

项目	具体内容
发行人违反规定的法律责任	①根据《证券法》第 180 条的规定，违反本法第 9 条的规定，擅自公开或者变相公开发行证券的，责令停止发行，退还所募资金并加算银行同期存款利息，处以非法所募资金金额 5% 以上 50% 以下的罚款；对擅自公开或者变相公开发行证券设立的公司，由依法履行监督管理职责的机构或者部门会同县级以上地方人民政府予以取缔。对直接负责的主管人员和其他直接责任人员给予警告，并处以 50 万元以上 500 万元以下的罚款 ②根据《证券法》第 181 条的规定，发行人在其公告的证券发行文件中隐瞒重要事实或者编造重大虚假内容，尚未发行证券的，处以 200 万元以上 2000 万元以下的罚款；已经发行证券的，处以非法所募资金金额 10% 以上 1 倍以下的罚款。对直接负责的主管人员和其他直接责任人员，处以 100 万元以上 1000 万元以下的罚款。发行人的控股股东、实际控制人组织、指使从事前款违法行为的，没收违法所得，并处以违法所得 10% 以上 1 倍以下的罚款；没有违法所得或者违法所得不足 2000 万元的，处以 200 万元以上 2000 万元以下的罚款。对直接负责的主管人员和其他直接责任人员，处以 100 万元以上 1000 万元以下的罚款
证券公司违反规定的法律责任	①根据《证券法》第 183 条的规定，证券公司承销或者销售擅自公开发行或者变相公开发行的证券的，责令停止承销或者销售，没收违法所得，并处以违法所得 1 倍以上 10 倍以下的罚款；没有违法所得或者违法所得不足 100 万元的，处以 100 万元以上 1000 万元以下的罚款；情节严重的，并处暂停或者撤销相关业务许可。给投资者造成损失的，应当与发行人承担连带赔偿责任。对直接负责的主管人员和其他直接责任人员给予警告，并处以 50 万元以上 500 万元以下的罚款 ②根据《证券法》第 184 条的规定，证券公司承销证券，有下列行为之一的，责令改正，给予警告，没收违法所得，可以并处 50 万元以上 500 万元以下的罚款；情节严重的，暂停或者撤销相关业务许可。对直接负责的主管人员和其他直接责任人员给予警告，可以并处 20 万元以上 200 万元以下的罚款；情节严重的，并处以 50 万元以上 500 万元以下的罚款： A. 进行虚假的或者误导投资者的广告宣传或者其他宣传推介活动 B. 以不正当竞争手段招揽承销业务 C. 其他违反证券承销业务规定的行为
保荐人违反规定的法律责任	根据《证券法》第 182 条的规定，保荐人出具有虚假记载、误导性陈述或者重大遗漏的保荐书，或者不履行其他法定职责的，责令改正，给予警告，没收业务收入，并处以业务收入 1 倍以上 10 倍以下的罚款；没有业务收入或者业务收入不足 100 万元的，处以 100 万元以上 1000 万元以下的罚款；情节严重的，并处暂停或者撤销保荐业务许可。对直接负责的主管人员和其他直接责任人员给予警告，并处以 50 万元以上 500 万元以下的罚款

（二）违反证券交易规定的法律责任★★

违反证券交易规定的法律责任如表 1-34 所示。

表 1-34　　违反证券交易规定的法律责任

项目	具体内容
内幕交易的法律责任	①根据《证券法》第 191 条的规定，证券交易内幕信息的知情人或者非法获取内幕信息的人违反本法第 53 条的规定从事内幕交易的，责令依法处理非法持有的证券，没收违法所得，并处以违法所得 1 倍以上 10 倍以下的罚款；没有违法所得或者违法所得不足 50 万元的，处以 50 万元以上 500 万元以下的罚款。单位从事内幕交易的，还应当对直接负责的主管人员和其他直接责任人员给予警告，并处以 20 万元以上 200 万元以下的罚款。国务院证券监督管理机构工作人员从事内幕交易的，从重处罚 ②违反《证券法》第 54 条的规定，利用未公开信息进行交易的，依照前款的规定处罚
操纵市场的法律责任	根据《证券法》第 192 条的规定，违反本法第 55 条的规定，操纵证券市场的，责令依法处理其非法持有的证券，没收违法所得，并处以违法所得 1 倍以上 10 倍以下的罚款；没有违法所得或者违法所得不足 100 万元的，处以 100 万元以上 1000 万元以下的罚款。单位操纵证券市场的，还应当对直接负责的主管人员和其他直接责任人员给予警告，并处以 50 万元以上 500 万元以下的罚款
虚假陈述、信息误导的法律责任	①根据《证券法》第 193 条的规定，违反本法第 56 条第 1 款、第 3 款的规定，编造、传播虚假信息或者误导性信息，扰乱证券市场的，没收违法所得，并处以违法所得 1 倍以上 10 倍以下的罚款；没有违法所得或者违法所得不足 20 万元的，处以 20 万元以上 200 万元以下的罚款 ②违反本法第 56 条第 2 款的规定，在证券交易活动中作出虚假陈述或者信息误导的，责令改正，处以 20 万元以上 200 万元以下的罚款；属于国家工作人员的，还应当依法给予处分 ③传播媒介及其从事证券市场信息报道的工作人员违反本法第 56 条第 3 款的规定，从事与其工作职责发生利益冲突的证券买卖的，没收违法所得，并处以买卖证券等值以下的罚款
证券从业人员、服务机构交易限制的法律责任	①根据《证券法》第 40 条的规定，证券交易场所、证券公司和证券登记结算机构的从业人员，证券监督管理机构的工作人员以及法律、行政法规规定禁止参与股票交易的其他人员，在任期或者法定限期内，不得直接或者以化名、借他人名义持有、买卖股票或者其他具有股权性质的证券，也不得收受他人赠送的股票或者其他具有股权性质的证券 ②根据《证券法》第 42 条的规定，为证券发行出具审计报告或者法律意见书等文件的证券服务机构和人员，在该证券承销期内和期满后 6 个月内，不得买卖该证券。为发行人及其控股股东、实际控制人，或者收购人、重大资产交易方出具审计报告或者法律意见书等文件的证券服务机构和人员，自接受委托之日起至上述文件公开后 5 日内，不得买卖该证券 ③根据《证券法》第 187 条的规定，法律、行政法规规定禁止参与股票交易的人员，违反本法第四十条的规定，直接或者以化名、借他人名义持有、买卖股票或者其他具有股权性质的证券的，责令依法处理非法持有的股票、其他具有股权性质的证券，没收违法所得，并处以买卖证券等值以下的罚款；属于国家工作人员的，还应当依法给予处分 ④根据《证券法》第 188 条的规定，证券服务机构及其从业人员，违反《证券法》第 42 条的规定买卖证券，责令依法处理非法持有的证券，没收违法所得，并处以买卖证券等值以下的罚款 ⑤根据《证券法》第 194 条的规定，证券公司及其从业人员违反《证券法》第 57 条的规定，有损害客户利益的行为的，给予警告，没收违法所得，并处以违法所得 1 倍以上 10 倍以下的罚款；没有违法所得或者违法所得不足 10 万元的，处以 10 万元以上 100 万元以下的罚款；情节严重的，暂停或者撤销相关业务许可

(三)违反上市公司收购的法律责任★★★

根据《证券法》第196条的规定,收购人未按照本法规定履行上市公司收购的公告、发出收购要约义务的,责令改正,给予警告,并处以50万元以上500万元以下的罚款。对直接负责的主管人员和其他直接责任人员给予警告,并处以20万元以上200万元以下的罚款。收购人及其控股股东、实际控制人利用上市公司收购,给被收购公司及其股东造成损失的,应当依法承担赔偿责任。

(四)违反信息披露规则的法律责任★★★

根据《证券法》第197条的规定,信息披露义务人未按照《证券法》规定报送有关报告或者履行信息披露义务的,责令改正,给予警告,并处以50万元以上500万元以下的罚款;对直接负责的主管人员和其他直接责任人员给予警告,并处以20万元以上200万元以下的罚款。发行人的控股股东、实际控制人组织、指使从事上述违法行为,或者隐瞒相关事项导致发生上述情形的,处以50万元以上500万元以下的罚款;对直接负责的主管人员和其他直接责任人员,处以20万元以上200万元以下的罚款。

信息披露义务人报送的报告或者披露的信息有虚假记载、误导性陈述或者重大遗漏的,责令改正,给予警告,并处以100万元以上1000万元以下的罚款;对直接负责的主管人员和其他直接责任人员给予警告,并处以50万元以上500万元以下的罚款。发行人的控股股东、实际控制人组织、指使从事上述违法行为,或者隐瞒相关事项导致发生上述情形的,处以100万元以上1000万元以下的罚款;对直接负责的主管人员和其他直接责任人员,处以50万元以上500万元以下的罚款。

(五)违反投资者保护规则的法律责任★★★

根据《证券法》第198条的规定,证券公司违反《证券法》第88条的规定未履行或者未按照规定履行投资者适当性管理义务的,责令改正,给予警告,并处以10万元以上100万元以下的罚款。对直接负责的主管人员和其他直接责任人员给予警告,并处以20万元以下的罚款。

根据《证券法》第199条的规定,违反《证券法》第90条的规定征集股东权利的,责令改正,给予警告,可以处50万元以下的罚款。

(六)证券机构的法律责任

根据《证券法》第202条的规定,违反本法第118条、第120条第1款、第4款的规定,擅自设立证券公司、非法经营证券业务或者未经批准以证券公司名义开展证券业务活动的,责令改正,没收违法所得,并处以违法所得1倍以上10倍以下的罚款;没有违法所得或者违法所得不足100万元的,处以100万元以上1000万元以下的罚款。对直接负责的主管人员和其他直接责任人员给予警告,并处以20万元以上200万元以下的罚款。对擅自设立的证券公司,由国务院证券监督管理机构予以取缔。

根据《证券法》第201条的规定,证券公司违反《证券法》第107条第1款的规定,未对投资者开立账户提供的身份信息进行核对的，责令改正，给予警告，并处以 5 万元以上 50 万元以下的罚款。对直接负责的主管人员和其他直接责任人员给予警告，并处以 10 万元以下罚款。证券公司违反《证券法》第 107 条第 2 款的规定，将投资者的账户提供给他人使用的，责令改正，给予警告，并处以 10 万元以上 100 万元以下的罚款。对直接负责的主管人员和其他直接责任人员给予警告，并处以 20 万元以下的罚款。

根据《证券法》第 202 条的规定，证券公司违反本法第 120 条第 5 款规定提供证券融资融券服务的，没收违法所得，并处以融资融券等值以下的罚款；情节严重的，禁止其在一定期限内从事证券融资融券业务。对直接负责的主管人员和其他直接责任人员给予警告，并处以 20 万元以上 200 万元以下的罚款。

根据《证券法》第 203 条的规定，提交虚假证明文件或者采取其他欺诈手段骗取证券公司设立许可、业务许可或者重大事项变更核准的，撤销相关许可，并处以 100 万元以上 1000 万元以下的罚款。对直接负责的主管人员和其他直接责任人员给予警告，并处以 20 万元以上 200 万元以下的罚款。

根据《证券法》第 204 条的规定，证券公司违反本法第 122 条的规定，未经核准变更证券业务范围，变更主要股东或者公司的实际控制人，合并、分立、停业、解散、破产的，责令改正，给予警告，没收违法所得，并处以违法所得 1 倍以上 10 倍以下的罚款；没有违法所得或者违法所得不足 50 万元的，处以 50 万元以上 500 万元以下的罚款；情节严重的，并处撤销相关业务许可。对直接负责的主管人员和其他直接责任人员给予警告，并处以 20 万元以上 200 万元以下的罚款。

根据《证券法》第 205 条的规定，证券公司违反本法第 123 条第 2 款的规定，为其股东或者股东的关联人提供融资或者担保的，责令改正，给予警告，并处以 50 万元以上 500 万元以下的罚款。对直接负责的主管人员和其他直接责任人员给予警告，并处以 10 万元以上 100 万元以下的罚款。股东有过错的，在按照要求改正前，国务院证券监督管理机构可以限制其股东权利；拒不改正的，可以责令其转让所持证券公司股权。

根据《证券法》第 206 条的规定，证券公司违反本法第 128 条的规定，未采取有效隔离措施防范利益冲突，或者未分开办理相关业务、混合操作的，责令改正，给予警告，没收违法所得，并处以违法所得 1 倍以上 10 倍以下的罚款；没有违法所得或者违法所得不足 50 万元的，处以 50 万元以上 500 万元以下的罚款；情节严重的，并处撤销相关业务许可。对直接负责的主管人员和其他直接责任人员给予警告，并处以 20 万元以上 200 万元以下的罚款。

根据《证券法》第 207 条的规定，证券公司违反本法第 129 条的规定从事证券自营业务的，责令改正，给予警告，没收违法所得，并处以违法所得 1 倍以上 10 倍以下的罚款；没有违法所得或者违法所得不足 50 万元的，处以 50 万元以上 500 万元以下的罚款；情节严重的，并处撤销相关业务许可或者责令关闭。对直接负责的主管人员和其他直接责任人员给予警告，并处以 20 万元以上 200 万元以下的罚款。

根据《证券法》第208条的规定，违反本法第131条的规定，将客户的资金和证券归入自有财产，或者挪用客户的资金和证券的，责令改正，给予警告，没收违法所得，并处以违法所得1倍以上10倍以下的罚款；没有违法所得或者违法所得不足100万元的，处以100万元以上1000万元以下的罚款；情节严重的，并处撤销相关业务许可或者责令关闭。对直接负责的主管人员和其他直接责任人员给予警告，并处以50万元以上500万元以下的罚款。

根据《证券法》第209条的规定，证券公司违反本法第134条第1款的规定接受客户的全权委托买卖证券的，或者违反本法第135条的规定对客户的收益或者赔偿客户的损失作出承诺的，责令改正，给予警告，没收违法所得，并处以违法所得1倍以上10倍以下的罚款；没有违法所得或者违法所得不足50万元的，处以50万元以上500万元以下的罚款；情节严重的，并处撤销相关业务许可。对直接负责的主管人员和其他直接责任人员给予警告，并处以20万元以上200万元以下的罚款。

根据《证券法》第210条的规定，证券公司的从业人员违反本法第136条的规定，私下接受客户委托买卖证券的，责令改正，给予警告，没收违法所得，并处以违法所得1倍以上10倍以下的罚款；没有违法所得的，处以50万元以下的罚款。

真题实练

1. 证券的代销、包销最长不得超过(　　)日。

A. 30　　B. 45

C. 60　　D. 90

2. 以下属于公开发行的是(　　)。

Ⅰ. 向不特定对象发行证券

Ⅱ. 向特定对象发行证券累计超过200人

Ⅲ. 向特定对象发行证券累计超过200人，但依法实施员工持股计划的员工人数不计算在内

Ⅳ. 法律、法规规定的其他发行行为

A. Ⅰ、Ⅱ、Ⅲ、Ⅳ　　B. Ⅰ、Ⅱ、Ⅲ

C. Ⅱ、Ⅲ、Ⅳ　　D. Ⅰ、Ⅲ、Ⅳ

3. 下列关于证券交易所交易规则的说法，正确的是(　　)。

A. 因突发事件而影响证券交易的正常进行时，证券交易所可以决定临时停市

B. 投资者可以口头或者书面与证券公司签订证券交易委托协议，委托该证券公司代其买卖证券

C. 证券服务机构可以公布证券交易即时行情

D. 进入证券交易所参与集中交易的，必须是证券交易所的会员

4. 以下关于公开发行公司债券筹集的资金的说法，正确的有(　　)。

Ⅰ. 必须按照公司债券募集办法所列资金用途使用

Ⅱ. 改变资金用途，必须经债券持有人会议作出决议

Ⅲ. 公开发行公司债券筹集的资金，不得用于弥补亏损和非生产性支出

Ⅳ. 公开发行公司债券筹集的资金，可以用于非生产性支出

A. Ⅰ、Ⅱ、Ⅲ、Ⅳ B. Ⅰ、Ⅱ、Ⅲ

C. Ⅱ、Ⅲ、Ⅳ D. Ⅰ、Ⅲ、Ⅳ

【答案及解析】

1. D 【解析】证券的代销、包销期限最长不得超过90日。

2. D 【解析】有下列情形之一的，为公开发行：①向不特定对象发行证券的；②向特定对象发行证券累计超过200人，但依法实施员工持股计划的员工人数不计算在内；③法律、行政法规规定的其他发行行为。

3. D 【解析】A项错误，因突发性事件而影响证券交易的正常进行时，证券交易所可以采取技术性停牌的措施；因不可抗力的突发性事件或者为维护证券交易的正常秩序，证券交易所可以决定临时停市。B项错误，投资者应当与证券公司签订证券交易委托协议，并在证券公司开立证券交易账户，以书面、电话以及其他方式，委托该证券公司代其买卖证券。C项错误，证券交易所应当为组织公平的集中交易提供保障，公布证券交易即时行情，并按交易日制作证券市场行情表，予以公布。未经证券交易所许可，任何单位和个人不得发布证券交易即时行情。D项正确，进入证券交易所参与集中交易的，必须是证券交易所的会员。

4. B 【解析】公开发行公司债券筹集的资金，必须按照公司债券募集办法所列资金用途使用；改变资金用途，必须经债券持有人会议作出决议。公开发行公司债券筹集的资金，不得用于弥补亏损和非生产性支出。

第五节 证券投资基金法

考纲要求

本节考纲要求见表1-35所示。

表1-35 第一章第五节考纲要求

考纲要求	星级	具体内容
了解	★	①设立基金管理公司的条件 ②公募基金运作的方式 ③非公开募集基金的合格投资者的要求 ④非公开募集基金的投资范围 ⑤非公开募集基金管理人的登记及非公开募集基金的备案要求 ⑥相关的法律责任

续表

考纲要求	星级	具体内容
熟悉	★★	①基金管理人的禁止行为 ②基金公开募集与非公开募集的区别
掌握	★★★	①基金管理人、基金托管人和基金份额持有人的概念、基金份额持有人的权利、基金管理人、基金托管人的职责 ②基金财产的独立性要求 ③基金财产债权债务独立性的意义

考点梳理

一、法规概述

《证券投资基金法》是规范证券投资基金活动，维护证券投资基金及资本市场正常秩序的基本法律，在证券投资基金领域具有重要的基础性地位，相当于证券投资基金领域的小“宪法”。现行《证券投资基金法》为 2015 年 4 月修正版。我国的证券投资基金法律体系以《证券投资基金法》为核心，由相关法律、部门规章及自律规则共同组成，为证券投资基金活动的正常运行提供了法律法规保障，也为监管部门履行监管职责提供了制度依据。

二、基金合同当事人的概念、权利与职责

(一)基金合同当事人的概念★★★

基金合同当事人包括基金份额持有人、基金管理人和基金托管人，其概念如表 1-36 所示。

表 1-36　基金合同当事人的概念

划分	概念
基金份额持有人	指根据基金合同和基金招募说明书持有基金份额的基金出资人，是基金财产的所有者和基金投资的受益人
基金管理人	指按照法律、法规的规定和基金合同的约定，为基金份额持有人的利益，对基金财产进行管理及运作的机构，包括公司、合伙企业或经国务院证券监督管理机构核准的其他机构
基金托管人	指按照法律、法规的规定和基金合同的约定，在证券投资基金活动中承担基金资产保管、基金资金清算、交易监督、会计核算等职责的商业银行或其他金融机构

设立证券投资基金，应当由具有相应民事权利能力和民事行为能力的当事人依法订立基金合同，在合同中约定各方当事人的权利和义务。基金合同一经依法订立，即对基金合同当事人各方产生约束力。基金份额持有人、基金管理人和基金托管人既是基金合同的主体，也是基金法律关系的主体。

(二)基金份额持有人的权利★★★

1. 基金份额持有人的权利

根据《证券投资基金法》第 46 条的规定，基金份额持有人依法享有下列权利：

(1)分享基金财产收益。

(2)参与分配清算后的剩余基金财产。

(3)依法转让或者申请赎回其持有的基金份额。

(4)按照规定要求召开基金份额持有人大会或者召集基金份额持有人大会。

(5)对基金份额持有人大会审议事项行使表决权。

(6)对基金管理人、基金托管人、基金服务机构损害其合法权益的行为依法提起诉讼。

(7)公开募集基金的基金份额持有人有权查阅或者复制公开披露的基金信息资料;非公开募集基金的基金份额持有人有权对涉及自身利益的情况,查阅基金的财务会计账簿等财务资料。

(8)基金合同约定的其他权利。

2. 基金份额持有人大会的职权

根据《证券投资基金法》第47条的规定,基金份额持有人大会由全体基金份额持有人组成,行使下列职权:

(1)决定基金扩募或者延长基金合同期限。

(2)决定修改基金合同的重要内容或者提前终止基金合同。

(3)决定更换基金管理人、基金托管人。

(4)决定调整基金管理人、基金托管人的报酬标准。

(5)基金合同约定的其他职权。

3. 基金份额持有人大会日常机构的职权

根据《证券投资基金法》第48条的规定,基金份额持有人大会可以按照基金合同的约定设立日常机构。日常机构的人员由基金份额持有人大会选举产生,根据基金合同约定的议事规则行使下列职权:

(1)召集基金份额持有人大会。

(2)提请更换基金管理人、基金托管人。

(3)监督基金管理人的投资运作、基金托管人的托管活动。

(4)提请调整基金管理人、基金托管人的报酬标准。

(5)基金合同约定的其他职权。

(三)基金管理人、托管人的职责★★★

根据《证券投资基金法》第19条、第36条的规定,基金管理人与基金托管人依法应当履行的职责如表1-37所示。

表1-37　基金管理人与基金托管人应履行的职责

主体	职责
基金管理人	①依法募集资金,办理基金份额的发售和登记事宜 ②办理基金备案手续 ③对所管理的不同基金财产分别管理、分别记账,进行证券投资 ④按照基金合同的约定确定基金收益分配方案,及时向基金份额持有人分配收益 ⑤进行基金会计核算并编制基金财务会计报告

续表

主体	职责
基金管理人	⑥编制中期和年度基金报告 ⑦计算并公告基金资产净值,确定基金份额申购、赎回价格 ⑧办理与基金财产管理业务活动有关的信息披露事项 ⑨按照规定召集基金份额持有人大会 ⑩保存基金财产管理业务活动的记录、账册、报表和其他相关资料 ⑪以基金管理人名义,代表基金份额持有人利益行使诉讼权利或者实施其他法律行为 ⑫国务院证券监督管理机构规定的其他职责
基金托管人	①安全保管基金财产 ②按照规定开设基金财产的资金账户和证券账户 ③对所托管的不同基金财产分别设置账户,确保基金财产的完整与独立 ④保存基金托管业务活动的记录、账册、报表和其他相关资料 ⑤按照基金合同的约定,根据基金管理人的投资指令,及时办理清算、交割事宜 ⑥办理与基金托管业务活动有关的信息披露事项 ⑦对基金财务会计报告、中期和年度基金报告出具意见 ⑧复核、审查基金管理人计算的基金资产净值和基金份额申购、赎回价格 ⑨按照规定召集基金份额持有人大会 ⑩按照规定监督基金管理人的投资运作 ⑪国务院证券监督管理机构规定的其他职责

三、基金管理公司的设立条件与基金管理人的禁止行为

(一)基金管理公司的设立条件★

根据《证券投资基金法》第13条的规定,设立管理公开募集基金的基金管理公司,应当具备的条件有:

(1)有符合《证券投资基金法》和《公司法》规定的章程。

(2)注册资本不低于1亿元人民币,且必须为实缴货币资本。

(3)主要股东应当具有经营金融业务或者管理金融机构的良好业绩、良好的财务状况和社会信誉,资产规模达到国务院规定的标准,最近3年没有违法记录。

(4)取得基金从业资格的人员达到法定人数。

(5)董事、监事、高级管理人员具备相应的任职条件。

(6)有符合要求的营业场所、安全防范设施和与基金管理业务有关的其他设施。

(7)有良好的内部治理结构、完善的内部稽核监控制度、风险控制制度。

(8)法律、行政法规规定的和经国务院批准的国务院证券监督管理机构规定的其他条件。

(二)基金管理人的禁止行为★★

为了保障基金财产的安全,保护基金份额持有人的合法权益,《证券投资基金法》和《私募投资基金监督管理暂行办法》等法律和规章对公开募集基金的基金管理人及其董事、监事、高级管理人员和其他从业人员、公开募集基金的基金管理人的股东、实际控制人以及非公开募集基金(私募基金)的基金管理人及其从业人员的禁止行为作出了明确规

定,具体内容如表 1-38 所示。

表 1-38　　基金管理人禁止行为

基金管理人	禁止行为
公开募集基金的基金管理人及其董事、监事、高级管理人员和其他从业人员	①将其固有财产或者他人财产混同于基金财产从事证券投资 ②不公平地对待其管理的不同基金财产 ③利用基金财产或者职务之便为基金份额持有人以外的人牟取利益 ④向基金份额持有人违规承诺收益或者承担损失 ⑤侵占、挪用基金财产 ⑥泄露因职务便利获取的未公开信息、利用该信息从事或者明示、暗示他人从事相关的交易活动 ⑦玩忽职守,不按照规定履行职责 ⑧法律、行政法规和国务院证券监督管理机构规定禁止的其他行为
公开募集基金的基金管理人的股东、实际控制人	①虚假出资或者抽逃出资 ②未依法经股东会或者董事会决议擅自干预基金管理人的基金经营活动 ③要求基金管理人利用基金财产为自己或者他人牟取利益,损害基金份额持有人利益 ④国务院证券监督管理机构规定禁止的其他行为
私募基金管理人及其从业人员	①将其固有财产或者他人财产混同于基金财产从事投资活动 ②不公平地对待其管理的不同基金财产 ③利用基金财产或者职务之便,为本人或者投资者以外的人牟取利益,进行利益输送 ④侵占、挪用基金财产 ⑤泄露因职务便利获取的未公开信息,利用该信息从事或者明示、暗示他人从事相关的交易活动 ⑥从事损害基金财产和投资者利益的投资活动 ⑦玩忽职守,不按照规定履行职责 ⑧从事内幕交易、操纵交易价格及其他不正当交易活动 ⑨法律、行政法规和中国证监会规定禁止的其他行为

四、基金财产的独立性

(一)基金财产的独立性要求★★★

基金财产包括通过基金募集行为从基金投资人处获得的所有资金总和以及基金管理人、基金托管人因基金财产的管理、运用或者其他情形而取得的财产和收益。作为从事证券投资基金活动的基础和前提,基金财产具有独立于基金管理人、基金托管人固有财产的地位,在法律上具有独立性。

基金财产的独立性包括基金财产本身的独立性以及基金财产债权债务的独立性,对证券投资基金活动的要求体现在下列方面:

(1)基金财产独立于基金管理人、基金托管人的固有财产。基金管理人、基金托管人不得将基金财产归入其固有财产。基金销售结算资金、基金份额独立于基金销售机构、基金销售支付机构或者基金份额登记机构的自有财产。

(2)基金管理人、基金托管人因基金财产的管理、运用或者其他情形而取得的财产和收益,归入基金财产。

（3）基金管理人、基金托管人因依法解散、被依法撤销或者被依法宣告破产等原因进行清算的，基金财产不属于其清算财产。基金销售机构、基金销售支付机构或者基金份额登记机构破产或者清算时，基金销售结算资金、基金份额不属于其破产财产或者清算财产。

（4）基金财产的债权，不得与基金管理人、基金托管人固有财产的债务相抵销；不同基金财产的债权债务，不得相互抵销。

（5）基金财产的债务由基金财产本身承担，基金份额持有人以其出资为限对基金财产的债务承担责任。但基金合同依照《证券投资基金法》另有约定的，从其约定。非因基金财产本身承担的债务，不得对基金财产强制执行。非因投资人本身的债务或者法律规定的其他情形，不得查封、冻结、扣划或者强制执行基金销售结算资金、基金份额。

（6）基金管理人、基金托管人、基金服务机构依照法律规定，应当承担的民事赔偿责任和缴纳的罚款、罚金，由基金管理人、基金托管人、基金服务机构以其固有财产承担。

（二）基金财产债权债务独立性的意义★★★

基金财产债权债务的独立性，是基金财产独立性的必然要求，也是基金财产独立性内涵的应有之义（见图1–5）。

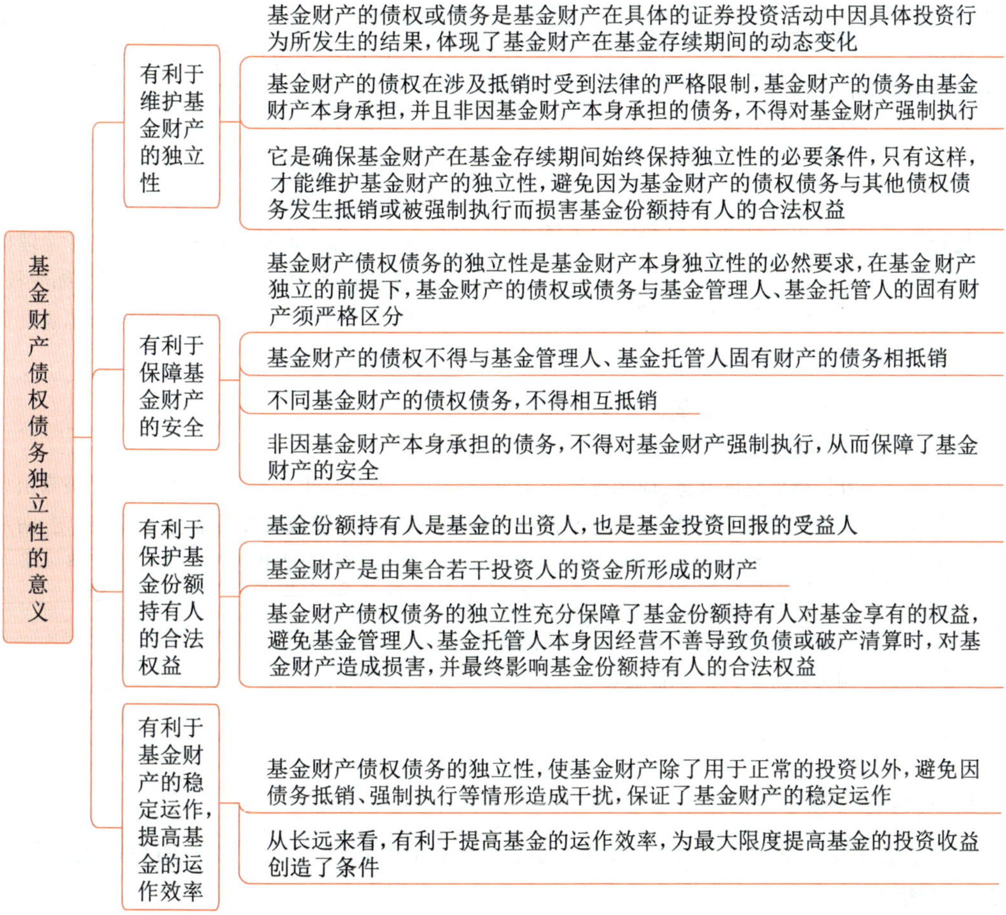

图1–5　基金财产债权债务独立性的意义

五、基金的公开募集与非公开募集

(一)基金的公开募集与非公开募集的区别★★

基金的公开募集与非公开募集之间的区别,如表1-39所示。

表1-39 基金的公开募集与非公开募集的区别

区别	公开募集基金	非公开募集基金
概念	是指以公开方式发售基金份额募集资金设立的证券投资基金,又称"公募基金"	是指以非公开方式向合格投资者募集资金设立的证券投资基金,又称"私募基金"
募集方式和对象不同	公开募集基金包括向不特定对象募集资金、向特定对象募集资金累计超过200人,以及法律、行政法规规定的其他情形	应当向合格投资者募集,合格投资者累计不得超过200人,不得向合格投资者之外的单位和个人募集资金;并且,不得通过报刊、电台、电视台、互联网等公众传播媒体或者讲座、报告会、分析会等方式向不特定对象宣传推介
基金管理人的类型及产生方式不同	公开募集基金的基金管理人由基金管理公司或者经国务院证券监督管理机构按照规定核准的其他机构担任。基金管理公司须具备一定条件,并经国务院证券监督管理机构批准	非公开募集基金的基金管理人由依法设立的公司或者合伙企业担任。按照有关规定向中国证券投资基金业协会履行登记手续,报送基本情况
投资范围不同	公开募集基金财产只能用于投资上市交易的股票、债券或国务院证券监督管理机构规定的其他证券及其衍生品种	非公开募集基金财产的证券投资,既包括买卖公开发行的股份有限公司股票、债券、基金份额,也包括国务院证券监督管理机构规定的其他证券及其衍生品种,如股权、期货、期权以及基金合同约定的其他投资标的
信息披露要求不同	公开募集基金的基金管理人、基金托管人和其他基金信息披露义务人依法负有公开披露信息的义务,应当确保应予披露的基金信息在国务院证券监督管理机构规定时间内披露,并保证所披露信息的真实性、准确性和完整性以及投资人能够按照基金合同约定的时间和方式查阅或者复制公开披露的信息资料	非公开募集基金并没有依法公开披露信息的义务,仅负有按照基金合同的约定,向基金份额持有人提供基金信息的义务

(二)公募基金运作的方式★

1. 公募基金运作的方式

根据《证券投资基金法》第45条的规定,公募基金的运作方式可以采用封闭式、开放式或者其他方式。

采用封闭式运作方式的基金,简称"封闭式基金",是指基金份额总额在基金合同期限内固定不变，基金份额持有人不得申请赎回的基金；采用开放式运作方式的基金，简称“开放式基金”，是指基金份额总额不固定，基金份额可以在基金合同约定的时间和场所申购或者赎回的基金。

2. 封闭式基金与开放式基金的区别(见表1-40)

表1-40　封闭式基金与开放式基金的区别

区别	封闭式基金	开放式基金
存续期限不同	基金合同期限是固定的；基金的存续期限也是固定的。封闭式基金合同期限届满后，在满足一定条件下，可以延长合同期限或转换运作方式	基金合同期限不是固定的
申购和赎回份额的限制不同	封闭式基金在基金合同期限内，基金份额持有人不得申请赎回基金份额	基金份额持有人在基金合同期限内，可以依照基金合同约定的时间和场所申购或者赎回基金份额
基金规模不同	基金份额是固定的，在基金存续期间内不得赎回，因此，基金份额的总额即基金规模在基金存续期间是固定的。即使发生依法扩募的情形，扩募后的基金规模在基金存续期间内仍然是固定的	基金份额可以在基金合同约定的时间和场所进行申购或者赎回，导致开放式基金的规模一直处于增加或减少的变动之中
基金份额交易方式不同	封闭式基金在完成募集后，由基金管理人向证券交易所提出上市申请，经证券交易所依法审核同意后，基金份额在证券交易所进行上市交易。投资者对封闭式基金份额的买卖，只能根据基金份额上市交易规则，委托证券公司在证券交易所完成交易，且交易双方均是基金的投资者	基金份额的申购、赎回、登记，由基金管理人或者其委托的基金服务机构办理。投资者可以在基金管理人指定的时间和地点向基金管理人或者其委托的基金服务机构提出基金份额的申购、赎回的申请，完成交易，交易双方是投资者与基金管理人
基金投资策略不同	封闭式基金在基金存续期间的基金份额总额保持固定不变，没有赎回压力，因此，基金管理人可以根据基金存续期限制定整个期限内的投资策略，将基金财产用于长期投资。基金份额持有人的收益与长期投资的最终收益相关	基金份额在基金存续期间随时面临申购和赎回。因此，为保持基金资产的流动性，基金财产必须保留一定的现金财产，而不能将全部基金财产均用于长期投资

(三)非公开募集基金的合格投资者的要求★

非公开募集基金合格投资者，是指达到规定资产规模或者收入水平，并且具备相应的风险识别能力和风险承担能力、其基金份额认购金额不低于规定限额的单位和个人。

根据相关规定，作为非公开募集基金合格投资者的单位或个人应满足下列条件。

1. 达到规定资产规模或者收入水平

根据《私募投资基金监督管理暂行办法》《私募投资基金募集行为管理办法》的规定，合格的单位投资者，净资产应不低于1000万元；合格的个人投资者，金融资产应不低于300万元或者最近3年个人年均收入不低于50万元。前述金融资产包括银行存款、股票、债券、基金份额、资产管理计划、银行理财产品、信托计划、保险产品、期货权益等。

此外,下列投资者也视为合格投资者:

(1)社会保障基金、企业年金等养老基金,慈善基金等社会公益基金。

(2)依法设立并在中国证券投资基金业协会备案的私募基金产品。

(3)受国务院金融监督管理机构监管的金融产品。

(4)投资于所管理私募基金的私募基金管理人及其从业人员以及法律法规、中国证监会和中国证券投资基金业协会规定的其他投资者。

2. 具备相应的风险识别能力和风险承担能力

具备相应的风险识别能力和风险承担能力是指投资者对非公开募集基金的投资风险有充分的了解与认知,并且对投资风险有相应的承受能力。

3. 基金份额认购金额不低于规定限额

根据《私募投资基金监督管理暂行办法》的规定,投资于单只私募基金的金额不低于100万元。

根据《关于规范金融机构资产管理业务的指导意见》的规定,资产管理产品的投资者分为不特定社会公众和合格投资者两大类。合格投资者是指具备相应风险识别能力和风险承担能力,投资于单只资产管理产品不低于一定金额且符合下列条件的自然人和法人或者其他组织:

(1)具有2年以上投资经历,且满足以下条件之一:①家庭金融净资产不低于300万元;②家庭金融资产不低于500万元;③近3年本人年均收入不低于40万元。

(2)最近1年末净资产不低于1000万元的法人单位。

(3)金融管理部门视为合格投资者的其他情形。

合格投资者投资于单只固定收益类产品的金额不低于30万元,投资于单只混合类产品的金额不低于40万元,投资于单只权益类产品、单只商品及金融衍生品类产品的金额不低于100万元。投资者不得使用贷款、发行债券等筹集的非自有资金投资资产管理产品。

(四)非公开募集基金管理人的登记★

担任非公开募集基金的基金管理人,应当按照中国证券投资基金业协会的规定向中国证券投资基金业协会申请登记手续,报送基本情况。

私募基金管理人报送的登记申请材料不完备或不符合规定的,应当根据中国证券投资基金业协会的要求及时补正。私募基金管理人提供的登记申请材料完备的,中国证券投资基金业协会应当自收齐登记材料之日起20个工作日内,以通过网站公示私募基金管理人基本情况的方式,为私募基金管理人办结登记手续。经登记后的私募基金管理人依法解散、被依法撤销或者被依法宣告破产的,中国证券投资基金业协会应当及时注销基金管理人登记。

根据《证券投资基金法》第90条的规定,未经登记,任何单位或者个人不得使用"基金”或者“基金管理”字样或者近似名称进行证券投资活动；但是法律、行政法规另有规定的除外。

（五）非公开募集基金的备案★

非公开募集基金募集完毕后20个工作日内，基金管理人应当向中国证券投资基金业协会备案，报送以下基本信息：

（1）主要投资方向及根据主要投资方向注明的基金类别。

（2）基金合同、公司章程或者合伙协议以及中国证券投资基金业协会规定的其他信息。此外，资金募集过程中向投资者提供基金招募说明书的，应当报送基金招募说明书。

（3）以公司、合伙等企业形式设立的私募基金，还应当报送工商登记和营业执照正副本复印件。

（4）采取委托管理方式的，应当报送委托管理协议。委托托管机构托管基金财产的，还应当报送托管协议。

私募基金备案材料不完备或者不符合规定的，私募基金管理人应当根据中国证券投资基金业协会的要求及时补正。私募基金备案材料完备且符合要求的，中国证券投资基金业协会应当在私募基金备案材料齐备后20个工作日内，通过网站公告私募基金名单及其基本情况的方式，为私募基金办结备案手续。经备案的私募基金可以申请开立证券相关账户。

六、法律责任★

（一）非法从事证券投资基金活动的法律责任

1. 未经批准，擅自设立基金管理公司或者未经核准，从事公开募集基金管理业务的法律责任

（1）由证券监督管理机构予以取缔或者责令改正，没收违法所得，并处违法所得1—5倍罚款。

（2）没有违法所得或不足100万元的，并处10万—100万元罚款。

（3）对直接负责的主管人员和其他直接责任人员给予警告，并处3万—30万元罚款。

2. 未经核准，擅自从事基金托管业务的法律责任

（1）责令停止，没收违法所得，并处违法所得1—5倍罚款。

（2）没有违法所得或违法所得不足100万元的，并处10万—100万元罚款。

（3）对直接负责的主管人员和其他直接责任人员给予警告，并处3万—30万元罚款。

3. 未经注册，擅自公开或者变相公开募集基金的法律责任

（1）责令停止，返还所募基金和加计的银行同期存款利息，没收违法所得，并处所募资金金额1%—5%的罚款。

（2）对直接负责的主管人员和其他直接责任人员给予警告，并处5万—50万元罚款。

4. 未经登记，使用“基金”或者“基金管理”字样或者近似名称进行证券投资活动的法律责任

(1)没收违法所得，并处违法所得1—5倍罚款。

(2)没有违法所得或违法所得不足100万元的，并处10万—100万元罚款。

(3)对直接负责的主管人员和其他直接责任人员给予警告，并处3万—30万元罚款。

5. 擅自从事公开募集基金的基金服务业务的法律责任

(1)责令改正，没收违法所得，并处违法所得1—5倍罚款。

(2)没有违法所得或违法所得不足30万元的，并处10万—30万元罚款。

(3)对直接负责的主管人员和其他直接责任人员给予警告，并处3万—10万元罚款。

(二)基金管理人、基金托管人的法律责任

1. 基金管理公司未经批准，擅自变更重大事项的法律责任

(1)责令改正，没收违法所得，并处违法所得1—5倍罚款。

(2)没有违法所得或违法所得不足50万元的，并处5万—50万元罚款。

(3)对直接负责的主管人员给予警告，并处3万—10万元罚款。

2. 公开募集基金的基金管理人的董事、监事、高级管理人员和其他从业人员，其本人、配偶、利害关系人进行证券投资的法律责任

(1)应当事先向基金管理人申报，并不得与基金份额持有人发生利益冲突。

(2)未按照上述规定申报的，责令改正，并处3万—10万元罚款。

3. 公开募集基金的基金管理人的董事、监事、高级管理人员和其他从业人员，其本人、配偶、利害关系人进行证券投资的申报、登记、审查、处置等管理制度的法律责任

(1)应当报国务院证券监督管理机构备案。

(2)违反上述规定的，责令改正，并处10万—100万元罚款。

(3)对直接负责的主管人员和其他直接责任人员给予警告，暂停或撤销基金从业资格，并处3万—30万元罚款。

4. 公开募集基金的基金管理人的董事、监事、高级管理人员和其他从业人员的其他法律责任

(1)不得担任基金托管人或者其他基金管理人的任何职务，不得从事损害基金财产和基金份额持有人利益的证券交易及其他活动。

(2)违反上述规定的，责令改正，没收违法所得，并处违法所得1—5倍罚款。

(3)没有违法所得或违法所得不足100万元的，并处10万—100万元罚款。

(4)情节严重的，撤销基金从业资格。

5. 未按规定对基金实行分别管理或者分账保管的法律责任

(1)责令改正，并处5万—50万元罚款。

(2)对直接负责的主管人员和其他直接责任人员给予警告,暂停或撤销基金从业资格,并处3万—30万元罚款。

6. 违反规定动用募集资金的法律责任

(1)责令返还,没收违法所得,并处违法所得1—5倍罚款。

(2)没有违法所得或违法所得不足50万元的,并处5万—50万元罚款。

(3)对直接负责的主管人员和其他直接责任人员给予警告,并处3万—30万元罚款。

7. 使用基金财产从事违反规定的投资或活动的法律责任

(1)责令改正,并处10万—100万元罚款。

(2)对直接负责的主管人员和其他直接责任人员给予警告,暂停或撤销基金从业资格,并处3万—30万元罚款。

8. 从事内幕交易、操纵证券交易价格及其他不正当的证券交易活动的法律责任(见表1-41)

表1-41　从事内幕交易、操纵证券交易价格及其他不正当的证券交易活动的法律责任

适用情形	法律责任
从事内幕交易	(1)责令依法处理非法持有的证券,没收违法所得,并处违法所得1—10倍罚款 (2)没有违法所得或违法所得不足50万元的,处以50万—500万元的罚款 (3)单位从事内幕交易的,对直接负责的主管人员和其他直接责任人员给予警告,并处20万—200万元罚款
操纵证券市场	(1)责令依法处理非法持有的证券,没收违法所得,并处违法所得1—10倍罚款 (2)没有违法所得或违法所得不足100万元的,处以100万—1000万元罚款 (3)单位操纵证券市场的,对直接负责的主管人员和其他直接责任人员给予警告,并处50万—500万元罚款

9. 基金信息披露义务人不依法披露基金信息或者披露的信息有虚假记载、误导性陈述或者重大遗漏的法律责任

(1)责令改正,没收违法所得,并处10万—100万元罚款。

(2)对直接负责的主管人员和其他直接责任人员给予警告,暂停或撤销基金从业资格,并处3万—30万元罚款。

10. 基金管理人或者基金托管人不按照规定召集基金份额持有人大会的法律责任

(1)责令改正,可以处5万元以下罚款。

(2)对直接负责的主管人员和其他直接责任人员给予警告,暂停或撤销基金从业资格。

11. 基金管理人未按规定办理基金备案的法律责任

(1)处10万—30万元罚款。

(2)对直接负责的主管人员和其他直接责任人员给予警告,并处3万—10万元罚款。

12. 向合格投资者之外的单位或者个人非公开募集资金或者转让基金份额的法律责任

(1)没收违法所得,并处违法所得1—5倍罚款。

(2)没有违法所得或违法所得不足100万元的,并处10万—100万元罚款。

(3)对直接负责的主管人员和其他直接责任人员给予警告,并处3万—30万元罚款。

13. 其他法律责任(见表1-42)

表1-42 其他法律责任

法律责任	适用情形
①责令改正,没收违法所得,并处违法所得1—5倍罚款 ②没有违法所得或违法所得不足100万元的,并处10万—100万元罚款 ③对直接负责的主管人员和其他直接责任人员给予警告,暂停或撤销基金从业资格,并处3万—30万元罚款 ④基金管理人与基金托管人违反规定相互出资或者持有股份的,责令改正,可以处10万元以下的罚款	将其固有财产或者他人财产混同于基金财产从事证券投资
	不公平地对待其管理的不同基金财产
	利用基金财产或职务之便为基金份额持有人以外的人牟取利益
	向基金份额持有人违规承诺收益或者承担损失
	侵占、挪用基金财产
	泄露因职务便利获取的未公开信息、利用该信息从事或者明示、暗示他人从事相关的交易活动
	玩忽职守,不按照规定履行职责
	从事法律、行政法规和国务院证券监督管理机构规定禁止的其他行为
	未按照国务院证券监督管理机构的规定及时履行重大事项报告义务
	虚假出资或者抽逃出资
	未依法经股东会或者董事会决议擅自干预基金管理人的基金经营活动
	要求基金管理人利用基金财产为自己或者他人牟取利益,损害基金份额持有人利益
	从事国务院证券监督管理机构规定禁止的其他行为

(三)基金服务机构的法律责任

1. 基金销售机构未向投资人充分揭示投资风险并误导其购买与其风险承受能力不相当的基金产品;基金销售支付机构未按照规定划付基金销售结算资金;基金投资顾问机构、基金评价机构及其从业人员违反规定开展投资顾问、基金评价服务的法律责任

(1)处10万—30万元罚款。

(2)情节严重的,责令其停止基金服务业务。

(3)对直接负责的主管人员和其他直接责任人员给予警告,撤销基金从业资格,并处3万—10万元罚款。

2. 挪用基金销售结算资金或者基金份额的法律责任

(1)责令改正,没收违法所得,并处违法所得1—5倍罚款。

(2)没有违法所得或违法所得不足100万元的,并处10万—100万元罚款。

(3)对直接负责的主管人员和其他直接责任人员给予警告,并处3万—30万元罚款。

3. 基金份额登记机构未妥善保存或者备份基金份额登记数据的法律责任

(1)责令改正,给予警告,并处10万—30万元罚款。

(2)情节严重的,责令其停止基金服务业务。

(3)对直接负责的主管人员和其他直接责任人员给予警告,撤销基金从业资格,并处3万—10万元罚款。

4. 基金份额登记机构隐匿、伪造、篡改、毁损基金份额登记数据的法律责任

(1)责令改正,处10万—100万元罚款,并责令其停止基金服务业务。

(2)对直接负责的主管人员和其他直接责任人员给予警告,撤销基金从业资格,并处3万—30万元罚款。

5. 信息技术系统服务机构未按规定向国务院证券监督管理机构提供相关信息技术系统资料,或者提供的信息技术系统资料虚假、有重大遗漏的法律责任

(1)责令改正,处3万—10万元罚款。

(2)对直接负责的主管人员和其他直接责任人员给予警告,并处1万—3万元罚款。

6. 会计师事务所、律师事务所未勤勉尽责,所出具的文件有虚假记载、误导性陈述或者重大遗漏的法律责任

(1)责令改正,没收业务收入,暂停或者撤销相关业务许可,并处业务收入的1—5倍罚款。

(2)对直接负责的主管人员和其他直接责任人员给予警告,并处3万—10万元罚款。

7. 基金服务机构未建立应急等风险管理制度和灾难备份系统,或者泄露与基金份额持有人、基金投资运作相关的非公开信息的法律责任

(1)处10万—30万元罚款。

(2)情节严重的,责令其停止基金服务业务。

(3)对直接负责的主管人员和其他直接责任人员给予警告,撤销基金从业资格,并处3万—10万元罚款。

真题实练

1. 根据《私募投资基金监督管理暂行办法》的规定,投资于单只私募基金的金额不低于(　　)万元。

A. 100　　B. 200　　C. 300　　D. 500

2. 设立管理公开募集基金的基金管理公司,应当满足的条件有(　　)。

Ⅰ. 注册资本不低于1亿元人民币,且必须为认缴货币资本

Ⅱ. 最近5年没有违法记录

Ⅲ. 注册资本不低于1亿元人民币,且必须为实缴货币资本

Ⅳ. 最近3年没有违法记录

A. Ⅱ、Ⅳ　　B. Ⅰ、Ⅲ　　C. Ⅱ、Ⅲ　　D. Ⅲ、Ⅳ

3. 合格投资者是指具备相应风险识别能力和风险承担能力，投资于单只资产管理产品不低于一定金额且符合(　　)条件的自然人和法人或者其他组织。

Ⅰ. 具有 2 年以上投资经历，且家庭金融资产不低于 300 万元

Ⅱ. 具有 2 年以上投资经历，且家庭金融净资产不低于 300 万元

Ⅲ. 近 3 年本人年均收入不低于 40 万元

Ⅳ. 最近 1 年末净资产不低于 1000 万元的法人单位

A. Ⅰ、Ⅲ、Ⅳ　　　　B. Ⅱ、Ⅲ、Ⅳ

C. Ⅰ、Ⅲ　　　　D. Ⅱ、Ⅳ

【答案及解析】

1. A　【解析】根据《私募投资基金监督管理暂行办法》的规定，投资于单只私募基金的金额不低于 100 万元。

2. D　【解析】设立管理公开募集基金的基金管理公司，应该具备的条件有：注册资本不低于 1 亿元人民币，且必须为实缴货币资本；主要股东应当具有经营金融业务或者管理金融机构的良好业绩、良好的财务状况和社会信誉，资产规模达到国务院规定的标准，最近 3 年没有违法记录等。

3. D　【解析】合格投资者是指具备相应风险识别能力和风险承担能力，投资于单只资产管理产品不低于一定金额且符合下列条件的自然人和法人或者其他组织：①具有 2 年以上投资经历，且满足以下条件之一：家庭金融净资产不低于 300 万元，家庭金融资产不低于 500 万元，或者近 3 年本人年均收入不低于 40 万元。②最近 1 年末净资产不低于 1000 万元的法人单位。③金融管理部门视为合格投资者的其他情形。

第六节　期货交易管理条例

考纲要求

本节考纲要求见表 1-43。

表 1-43　第一章第六节考纲要求

考纲要求	星级	具体内容
了解	★	①期货交易所会员管理、内部管理制度的相关规定 ②期货公司设立的条件 ③期货公司的业务许可制度 ④期货交易的基本规则 ⑤期货监督管理的基本内容 ⑥期货相关法律责任的规定
熟悉	★★	期货交易所的职责

续表

考纲要求	星级	具体内容
掌握	★★★	期货的概念、特征及其种类

考点梳理

一、法规概述

现行《期货交易管理条例》根据 2017 年 3 月 1 日《国务院关于修改和废止部分行政法规的决定》第四次修订。全文共八章八十六条，涉及期货交易所、期货公司、期货交易基本规则、期货业协会、监督管理、法律责任等内容。我国的期货市场法律体系以《期货交易管理条例》为核心，由行政法规、部门规章、规范性文件及自律规则共同组成，为期货投资活动的正常运行保驾护航。

二、期货相关概念、种类及常用术语

（一）期货相关概念★★★

《期货交易管理条例》（本节简称《条例》）规定了期货交易、期货合约、期权合约等期货的相关概念。具体内容如表 1–44 所示。

表 1–44 期货相关概念

项目	具体内容
期货交易	是指采用公开的集中交易方式或者国务院期货监督管理机构批准的其他方式进行的以期货合约或者期权合约为交易标的的交易活动
期货合约	是指期货交易场所统一制定的、规定在将来某一特定的时间和地点交割一定数量标的物的标准化合约。期货合约包括商品期货合约、金融期货合约及其他期货合约
期权合约	是指期货交易场所统一制定的、规定买方有权在将来某一时间以特定价格买入或者卖出约定标的物（包括期货合约）的标准化合约

（二）期货的种类★★★

期货因采用保证金交易的方式，而具有杠杆性、高风险性等特征。期货合约包括商品期货合约、金融期货合约及其他期货合约。具体内容如表 1–45 所示。

表 1–45 期货合约的种类

期货合约	项目	具体内容
商品期货合约	概念	是指以农产品、金属期货、能源和其他商品及其相关指数产品为标的物的期货合约。主要包括农产品期货、金融期货，以及能源期货等合约
	分类	农产品期货品种包括大豆、豆油、豆粕、籼稻、小麦、玉米、棉花、白糖、菜籽油、鸡蛋等
		金属期货品种包括黄金、白银、铜、铝、锡、铅、锌、镍、螺纹钢、线材等
		能源期货品种包括原油、天然气、燃料油等

续表

期货合约	项目	具体内容
金融期货合约	概念	是指以有价证券、利率、汇率等金融产品及其相关指数产品为标的物的期货合约。主要包括股指期货、利率期货以及外汇期货等合约
	分类	股指期货包括英国 FTSE 指数、德国 DAX 指数、东京日经平均指数、香港恒生指数、沪深 300 指数等
		利率期货一般可分为短期利率期货和长期利率期货。中国境内的利率期货品种有国债期货等
		外汇期货是以汇率为标的物的期货合约,用来回避汇率风险。目前中国境内还没有外汇期货品种

(三)常用术语

《条例》第 81 条规定了与期货交易有关的常用术语,具体内容如表 1-46 所示。

表 1-46 期货常用术语

术语	具体内容
保证金	是指期货交易者按照规定交纳的资金或者提交的价值稳定、流动性强的标准仓单、国债等有价证券,用于结算和保证履约
结算	是指根据期货交易所公布的结算价格对交易双方的交易结果进行的资金清算和划转
交割	是指合约到期时,按照期货交易所的规则和程序,交易双方通过该合约所载标的物所有权的转移,或者按照规定结算价格进行现金差价结算,了结到期未平仓合约的过程
平仓	是指期货交易者买入或者卖出与其所持合约的品种、数量和交割月份相同但交易方向相反的合约,了结期货交易的行为
持仓量	是指期货交易者所持有的未平仓合约的数量
持仓限额	是指期货交易所对期货交易者的持仓量规定的最高数额
标准仓单	是指交割仓库开具并经期货交易所认定的标准化提货凭证
涨跌停板	是指合约在 1 个交易日中的交易价格不得高于或者低于规定的涨跌幅度,超出该涨跌幅度的报价将被视为无效,不能成交
内幕信息	是指可能对期货交易价格产生重大影响的尚未公开的信息

三、期货交易所

(一)期货交易所概述

根据《条例》第 6 条规定,设立期货交易所,由国务院期货监督管理机构审批。

目前中国境内的期货交易场所分别为郑州商品交易所(ZCE)、上海期货交易所(SHFE)、大连商品交易所(DCE)、中国金融期货交易所(CFFEX)。

（二）期货交易所的职责★★

期货交易所应当依照《期货交易管理条例》和国务院期货监督管理机构的规定，建立、健全各项规章制度，加强对交易活动的风险控制和对会员以及交易所工作人员的监督管理。

期货交易所履行下列职责：

（1）提供交易的场所、设施和服务。

（2）设计合约，安排合约上市。

（3）组织并监督交易、结算和交割。

（4）为期货交易提供集中履约担保。

（5）按照章程和交易规则对会员进行监督管理。

（6）国务院期货监督管理机构规定的其他职责。

期货交易所不得直接或者间接参与期货交易。未经国务院期货监督管理机构审核并报国务院批准，期货交易所不得从事信托投资、股票投资、非自用不动产投资等与其职责无关的业务。

（三）期货交易所的会员管理、内部管理制度★

1. 期货交易所会员管理制度

在境内登记注册的企业法人或者其他经济组织。期货交易所经事前向中国证监会报告可以实行全员结算制度或者会员分级结算制度。实行会员分级结算制度的期货交易所会员由结算会员和非结算会员组成。实行全员结算制度的期货交易所会员均具有与期货交易所进行结算的资格。实行全员结算制度的期货交易所会员由期货交易会员和非期货公司会员组成。

2. 期货交易所的内部管理制度

期货交易所的内部管理制度，具体内容如表1–47所示。

表1–47　期货交易所内部管理制度的具体内容

制度名称	具体内容
期货交易所人员任命的禁止性规定	有下列情形之一的人员不得担任期货交易所的负责人、财务会计人员：①因违法行为或者违纪行为被解除职务的期货交易所、证券交易所、证券登记结算机构的负责人，或者期货公司、证券公司的董事、监事、高级管理人员，以及国务院期货监督管理机构规定的其他人员，自被解除职务之日起未逾5年；②因违法行为或者违纪行为被撤销资格的律师、注册会计师或者投资咨询机构、财务顾问机构、资信评级机构、资产评估机构、验证机构的专业人员，自被撤销资格之日起未逾5年
建立健全内控制度	期货交易所应当按照国家有关规定建立、健全下列风险管理制度：①保证金制度；②当日无负债结算制度；③涨跌停板制度；④持仓限额和大户持仓报告制度；⑤风险准备金制度；⑥国务院期货监督管理机构规定的其他风险管理制度。实行会员分级结算制度的期货交易所，还应当建立、健全结算担保金制度

续表

制度名称	具体内容
市场异常情况的处理及报告机制	当期货市场出现异常情况时，期货交易所可以按照其章程规定的权限和程序，决定采取下列紧急措施，并应当立即报告国务院期货监督管理机构：①提高保证金；②调整涨跌停板幅度；③限制会员或者客户的最大持仓量；④暂时停止交易；⑤采取其他紧急措施
相关事项的事先审批机制	期货交易所办理下列事项，应当经国务院期货监督管理机构批准：①制定或者修改章程、交易规则；②上市、中止、取消或者恢复交易品种；③国务院期货监督管理机构规定的其他事项。国务院期货监督管理机构批准期货交易所上市新的交易品种，应当征求国务院有关部门的意见
所得收益的使用规范	期货交易所的所得收益按照国家有关规定管理和使用，但应当首先用于保证期货交易场所、设施的运行和改善
发布行情信息	期货交易所应当及时公布上市品种合约的成交量、成交价、持仓量、最高价与最低价、开盘价与收盘价和其他应当公布的即时行情，并保证即时行情的真实、准确。期货交易所不得发布价格预测信息。未经期货交易所许可，任何单位和个人不得发布期货交易即时行情

四、期货公司

（一）设立期货公司实行审批制

根据《条例》第15条规定，期货公司是依照《公司法》和《条例》规定设立的经营期货业务的金融机构。设立期货公司，应当在公司登记机关登记注册，并经国务院期货监督管理机构批准。未经国务院期货监督管理机构批准，任何单位或者个人不得设立或者变相设立期货公司，经营期货业务。

（二）期货公司设立的条件★

根据《条例》第16条规定，申请设立期货公司，应当符合《公司法》的规定，并具备下列条件：

（1）注册资本最低限额为人民币3000万元。

（2）董事、监事、高级管理人员具备任职条件，从业人员具有期货从业资格。

（3）有符合法律、行政法规规定的公司章程。

（4）主要股东以及实际控制人具有持续盈利能力，信誉良好，最近3年无重大违法违规记录。

（5）有合格的经营场所和业务设施。

（6）有健全的风险管理和内部控制制度。

（7）国务院期货监督管理机构规定的其他条件。

国务院期货监督管理机构根据审慎监管原则和各项业务的风险程度，可以提高注册资本最低限额。注册资本应当是实缴资本。股东应当以货币或者期货公司经营必需的非货币财产出资，货币出资比例不得低于85%。

（三）期货公司的业务许可制度★

根据《条例》第17条规定，期货公司业务实行许可制度，由国务院期货监督管理机构按照其商品期货、金融期货业务种类颁发许可证。期货公司除申请经营境内期货经纪业务外，还可以申请经营境外期货经纪、期货投资咨询以及国务院期货监督管理机构规定的其他期货业务。

根据《条例》第22条规定，从事期货投资咨询业务的其他期货经营机构应当遵守国务院期货监督管理机构规定。

1. 期货经纪业务的性质

期货公司从事经纪业务，接受客户委托，以自己的名义为客户进行期货交易，交易结果由客户承担。

2. 期货公司的禁止性业务

①期货公司不得从事与期货业务无关的活动，法律、行政法规或者国务院期货监督管理机构另有规定的除外；②期货公司不得从事或者变相从事期货自营业务；③期货公司不得为其股东、实际控制人或者其他关联人提供融资，不得对外担保。

3. 事先审批的业务事项及审批时限

根据《条例》第19条规定，期货公司办理下列事项，应当经国务院期货监督管理机构批准：①合并、分立、停业、解散或者破产；②变更业务范围；③变更注册资本且调整股权结构；④新增持有5%以上股权的股东或者控股股东发生变化；⑤国务院期货监督管理机构规定的其他事项。

上述第③项、第⑤项所列事项，国务院期货监督管理机构应当自受理申请之日起20日内作出批准或者不批准的决定；上述所列其他事项，国务院期货监督管理机构应当自受理申请之日起2个月内作出批准或者不批准的决定。

4. 监管机构注销期货业务许可证的情形

根据《条例》第20条规定，期货公司或者其分支机构有《行政许可法》第70条规定的情形或者下列情形之一的，国务院期货监督管理机构应当依法办理期货业务许可证注销手续：

①营业执照被公司登记机关依法注销；②成立后无正当理由超过3个月未开始营业，或者开业后无正当理由停业连续3个月以上；③主动提出注销申请；④国务院期货监督管理机构规定的其他情形。

期货公司在注销期货业务许可证前，应当结清相关期货业务，并依法返还客户的保证金和其他资产。期货公司分支机构在注销经营许可证前，应当终止经营活动，妥善处理客户资产。

五、期货交易的基本规则★

(一)期货交易的相关制度

期货交易实行保证金交易制度、当日无负债结算制度、强行平仓制度、涨跌停板制度、强制减仓制度、大户报告制度、套期保值交易管理制度等。具体内容如表1-48所示。

表1-48　期货交易的相关制度

制度	具体内容
保证金交易制度	任何期货投资者必须按照其所买卖的期货合约价值的一定比例缴纳资金,用于结算和保证履行。期货交易所向会员收取的保证金,用于担保合约的履行和会员的交易结算,不得挪作他用
当日无负债结算制度	每一交易日闭市后,期货交易所对期货公司会员,期货公司会员对其客户的盈亏、保证金、税款、手续费等款项进行结算
强行平仓制度	对期货投资者存在违规超仓、未按规定及时追加交易保证金等违规行为或者交易所规定的其他情形的,期货交易所可以采取强行平仓措施
涨跌停板制度	涨跌停板的幅度由期货交易所设定,期货交易所可以根据市场风险状况调整涨跌停板幅度
强制减仓制度	期货交易出现同方向连续单边市等可能引发市场发生重大风险状况的情形,期货交易所可以采取强制减仓措施
大户报告制度	期货投资者持有某品种合约的数量达到交易所规定的持仓报告标准时,应当按规定向交易所报告其资金、持仓量等情况
套期保值制度	套期保值是指企业通过在期货市场的操作以规避现货市场交易风险的投资行为。套期保值交易是一种将期货、现货相结合的交易方式。套期保值交易持仓量额度由期货交易所审批

(二)期货交易的基本规则

《条例》第4章规定了期货交易的基本规则,具体内容如表1-49所示。

表1-49　期货交易的基本规则

项目	基本规则
期货交易的主体	在期货交易所进行期货交易的,应当是期货交易所会员。符合规定条件的境外机构,可以在期货交易所从事特定品种的期货交易
期货公司接受客户委托交易的要求	期货公司接受客户委托为其进行期货交易,应当事先向客户出示风险说明书,经客户签字确认后,与客户签订书面合同
不得从事期货交易,且期货公司不得接受其委托为其进行期货交易的单位和个人	①国家机关和事业单位;②国务院期货监督管理机构、期货交易所、期货保证金安全存管监控机构和期货业协会的工作人员;③证券、期货市场禁止进入者;④未能提供开户证明材料的单位和个人;⑤国务院期货监督管理机构规定不得从事期货交易的其他单位和个人

续表

项目	基本规则
客户下单的方式	客户可以通过书面、电话、互联网或者国务院期货监督管理机构规定的其他方式,向期货公司下达交易指令。客户的交易指令应当明确、全面
期货公司接受客户委托交易过程中的禁止性行为	①期货公司未经客户委托或者不按照客户委托内容,擅自进行期货交易;②期货公司向客户作获利保证;在经纪业务中与客户约定分享利益或者共担风险;③期货公司隐瞒重要事项或者使用其他不正当手段诱骗客户发出交易指令;④期货公司未为每一个客户单独开立专门账户、设置交易编码,混码交易;⑤期货公司经营期货经纪业务又同时经营其他期货业务的,未严格执行业务分离和资金分离制度,混合操作;⑥期货交易所、期货公司、非期货公司结算会员未按照国务院期货监督管理机构、财政部门的规定提取、管理和使用风险准备金,进行挪用
保证金制度	期货交易所向会员、期货公司向客户收取的保证金,不得低于国务院期货监督管理机构、期货交易所规定的标准,并应当与自有资金分开,专户存放。期货交易所向会员收取的保证金,属于会员所有,除用于会员的交易结算外,严禁挪作他用
收费管理	期货交易的收费项目、收费标准和管理办法由国务院有关主管部门统一制定并公布
结算制度	期货交易的结算,由期货交易所统一组织进行;期货交易所实行当日无负债结算制度;期货交易所应当在当日及时将结算结果通知会员
交割制度	期货交易的交割,由期货交易所统一组织进行。交割仓库由期货交易所指定。期货交易所不得限制实物交割总量,并应当与交割仓库签订协议,明确双方的权利和义务
期货交易过程中各自承担的违约责任及相应的追偿权	①根据《条例》第36条规定,会员在期货交易中违约的,期货交易所先以该会员的保证金承担违约责任;保证金不足的,期货交易所应当以风险准备金和自有资金代为承担违约责任,并由此取得对该会员的相应追偿权。②客户在期货交易中违约的,期货公司先以该客户的保证金承担违约责任;保证金不足的,期货公司应当以风险准备金和自有资金代为承担违约责任,并由此取得对该客户的相应追偿权
保证资料的完整和安全性	期货交易所、期货公司和非期货公司结算会员应当保证期货交易、结算、交割资料的完整和安全
禁止操纵期货交易价格	任何单位或者个人不得编造、传播有关期货交易的虚假信息,不得恶意串通、联手买卖或者以其他方式操纵期货交易价格
禁止信贷、财政资金进行期货交易	任何单位或者个人不得违规使用信贷资金、财政资金进行期货交易。 银行业金融机构从事期货交易融资或者担保业务的资格,由国务院银行业监督管理机构批准

六、期货监督管理的基本内容★

国务院期货监督管理机构的职责、可以采取的措施、行政监管措施、受监管主体的相关义务的具体内容如表 1-50 所示。

表 1-50　期货监督管理的基本内容

项目	具体内容
国务院期货监督管理机构的职责	根据《条例》第 46 条规定，国务院期货监督管理机构对期货市场实施监督管理，依法履行的职责包括： ①制定有关期货市场监督管理的规章、规则，并依法行使审批权 ②对品种的上市、交易、结算、交割等期货交易及其相关活动，进行监督管理 ③对期货交易所、期货公司及其他期货经营机构、非期货公司结算会员、期货保证金安全存管监控机构、期货保证金存管银行、交割仓库等市场相关参与者的期货业务活动，进行监督管理 ④制定期货从业人员的资格标准和管理办法，并监督实施 ⑤监督检查期货交易的信息公开情况 ⑥对期货业协会的活动进行指导和监督 ⑦对违反期货市场监督管理法律、行政法规的行为进行查处 ⑧开展与期货市场监督管理有关的国际交流、合作活动 ⑨法律、行政法规规定的其他职责
	设立期货投资者保障基金
	设立期货保证金安全存管监控机构
	对人员的监督管理
国务院期货监督管理机构可以采取的措施	根据《条例》第 47 条规定，国务院期货监督管理机构依法履行职责，可以采取下列措施： ①对期货交易所、期货公司及其他期货经营机构、非期货公司结算会员、期货保证金安全存管监控机构和交割仓库进行现场检查 ②进入涉嫌违法行为发生场所调查取证 ③询问当事人和与被调查事件有关的单位和个人，要求其对与被调查事件有关的事项作出说明 ④查阅、复制与被调查事件有关的财产权登记等资料 ⑤查阅、复制当事人和与被调查事件有关的单位和个人的期货交易记录、财务会计资料以及其他相关文件和资料；对可能被转移、隐匿或者毁损的文件和资料，可以予以封存 ⑥查询与被调查事件有关的单位的保证金账户和银行账户 ⑦在调查操纵期货交易价格、内幕交易等重大期货违法行为时，经国务院期货监督管理机构主要负责人批准，可以限制被调查事件当事人的期货交易 ⑧法律、行政法规规定的其他措施
行政监管措施	①期货公司及其分支机构不符合持续性经营规则或者出现经营风险，国务院期货监督管理机构可以对期货公司及其董事、监事和高级管理人员采取谈话、提示、记入信用记录等监管措施或者责令期货公司限期整改，并对其整改情况进行检查验收 ②期货公司违法经营或者出现重大风险，严重危害期货市场秩序、损害客户利益。国务院期货监督管理机构可以对该期货公司采取责令停业整顿、指定其他机构托管或者接管等监管措施

续表

项目	具体内容
行政监管措施	③期货公司的股东有虚假出资或者抽逃出资行为,国务院期货监督管理机构应当责令其限期改正,并可责令其转让所持期货公司的股权 ④期货市场出现异常情况,国务院期货监督管理机构可以采取必要的风险处置措施 ⑤期货公司的交易软件、结算软件,应当满足期货公司审慎经营和风险管理以及国务院期货监督管理机构有关保证金安全存管监控规定的要求 ⑥期货公司涉及重大诉讼、仲裁,或者股权被冻结或者用于担保,以及发生其他重大事件时,期货公司及其相关股东、实际控制人应当自该事件发生之日起5日内向国务院期货监督管理机构提交书面报告
受监管主体的相关义务	①向国务院期货监督管理机构报送相关资料的义务 ②被检查、调查单位和个人的配合义务 ③中介服务机构的相关义务

七、法律责任★

(一)行政责任

根据《条例》第64条规定,期货交易所、非期货公司结算会员有下列行为之一的,责令改正,给予警告,没收违法所得:①违反规定接纳会员的;②违反规定收取手续费的;③违反规定使用、分配收益的;④不按照规定公布即时行情的,或者发布价格预测信息的;⑤不按照规定向国务院期货监督管理机构履行报告义务的;⑥不按照规定向国务院期货监督管理机构报送有关文件、资料的;⑦不按照规定建立、健全结算担保金制度的;⑧不按照规定提取、管理和使用风险准备金的;⑨违反国务院期货监督管理机构有关保证金安全存管监控规定的;⑩限制会员实物交割总量的;⑪任用不具备资格的期货从业人员的;⑫违反国务院期货监督管理机构规定的其他行为。有前款所列行为之一的,对直接负责的主管人员和其他直接责任人员给予纪律处分,处1万元以上10万元以下的罚款。

根据《条例》第65条规定,期货交易所有下列行为之一的,责令改正,给予警告,没收违法所得,并处违法所得1倍以上5倍以下的罚款;没有违法所得或者违法所得不满10万元的,并处10万元以上50万元以下的罚款;情节严重的,责令停业整顿:①未经批准,擅自办理本条例第13条所列事项的;②允许会员在保证金不足的情况下进行期货交易的;③直接或者间接参与期货交易,或者违反规定从事与其职责无关的业务的;④违反规定收取保证金,或者挪用保证金的;⑤伪造、涂改或者不按照规定保存期货交易、结算、交割资料的;⑥未建立或者未执行当日无负债结算、涨跌停板、持仓限额和大户持仓报告制度的;⑦拒绝或者妨碍国务院期货监督管理机构监督检查的;⑧违反国务院期货监督管理机构规定的其他行为。有前款所列行为之一的,对直接负责的主管人员和其他直接责任人员给予纪律处分,处1万元以上10万元以下的罚款。

根据《条例》第66条规定,期货公司有下列行为之一的,责令改正,给予警告,没收违法所得,并处违法所得1倍以上3倍以下的罚款;没有违法所得或者违法所得不满10万元的,并处10万元以上30万元以下的罚款;情节严重的,责令停业整顿或者吊销期货业务许可证:①接受不符合规定条件的单位或者个人委托的;②允许客户在保证金不足的情况下进行期货交易的;③未经批准,擅自办理本条例第19条所列事项的;④违反规定从事与期货业务无关的活动的;⑤从事或者变相从事期货自营业务的;⑥为其股东、实际控制人或者其他关联人提供融资,或者对外担保的;⑦违反国务院期货监督管理机构有关保证金安全存管监控规定的;⑧不按照规定向国务院期货监督管理机构履行报告义务或者报送有关文件、资料的;⑨交易软件、结算软件不符合期货公司审慎经营和风险管理以及国务院期货监督管理机构有关保证金安全存管监控规定的要求的;⑩不按照规定提取、管理和使用风险准备金的;⑪伪造、涂改或者不按照规定保存期货交易、结算、交割资料的;⑫任用不具备资格的期货从业人员的;⑬伪造、变造、出租、出借、买卖期货业务许可证或者经营许可证的;⑭进行混码交易的;⑮拒绝或者妨碍国务院期货监督管理机构监督检查的;⑯违反国务院期货监督管理机构规定的其他行为。期货公司有前款所列行为之一的,对直接负责的主管人员和其他直接责任人员给予警告,并处1万元以上5万元以下的罚款;情节严重的,暂停或者撤销期货从业人员资格。

根据《条例》第67条规定,期货公司有下列欺诈客户行为之一的,责令改正,给予警告,没收违法所得,并处违法所得1倍以上5倍以下的罚款;没有违法所得或者违法所得不满10万元的,并处10万元以上50万元以下的罚款;情节严重的,责令停业整顿或者吊销期货业务许可证:①向客户作获利保证或者不按照规定向客户出示风险说明书的;②在经纪业务中与客户约定分享利益、共担风险的;③不按照规定接受客户委托或者不按照客户委托内容擅自进行期货交易的;④隐瞒重要事项或者使用其他不正当手段,诱骗客户发出交易指令的;⑤向客户提供虚假成交回报的;⑥未将客户交易指令下达到期货交易所的;⑦挪用客户保证金的;⑧不按照规定在期货保证金存管银行开立保证金账户,或者违规划转客户保证金的;⑨国务院期货监督管理机构规定的其他欺诈客户的行为。期货公司有前款所列行为之一的,对直接负责的主管人员和其他直接责任人员给予警告,并处1万元以上10万元以下的罚款;情节严重的,暂停或者撤销期货从业人员资格。

根据《条例》第68条规定,期货公司及其他期货经营机构、非期货公司结算会员、期货保证金存管银行提供虚假申请文件或者采取其他欺诈手段隐瞒重要事实骗取期货业务许可的,撤销其期货业务许可,没收违法所得。

根据《条例》第69条规定,期货交易内幕信息的知情人或者非法获取期货交易内幕信息的人,在对期货交易价格有重大影响的信息尚未公开前,利用内幕信息从事期货交易,或者向他人泄露内幕信息,使他人利用内幕信息进行期货交易的,没收违法所得,并处违法所得1倍以上5倍以下的罚款;没有违法所得或者违法所得不满10万元的,处10万元以上50万元以下的罚款。单位从事内幕交易的,还应当对直接负责的主管人员和其他直接责任人员给予警告,并处3万元以上30万元以下的罚款。国务院期货监督管理机构、期货交易所和期货保证金安全存管监控机构的工作人员进行内幕交易的，从重处罚。

根据《条例》第70条规定，任何单位或者个人有下列行为之一，操纵期货交易价格的，责令改正，没收违法所得，并处违法所得1倍以上5倍以下的罚款；没有违法所得或者违法所得不满20万元的，处20万元以上100万元以下的罚款：①单独或者合谋，集中资金优势、持仓优势或者利用信息优势联合或者连续买卖合约，操纵期货交易价格的；②蓄意串通，按事先约定的时间、价格和方式相互进行期货交易，影响期货交易价格或者期货交易量的；③以自己为交易对象，自买自卖，影响期货交易价格或者期货交易量的；④为影响期货市场行情囤积现货的；⑤国务院期货监督管理机构规定的其他操纵期货交易价格的行为。单位有前款所列行为之一的，对直接负责的主管人员和其他直接责任人员给予警告，并处1万元以上10万元以下的罚款。

（二）关于市场禁入的规定

根据《条例》第77条规定，任何单位或者个人违反本条例规定，情节严重的，由国务院期货监督管理机构宣布该个人、该单位或者该单位的直接责任人员为期货市场禁止进入者。

（三）刑事责任

根据《条例》第79条规定，违反本条例规定，构成犯罪的，依法追究刑事责任。

真题实练

1.（　　）于2006年9月8日在上海正式挂牌成立。

A. 上海期货交易所　　B. 中国期货交易所

C. 中国商品期货交易所　　D. 中国金融期货交易所

2. 期货公司接受客户委托为其进行期货交易，应当事先向客户出示（　　），经客户签字确认后，与客户签订书面合同。

A. 风险说明书　　B. 交易费用说明书

C. 交易种类清单　　D. 交易规则说明书

3. 以下关于申请设立期货公司的说法，正确的是（　　）。

Ⅰ. 注册资本最低限额为人民币3000万元

Ⅱ. 净资本不低于人民币3000万元

Ⅲ. 主要股东以及实际控制人具有持续经营能力

Ⅳ. 主要股东以及实际控制人最近3年无重大违法违规记录

A. Ⅰ、Ⅲ、Ⅳ　　B. Ⅱ、Ⅲ、Ⅳ　　C. Ⅰ、Ⅲ　　D. Ⅰ、Ⅳ

【答案及解析】

1. D　**【解析】**中国金融期货交易所于2006年9月8日在上海正式挂牌成立。

2. A　**【解析】**期货公司接受客户委托为其进行期货交易，应当事先向客户出示风险说明书，经客户签字确认后，与客户签订书面合同。期货公司不得未经客户委托或者不按照客户委托内容，擅自进行期货交易。期货公司不得向客户作获利保证；不得在经纪业务中与客户约定分享利益或者共担风险。

3. D 【解析】申请设立期货公司，应当符合《公司法》的规定，并具备下列条件：注册资本最低限额为人民币3000万元；主要股东以及实际控制人具有持续盈利能力，信誉良好，最近3年无重大违法违规记录等。

第七节 证券公司监督管理条例

考纲要求

本节考纲要求见表1-51所示。

表1-51 第一章第七节考纲要求

考纲要求	星级	具体内容
了解	★	①证券公司股东出资的规定 ②关于成为持有证券公司5%以上股权的股东、实际控制人资格的规定 ③证券公司合并、分立、停业、解散或者破产的相关规定 ④证券公司及其境内分支机构的设立、变更、注销登记的规定 ⑤证券公司信息报送的主要内容和要求 ⑥证券监督管理机构对证券公司进行监督管理的主要措施（月度、年度报告、信息披露、检查、责令限期整改的情形及可采取的措施） ⑦证券公司主要违法违规情形及其处罚措施
熟悉	★★	①证券公司依法审慎经营、履行诚信义务的规定 ②禁止证券公司股东和实际控制人滥用权利、损害客户权益的规定 ③证券公司变更公司章程重要条款的规定 ④有关证券公司组织机构的规定 ⑤关于客户资产保护的相关规定 ⑥证券公司客户交易结算资金管理的规定
掌握	★★★	①证券公司设立时业务范围的规定 ②证券公司及其境内分支机构经营业务的规定 ③证券公司为客户开立证券账户管理的有关规定

考点梳理

一、法规概述

现行《证券公司监督管理条例》根据2014年7月9日《国务院关于修改部分行政法规的决定》修订，是为了加强对证券公司的监督管理，规范证券公司的行为，防范证券公司的风险，保护客户的合法权益和社会公共利益，促进证券业健康发展而制定的。

二、证券公司的一般性规定

（一）依法审慎经营、履行诚信义务的规定★★

根据《证券公司监督管理条例》第 2 条的规定，证券公司应当遵守法律、行政法规和国务院证券监督管理机构的规定，审慎经营，履行对客户的诚信义务。具体内容如表 1–52 所示。

表 1–52　依法审慎经营、履行诚信义务的规定

项目	具体内容
依法审慎经营	依法经营是指证券公司在经营过程中，应当遵守法律、行政法规和国务院证券监督管理机构的规定，确保经营行为的“合规性”。为了保障证券市场健康、有序的发展，证券公司不仅要遵守各类法律、法规，还应当遵守由国务院证券监督管理机构制定的各类规章及规范性文件，以及其他有立法权限的机构制定的与证券业监督管理有关的法律规范
	审慎经营是指证券公司应结合自身的财务状况、内控水平、合规程度、高级管理人员素质、专业人员数量等方面的实际情况，开展经营活动，确保各项经营活动可能给证券公司带来的风险处于可控范围内
履行诚信义务	诚信原则是民商事活动应遵循的重要原则。根据《证券公司治理准则》第 2 条的规定，证券公司对客户负有诚信义务，不得侵犯客户的财产权、选择权、公平交易权、知情权及其他合法权益。证券公司的股东和实际控制人不得占用客户资产，损害客户合法权益

（二）证券公司股东和实际控制人的禁止行为★★

根据《证券公司监督管理条例》第 3 条的规定，证券公司的股东和实际控制人不得滥用权力，占用证券公司或者客户的资产，损害证券公司或者客户的合法权益。

证券公司的股东，特别是控股股东以及证券公司的实际控制人，对公司的经营具有绝对的控制优势，可以通过股东会、股东大会或股资关系、协议及其他安排对证券公司的经营施加影响。在实践中，部分证券公司的股东和实际控制人滥用股东权利或实际控制的优势，通过关联交易、内幕交易、操纵市场或直接挪用的方式，非法占用证券公司或者客户的资产，严重损害了证券公司和客户的合法权益。为避免证券公司的控股股东与实际控制人滥用其控股或实际控制公司的地位，占用证券公司或客户的资金，损害证券公司及客户的合法权益，《证券公司监督管理条例》将上述情形列为禁止性规定，并设专章就客户资产的保护进行规范。

三、证券公司的设立与变更

（一）证券公司的设立条件

设立证券公司，应符合《公司法》《证券法》及《证券公司监督管理条例》的要求。根据《证券法》第 118 条的规定，设立证券公司，应当具备下列条件，并经国务院证券监督管理机构批准：

(1)有符合法律、行政法规规定的公司章程。

(2)主要股东及公司的实际控制人具有良好的财务状况和诚信记录,最近3年无重大违法违规记录。

(3)有符合《证券法》规定的公司注册资本。

(4)董事、监事、高级管理人员、从业人员符合《证券法》规定的条件。

(5)有完善的风险管理与内部控制制度。

(6)有合格的经营场所、业务设施和信息技术系统。

(7)法律、行政法规和经国务院批准的国务院证券监督管理机构规定的其他条件。

未经国务院证券监督管理机构批准,任何单位和个人不得以证券公司名义开展证券业务活动。

在上述规定的基础上,《证券公司监督管理条例》对有关内容进一步细化,作了较为具体的规定。

(二)证券公司股东出资的规定★

1. 出资方式

根据《证券公司监督管理条例》第9条第1款、第3款的规定,证券公司的股东应当用货币或者证券公司经营必需的非货币财产出资。证券公司股东的非货币财产出资总额不得超过证券公司注册资本的30%。但是,在证券公司经营过程中,证券公司的债权人将其债权转为证券公司股权的,不受前述规定的限制。

2. 验资

我国《公司法》经过修订后,已取消了公司注册中的验资环节,但仍保留有关非货币财产的评估程序。根据《证券公司监督管理条例》第9条第2款的规定,证券公司股东的出资,应当经具有证券、期货相关业务资格的会计师事务所验资并出具证明;出资中的非货币财产,应当经具有证券相关业务资格的资产评估机构评估。

(三)成为持有证券公司5%以上股权的股东、实际控制人资格的禁止性规定★

由于证券公司的经营状况关系到广大投资者资金的安全,涉及整个证券市场交易秩序的稳定及社会公众的利益,因此,为了证券公司的正常经营,避免信誉低下,承担风险能力较差的单位或个人控制或影响证券公司的决策而损害广大投资者与社会公众的利益,根据《证券公司监督管理条例》第10条的规定,有下列情形之一的单位或者个人,不得成为持有证券公司5%以上股权的股东、实际控制人:①因故意犯罪被判处刑罚,刑罚执行完毕未逾3年;②净资产低于实收资本的50%,或者或有负债达到净资产的50%;③不能清偿到期债务。

除上述条件以外,具有国务院证券监督管理机构认定的其他情形的单位与个人也不得成为持有证券公司5%以上股权的股东或实际控制人,其他具体情形将由国务院证券监督管理机构根据实际情况进行认定。

(四)证券公司的业务范围★★★

根据《证券公司监督管理条例》第 12 条的规定，证券公司在设立时的业务范围应当与其财务状况、内部控制制度、合规制度和人力资源状况相适应，具体表现如表 1-53 所示。

表 1-53　证券公司的业务范围

项目	具体内容
财务状况	根据《证券法》第 121 条的规定，证券公司经营证券经纪、证券投资咨询、与证券交易、证券投资活动有关的财务顾问业务的，注册资本最低限额为人民币 5000 万元；经营证券承销与保荐、证券融资融券、证券做市交易、证券自营、其他证券业务之一的，注册资本最低限额为人民币 1 亿元；经营证券承销与保荐、证券融资融券、证券做市交易、证券自营、其他证券业务中两项以上的，注册资本最低限额为人民币 5 亿元 证券公司的注册资本应当是实缴资本。国务院证券监督管理机构根据审慎监管原则和各项业务的风险程度，可以调整注册资本最低限额，但不得少于前款规定的限额
内部控制制度	根据《证券公司内部控制指引》第 2 条的规定，证券公司内部控制是指证券公司为实现经营目标，根据经营环境变化，对证券公司经营与管理过程中的风险进行识别、评价和管理的制度安排、组织体系和控制措施。根据该指引，证券公司内部控制的主要内容包括经纪业务内部控制、自营业务内部控制、投资银行业务内部控制、受托投资管理业务内部控制、研究咨询业务内部控制、业务创新的内部控制、分支机构内部控制、财务管理内部控制、会计系统内部控制、信息系统内部控制、人力资源管理内部控制等方面
合规制度	合规制度是证券公司根据合规管理的需要所制定各项制度的统称。根据《证券公司和证券投资基金管理公司合规管理办法》第 2 条的规定，证券公司的合规是指证券公司及其工作人员的经营管理和执业行为符合法律、法规、规章及规范性文件、行业规范和自律规则、公司内部规定制度，以及行业普遍遵守的职业道德和行为准则。证券公司的合规管理是指证券公司制定和执行合规管理制度，建立合规管理机制，防范合规风险的行为
人力资源状况	人力资源状况主要涉及证券公司的高级管理人员、从业人员的素质与状况。证券公司应根据自身人力资源的实际情况开展各项业务。根据《证券公司董事、监事和高级管理人员任职资格监管办法》第 2 条、第 3 条的规定，证券公司高级管理人员(以下简称“高管人员”)是指证券公司的总经理、副总经理、财务负责人、合规负责人、董事会秘书以及实际履行上述职务的人员。高管人员应当在任职前取得中国证监会核准的任职资格。根据《证券公司监督管理条例》第 12 条的规定，证券公司在经营过程中，经其申请，国务院证券监督管理机构可以根据其财务状况、内部控制水平、合规程度、高级管理人员业务管理能力、专业人员数量，对其业务范围进行调整。根据《证券法》第 122 条的规定，证券公司变更证券业务范围，应当经国务院证券监督管理机构核准

(五)证券公司章程重要条款的变更★★

1. 章程重要条款的内容

根据《证券公司监督管理条例》第 13 条的规定，证券公司章程中的重要条款，是指规定下列事项的条款：

(1)证券公司的名称、住所。

(2)证券公司的组织机构及其产生办法、职权、议事规则。

(3)证券公司对外投资、对外提供担保的类型、金额和内部审批程序。

(4)证券公司的解散事由与清算办法。

(5)国务院证券监督管理机构要求证券公司章程规定的其他事项。

2. 章程重要条款变更的审批程序

根据《证券法》第122条、《证券公司监督管理条例》第13条、第16条、第17条的规定,证券公司变更公司章程中的重要条款,必须经国务院证券监督管理机构批准,国务院证券监督管理机构应当对变更公司章程中的重要条款进行审查,并在自受理之日起45个工作日内,作出批准或者不予批准的书面决定。公司登记机关应当依照法律、行政法规的规定,凭国务院证券监督管理机构的核准文件,办理证券公司及其境内分支机构的设立、变更、注销登记。

(六)证券公司的合并、分立、停业、解散或者破产★

证券公司的合并、分立、停业、解散或者破产,是证券公司在存续期间,由于内部(如股东会的决策)或外部(如工商行政管理机关的命令)原因而发生的经营形态的改变。证券公司合并、分立、停业、解散、破产,必须经国务院证券监督管理机构核准。

证券公司合并、分立的,国务院证券监督管理机构应当对合并、分立的申请进行审查,并在自受理之日起3个月内作出批准或者不予批准的书面决定。合并、分立中涉及客户权益的重大资产转让应当经具有证券相关业务资格的资产评估机构评估。证券公司停业、解散或者破产的,国务院证券监督管理机构应当对停业、解散、破产的申请进行审查,并在自受理之日起30个工作日作出核准或者不予核准的书面决定。证券公司应按照有关规定安置客户、处理未了结的业务。证券公司停止全部证券业务、解散、破产的,还应当在国务院证券监督管理机构指定的报刊上公告,并按照规定将经营证券业务许可证交国务院证券监督管理机构注销。

此外,根据《证券法》第143条的规定,证券公司违法经营或者出现重大风险,严重危害证券市场秩序、损害投资者利益的,国务院证券监督管理机构可以对该证券公司采取责令停业整顿、指定其他机构托管、接管或者撤销等监管措施。根据《企业破产法》第134条的规定,证券公司不能清偿到期债务,并且资产不足以清偿全部债务或者明显缺乏清偿能力的,国务院金融监督管理机构可以向人民法院提出对该证券公司进行重整或者破产清算的申请。

(七)证券公司及其境内分支机构的设立、变更、注销登记★

证券公司境内分支机构是指在境内从事业务经营活动的分公司、证券营业部等证券公司下属的非法人单位。

公司登记机关应当依照法律、行政法规的规定,凭国务院证券监督管理机构的批准文件,办理证券公司及其境内分支机构的设立、变更、注销登记。

证券公司在取得公司登记机关颁发或者换发的证券公司或者境内分支机构的营业执照后,应当向国务院证券监督管理机构申请颁发或者换发经营证券业务许可证。经营证券业务许可证应当载明证券公司或者境内分支机构的证券业务范围。未取得经营证券业务许可证，证券公司及其境内分支机构不得经营证券业务。

证券公司撤销境内分支机构的，应当在国务院证券监督管理机构指定的报刊上公告，并按照规定将经营证券业务许可证交国务院证券监督管理机构注销。

四、证券公司的组织机构

公司的组织机构是公司基于正常运行的需要，根据法律规定于公司内部设立的相关职能机构。公司的决策机构、执行机构、监督机构及其人员组成了完整的公司组织机构，各个机构根据章程的规定行使职能，保证公司的正常运作与经营。根据《证券公司监督管理条例》第 18 条的规定，证券公司应当依照《公司法》《证券法》和《证券公司监督管理条例》的规定，建立健全组织机构，明确决策、执行、监督机构的职权。

（一）一般规定

根据《公司法》的有关规定，有限责任公司的组织机构包括股东会、董事会或执行董事、经理和监事会。股份有限公司的组织机构包括股东大会、董事会、经理和监事会，股票在证券交易所上市交易的股份有限公司即上市公司除设立上述机构外，还要设独立董事和董事会秘书。

（二）证券公司组织机构★★

根据《证券公司监督管理条例》的有关规定，证券公司应根据实际情况依法健全下列组织机构，具体内容如表 1–54 所示。

表 1–54　　证券公司组织机构的构成

机构名称	具体内容
独立董事	证券公司可以设独立董事。证券公司的独立董事，不得在本证券公司担任董事会外的职务，不得与本证券公司存在可能妨碍其作出独立、客观判断的关系
薪酬与提名委员会、审计委员会和风险控制委员会	①证券公司经营证券经纪业务、证券资产管理业务、融资融券业务和证券承销与保荐业务中两种以上业务的，其董事会应当设薪酬与提名委员会、审计委员会和风险控制委员会，行使公司章程规定的职权 ②证券公司董事会设薪酬与提名委员会、审计委员会的，委员会负责人由独立董事担任
董事会秘书	证券公司设董事会秘书，负责股东会和董事会会议的筹备、文件的保管以及股东资料的管理，按照规定或者根据国务院证券监督管理机构、股东等有关单位或者个人的要求，依法提供有关资料，办理信息报送或者信息披露事项。董事会秘书为证券公司高级管理人员
行使证券公司经营管理职权的机构	证券公司设立行使证券公司经营管理职权的机构，应当在公司章程中明确其名称、组成、职责和议事规则。该机构的成员为证券公司高级管理人员

续表

机构名称	具体内容
合规负责人	①证券公司设合规负责人,对证券公司经营管理行为的合法合规性进行审查、监督或检查 ②合规负责人为证券公司高级管理人员,由董事会决定聘任,并应当经国务院证券监督管理机构认可。合规负责人不得在证券公司兼任负责经营管理的职务。 ③合规负责人发现违法违规行为,应当向公司章程规定的机构报告,同时按照规定向国务院证券监督管理机构或者有关自律组织报告 ④证券公司解聘合规负责人,应当有正当理由,并自解聘之日起 3 个工作日内将解聘的事实和理由书面报告国务院证券监督管理机构

(三)任职资格与离任审计

根据《证券公司监督管理条例》第 24 条、第 25 条的规定,证券公司的董事、监事、高级管理人员应当在任职前取得经国务院证券监督管理机构核准的任职资格。证券公司不得聘任、选任未取得任职资格的人员担任前述职务;已经聘任、选任的,有关聘任、选任的决议、决定无效。证券公司的法定代表人或者高级管理人员离任的,证券公司应当对其进行审计,并自其离任之日起 2 个月内将审计报告报送国务院证券监督管理机构;证券公司的法定代表人或者经营管理的主要负责人离任的,应当聘请具有证券、期货相关业务资格的会计师事务所对其进行审计。审计报告未报送国务院证券监督管理机构的,离任人员不得在其他证券公司任职。

五、证券公司业务规则与风险控制的一般规定

(一)证券公司及其境内分支机构的业务经营★★★

根据《证券法》和《证券公司监督管理条例》等法律法规的规定,在外部约束机制方面,证券公司及其分支机构在业务经营上应当符合国家法律、法规的规定,经营相关业务须获得监管部门的批准;在内部约束机制方面,证券公司应当健全内部制度建设,防控风险,加强对分支机构实行集中统一管理。具体内容如表 1-55 所示。

表 1-55 证券公司约束机制

机制	项目	具体内容
外部约束	业务的审批	根据《证券公司监督管理条例》第 26 条的规定,证券公司及其境内分支机构从事《证券法》第 120 条规定的证券业务,应当遵守《证券法》和《证券公司监督管理条例》的规定。证券公司及其境内分支机构经营的业务应当经国务院证券监督管理机构批准,不得经营未经批准的业务
		根据《证券法》第 120 条的规定,经国务院证券监督管理机构核准,取得经营证券业务许可证,证券公司可以经营下列部分或者全部证券业务:证券经纪;证券投资咨询;与证券交易、证券投资活动有关的财务顾问;证券承销与保荐;证券融资融券;证券做市交易;证券自营;其他证券业务 根据《证券公司业务范围审批暂行规定》第 7 条的规定,证券公司设立时,中国证监会依照法定条件核准其业务范围。对新设公司核准的业务不超过 4 种,但中国证监会另有规定的除外

续表

机制	项目	具体内容
外部约束	注册资本要求	根据《证券法》第121条的规定，证券公司经营证券经纪、证券投资咨询及与证券交易、证券投资活动有关的财务顾问三项业务的，注册资本最低限额为人民币5000万元；经营证券承销与保荐、证券融资融券、证券做市交易、证券自营或其他证券业务五项业务之一的，注册资本最低限额为人民币1亿元；经营上述五项业务中两项以上的，注册资本最低限额为人民币5亿元。并且，证券公司的注册资本应当是实缴资本
	禁止同业竞争	根据《证券公司监督管理条例》第26条的规定，两个以上的证券公司受同一单位、个人控制或者相互之间存在控制关系的，不得经营相同的证券业务，但国务院证券监督管理机构另有规定的除外 该规定主要是为了避免因母公司与子公司之间存在同业竞争而损害公司小股东的利益，除非国务院证券监管理机构另有规定，否则，受同一单位、个人控制或者相互之间存在控制关系的两个以上证券公司不得经营相同的证券业务
内部约束	防范和控制风险	根据《证券公司监督管理条例》第27条的规定，证券公司应当按照审慎经营的原则，建立健全风险管理与内部控制制度，防范和控制风险
		根据《证券法》第127条、第128条的规定，证券公司从每年的税后利润中提取交易风险准备金，用于弥补证券交易的损失，其提取的具体比例由国务院证券监督管理机构会同国务院财政部门规定。证券公司应当建立健全内部控制制度，采取有效隔离措施，防范公司与客户之间、不同客户之间的利益冲突。证券公司必须将其证券经纪业务、证券承销业务、证券自营业务、证券做市业务和证券资产管理业务分开办理，不得混合操作
	加强对分支机构的管理	证券公司应当对分支机构实行集中统一管理，不得与他人合资、合作经营管理分支机构，也不得将分支机构承包、租赁或者委托给他人经营管理

（二）证券账户的开立与管理★★★

根据《证券法》第147条的规定，证券账户的设立是证券登记结算机构的职能，我国证券登记结算机构是中国证券登记结算有限责任公司。根据《中国证券登记结算有限责任公司证券账户管理规则》的规定，中国证券登记结算有限责任公司对证券账户实施统一管理，具体账户业务可以委托取得中国证券登记结算有限责任公司开户代理资格，与中国证券登记结算有限责任公司签订开户代理协议，代理中国证券登记结算有限责任公司办理证券账户业务的证券公司等机构办理。

根据《证券公司监督管理条例》第28条的规定，证券公司为客户开立证券账户应符合下列规定（见表1-56）。

表1-56　　证券公司开立账户的规定

规定	具体内容
严格审查	证券公司受证券登记结算机构委托，为客户开立证券账户，应当按照证券账户管理规则，对客户申报的姓名或者名称、身份的真实性进行审查。同一客户开立的资金账户和证券账户的姓名或者名称应当一致

续表

规定	具体内容
及时备案	证券公司为证券资产管理客户开立的证券账户，应当自开户之日起3个交易日内报证券交易所备案
禁止提供给他人	关于证券账户的开立与管理具体规则，在第三章第一节“四、证券经纪业务的营运管理”进行详细介绍，本节不作具体展开

六、证券公司客户资产的保护★★

证券公司的客户资产，包括客户的交易结算资金和证券、客户的委托资产等。证券公司的客户资产独立于证券公司的自有财产，不得随意挪用和侵占。为加强证券公司客户资产的保护，《证券公司监督管理条例》第五章作了相应的规定。

(一)证券公司客户资产的管理

1. 客户交易结算资金的管理★★

根据《证券公司监督管理条例》第57条的规定，证券公司从事证券经纪业务，其客户的交易结算资金应当存放在指定商业银行，以每个客户的名义单独立户管理。指定商业银行应当与证券公司及其客户签订客户的交易结算资金存管合同，约定客户的交易结算资金存取、划转、查询等事项，并按照证券交易净额结算、货银对付的要求，为证券公司开立客户的交易结算资金汇总账户。客户交易结算资金的存取，应当通过指定商业银行办理。指定商业银行应当保证客户能够随时查询客户交易结算资金的余额及变动情况。指定商业银行的名单，由国务院证券监督管理机构会同国务院银行业监督管理机构确定并公告。

2. 客户委托资产的管理

根据《证券公司监督管理条例》第58条的规定，证券公司从事证券资产管理业务，应当将客户的委托资产交由《证券公司监督管理条例》第57条第4款规定的指定商业银行或者国务院证券监督管理机构认可的其他资产托管机构托管。资产托管机构应当按照国务院证券监督管理机构的规定和证券资产管理合同的约定，履行安全保管客户的委托资产、办理资金收付事项、监督证券公司投资行为等职责。

(二)证券公司客户资产的独立性

根据《证券公司监督管理条例》第59条的规定，客户的交易结算资金、证券资产管理客户的委托资产属于客户，应当与证券公司、指定商业银行、资产托管机构的自有资产相互独立、分别管理。非因客户本身的债务或者法律规定的其他情形，任何单位或者个人不得对客户的交易结算资金、委托资产申请查封、冻结或者强制执行。

(三)证券公司客户资产不得用于提供融资或者担保

根据《证券公司监督管理条例》第61条的规定，证券公司不得以证券经纪客户或者证券资产管理客户的资产向他人提供融资或者担保。任何单位或者个人不得强令、指使、协助、接受证券公司以其证券经纪客户或者证券资产管理客户的资产提供融资或者担保。

(四)商业银行、资产托管机构和证券登记结算机构的监督职责

根据《证券公司监督管理条例》第62条的规定,指定商业银行、资产托管机构和证券登记结算机构应当对存放在本机构的客户的交易结算资金、委托资金和客户担保账户内的资金、证券的动用情况进行监督,并按照规定定期向国务院证券监督管理机构报送客户的交易结算资金、委托资金和客户担保账户内的资金、证券的存管或者动用情况的有关数据。

指定商业银行、资产托管机构和证券登记结算机构对超出《证券公司监督管理条例》规定的范围,动用客户的交易结算资金、委托资金和客户担保账户内的资金、证券的申请、指令,应当拒绝;发现客户的交易结算资金、委托资金和客户担保账户内的资金、证券被违法动用或者有其他异常情况的,应当立即向国务院证券监督管理机构报告,并抄报有关监督管理机构。

(五)证券公司客户资产不得动用的例外情形

证券公司客户资产并非在任何条件下均不可动用。根据《证券公司监督管理条例》第53条、第54条、第60条的规定,证券公司可以在符合一定条件的情况下,对客户交易结算资金或者委托资金、客户担保账户内的证券或者资金等客户资产进行单方面的处理,具体情形和内容如表1-57所示。

表1-57　证券公司客户资产不得动用的例外情形

情形	具体内容
动用客户的交易结算资金或者委托资金的情形	①客户进行证券的申购、证券交易的结算或者客户提款 ②客户支付与证券交易有关的佣金、费用或者税款 ③法律规定的其他情形
动用客户担保账户内的证券或者资金的情形	①法定情形。客户担保账户内的证券或者资金与其债务的比例低于规定的最低维持担保比例、证券公司通知客户在一定的期限内补交差额但客户未能按期交足差额,或者到期未偿还融资融券债务的,证券公司应当立即按照约定处分其担保物 ②约定情形。出现法定情形以外的其他约定情形,如客户担保账户内的证券或者资金被司法冻结等

七、证券公司的监督管理

证券公司在业务经营过程中,必须遵守法律、法规、部门规章及其他规范性法律文件的规定,接受国务院证券监督管理机构的监督管理。根据《证券法》《证券公司监督管理条例》的规定,国务院证券监督管理机构依法对证券公司采取的监督管理措施有:

(一)信息、材料的报送★

1. 定期报送

根据《证券法》第138条,《证券公司监督管理条例》第63条、第64条、第65条的规定,证券公司应当按照规定向国务院证券监督管理机构报送业务、财务等经营管理信息和资

料。报送的内容包括年度、月度报告及临时报告。

(1)年度、月度报告的内容。

证券公司应当自每一会计年度结束之日起4个月内,向国务院证券监督管理机构报送年度报告;自每月结束之日起7个工作日内,报送月度报告。

年度报告中包括财务会计报告、风险控制指标报告以及国务院证券监督管理机构规定的其他专项报告,并应当附有该会计师事务所出具的内部控制评审报告。

(2)临时报告的内容。

发生影响或者可能影响证券公司经营管理、财务状况、风险控制指标或者客户资产安全的重大事件的,证券公司应当立即向国务院证券监督管理机构报送临时报告。临时报告中,应当说明事件的起因、目前的状态、可能产生的后果和拟采取的相应措施。

(3)报告的处理。

对证券公司报送的年度报告、月度报告,国务院证券监督管理机构应当指定专人进行审核,并制作审核报告。审核人员应当在审核报告上签字。审核中发现问题的,国务院证券监督管理机构应当及时采取相应措施。

2. 不定期报送

根据《证券法》第138条、《证券公司监督管理条例》第67条的规定,证券公司应当按照规定向国务院证券监督管理机构报送业务、财务等经营管理信息和资料。国务院证券监督管理机构有权要求证券公司及其主要股东、实际控制人在指定的期限内提供有关信息、资料。证券公司及其主要股东、实际控制人向国务院证券监督管理机构报送或者提供的信息、资料,必须真实、准确、完整。

此外,国务院证券监督管理机构可以要求下列单位或者个人,在指定的期限内提供与证券公司经营管理和财务状况有关的资料、信息:①证券公司的董事、监事、工作人员;②证券公司控股或者实际控制的企业;③证券公司的开户银行、指定商业银行、资产托管机构、证券交易所、证券登记结算机构;④为证券公司提供服务的证券服务机构。

3. 报送要求

根据《证券公司监督管理条例》第69条的规定,证券公司以及有关单位和个人披露、报送或者提供的资料、信息应当真实、准确、完整,不得有虚假记载、误导性陈述或者重大遗漏。

(二)信息披露★

根据《证券公司监督管理条例》第66条的规定,证券公司应当依法向社会公开披露其基本情况、参股及控股情况、负债及或有负债情况、经营管理状况、财务收支状况、高级管理人员薪酬和其他有关信息。具体办法由国务院证券监督管理机构制定。

(三)检查★

根据《证券公司监督管理条例》第68条的规定,国务院证券监督管理机构有权采取下列措施，对证券公司的业务活动、财务状况、经营管理情况进行检查：

（1）询问证券公司的董事、监事、工作人员，要求其对有关检查事项作出说明。

（2）进入证券公司的办公场所或者营业场所进行检查。

（3）查阅、复制与检查事项有关的文件、资料，对可能被转移、隐匿或者毁损的文件、资料、电子设备予以封存。

（4）检查证券公司的计算机信息管理系统，复制有关数据资料。

国务院证券监督管理机构为查清证券公司的业务情况、财务状况，经国务院证券监督管理机构负责人批准，可以查询证券公司及与证券公司有控股或者实际控制关系企业的银行账户。

（四）行政监管措施★

对经营混乱情形、违法控制证券公司5%以上股权情形、违反任职资格情形、未及时解除不具备任职资格条件人员情形的监督管理措施如表1-58所示。

表1-58　行政监管措施

情形	监管措施
对经营混乱情形的监督管理措施	根据《证券公司监督管理条例》第70条的规定，国务院证券监督管理机构对治理结构不健全、内部控制不完善、经营管理混乱、设立账外账或者进行账外经营、拒不执行监督管理决定、违法违规的证券公司，应当责令其限期改正，并可以采取下列措施： ①责令增加内部合规检查的次数并提交合规检查报告 ②对证券公司及其有关董事、监事、高级管理人员、境内分支机构负责人给予谴责 ③责令处分有关责任人员，并报告结果 ④责令更换董事、监事、高级管理人员或者限制其权利 ⑤对证券公司进行临时接管，并进行全面核查 ⑥责令暂停证券公司或者其境内分支机构的部分或者全部业务、限期撤销境内分支机构。证券公司被暂停业务、限期撤销境内分支机构的，应当按照有关规定安置客户、处理未了结的业务
	根据《证券法》第142条、第143条、第144条的规定，证券公司的董事、监事、高级管理人员未能勤勉尽责，致使证券公司存在重大违法违规行为或者重大风险的，国务院证券监督管理机构可以责令证券公司予以更换。证券公司违法经营或者出现重大风险，严重危害证券市场秩序、损害投资者利益的，国务院证券监督管理机构可以对该证券公司采取责令停业整顿、指定其他机构托管、接管或者撤销等监管措施 在证券公司被责令停业整顿、被依法指定托管、接管或者清算期间，或者出现重大风险时，经国务院证券监督管理机构批准，可以对该证券公司直接负责的董事、监事、高级管理人员和其他直接责任人员采取以下措施： ①通知出境管理机关依法阻止其出境 ②申请司法机关禁止其转移、转让或者以其他方式处分财产，或者在财产上设定其他权利

续表

情形	监管措施
对违法控制证券公司5%以上股权情形的监督管理措施	根据《证券法》第122条、《证券公司监督管理条例》第71条的规定，证券公司变更主要股东或者公司的实际控制人，应当经国务院证券监督管理机构核准。任何单位或者个人未经批准，持有或者实际控制证券公司5%以上股权的，国务院证券监督管理机构应当责令其限期改正；改正前，相应股权不具有表决权
对违反任职资格情形的监督管理措施	①根据《公司法》第146条，《证券法》第124条、第125条，《证券公司董事、监事和高级管理人员任职资格监管办法》第7条、第8条的规定，证券公司的董事、监事、高级管理人员，应当正直诚实、品行良好，熟悉证券法律、行政法规，具有履行职责所需的经营管理能力。证券公司任免董事、监事、高级管理人员，应当报国务院证券监督管理机构备案 ②根据《证券公司监督管理条例》第72条的规定，任何人未取得任职资格，实际行使证券公司董事、监事、高级管理人员或者境内分支机构负责人职权的，国务院证券监督管理机构应当责令其停止行使职权，予以公告，并可以按照规定对其采取证券市场禁入的措施
对未及时解除不具备任职资格条件人员情形的监督管理措施	根据《证券公司监督管理条例》第73条的规定，证券公司董事、监事、高级管理人员或者境内分支机构负责人不再具备任职资格条件的，证券公司应当解除其职务并向国务院证券监督管理机构报告；证券公司未解除其职务的，国务院证券监督管理机构应当责令其解除

八、法律责任★

（一）违反规定持有或者管理证券公司股权的法律责任

（1）责令改正，给予警告，没收违法所得，并处违法所得1—5倍罚款。

（2）没有违法所得或违法所得不足10万元的，处10万—60万元罚款。

（3）情节严重的，撤销相关业务许可。

（4）对直接负责的主管人员和其他直接责任人员给予警告，撤销任职资格或者证券从业资格，并处3万—30万元罚款。

（二）违反证券公司组织机构规定的法律责任

1. 合规负责人未履行报告义务的法律责任

（1）责令改正，给予警告，没收违法所得，并处违法所得等值罚款。

（2）没有违法所得或违法所得不足3万元的，处3万元以下罚款。

（3）情节严重的，撤销任职资格或证券从业资格。

2. 违反董事、监事、高级管理人员、境内分支机构负责人任职资格规定的法律责任

（1）由证券监督管理机构责令改正，给予警告，可以并处10万—30万元罚款。

（2）对直接负责的主管人员给予警告，可以并处3万—10万元罚款。

3. 未按照规定进行审计并报送审计报告的法律责任

(1)责令改正,给予警告,没收违法所得,并处违法所得1—5倍罚款。

(2)没有违法所得或违法所得不足3万元的,处3万—30万元罚款。

(3)对直接负责的主管人员和其他直接责任人员单处或者并处警告、3万—10万元罚款。

(4)情节严重的,撤销任职资格或证券从业资格。

(三)违反业务规则与风险控制一般规定的法律责任

1. 超出范围经营业务的法律责任

(1)责令改正,没收违法所得,并处违法所得1—5倍罚款。

(2)没有违法所得或违法所得不足30万元的,处30万—60万元罚款。

(3)情节严重的,责令关闭。

(4)对直接负责的主管人员和其他直接责任人员给予警告,撤销任职资格或证券从业资格,并处3万—10万元罚款。

2. 违反有关分支机构管理规定的法律责任

(1)责令改正,给予警告,没收违法所得,并处违法所得1—5倍罚款。

(2)没有违法所得或违法所得不足3万元的,处3万—30万元罚款。

(3)对直接负责的主管人员和其他直接责任人员单处或者并处警告、3万—10万元罚款。

(4)情节严重的,撤销任职资格或证券从业资格。

3. 违反账户实名制规定的法律责任(见表1-59)

表1-59　违反账户实名制规定的法律责任

适用情形	法律责任
未按照规定为客户开立账户	(1)责令改正 (2)情节严重的,处20万—50万元罚款 (3)对直接负责的董事、高级管理人员和其他直接责任人员处1万—5万元罚款
未按照规定将证券资产管理客户的证券账户报证券交易所备案	(1)责令改正,给予警告,没收违法所得,并处违法所得1—5倍罚款 (2)没有违法所得或违法所得不足3万元的,处3万—30万元罚款 (3)对直接负责的主管人员和其他直接责任人员单处或者并处警告、3万—10万元罚款 (4)情节严重的,撤销任职资格或证券从业资格
将客户的资金账户、证券账户提供给他人使用	(1)责令改正,没收违法所得,并处违法所得1—5倍罚款 (2)没有违法所得或违法所得不足3万元的,处3万—30万元罚款 (3)对直接负责的主管人员和其他直接责任人员给予警告,并处3万—10万元罚款 (4)提供自己或他人的证券交易账户的,还应撤销直接负责的主管人员和其他直接责任人员的任职资格或证券从业资格

4. 违反了解客户原则或适当性原则;违反有关合同签订规定;未按照规定编制并向客户送交对账单;违反信息查询规定;未按照规定提取一般风险准备金的法律责任

(1)责令改正,给予警告,没收违法所得,并处违法所得1—5倍罚款。

(2)没有违法所得或不足3万元的,处3万—30万元罚款。

(3)对直接负责的主管人员和其他直接责任人员单处或者并处警告、3万—10万元罚款。

(4)情节严重的,撤销任职资格或证券从业资格。

5. 违反有关委托他人进行业务活动规定;违反向客户提供投资建议有关规定的法律责任

(1)责令改正,给予警告,没收违法所得,并处违法所得1—5倍罚款。

(2)没有违法所得或违法所得不足10万元的,处10万—30万元罚款。

(3)对直接负责的主管人员和其他直接责任人员给予警告,并处3万—10万元罚款。

(4)情节严重的,撤销任职资格或证券从业资格。

(四)违反证券经纪业务规定的法律责任

1. 违反规定从事融资融券业务的法律规定

(1)没收违法所得,暂停或者撤销相关业务许可,并处非法融资融券等值以下的罚款。

(2)对直接负责的主管人员和其他直接责任人员给予警告,撤销任职资格或证券从业资格,并处3万—30万元罚款。

2. 证券经纪人违反规定开展业务的法律责任

(1)责令改正,给予警告,没收违法所得,并处违法所得等值罚款。

(2)没有违法所得或违法所得不足3万元的,处3万元以下罚款。

(3)情节严重的,撤销任职资格或证券从业资格。

3. 诱使客户进行不必要的证券交易的法律责任

(1)责令改正,处1万—10万元罚款。

(2)给客户造成损失的,依法承担赔偿责任。

4. 违反规定收取费用的法律责任

由有关主管部门依法给予处罚。

(五)违反证券自营业务规定的法律责任

1. 未按照规定将证券自营账户报证券交易所备案的法律责任

(1)责令改正,给予警告,没收违法所得,并处违法所得1—5倍罚款。

(2)没有违法所得或违法所得不足3万元的,处3万—30万元罚款。

(3)对直接负责的主管人员和其他直接责任人员单处或者并处警告、3万—10万元罚款。

(4)情节严重的,撤销任职资格或证券从业资格。

2. 违反规定委托他人代为买卖证券;违反证券自营业务风险控制指标的法律责任

(1)责令改正,给予警告,没收违法所得,并处违法所得1—5倍罚款。

(2)没有违法所得或违法所得不足10万元的,处10万—30万元罚款。

(3)对直接负责的主管人员和其他直接责任人员给予警告,并处3万—10万元罚款。

(4)情节严重的,撤销任职资格或证券从业资格。

(六)违反证券资产管理业务规定的法律责任

1. 使用客户资产进行不必要的证券交易的法律责任

(1)责令改正,处1万—10万元罚款。

(2)给客户造成损失的,依法承担赔偿责任。

2. 违反证券资产管理业务风险控制指标;接受一个客户的单笔委托资产价值低于规定的最低限额从事证券资产管理业务的法律责任

(1)责令改正,给予警告,没收违法所得,并处违法所得1—5倍罚款。

(2)没有违法所得或违法所得不足10万元的,处10万—30万元罚款。

(3)对直接负责的主管人员和其他直接责任人员给予警告,并处3万—10万元罚款。

(4)情节严重的,撤销任职资格或证券从业资格。

3. 违反隔离义务的法律责任

(1)责令改正,没收违法所得,并处30万—60万元罚款。

(2)情节严重的,撤销相关业务许可。

(3)对直接负责的主管人员和其他直接责任人员给予警告,并处3万—10万元罚款。

(4)情节严重的,撤销任职资格或证券从业资格。

(七)违反客户资产的保护规定的法律责任

1. 未按照规定存放、管理客户的交易结算资金、委托资金和客户担保账户内的资金、证券的法律责任

(1)责令改正,给予警告,没收违法所得,并处违法所得1—5倍罚款。

(2)没有违法所得或违法所得不足3万元的,处3万—30万元罚款。

(3)对直接负责的主管人员和其他直接责任人员单处或者并处警告、3万—10万元罚款。

(4)情节严重的,撤销任职资格或证券从业资格。

2. 其他法律责任(见表1-60)

表1-60　其他法律责任

法律责任	适用情形
①责令改正,给予警告,没收违法所得,并处违法所得1—5倍罚款 ②没有违法所得或违法所得不足10万元的,处10万—60万元罚款 ③对直接负责的主管人员和其他直接责任人员给予警告,撤销任职资格或证券从业资格,并处3万—30万元罚款	证券公司股东、实际控制人强令、指使、协助、接受证券公司以证券经纪客户或者证券资产管理客户的资产提供融资或者担保
	证券公司、资产托管机构、证券登记结算机构违反规定动用客户的交易结算资金、委托资金和客户担保账户内的资金、证券
	资产托管机构、证券登记结算机构对违反规定动用委托资金和客户担保账户内的资金、证券的申请、指令予以同意、执行,或发现委托资金和客户担保账户内的资金、证券被违法动用而未向国务院证券监督管理机构报告的法律责任

真题实练

1. 证券公司变更公司章程中的重要条款，国务院证券监督管理机构应当在受理之日起(　　)个工作日内，作出批准或者不予批准的书面决定。

A. 15　　　　B. 30

C. 45　　　　D. 90

2. 关于证券公司薪酬与提名委员会、审计委员会和风险控制委员会，以下说法正确的是(　　)。

A. 证券公司必须设立薪酬与提名委员会、审计委员会和风险控制委员会

B. 经营融资融券业务的，应当设薪酬与提名委员会、审计委员会和风险控制委员会

C. 证券公司设薪酬与提名委员会、审计委员会的，委员会负责人由独立董事担任

D. 证券公司设风险控制委员会的，委员会负责人由独立董事担任

3. 不能成为持有证券公司5%以上股权的股东的情形是(　　)。

Ⅰ. 因故意犯罪被判处刑罚，执行完毕未逾5年

Ⅱ. 净资产低于实收资本的50%

Ⅲ. 或有负债达到净资产的50%

Ⅳ. 不能清偿到期债务

A. Ⅰ、Ⅲ　　　　B. Ⅱ、Ⅲ、Ⅳ

C. Ⅲ、Ⅳ　　　　D. Ⅰ、Ⅱ、Ⅲ、Ⅳ

【答案及解析】

1. C　【解析】证券公司变更公司章程中的重要条款，必须经国务院证券监督管理机构批准，国务院证券监督管理机构应当对变更公司章程中的重要条款进行审查，并在自受理之日起45个工作日内，作出批准或者不予批准的书面决定。

2. C　【解析】根据《证券公司监督管理条例》，证券公司经营证券经纪业务、证券资产管理业务、融资融券业务和证券承销与保荐业务中两种以上业务的，其董事会应当设薪酬与提名委员会、审计委员会和风险控制委员会，行使公司章程规定的职权。证券公司董事会设薪酬与提名委员会、审计委员会的，委员会负责人由独立董事担任。

3. B　【解析】有下列情形之一的单位或者个人，不得成为持有证券公司5%以上股权的股东、实际控制人：①因故意犯罪被判处刑罚，刑罚执行完毕未逾3年；②净资产低于实收资本的50%，或者或有负债达到净资产的50%；③不能清偿到期债务。

第二章　证券经营机构管理规范

思维导图

本章思维导图见图 2-1 所示。

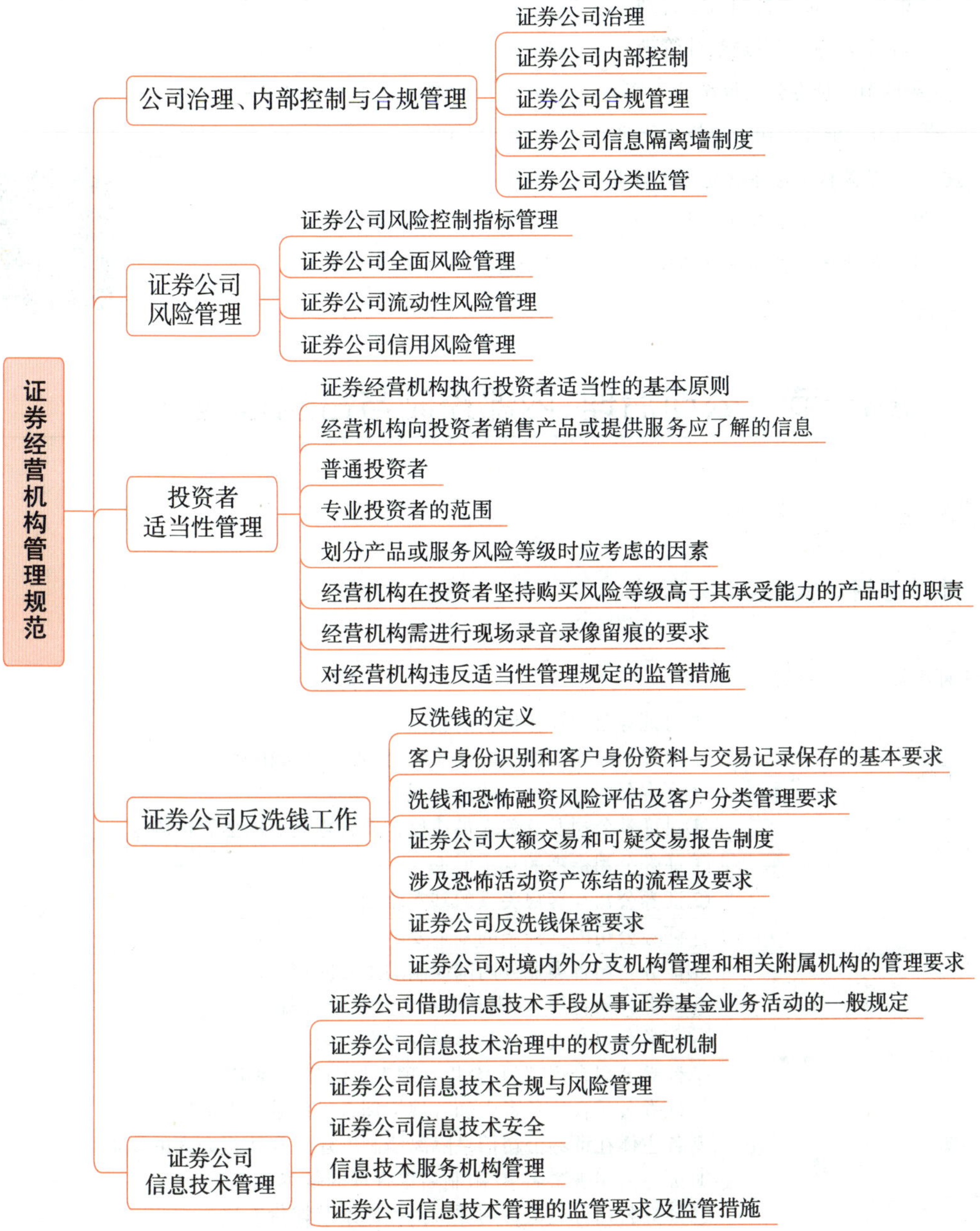

图 2-1　第二章思维导图

考情分析

本章属于重点，考题比重大，但考点比较分散，每个小节都会涉及，比如第一节“合规管理”、第二节“风险管理”以及第三节“投资适当性原则”。第四节“反洗钱”和第五节“信息技术管理”是近两年的新增考点，考查可能性较大，仍需要重点关注(见表2-1)。

表2-1　第二章考情分析

小节名称	题量①	页码②	性价比③
第一节　公司治理、内部控制与合规管理	7.4%	5.7%	1.3
第二节　证券公司风险管理	4.1%	2.7%	1.5
第三节　投资者适当性管理	3.1%	2.0%	1.6
第四节　证券公司反洗钱工作	2.1%	1.7%	1.2
第五节　证券公司信息技术管理	1.0%	1.7%	0.6

注：①题量是根据历年真题占比计算而来；

②页码是每个小节在整本书籍的占比；

③性价比是题量和页码的比值。性价比标志着本小节的重要性。

特别提示：查看本章节视频，请使用“海绵金融APP”或“微信”扫描右侧二维码

第一节　公司治理、内部控制与合规管理

考纲要求

本节考纲要求见表2-2所示。

表2-2　第二章第一节考纲要求

考纲要求	星级	具体内容
了解	★	①对证券公司业务创新的相关规定 ②对证券公司内部控制的监督、检查与评价机制 ③证券公司合规报告的内容规定 ④对证券公司及有关人员违反合规管理规定的监管措施
熟悉	★★	①证券公司治理的基本要求 ②证券公司与客户关系的基本原则 ③证券公司内部控制的基本要求 ④证券公司各类业务内部控制的主要内容 ⑤证券公司合规、合规管理及合规风险的概念 ⑥证券公司合规管理基本制度的有关内容 ⑦证券公司合规部门、合规管理人员的相关规定 ⑧证券公司合规负责人和合规管理人员的独立性原则 ⑨各主体在证券公司信息隔离墙制度建立和执行方面的职责 ⑩证券公司观察名单、限制名单管理的基本要求 ⑪证券公司分类监管的评价指标体系及评价方法 ⑫基于分类监管要求划分的证券公司基本类别

续表

考纲要求	星级	具体内容
掌握	★★★	①证券公司股权管理的相关要求 ②对证券公司董事会、监事会、高级管理人员的相关要求 ③证券公司合规经营基本原则与应遵守的基本要求 ④证券公司董事会、监事会或监事、下属单位负责人的合规管理职责 ⑤证券公司工作人员在业务活动和执业行为中的合规管理职责 ⑥证券公司合规负责人进行合规审查、合规检查、对公司违法违规行为或合规风险隐患的处理规定 ⑦证券公司管理敏感信息的基本原则和保密要求 ⑧证券公司跨墙人员基本行为规范 ⑨证券公司分类监管的概念

考点梳理

一、证券公司治理

（一）证券公司治理的基本要求★★

1. 建立健全组织架构、明确职责划分

证券公司应建立健全“三会一层”的组织架构，明确股东（大）会、董事会、监事会、经理层之间的职责划分。

2. 不得侵犯客户合法权益

证券公司对客户负有诚信义务，不得侵犯客户的财产权、选择权、公平交易权、知情权及其他合法权益；不得挪用客户交易结算资金，不得挪用客户委托管理的资产，不得挪用客户托管在公司的证券；股东和实际控制人不得占用客户资产，损害客户合法权益。

3. 建立完备的内部控制体系

证券公司应当按照法律、行政法规和中国证监会的规定建立完备的合规管理、风险管理和内部控制体系。

（二）证券公司股权管理的相关要求★★★

根据《证券公司股权管理规定》第17条的规定，证券公司董事会办公室是证券公司股权管理事务的办事机构，组织实施股权管理事务相关工作。证券公司董事长是证券公司股权管理事务的第一责任人。证券公司董事会秘书协助董事长工作，是证券公司股权管理事务的直接责任人。

根据《证券公司股权管理规定》第18条的规定，证券公司变更注册资本或者股权，应当制定工作方案和股东筛选标准等。证券公司、股权转让方应当事先向意向参与方告知证券公司股东条件、须履行的程序以及证券公司的经营情况和潜在风险等信息。证券公司、股权转让方应当对意向参与方做好尽职调查，约定意向参与方不符合条件的后续处理措施。发现不符合条件的，不得与其签订协议。相关事项须经中国证监会批准的，应当约定批准后协议方可生效。

根据《证券公司股权管理规定》第20条的规定，证券公司应当对变更注册资本或者股权期间的风险防范作出安排，保证公司正常经营以及客户利益不受损害。依法须经中国证监会批准的，在批准前，证券公司股东应当按照所持股权比例继续独立行使表决权，股权转让方不得推荐股权受让方相关人员担任证券公司董事、监事、高级管理人员，不得以任何形式变相让渡表决权。

根据《证券公司股权管理规定》第22条的规定，证券公司股东应当严格按照法律法规和中国证监会规定履行出资义务。证券公司股东应当使用自有资金入股证券公司，资金来源合法，不得以委托资金等非自有资金入股，法律法规另有规定的除外。

根据《证券公司股权管理规定》第24条的规定，证券公司股东以及股东的控股股东、实际控制人参股证券公司的数量不得超过2家，其中控制证券公司的数量不得超过1家。下列情形不计入参股、控制证券公司的数量范围：

(1)直接持有及间接控制证券公司股权比例低于5%；

(2)通过所控制的证券公司入股其他证券公司；

(3)证券公司控股其他证券公司；

(4)为实施证券公司并购重组所做的过渡期安排；

(5)国务院授权持有证券公司股权；

(6)中国证监会认定的其他情形。

根据《证券公司股权管理规定》第26条的规定，证券公司股东在股权锁定期内不得质押所持证券公司股权。股权锁定期满后，证券公司股东质押所持证券公司的股权比例不得超过所持该证券公司股权比例的50%。股东质押所持证券公司股权的，不得损害其他股东和证券公司的利益，不得恶意规避股权锁定期要求，不得约定由质权人或其他第三方行使表决权等股东权利，也不得变相转移证券公司股权的控制权。

根据《证券公司股权管理规定》第27条的规定，证券公司应当加强对股东资质的审查，对股东及其控股股东、实际控制人、关联方、一致行动人、最终权益持有人信息进行核实并掌握其变动情况，就股东对证券公司经营管理的影响进行判断，依法及时、准确、完整地报告或披露相关信息，必要时履行报批程序。

根据《证券公司股权管理规定》第28条的规定，证券公司应当将股东的权利义务、股权锁定期、股权管理事务责任人等关于股权管理的监管要求写入公司章程，并在公司章程中载明下列内容：

(1)主要股东、控股股东应当在必要时向证券公司补充资本；

(2)应经但未经监管部门批准或未向监管部门备案的股东，或者尚未完成整改的股东，不得行使股东会召开请求权、表决权、提名权、提案权、处分权等权利；

(3)存在虚假陈述、滥用股东权利或其他损害证券公司利益行为的股东，不得行使股东会召开请求权、表决权、提名权、提案权、处分权等权利；

(4)发生违反法律、行政法规和监管要求等与股权管理事务相关的不法或不当行为，对股东、证券公司、股权管理事务责任人及相关人员的处理措施。

根据《证券公司股权管理规定》第30条的规定，证券公司股东及其实际控制人不得有下列行为：

(1)虚假出资、出资不实、抽逃出资或者变相抽逃出资；

(2)违反法律、行政法规和公司章程的规定干预证券公司的经营管理活动；

(3)滥用权利或影响力，占用证券公司或者客户的资产，进行利益输送，损害证券公司、其他股东或者客户的合法权益；

(4)违规要求证券公司为其或其关联方提供融资或者担保，或者强令、指使、协助、接受证券公司以其证券经纪客户或者证券资产管理客户的资产提供融资或者担保；

(5)与证券公司进行不当关联交易，利用对证券公司经营管理的影响力获取不正当利益；

(6)未经批准，委托他人或接受他人委托持有或管理证券公司股权，变相接受或让渡证券公司股权的控制权；

(7)中国证监会禁止的其他行为。证券公司及其董事、监事、高级管理人员等相关主体不得配合证券公司的股东及其实际控制人发生上述情形。证券公司发现股东及其实际控制人存在上述情形，应当及时采取措施防止违规情形加剧，并在2个工作日内向住所地中国证监会派出机构报告。

(三)对证券公司董事会、监事会、高级管理人员的相关要求★★★

1. 对董事、监事、高级管理人员任职资格、持续监管等方面的要求

(1)任职资格。

证券公司的董事、监事、高级管理人员应当在任职前取得经证券公司注册地所属中国证监会派出机构核准的任职资格。

证券公司不得聘任、选任未取得任职资格的人员担任董事、监事或高级管理人员；已经聘任、选任的，有关聘任、选任的决议、决定无效。

(2)独立董事制度。

经营证券经纪业务、证券资产管理业务、融资融券业务和证券承销与保荐业务中两种以上业务的证券公司，应当建立独立董事制度。

独立董事人数不得少于董事人数的1/4的情形：①董事长、经营管理的主要负责人由同一人担任；②内部董事人数占董事人数1/5以上；③中国证监会认定的其他情形。

独立董事与公司其他董事任期相同，连任时间不得超过6年。任何人员最多可以在2家证券公司担任独立董事。独立董事在任期内辞职或者被免职的，独立董事本人和证券公司应当分别向公司住所地中国证监会派出机构和股东(大)会提交书面说明。

(3)持续监管。

证券公司出现治理结构不健全、内部控制不完善、经营管理混乱、设立账外账或者进行账外经营等违法违规情况时，中国证监会可以对证券公司及其有关董事、监事、高级管理人员、境内分支机构负责人给予谴责，责令证券公司更换董事、监事、高级管理人员或限制其权利。

证券公司高级管理人员离任的，公司应当对其进行审计，并自其离任之日起2个月内将审计报告报送中国证监会派出机构；证券公司的法定代表人或者经营管理的主要负责人离任的，应当聘请具有证券、期货相关业务资格的会计师事务所对其进行审计。未报送审计报告的，离任人员不得在其他证券公司任职。

2. 对董事会、董事会专门委员会、监事会及高级管理人员的要求

对董事会、董事会专门委员会、监事会及高级管理人员的具体要求，如表 2-3 所示。

表 2-3　对董事会、董事会专门委员会、监事会及高级管理人员的要求

<table>
<tr><th>主体</th><th>项目</th><th colspan="2">具体要求</th></tr>
<tr><td rowspan="4">董事会</td><td>人数</td><td colspan="2">证券公司章程应当明确董事人数。证券公司设董事会的，内部董事人数不得超过董事人数的 1/2</td></tr>
<tr><td>形式</td><td colspan="2">证券公司董事会每年至少召开 2 次会议。除特殊原因外，董事会会议应当采取现场、视频或者电话会议方式。会议应当制作会议记录，并可以录音，会议记录应当真实、准确、完整地记录会议过程、决议内容、董事发言和表决情况，并依法保存。出席会议的董事和记录人应当在会议记录上签字。会议记录应依法保存</td></tr>
<tr><td>表决权</td><td colspan="2">证券公司董事会、董事长应当在法定权限范围内行使职权，不得越权干预经理层的经营管理活动。董事会表决有关关联交易的议案时，与交易对方有关联关系的董事应当回避。该次董事会会议由过半数的无关联关系董事出席即可举行，董事会会议所作决议须经无关联关系董事过半数通过。出席董事会的无关联关系董事人数不足 3 人的，应当将该事项提交股东(大)会审议</td></tr>
<tr><td>董事会秘书</td><td colspan="2">证券公司应当设董事会秘书，负责股东(大)会和董事会会议的筹备、文件的保管以及股东资料的管理，按照规定或者根据中国证监会及其派出机构、股东等有关单位或者个人的要求，依法提供有关资料，办理信息报送或者信息披露事项</td></tr>
<tr><td rowspan="4">董事会专门委员会</td><td>人员</td><td colspan="2">①证券公司经营证券经纪业务、证券资产管理业务、融资融券业务和证券承销与保荐业务中 2 种以上业务的，其董事会应当设立薪酬与提名委员会、审计委员会和风险控制委员会，并应当在公司章程中规定各委员会的组成、职责及其行使方式
②专门委员会应当向董事会负责，按照公司章程的规定向董事会提交工作报告。董事会在对与专门委员会职责相关的事项作出决议前，应当听取专门委员会的意见。证券公司董事会各专门委员会应当由董事组成
③审计委员会中独立董事的人数不得少于 1/2，并且至少有 1 名独立董事从事会计工作 5 年以上
④薪酬与提名委员会、审计委员会的负责人应当由独立董事担任</td></tr>
<tr><td rowspan="3">独立董事职责</td><td>薪酬与提名委员会的主要职责</td><td>①对董事、高级管理人员的选任标准和程序进行审议并提出意见，搜寻合格的董事和高级管理人员人选，对董事和高级管理人员人选的资格条件进行审查并提出建议
②对董事和高级管理人员的考核与薪酬管理制度进行审议并提出意见
③对董事、高级管理人员进行考核并提出建议
④公司章程规定的其他职责</td></tr>
<tr><td>审计委员会的主要职责</td><td>①监督年度审计工作，就审计后的财务报告信息的真实性、准确性和完整性作出判断，提交董事会审议
②提议聘请或者更换外部审计机构，并监督外部审计机构的执业行为
③负责内部审计与外部审计之间的沟通
④公司章程规定的其他职责</td></tr>
<tr><td>风险控制委员会的主要职责</td><td>①对合规管理和风险管理的总体目标、基本政策进行审议并提出意见
②对合规管理和风险管理的机构设置及其职责进行审议并提出意见
③对需董事会审议的重大决策的风险和重大风险的解决方案进行评估并提出意见
④对需董事会审议的合规报告和风险评估报告进行审议并提出意见
⑤公司章程规定的其他职责</td></tr>
</table>

续表

主体	项目	具体要求
监事会	形式	证券公司设监事会的，监事会应当设主席，可以设副主席，监事会主席是监事会的召集人。除由于紧急情况、不可抗力等特殊原因无法举行现场、视频或者电话会议外，监事会会议应当采取现场、视频或者电话会议方式。证券公司监事会会议应当制作会议记录，并可以录音，会议记录应当依法保存
	职责	①证券公司监事有权了解公司经营情况，并承担相应的保密义务 ②证券公司应当将其内部稽核报告、合规报告、月度或者季度财务会计报告、年度财务会计报告及其他重大事项及时报告监事会。监事会应当就公司的财务情况、合规情况向股东(大)会年会作出专项说明 ③证券公司监事会可要求公司董事、高级管理人员及其他相关人员出席监事会会议，回答问题。监事会可根据需要对公司财务情况、合规情况进行专项检查，必要时可聘请外部专业人士协助 ④对董事、高级管理人员违反法律、行政法规或者公司章程，损害公司、股东或者客户利益的行为，证券公司监事会应当要求董事、高级管理人员限期改正；损害严重或者董事、高级管理人员未在限期内改正的，监事会应当提议召开股东(大)会，并向股东(大)会提出专项议案。对董事会、高级管理人员的重大违法违规行为，监事会应当直接向中国证监会或者其派出机构报告
高级管理人员	人员组成	证券公司的高级管理人员是指证券公司的总经理、副总经理、财务负责人、合规负责人、董事会秘书以及实际履行上述职务的人员。证券公司行使经营管理职责的管理委员会、执行委员会以及类似机构的成员为高级管理人员
	义务	证券公司的高级管理人员对证券公司负有忠实义务和勤勉义务。高级管理人员不得利用职权收受贿赂或者其他非法收入，不得侵占公司的财产。证券公司高级管理人员不得在其他营利性机构兼职，但法律、行政法规或者中国证监会另有规定的除外
	主要负责人	证券公司经营管理的主要负责人应当根据董事会或者监事会的要求，向董事会或者监事会报告公司重大合同的签订、执行情况，资金运用情况和盈亏情况。经营管理的主要负责人必须保证报告的真实、准确、完整
	经理层	证券公司经理层应当建立责任明确、程序清晰的组织结构，组织实施各类风险的识别与评估工作，并建立健全有效的内部控制制度和机制，及时处理或者改正内部控制中存在的缺陷或者问题。证券公司高级管理人员应当对内部控制不力、不及时处理或者改正内部控制中存在的缺陷或者问题承担相应的责任
	职责分离	证券公司分管合规管理、风险管理、稽核审计部门的高级管理人员，不得兼任或者分管与合规管理、风险管理、稽核审计职责相冲突的职务或者部门。证券公司高级管理人员应当支持合规管理、风险管理、稽核审计部门的工作

(四)证券公司与客户关系的基本原则★★

证券公司与客户关系的基本原则见图 2-2 所示。

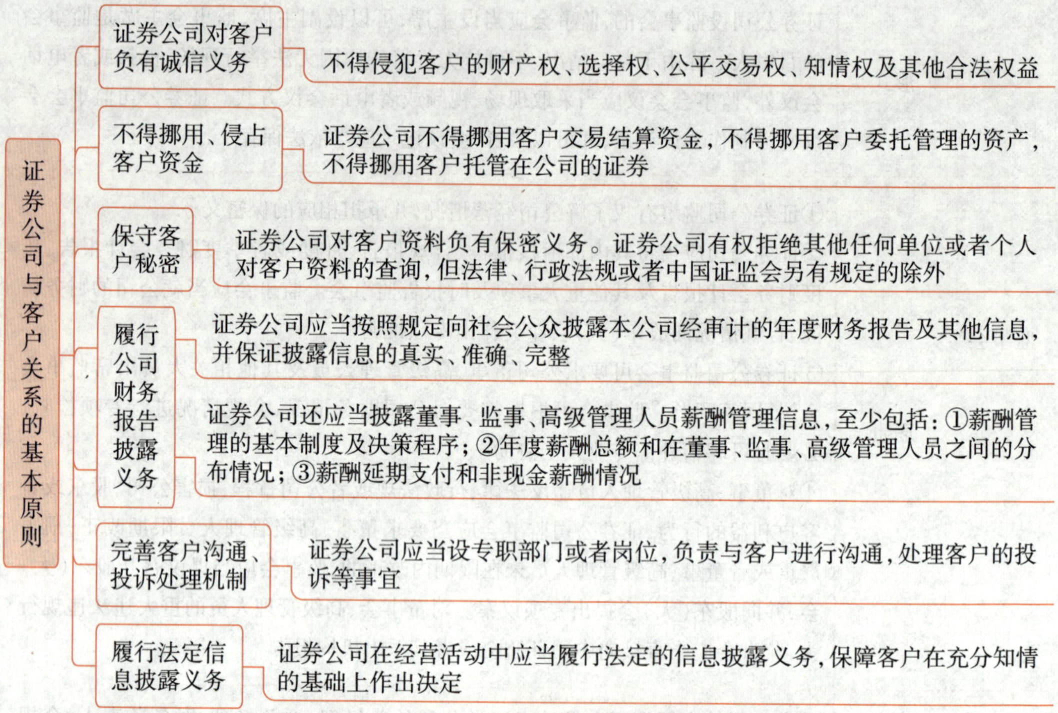

图 2-2 证券公司与客户关系的基本原则

二、证券公司内部控制

(一)证券公司内部控制的基本要求★★

1. 内部控制应当贯彻的原则

证券公司内部控制应当遵循健全、合理、制衡和独立的原则，确保内部控制有效。

2. 内部控制制度机制建设的基本要求

(1)树立合法合规经营的理念和风险控制优先的意识，健全证券公司行为准则和员工道德规范，营造合规经营的制度文化环境。

(2)采取切实有效的措施杜绝挪用客户交易结算资金、客户委托管理的资产及客户托管的证券等行为，确保客户资产的安全完整。

(3)根据经营环境的变化，建立动态的净资本监控机制，确保净资本符合有关监管指标的要求。

(4)加强法人统一管理，建立具体、明确、合理的授权、检查和逐级问责制度，明确界定部门、分支机构的目标、职责和权限，确保其在授权范围内行使经营管理职能。证券公司业务授权应当采取书面形式。

(5)主要业务部门之间建立健全隔离墙制度，确保经纪、自营、受托投资管理、投资银行、研究咨询等业务相对独立。电脑部门、财务部门、监督检查部门与业务部门的人员不得相互兼任,资金清算人员不得由电脑部门人员和交易部门人员兼任。

(6)不断完善业务、财务、人力资源等综合信息管理系统,根据自身实际加强业务运作的后台管理,完善集中清算、集中核算、客户资料集中管理等制度。提高实时预警、监控、防范风险的能力。

(7)建立业务风险识别、评估和控制的完整体系,运用包括敏感性分析在内的多种手段,对信用风险、市场风险、流动性风险、操作风险、技术风险、政策法规风险和道德风险等进行持续监控,明确风险管理流程和风险化解方法。

(8)建立健全包括授权管理、岗位职责、监督检查、考核奖惩等在内的各项内部管理制度。对经纪、自营、投资银行、受托投资管理、研究咨询以及创新业务等制定统一的业务流程和操作规范,针对业务的主要风险点和风险性质,制定明确的控制措施。

(9)大力加强自有资金和客户资金的风险控制,建立自有资金运用的决策、审核、批准、监控相分离的管理体系,加强资金额度控制和资金使用的日常监控,对资金异常变动和大额资金存取等行为重点监控。建立畅通、高效的信息交流渠道和重大事项报告制度,以及内部员工和客户的信息反馈机制,确保信息准确传递,确保董事会、监事会、经理人员及监督检查部门及时了解证券公司的经营和风险状况,确保各类投诉、可疑事件和内控缺陷得到妥善处理。

(10)真实、全面、及时地记载各项业务,充分发挥会计的核算监督职能,确保信息资料的真实与完整;建立完备的业务台账系统,并通过业务台账系统和会计核算系统交叉印证,防止出现账外经营、账目不清等问题。

(11)按照专人管理、相互牵制、适当审批、严格登记的原则,加强对合同、票据、印章、密押等的管理。

(12)加强对各类档案包括各种会议记录与决议、经营协议、客户资料、交易记录、凭证账表、投诉与纠纷处理记录以及各类法规、制度等档案的妥善保管和分类管理。

(13)建立危机处理机制和程序,制订切实有效的应急应变措施和预案。

3. 内部控制的组织结构要求

证券公司应依据所处环境和自身经营特点设立严密有效的三道业务监控防线:

(1)建立重要一线岗位双人、双职、双责为基础的第一道防线,并加强对单人单岗业务的监控。与资金、有价证券、重要空白凭证、业务合同、印章等直接接触的岗位和涉及信息系统安全的岗位,应当实行双人负责制。

(2)建立相关部门、相关岗位之间相互制衡、监督的第二道防线。

(3)建立独立的监督检查部门对各项业务、各部门、各分支机构、各岗位全面实施监控、检查和反馈的第三道防线。

4. 建立健全廉洁从业内部控制制度

(1)证券公司应当承担廉洁从业风险防控主体责任。证券公司董事会决定廉洁从业管理目标,对廉洁从业管理的有效性承担责任。证券公司主要负责人是落实廉洁从业管理职责的第一责任人,各级负责人在职责范围内承担相应管理责任。

(2)证券公司应当指定专门部门对本机构及其工作人员的廉洁从业情况进行监督、检查,充分发挥纪检监察、合规、审计等部门的合力,发现问题及时处理,重大情况及时报告。

(3)证券公司应当建立健全廉洁从业内部控制制度,制定具体、有效的事前风险防范体系、事中管控措施和事后追责机制,对所从事的业务种类、环节及相关工作进行科学、系统的廉洁风险评估,识别廉洁从业风险点,强化岗位制衡与内部监督机制并确保运作有效。前述业务种类、环节包括业务承揽、承做、销售、交易、结算、交割、投资、采购、商业合作、人员招聘,以及申请行政许可、接受监管执法和自律管理等。

(4)证券公司应当制定工作人员廉洁从业规范,明确廉洁从业要求,加强从业人员廉洁培训和教育,培育廉洁从业文化。

(5)证券公司应当将工作人员廉洁从业纳入工作人员管理体系,在遇有人员聘用、晋级、提拔、离职以及考核、审计、稽核等情形时,对其廉洁从业情况予以考察评估。

(6)证券公司应当强化财经纪律,杜绝账外账等不规范行为。对于业务活动中产生的费用支出制定明确的内部决策流程和具体标准,确保相关费用支出合法合规。

(7)证券公司应当对其股东、客户等相关方做好辅导和宣传工作,告知相关方应当遵守廉洁从业规定。

(8)证券公司应当定期或者不定期开展廉洁从业内部检查,对发现的问题及时整改,对责任人严肃处理。责任人为中共党员的,同时按照党的纪律要求进行处理。

(9)每年4月30日前向中国证监会有关派出机构报送上年度廉洁从业管理情况报告。

(10)在下列情形之一发生后5个工作日内,向中国证监会有关派出机构报告:

①证券公司在内部检查中,发现存在违反《证券期货经营机构及其工作人员廉洁从业规定》行为的。

②证券公司及其工作人员发现监管人员存在应当回避的情形而未进行回避、利用职务之便索取或者收受不正当利益等违反廉洁规定行为的。

③证券公司及其工作人员发现其股东、客户等相关方以不正当手段干扰监管工作的。

④证券公司或者其工作人员因违反廉洁从业规定被纪检监察部门、司法机关立案调查或者被采取纪律处分、行政处罚、刑事处罚等措施的。

出现上述第①项情形的,应当同时向主管纪检监察部门报告;出现上述第①②③项情形且涉嫌犯罪的,相关部门应当依法移送监察、司法机关。

(二)证券公司各类业务内部控制的主要内容★★

证券公司各类业务内部控制的主要内容,如表2-4所示。

表 2-4　　证券公司各类业务内部控制的主要内容

内部控制	项目	具体内容
经纪业务	重点防范内容	证券公司经纪业务内部控制应重点防范挪用客户交易结算资金及其他客户资产、非法融入融出资金以及结算风险等
	主要内容	①加强经纪业务整体规划，加强营业网点布局、规模、选址以及软、硬件技术标准（含升级）等的统一规划和集中管理 ②制定统一完善的经纪业务标准化服务规程、操作规范和相关管理制度 ③制定标准化的开户文本格式，制定统一的开户程序 ④建立对录入证券交易系统的客户资料等内容的复核和保密机制 ⑤要求所属证券营业部与客户签订代理交易协议 ⑥针对账户管理、资金存取及划转、委托与撤单、清算交割、指定交易及转托管、查询及咨询等业务环节存在的风险，制定操作程序和具体控制措施 ⑦对开户、资金存取及划转、接受委托、清算交割等重要岗位应适当分离，客户资金与自有资金严格分开运作、分开管理 ⑧在证券营业部采用统一的柜面交易系统，加强对柜面交易系统的风险评估；证券公司应采取严密的系统安全措施、严格的授权进入及记录制度，并开启系统的审计留痕功能 ⑨实行法人集中清算制度及客户交易结算资金集中管理制度 ⑩建立对托管证券等的登记程序与独立监控机制 ⑪通过身份认证、证件审核、密码管理、指令记录等措施，加强对交易清算系统的管理，确保交易清算系统的安全 ⑫建立健全经纪业务的实时监控系统 ⑬定期、不定期地对证券营业部交易系统、财务系统和清算系统进行检查 ⑭建立交易数据安全备份制度，确保交易数据的安全完整 ⑮网上交易系统应采取有效的身份认证及访问控制措施，应详细记录客户的网上交易和查询过程 ⑯网上交易系统应采用防火墙、入侵检测等措施保障网络安全，采用高强加密等有效技术手段，防止客户数据被窃取、篡改 ⑰应制定和定期修订灾难恢复和应急处理预案，建立应急演习机制 ⑱建立投资者教育与信息沟通机制 ⑲建立交易清算差错的处理程序和审批制度，建立重大交易差错的报告制度。差错处理应留审计痕迹 ⑳建立由相对独立人员对重点客户进行定期回访的制度
自营业务	重点防范内容	证券公司应加强自营业务投资决策、资金、账户、清算、交易和保密等的管理，重点防范规模失控、决策失误、超越授权、变相自营、账外自营、操纵市场、内幕交易等的风险

续表

内部控制	项目	具体内容
自营业务	主要内容	①建立健全自营决策机构和决策程序 ②通过合理的预警机制、严密的账户管理、严格的资金审批调度、规范的交易操作及完善的交易记录保存制度等，控制自营业务运作风险 ③建立健全自营业务的授权体系 ④自营业务的研究策划、投资决策、交易执行、交易记录、资金清算和风险监控等职能应相对分离；重要投资要有详细研究报告、风险评估及决策记录 ⑤加强自营账户的集中管理和访问权限控制 ⑥建立完善的交易记录制度，确保自营部门和会计核算部门对自营浮动盈亏进行恰当的记录和报告 ⑦建立独立的实时监控系统 ⑧加强对参与投资决策和交易活动人员的监察 ⑨确保自营资金来源的合法性
投资银行类业务	重点防范内容	在对投资银行类业务进行内部控制时，应重点防范因管理不善、权责不明、未勤勉尽责等原因导致的法律风险、财务风险及道德风险，杜绝虚假承销行为
	主要内容	①证券公司应当构建清晰、合理的投资银行类业务内部控制组织架构，建立分工合理、权责明确、相互制衡、有效监督的三道内部控制防线 ②《证券公司投资银行类业务内部控制指引》从流程、管理标准化、质量保证、质量管理、防范利益冲突、薪酬制度、人员要求、保密制度等方面对证券公司进行了规定
受托投资管理业务	重点防范内容	证券公司在建立健全受托投资管理业务内部控制体制机制时，应重点防范规模失控、决策失误、越权操作、账外经营、挪用客户资产和其他损害客户利益的行为以及保本保底所导致的风险
	主要内容	受托投资管理业务方面，证券公司应当从业务管理、安全性、信息记录与披露、收益性等方面进行了规定
研究咨询业务	重点防范内容	证券公司在对研究咨询业务进行内部控制的过程中，应重点防范传播虚假信息、误导投资者、无资格执业、违规执业，以及利益冲突等的风险
	主要内容	研究咨询业务方面，证券公司从业务管理、人员要求、薪酬制度、信息记录与披露、与其他业务的关系等方面进行了规定
证券投资顾问业务	重点防范内容	证券投资顾问业务是证券公司、证券投资咨询机构接受客户委托，按照约定，向客户提供涉及证券及证券相关产品的投资建议服务，辅助客户作出投资决策，并直接或者间接获取经济利益的经营活动
	主要内容	①建立健全证券投资顾问业务管理制度、合规管理和风险控制机制 ②保证证券投资顾问人员数量、业务能力、合规管理和风险控制与服务方式、业务规模相适应 ③评估客户的风险承受能力，向客户提供适当的投资建议服务 ④与客户签订证券投资顾问协议 ⑤建立客户回访机制 ⑥规范业务推广和客户招揽行为 ⑦对业务推广、协议签订、服务提供、客户回访、投诉处理等环节实行留痕管理。业务档案保存期限自协议终止之日起不得少于5年

（三）对证券公司业务创新的相关规定★

证券公司对业务创新应重点防范违法违规、规模失控、决策失误等风险，始终坚持合法合规、审慎经营的原则，加强集中管理和风险控制。

证券公司在开展业务创新时，应当建立相关机制，包括但不限于：

（1）建立完整的业务创新工作程序，严格内部审批程序，对可行性研究、产品或业务设计、风险管理、运作与实施方案等作出明确要求，并经董事会批准。

（2）在可行性研究的基础上，及时与中国证监会沟通，履行创新业务的报备（报批）程序。

（3）对创新业务设计科学合理的流程，制定风险控制措施及相应财务核算、资金管理办法。

（4）注重业务创新的过程控制，及时纠正偏离目标行为。

（四）对证券公司内部控制的监督、检查与评价机制★

证券公司应明确董事会、监事会、经理人员等各层级的内部控制职责，具体职责见表2-5所示。

表2-5　对证券公司内部控制的监督、检查与评价机制

主体	内部控制职责
董事会	①负责督促、检查和评价证券公司各项内部控制制度的建立与执行情况，对内部控制的有效性负最终责任 ②每年至少进行一次全面的内部控制检查评价工作，并形成相应的专门报告
监事会	①对董事会、经理人员履行职责的情况进行监督 ②对证券公司财务情况和内部控制建设及执行情况实施必要的检查 ③督促董事会、经理人员及时纠正内部控制缺陷 ④对督促检查不力等情况承担相应责任
经理人员	①负责建立健全责任明确、程序清晰的组织结构，组织实施各类风险的识别与评估 ②建立健全有效的内部控制机制和内部控制制度，及时纠正内部控制存在的缺陷和问题，并对内部控制不力以及不及时纠正内部控制缺陷等承担相应责任 ③负责监督检查部门的高级管理人员不得兼管业务部门
业务部门和分支机构的负责人	①负责对其业务范围内的具体作业程序和风险控制措施进行自我检查和评价 ②接受证券公司上级管理部门和监督检查部门的业务检查和指导
直接从事业务经营活动的业务部门和分支机构的相关人员	①有义务向证券公司报告内部控制的缺陷，并及时加以纠正 ②相关人员应对违反职责范围内的内部控制导致的风险和损失承担首要责任
监督检查部门	①独立履行合规检查、财务稽核、业务稽核、风险控制等监督检查职能，负责提出内部控制缺陷的改进建议并敦促有关责任单位及时改进 ②监督检查部门应加强对内部控制执行情况的现场检查、非现场检查和常规稽核、非常规稽核，并将检查结果报证券公司注册地中国证监会派出机构

三、证券公司合规管理

(一)证券公司合规、合规管理及合规风险的概念★★

证券公司合规、合规管理及合规风险的概念,如图 2-3 所示。

证券公司合规管理		
	证券公司的合规	是指证券公司及其工作人员的经营管理和执业行为符合法律、法规、规章及规范性文件、行业规范和自律规则、公司内部规章制度,以及行业普遍遵守的职业道德和行为准则
	证券公司的合规管理	是指证券公司制定和执行合规管理制度,建立合规管理机制,防范合规风险的行为
	证券公司的合规风险	是指因证券公司或其工作人员的经营管理或执业行为违反法律法规和准则而使证券公司被依法追究法律责任、采取监管措施、给予纪律处分、出现财产损失或商业信誉损失的风险

图 2-3 证券公司合规管理的概念

(二)证券公司合规经营基本原则与应遵守的基本要求★★★

1. 基本原则

证券公司开展各项业务,应当遵循合规经营、勤勉尽责,坚持客户利益至上的原则。

2. 应遵守的基本要求

(1)充分了解客户的基本信息、财务状况、投资经验、投资目标、风险偏好、诚信记录等信息并及时更新。

(2)合理划分客户类别和产品、服务风险等级,确保将适当的产品、服务提供给适合的客户,不得欺诈客户。

(3)持续督促客户规范证券发行行为,动态监控客户交易活动,及时报告、依法处置重大异常行为,不得为客户违规从事证券发行、交易活动提供便利。

(4)严格规范工作人员执业行为,督促工作人员勤勉尽责,防范其利用职务便利从事违法违规、超越权限或者其他损害客户合法权益的行为。

(5)有效管理内幕信息和未公开信息,防范公司及其工作人员利用该信息买卖证券、建议他人买卖证券,或者泄露该信息。

(6)及时识别、妥善处理公司与客户之间、不同客户之间、公司不同业务之间的利益冲突,切实维护客户利益,公平对待客户。

(7)依法履行关联交易审议程序和信息披露义务,保证关联交易的公允性,防止不正当关联交易和利益输送。

(8)审慎评估公司经营管理行为对证券市场的影响,采取有效措施,防止扰乱市场秩序。

(三)证券公司合规管理基本制度的有关内容★★

证券公司合规管理基本制度的有关内容如下:

(1)制定合规管理的基本制度,经董事会审议通过后实施。合规管理的基本制度应当明确合规管理的目标、基本原则、机构设置及其职责、履职保障、合规考核、违法违规行为及合规风险隐患的报告、处理和责任追究等内容。

(2)结合本公司经营实际情况,制定指导经营活动依法合规开展的具体管理制度或操作流程,切实加强对各项经营活动的合规管理。

(3)制定工作人员执业行为准则,引导工作人员树立良好的合规执业意识和道德行为规范,确保工作人员执业行为依法合规。

(四)证券公司经营管理各层级及全体工作人员的合规管理职责★★★

证券公司经营管理各层级及全体工作人员的合规管理职责,具体内容如表2-6所示。

表2-6　证券公司经营管理各层级及全体工作人员的合规管理职责

经营管理层	合规管理职责
董事会	证券公司董事会决定本公司的合规管理目标,对合规管理的有效性承担责任,履行下列合规管理职责: ①审议批准合规管理的基本制度 ②审议批准年度合规报告 ③决定解聘对发生重大合规风险负有主要责任或者领导责任的高级管理人员 ④决定聘任、解聘、考核合规负责人,决定其薪酬待遇 ⑤建立与合规负责人的直接沟通机制 ⑥评估合规管理有效性,督促解决合规管理中存在的问题 ⑦公司章程规定的其他合规管理职责
监事会或监事	证券公司的监事会或者监事履行下列合规管理职责: ①对董事、高级管理人员履行合规管理职责的情况进行监督 ②对发生重大合规风险负有主要责任或者领导责任的董事、高级管理人员提出罢免的建议 ③公司章程规定的其他合规管理职责
经营管理主要负责人	证券公司经营管理主要负责人对公司合规运营承担责任,履行下列合规管理职责: ①组织制定公司规章制度,并监督其实施 ②主动在日常经营过程中倡导合规经营理念,积极培育公司合规文化,认真履行合规管理职责,主动落实合规管理要求 ③充分重视公司合规管理的有效性,发现存在问题时要求下属各单位及其工作人员及时改进 ④督导、提醒公司其他高级管理人员在其分管领域中认真履行合规管理职责,落实合规管理要求 ⑤支持合规负责人及合规部门工作,督促下属各单位为合规管理人员履职提供有效保障 ⑥支持合规负责人及合规部门按照监管要求和公司制度规定,向董事会、监管部门报告合规风险事项 ⑦在公司经营决策过程中,充分听取合规负责人及合规部门的合规意见 ⑧督促公司下属各单位就合规风险事项开展自查或配合公司调查,严格按照公司规定进行合规问责,并落实整改措施

续表

经营管理层	合规管理职责
其他高级管理人员	证券公司其他高级管理人员对其分管领域的合规运营承担责任，履行下列合规管理职责： ①在其分管领域组织贯彻执行公司各项规章制度，组织起草、制定其分管领域的规章制度，并监督其实施 ②在其分管领域主动倡导合规经营理念，积极培育公司合规文化 ③充分重视其分管领域合规管理的有效性，发现存在问题时要求分管领域下属各单位及其工作人员及时改进 ④提醒、督导分管领域下属各单位负责人认真履行合规管理职责，落实合规管理要求 ⑤支持分管领域下属各单位合规管理人员的工作，督促分管领域下属各单位为合规管理人员履职提供有效保障 ⑥支持分管领域下属各单位及其合规管理人员按照公司制度规定，向公司及合规部门报告合规风险事项 ⑦在其职责范围内的经营决策过程中，听取公司合规部门及分管领域下属各单位合规管理人员的合规意见，并给予充分关注 ⑧督促分管领域下属各单位就合规风险事项开展自查或配合公司进行调查，严格按照公司规定进行合规问责，并落实整改措施
下属各单位负责人	证券公司各部门、各分支机构和各层级子公司负责人负责落实本单位的合规管理目标，对本单位合规运营承担责任： ①在本单位组织贯彻执行公司各项规章制度，并监督其实施 ②建立并完善本单位的合规管理制度与机制 ③在本单位主动倡导合规经营理念，积极培育公司合规文化 ④积极配合合规负责人及合规部门的工作，听取并落实提出的意见 ⑤为本单位配备合格合规管理人员 ⑥支持本单位合规管理人员的工作，为本单位合规管理人员提供履职保障 ⑦在业务开展前应当充分论证业务的合法合规性，主动避免开展存在合规风险的业务 ⑧发现与本单位业务相关的合规风险事项时，及时按公司制度规定进行报告，提出整改措施，并督促整改落实
全体工作人员	证券公司全体工作人员应当对自身经营活动范围内所有业务事项和执业行为的合规性负责，履行下列合规管理职责： ①主动了解、掌握和遵守相关法律、法规和准则 ②积极参加公司安排的合规培训和合规宣导活动 ③根据公司要求，签署并信守相关合规承诺 ④在执业过程中充分关注执业行为的合法合规性 ⑤在业务开展过程中主动识别和防范业务合规风险 ⑥发现违法违规行为或者合规风险隐患时，应当主动按照公司规定及时报告 ⑦出现合规风险事项时，积极配合公司调查，并接受公司问责，落实整改要求

（五）证券公司合规负责人进行合规审查、合规检查、对公司违法违规行为或合规风险隐患的处理规定★★★

1. 合规负责人

证券公司设合规负责人。合规负责人是高级管理人员，直接向董事会负责，对本公司及其工作人员的经营管理和执业行为的合规性进行审查、监督和检查；组织拟定合规管理的基本制度和其他合规管理制度，督导下属各单位实施。

2. 合规负责人的职责

证券公司合规负责人进行合规审查、合规检查、对公司违法违规行为或合规风险隐患的处理规定，具体内容如表 2-7 所示。

表 2-7　合规负责人的职责

规定	具体内容	
合规审查	职责	合规负责人应当对证券公司内部规章制度、重大决策、新产品和新业务方案等进行合规审查，并出具书面合规审查意见。中国证监会及其派出机构、自律组织要求对证券公司报送的申请材料或报告进行合规审查的，合规负责人应当审查，并在该申请材料或报告上签署合规审查意见。其他相关高级管理人员等应当对申请材料或报告中基本事实和业务数据的真实性、准确性及完整性负责。证券公司不采纳合规负责人的合规审查意见的，应当将有关事项提交董事会决定
合规检查	分类	①按照组织合规检查的主体，可分为下属各单位组织实施的合规检查、合规部门单独或联合其他部门组织实施的合规检查 ②按照合规检查发生的情形，可分为例行检查、专项检查
	专项检查的情形	①公司发生违法违规行为或存在合规风险隐患的 ②公司董事会、监事会、高级管理人员、合规负责人或合规部门认为必要的 ③公司下属各单位及其工作人员配合监管和稽查办案不力的 ④监管部门或自律组织要求的 ⑤其他有必要进行专项检查的情形 证券公司相关违法违规行为频发的，应当增加合规检查频次
对公司违法违规行为或合规风险隐患的处理	职责	①依照公司章程规定及时向董事会、经营管理主要负责人报告，提出处理意见，并督促整改 ②合规负责人应当同时督促公司及时向中国证监会相关派出机构报告 ③公司未及时报告的，应当直接向中国证监会相关派出机构报告 ④有关行为违反行业规范和自律规则的，还应当向有关自律组织报告

（六）证券公司合规部门、合规管理人员的相关规定★★

1. 合规部门人员配备

证券公司应当设立合规部门，作为合规负责人领导的办事机构承担合规管理职责。合规部门对合规负责人负责。合规部门不得承担与合规管理相冲突的其他职责。

合规部门中具备3年以上证券、金融、法律、会计、信息技术等有关领域工作经历的合规管理人员数量不得低于公司总部人数的1.5%，且不得少于5人。

2. 业务部门、分支机构合规管理人员配备

证券公司业务部门、分支机构应当配备具备3年以上证券、金融、法律、会计、信息技术等有关领域工作经历的合规管理人员。合规管理人员可以兼任与合规管理职责不相冲突的职务。

证券公司从事自营、投资银行、债券等合规风险管控难度较大的部门、工作人员人数在15人以上的分支机构以及证券公司异地总部等，应当配备专职合规管理人员。

（七）证券公司合规负责人和合规管理人员的独立性原则★★

（1）保障合规负责人考核和任免的独立性。合规负责人直接向董事会负责，由董事会考核。合规负责人任期届满前免除其职务的正当理由只能是合规负责人本人申请，或被中国证监会责令更换，或确有证据证明其无法正常履职、未能勤勉尽责等情形。

（2）保障合规负责人的知情权。公司在召开董事会、经营决策会等重要会议以及合规负责人要求参加或者列席的会议前通知合规负责人。合规负责人有权根据履职需要参加或列席有关会议，调阅相关文件、资料。

（3）保障合规负责人的权威性。公司不采纳合规负责人的合规审查意见的，应当将有关事项提交董事会审议决定。

（4）强化合规负责人对合规管理人员的考核权。合规部门及其合规管理人员由合规负责人考核，证券公司对合规部门及其合规管理人员进行考核时，不得采取其他部门打分、将考核结果与业务部门的经营业务直接挂钩等方式，影响合规部门及其合规管理人员的独立性。

（5）明确合规负责人考核公司有关主体的合规管理工作。证券经营机构对高级管理人员和下属各单位进行考核时，应当由合规负责人对其合规管理的有效性、经营管理和执业行为的合规性进行专项考核，作为绩效考核的重要内容。

（6）保障合规负责人及其他合规管理人员的薪酬待遇。合规负责人工作称职的，其年度薪酬收入总额在公司高级管理人员年度薪酬收入总额中的排名应当不低于中位数。其他合规管理人员工作称职的，其年度薪酬收入总额应当不低于公司同级别人员的平均水平。

（7）明确中国证监会和自律组织的外部支持。中国证监会及其派出机构和自律组织支持合规负责人依法开展工作，组织行业培训和交流，并督促证券经营机构为合规负责人提供充足的履职保障。

（八）证券公司合规报告的内容规定★

证券公司应当在报送年度报告的同时向中国证监会相关派出机构报送年度合规报告。证券公司的董事、高级管理人员应当对年度合规报告签署确认意见，保证报告的内容真实、准确、完整；对报告内容有异议的，应当注明意见和理由。年度合规报告包括下列内容：

（1）证券公司和各层级子公司合规管理的基本情况。

（2）合规负责人及合规部门履行合规管理职责情况。

（3）公司违法违规行为、合规风险的发现、监管部门和自律组织处罚及整改情况。

(4)合规管理有效性的评估及整改情况。

(5)合规人员配置情况、合规性专项考核情况、合规负责人及合规管理人员薪酬保障落实情况。

(6)中国证监会及其派出机构要求或证券基金经营机构认为需要报告的其他内容。

(九)对证券公司及有关人员违反合规管理规定的监管措施★

对证券公司及有关人员违反合规管理规定的监管措施,如表2-8所示。

表2-8　违反合规管理规定的监管措施

情形	监管措施
证券公司违反《证券公司和证券投资基金管理公司合规管理办法》(以下简称《办法》)规定的	①中国证监会可以采取出具警示函、责令定期报告、责令改正、监管谈话等行政监管措施 ②对直接负责的董事、监事、高级管理人员和其他责任人员,可以采取出具警示函、责令参加培训、责令改正、监管谈话、认定为不适当人选等行政监管措施
证券公司违反《办法》导致公司出现治理结构不健全、内部控制不完善等情形的	对证券公司及其直接负责的董事、监事、高级管理人员和其他直接责任人员,依照《证券公司监督管理条例》第70条的规定采取行政监管措施
合规负责人违反《办法》规定的	中国证监会可以采取出具警示函、责令参加培训、责令改正、监管谈话、认定为不适当人选等行政监管措施
证券公司的董事、监事、高级管理人员未能勤勉尽责,致使公司存在重大违法违规行为或者重大合规风险的	依照《证券法》第140条、第142条,《证券投资基金法》第25条采取行政监管措施
证券公司通过有效的合规管理,主动发现违法违规行为或合规风险隐患,积极妥善处理,落实责任追究,完善内部控制制度和业务流程并及时向中国证监会或其派出机构报告的	①依法从轻、减轻处理 ②情节轻微并及时纠正违法违规行为或避免合规风险,没有造成危害后果的,不予追究责任 ③对于证券公司的违法违规行为,合规负责人已经按照本办法的规定尽职履行审查、监督、检查和报告职责的,不予追究责任
中国证监会根据审慎监管的原则加强合规监管	可以提高对行业重要性证券公司的合规管理要求,并可以采取增加现场检查频率、强化合规负责人任职监管、委托外部专业机构协助开展工作等方式

四、证券公司信息隔离墙制度

(一)证券公司管理敏感信息的基本原则和保密要求★★★

证券公司信息隔离墙制度,是指证券公司为控制内幕信息及未公开信息(以下统称“敏感信息”)的不当流动和使用而采取的一系列管理措施(见表2-9)。

表 2-9　　证券公司管理敏感信息的基本原则和保密要求

项目			内容
敏感信息的基本概念	内幕信息	概念	指证券交易活动中，涉及发行人的经营、财务或者对该发行人证券的市场价格有重大影响的尚未公开的信息
		法条说明	2020 年 3 月新施行的《证券法》第 80 条第 2 款、第 81 第 2 款所列重大事件属于内幕信息
	未公开信息	概念	指金融机构从业人员及有关监管部门、行业协会工作人员，利用职务便利获取的，与证券、期货交易有关的内幕信息以外的其他未公开的信息
		法条说明	2017 年 11 月施行的《刑法修正案（十）》第 180 条的规定为未公开信息
管理敏感信息的基本原则			①证券公司应当按照需知原则管理敏感信息，确保敏感信息仅限于存在合理业务需求或管理职责需要的工作人员知悉 ②“需知原则”是信息隔离墙制度中敏感信息管理的核心原则，有需要方享有知情权 ③敏感信息应仅限于“需要知悉”的人知悉，即仅限于存在合理业务需求或管理职责需要的工作人员才可获得相关敏感信息
敏感信息的保密要求	保密义务		①证券公司工作人员对以任何方式知悉的敏感信息负有严格的保密义务，不得利用敏感信息为自己或他人谋取不当利益 ②证券公司聘用外部服务商的，应当与服务商约定其对在服务中获知的敏感信息负有保密义务
	保密措施		证券公司应当采取保密措施，防止敏感信息的不当流动和使用，包括但不限于： ①与公司工作人员签署保密文件，要求工作人员对工作中获取的敏感信息严格保密 ②加强对涉及敏感信息的信息系统、通讯及办公自动化等信息设施、设备的管理，保障敏感信息安全 ③对可能知悉敏感信息的工作人员使用公司的信息系统或配发的设备形成的电子邮件、即时通讯信息和其他通讯信息进行监测 ④建立内幕信息知情人管理制度
物理隔离及系统隔离			证券公司应当确保保密侧业务与公开侧业务之间的办公场所和办公设备封闭和相互独立，信息系统相互独立或实现逻辑隔离

（二）各主体在证券公司信息隔离墙制度建立和执行方面的职责★★

根据《证券公司信息隔离墙制度指引》，在信息隔离墙制度建立和执行方面，董事会、管理层、各业务部门及分支机构、广大工作人员、合规总监和合规部门的具体职责如图 2-4 所示。

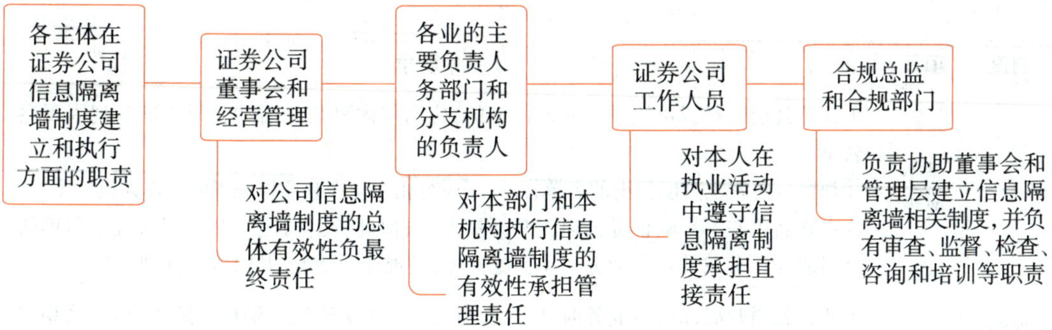

图 2-4 各主体在证券公司信息隔离墙制度建立和执行方面的职责

(三)跨越信息隔离墙管理★★★

1. 基本要求

证券公司公开侧业务的工作人员需参与保密侧业务并接触内幕信息的，或公开侧业务的工作人员被动接触到保密侧业务的内幕信息的，应当履行跨墙审批程序。

2. 跨墙管理

证券公司应当制定跨墙管理制度，明确跨墙的审批程序和跨墙人员的行为规范。《证券公司信息隔离墙制度指引》对于跨墙的申请和审批、跨墙人员在跨墙期间所需遵守的规范要求、对跨墙人员的监督管理以及回墙作出了规定。

(1)跨墙申请和审批。

证券公司保密侧业务部门需要公开侧业务部门派员跨墙进行业务协作的，应当事先向跨墙人员所属部门和合规部门提出申请，并经其审批同意。

(2)跨墙人员行为规范及监督管理。

跨墙人员在跨墙期间不应泄露或不当使用跨墙后知悉的内幕信息，不应获取与跨墙业务无关的内幕信息。

证券公司有关部门应当分工合作，对跨墙人员的行为进行监督管理。合规部门负责记录跨墙情况，向跨墙人员提示跨墙行为规范，并会同提出跨墙申请的业务部门和跨墙人员所属部门对跨墙人员行为进行监控。

(3)回墙。

跨墙人员在跨墙活动结束且获取的内幕信息已公开或者不再具有重大影响后方可回墙。

3. 墙上人员的管理

因履行管理职责需要知悉内幕信息的工作人员处于信息隔离墙的墙上。证券公司应建立相应的墙上人员管理制度，明确墙上人员的范围及其行为规范，防止墙上人员泄露或不当使用内幕信息。

(四)证券公司观察名单、限制名单管理的基本要求★★

证券公司应当建立观察名单和限制名单制度，明确设置名单的目的、有关公司或证券进入和退出名单的事由和时点、名单编制和管理的程序及职责分工、掌握名单的工作人员范围、对有关业务活动进行监控或限制的措施以及异常情况的处理办法等内容(见表 2-10 所示)。

表 2-10　　证券公司观察名单、限制名单管理的基本要求

制度	项目	基本要求
观察名单	基本要求	①证券公司已经或可能掌握内幕信息的,应当将内幕信息所涉公司或证券列入观察名单 ②观察名单属于高度保密的名单,仅限于履行相关管理和监控职责的工作人员知悉 ③观察名单并不影响证券公司正常开展业务,但证券公司应当对于列入观察名单的公司或证券有关的相关业务活动实施监控,发现异常情况,及时调查处理
	进入时点	①证券公司开展保密侧业务时,应当在与客户发生实质性接触后的适当时点,将相关项目所涉公司或证券列入观察名单。该适当时点,以与客户签署保密协议、对项目立项、进场开展工作和实际获知项目内幕信息中较早者为准 ②当证券自营或证券资产管理业务对某一上市公司股票持有量占其已发行股份一定比例时,证券公司应当将该证券列入观察名单,必要时列入限制名单 在计算前述比例时,通过自营交易账户进行 ETF、LOF、组合投资、避险投资、量化投资,依法通过自营交易账户进行的事先约定性质的交易及做市交易,以及保荐机构相关子公司参与科创板跟投持有的证券可以不计算在内
限制名单	基本要求	证券公司采取信息隔离和披露措施难以有效管理利益冲突的,应当将敏感信息所涉公司或证券列入限制名单
	进出时点	①担任首次公开发行股票项目的上市辅导人,保荐机构或主承销商的,为担任前述角色的信息公开之日;担任上市公司股权类再融资项目,可转换公司债券、可交换公司债券等具有股票衍生品性质的债权类再融资项目或并购重组项目保荐机构、主承销商或财务顾问,为项目公司首次对外公告该项目之日 ②证券公司可以根据实际需要,将列入限制名单的时点前移,但不应造成内幕信息的泄漏和不当流动。证券公司在确认不再拥有与项目有关的内幕信息后,可以将该项目公司和与其有重大关联的公司或证券从限制名单中删除
	限制措施	①对因保密侧业务而列入限制名单的公司或证券,证券公司应当禁止与其有关的发布证券研究报告、证券自营、直接投资等业务 ②通过自营交易账户进行 ETF、LOF、组合投资、避险投资、量化投资,依法通过自营交易账户进行的事先约定性质的交易及做市交易,以及保荐机构相关子公司参与科创板跟投可以豁免限制,但不得违反有关法律法规,不得进行内幕交易和任何形式的利益输送 ③证券公司可以根据公司实际需要,在公开侧业务之间或保密侧业务之间采取信息隔离、跨墙、观察名单、限制名单等措施,防范敏感信息的不当流动和使用

(五)利益冲突管理

1. 利益冲突管理机制

证券公司应当建立利益冲突管理机制。对各项业务活动中可能产生的利益冲突进行识别、评估和管理。

2. 利益冲突管理措施及原则

证券公司已经采取信息隔离墙等措施,仍难以避免利益冲突的,应当对实际存在的和潜在的利益冲突进行充分披露。

披露仍难以有效处理利益冲突的，证券公司应当对存在利益冲突的相关业务活动采取限制措施。

证券公司在对相关业务进行限制时，应当遵循客户利益优先和公平对待客户的原则。

3. 人员岗位隔离

证券公司有关业务的决策机构应当实行回避制度，防范可能产生的利益冲突。

证券公司工作人员不应同时履行可能导致利益冲突的职责，业务部门工作人员不应在与其业务存在利益冲突的子公司兼任职务。

同一高级管理人员同时分管两个或两个以上存在利益冲突的业务的，不应直接或间接参与具体证券品种的投资决策、投资咨询等可能导致利益冲突的业务活动。

五、证券公司分类监管

（一）证券公司分类监管的概念★★★

证券公司分类监管制度是证券行业的一项基础性制度，对促进证券公司加强合规管理、提升风险控制能力、培育核心竞争力，发挥了正向激励作用。中国证监会根据证券公司分类结果对不同类别的证券公司实施区别对待的监管政策。

（二）证券公司分类监管的评价指标体系及评价方法★★

证券公司分类监管评价首先设定正常经营的证券公司基准分为 100 分。在基准分的基础上，根据证券公司风险管理能力评价指标与标准、市场竞争力、持续合规状况等方面情况，进行相应加分或扣分以确定证券公司的评价计分。分类评价每年进行一次，评价期为上一年度 5 月 1 日至本年度 4 月 30 日。

证券公司分类监管的评价指标，如图 2-5 所示。

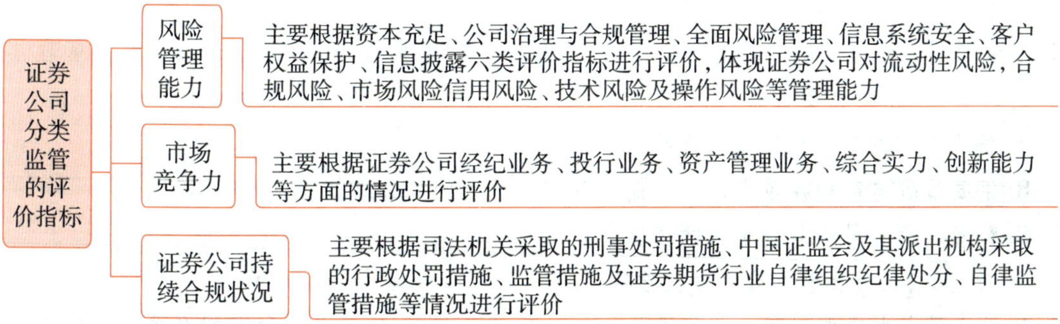

图 2-5　证券公司分类监管的评价指标

（三）基于分类监管要求划分的证券公司基本类别★★

1. 基本类别划分

中国证监会根据证券公司评价计分的高低，将证券公司分为五大类十一个级别，如表 2-11 所示。

表 2-11　　证券公司基本类别划分

类别	级别	意义
A	AAA、AA、A	A 类公司风险管理能力在行业内最高,能较好地控制新业务、新产品方面的风险
B	BBB、BB、B	B 类公司风险管理能力在行业内较高,在市场变化中能较好地控制业务扩张的风险。B 类 BB 级及以上公司的评价计分应高于基准分 100 分
C	CCC、CC、C	C 类公司风险管理能力与其现有业务相匹配。C 级是正常经营状态的最低等级
D	D	D 类公司风险管理能力低,潜在风险可能超过公司可承受范围。评价计分低于 60 分的证券公司,定为 D 类公司
E	E	E 类公司潜在风险已经变为现实风险,已被采取风险处置措施。被依法采取责令停业整顿、指定其他机构托管、接管、行政重组等风险处置措施的证券公司,评价计分为 0 分,定为 E 类公司

2. 基本类别的调整

证券公司在评价期内存在挪用客户资产、违规委托理财、财务信息虚假、恶意规避监管或股东虚假出资、抽逃出资等违法违规行为的,将公司分类结果下调 3 个级别;情节严重的,将公司分类结果直接认定为 D 类。

证券公司在自评时,若不如实标注存在问题,存在遗漏、隐瞒等情况,将在应扣分事项上加倍扣分;自评时存在隐瞒重大事项或者报送、提供的信息和资料有虚假记载、误导性陈述或重大遗漏的,将视情节轻重将公司分类结果下调 1 至 3 个级别;证券公司未在规定日期之前上报自评结果的,将公司分类结果下调 1 个级别;未在确定分类结果期限之前上报自评结果的,将公司分类结果直接认定为 D 类。

真题实练

1. 证券公司为了维护客户的知情权,应当向客户披露董事、监事、高级管理人员薪酬管理信息,(　　)不是必要披露项目。
   A. 薪酬管理的基本制度及决策程序
   B. 年度薪酬总额和在董事、监事、高级管理人员之间的分布情况
   C. 薪酬延期支付和非现金薪酬情况
   D. 对董事、高级管理人员的考核建议
2. 证券公司应当建立观察名单和限制名单制度,以下关于观察名单和限制名单进出时点的说法错误的是(　　)。
   A. 观察名单的进入时点,以与客户签署保密协议、对项目立项、进行开展工作和实际获知项目内幕信息中较晚者为准
   B. 限制名单的进入时点之一是担任首次公开发行股票项目的上市辅导人、保荐机构或主承销商的信息公开之日
   C. 担任上市公司股权类、债权类再融资项目或并购重组项目保荐机构、主承销商或财务

顾问的，限制名单的进入时点是项目公司首次对外公告该项目之日

D. 证券公司根据实际需要，可以将列入限制名单的时点前移

3. 证券公司在开展业务创新时，应当建立的机制包括(　　)。

Ⅰ. 严格内部审批程序

Ⅱ. 及时与中国证券业协会沟通，履行报备(报批)程序

Ⅲ. 制定风险控制措施

Ⅳ. 注重过程控制，及时纠正偏离目标

A. Ⅰ、Ⅱ、Ⅳ　　B. Ⅰ、Ⅱ、Ⅲ　　C. Ⅲ、Ⅳ　　D. Ⅰ、Ⅲ、Ⅳ

【答案及解析】

1. D　**【解析】**证券公司应当按照规定向社会公众披露本公司经审计的年度财务报告及其他信息，并保证披露信息的真实、准确、完整。证券公司还应当披露董事、监事、高级管理人员薪酬管理信息，至少包括如下方面：①薪酬管理的基本制度及决策程序；②年度薪酬总额和在董事、监事、高级管理人员之间的分布情况；③薪酬延期支付和非现金薪酬情况。

2. A　**【解析】**证券公司开展保密侧业务时，应当在与客户发生实质性接触后的适当时点，将相关项目所涉公司或证券列入观察名单。此处所指的适当时点，以与客户签署保密协议、对项目立项、进场开展工作和实际获知项目内幕信息中较早者为准。

3. D　**【解析】**证券公司在开展业务创新时，应当建立相关机制，包括但不限于：①建立完整的业务创新工作程序，严格内部审批程序，对可行性研究、产品或业务设计、风险管理、运作与实施方案等作出明确要求，并经董事会批准。②在可行性研究的基础上，及时与中国证监会沟通，履行创新业务的报备(报批)程序。③对创新业务设计科学合理的流程，制定风险控制措施及相应财务核算、资金管理办法。④注重业务创新的过程控制，及时纠正偏离目标行为。

第二节　证券公司风险管理

考纲要求

本节考纲要求见表2-12所示。

表2-12　第二章第二节考纲要求

考纲要求	星级	具体内容
了解	★	①净资本计算标准 ②证券公司编制风险控制指标监管报表相关要求 ③风险控制指标相关监管措施 ④证券公司全面风险管理文化的要求 ⑤首席风险官及风险管理部门的履职保障 ⑥中国证券业协会就证券公司的全面风险管理实施自律管理可采取的措施

续表

考纲要求	星级	具体内容
了解	★	⑦证券公司流动性风险管理的组织架构及职责 ⑧证券公司流动性风险限额管理的基本要求 ⑨证券公司融资管理的基本要求 ⑩了解信用风险管理应遵循的原则 ⑪了解信用风险识别、评估和控制的要求 ⑫了解风险监控、报告和预警的相关规定
熟悉	★★	①证券公司应将子公司风险管理纳入统一体系的要求 ②证券公司流动性风险管理应遵循的原则 ③熟悉信用风险管理组织架构的要求
掌握	★★★	①证券公司风险控制指标基本规定 ②证券公司从事相关证券业务的净资本标准 ③证券公司应持续符合的风险控制指标标准 ④全面风险管理的定义 ⑤全面风险管理体系所包括的内容和覆盖范围 ⑥证券公司全面风险管理的责任主体 ⑦证券公司风险管理的政策和机制要求 ⑧证券公司流动性风险的定义 ⑨证券公司流动性风险管理的目标 ⑩掌握信用风险的定义及业务类型

考点梳理

一、证券公司风险控制指标管理

（一）证券公司风险控制指标基本规定★★★

证券公司风险控制指标体系以净资本和流动性为核心，其主要内容如表 2-13 所示。

表 2-13　证券公司风险控制指标基本规定

项目	分项	内容
主要风险控制指标	净资本	净资本是根据证券公司的业务范围和资产的流动性特点，在净资产的基础上对资产等项目进行一定调整后得出的综合性风险控制指标
		计算方法为核心净资本+附属净资本。其中，核心净资本是在净资产的基础上，扣除资产项目的风险调整和或有负债的风险调整，再扣除或者加上中国证监会认定或核准的其他调整项目；附属净资本是在将长期次级债按照规定比例计入净资本的基础上，扣除或者加上中国证监会认定或核准的其他调整项目
	风险覆盖率	净资本/各项风险资本准备之和×100%
	资本杠杆率	核心净资本/表内外资产总额×100%
	流动性覆盖率	优质流动性资产/未来 30 日内现金净流出×100%
	净稳定资金率	可用稳定资金/所需稳定资金×100%

续表

项目	分项	内容
基本要求	证券公司	①应当按照中国证监会的有关规定，遵循审慎、实质重于形式的原则，计算各项风险控制指标 ②应当根据自身资产负债状况和业务发展情况，建立动态的风险控制指标监控和资本补足机制，确保净资本等各项风险控制指标在任一时点都符合规定标准
	中国证监会及其派出机构	应当对证券公司净资本等各项风险控制指标数据的生成过程及计算结果的真实性、准确性、完整性进行定期或不定期检查，并可以根据监管需要，要求证券公司聘请具有证券、期货相关业务资格的会计师事务所对其风险控制指标监管报表进行审计

(二)证券公司从事相关证券业务的净资本标准★★★

证券公司从事相关证券业务的净资本标准见图 2-6 所示。

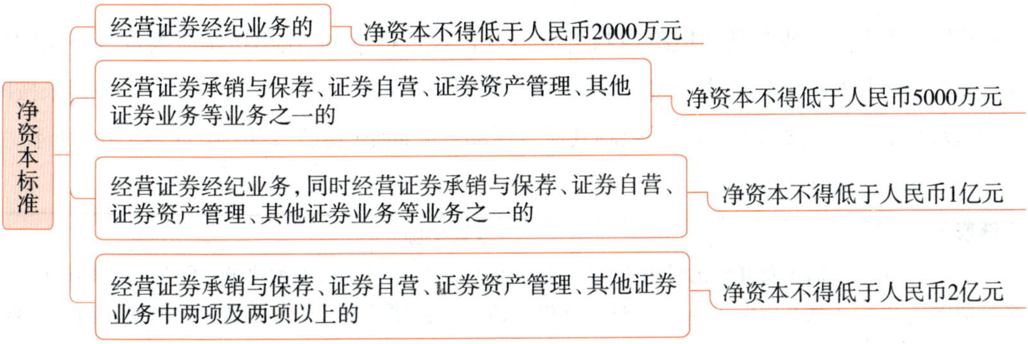

图 2-6　净资本标准

(三)证券公司应持续符合的风险控制指标标准★★★

证券公司必须持续符合下列风险控制指标标准：

(1)风险覆盖率不得低于 100%。

(2)资本杠杆率不得低于 8%。

(3)流动性覆盖率不得低于 100%。

(4)净稳定资金率不得低于 100%。

(四)证券公司编制风险控制指标监管报表相关要求★

(1)应当至少每半年经主要负责人、首席风险官签署确认后，向公司全体董事报告一次公司净资本等风险控制指标的具体情况和达标情况。

(2)应当至少每半年经董事会签署确认，向公司全体股东报告一次公司净资本等风险控制指标的具体情况和达标情况，并至少获得主要股东的签收确认证明文件。

(3)净资本指标与上月相比发生 20% 以上不利变化或不符合规定标准时，证券公司应当在 5 个工作日内向公司全体董事报告，10 个工作日内向公司全体股东报告。

(4)应当在每月结束之日起 7 个工作日内，向中国证监会及其派出机构报送月度风险控制指标监管报表。

(5)净资本等风险控制指标与上月相比发生不利变化超过20%的,应当在该情形发生之日起3个工作日内,向中国证监会及其派出机构报告,说明基本情况和变化原因。

(6)净资本等风险控制指标达到预警标准或者不符合规定标准的,应当分别在该情形发生之日起3个、1个工作日内,向中国证监会及其派出机构报告,说明基本情况、问题成因以及解决问题的具体措施和期限。

(五)风险控制指标相关监管措施★

1. 风险控制指标监管报表报送或者编制方面问题的监管措施

证券公司未按照监管部门要求报送风险控制指标监管报表,或者风险控制指标监管报表存在重大错报、漏报以及虚假报送情况,中国证监会及其派出机构可以根据情况采取出具警示函、责令改正、监管谈话、责令处分有关人员等监管措施。

2. 风险控制指标不符合规定标准的监管措施

证券公司净资本或者其他风险控制指标不符合规定标准的,派出机构应当责令公司限期改正,在5个工作日内制定并报送整改计划,整改期限最长不超过20个工作日;证券公司未按时报送整改计划的,派出机构应当立即限制其业务活动。限期整改的监管措施,如表2-14所示。

表2-14 限期整改的监管措施

情形	监管措施
整改期内	中国证监会及其派出机构应当区别情形,对证券公司采取下列措施:①停止批准新业务;②停止批准增设、收购营业性分支机构;③限制分配红利;④限制转让财产或在财产上设定其他权利
整改后	经派出机构验收符合有关风险控制指标的,中国证监会及其派出机构应当自验收完毕之日起3个工作日内解除对其采取的有关措施
未按期完成整改的	未按期完成整改的,自整改期限到期的次日起,派出机构应当区别情形,对其采取下列措施:①限制业务活动;②责令暂停部分业务;③限制向董事、监事、高级管理人员支付报酬、提供福利;④责令更换董事、监事、高级管理人员或者限制其权利;⑤责令控股股东转让股权或者限制有关股东行使股东权利;⑥认定董事、监事、高级管理人员为不适当人选;⑦中国证监会及其派出机构认为有必要采取的其他措施
	未按期完成整改、风险控制指标情况继续恶化,严重危及该证券公司的稳健运行的,中国证监会可以撤销其有关业务许可
无法达标	风险控制指标无法达标,严重危害证券市场秩序、损害投资者利益的,中国证监会可以区别情形,对其采取下列措施:①责令停业整顿;②指定其他机构托管、接管;③撤销经营证券业务许可;④撤销

二、证券公司全面风险管理

(一)证券公司全面风险管理概述

1. 全面风险管理的定义★★★

全面风险管理,是指证券公司董事会、经理层以及全体员工共同参与,对公司经营中的流动性风险、市场风险、信用风险、操作风险、声誉风险等各类风险，进行准确识别、审慎评估、动态监控、及时应对及全程管理。

2. 全面风险管理体系所包括的内容和覆盖范围★★★

全面风险管理体系见图 2–7 所示。

- 全面风险管理体系
  - 内容：包括可操作的管理制度、健全的组织架构、可靠的信息技术系统、量化的风险指标体系、专业的人才队伍、有效的风险应对机制
  - 覆盖范围：证券公司应将所有子公司以及比照子公司管理的各类孙公司（统称“子公司”）纳入全面风险管理体系，强化分支机构风险管理，实现风险管理全覆盖

图 2–7　全面风险管理体系

3. 证券公司全面风险管理文化的要求★

证券公司应当在全公司推行稳健的风险文化，形成与本公司相适应的风险管理理念、价值准则、职业操守，建立培训、传达和监督机制。

4. 证券公司全面风险管理的责任主体★★★

证券公司全面风险管理的责任主体包括董事会、监事会、经理层、各部门、分支机构、子公司以及每一名员工。责任主体的风险管理职责，如表 2–15 所示。

表 2–15　责任主体的风险管理职责

责任主体	履行的职责
董事会	承担全面风险管理的最终责任，负责：①推进风险文化建设；②审议批准公司全面风险管理的基本制度；③审议批准公司的风险偏好、风险容忍度以及重大风险限额；④审议公司定期风险评估报告；⑤任免、考核首席风险官，确定其薪酬待遇；⑥建立与首席风险官的直接沟通机制；⑦公司章程规定的其他风险管理职责
	董事会可授权其下设的风险管理相关专业委员会履行其全面风险管理的部分职责
监事会	承担全面风险管理的监督责任，负责监督检查董事会和经理层在风险管理方面的履职尽责情况并督促整改
经理层	承担全面风险管理的主要责任，负责：①制定风险管理制度，并适时调整。②建立健全公司全面风险管理的经营管理架构，明确全面风险管理职能部门、业务部门以及其他部门在风险管理中的职责分工，建立部门之间有效制衡、相互协调的运行机制。③制定风险偏好、风险容忍度以及重大风险限额等的具体执行方案，确保其有效落实；对其进行监督，及时分析原因，并根据董事会的授权进行处理。④定期评估公司整体风险和各类重要风险管理状况，解决风险管理中存在的问题并向董事会报告。⑤建立涵盖风险管理有效性的全员绩效考核体系。⑥建立完备的信息技术系统和数据质量控制机制。⑦风险管理的其他职责
	证券公司应当任命一名高级管理人员负责全面风险管理工作（以下统称“首席风险官”）。首席风险官不得兼任或者分管与其职责相冲突的职务或者部门
风险管理部门	证券公司应当指定或者设立专门部门履行风险管理职责，在首席风险官的领导下推动全面风险管理工作，监测、评估、报告公司整体风险水平，并为业务决策提供风险管理建议，协助、指导和检查各部门、分支机构及子公司的风险管理工作
	流动性风险、声誉风险等风险管理工作可由证券公司其他相关部门负责

续表

责任主体	履行的职责
各业务部门、分支机构和子公司	证券公司各业务部门、分支机构及子公司负责人应当全面了解并在决策中充分考虑与业务相关的各类风险，及时识别、评估、应对、报告相关风险，并承担风险管理的直接责任
员工	证券公司每一名员工对风险管理有效性承担勤勉尽责、审慎防范、及时报告的责任，包括但不限于：①通过学习、经验积累增强风险意识；②谨慎处理工作中涉及的风险因素；③发现风险隐患时主动应对并及时履行报告义务

（二）首席风险官及风险管理部门的履职保障★

首席风险官及风险管理部门的履职保障见图 2-8 所示。

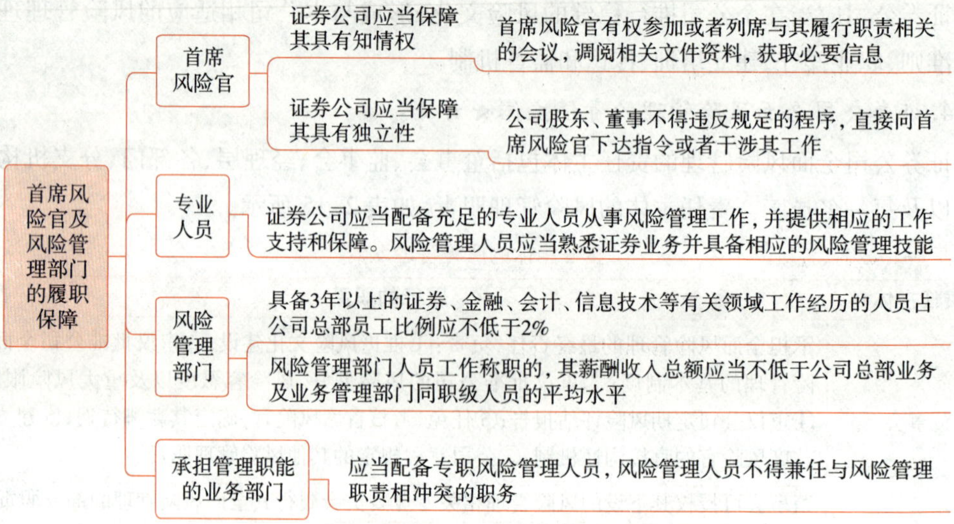

图 2-8　首席风险官及风险管理部门的履职保障

（三）证券公司应将子公司风险管理纳入统一体系的要求★★

证券公司应将子公司风险管理纳入统一体系的要求见图 2-9 所示。

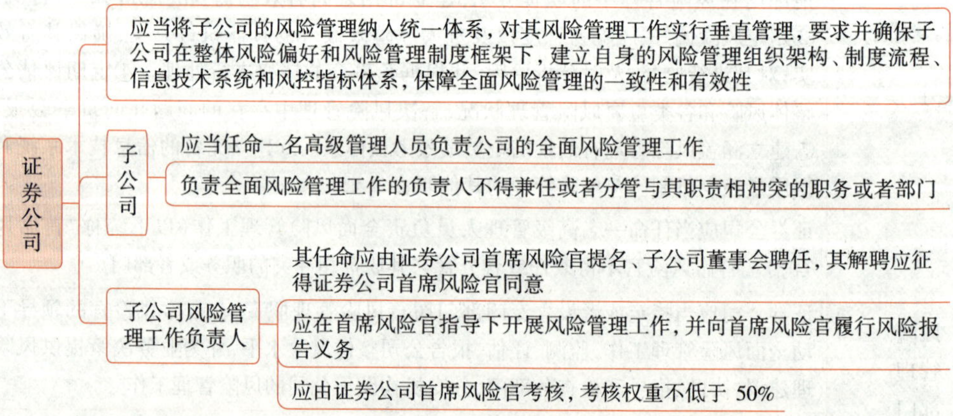

图 2 9　证券公司应将子公司风险管理纳入统一体系的要求

（四）证券公司风险管理的政策和机制要求★★★

证券公司风险管理的政策和机制要求，如表2-16所示。

表2-16　　证券公司风险管理的政策和机制要求

要求	内容	
风险管理的制度与落实	制度	证券公司应当制定并持续完善风险管理制度，明确风险管理的目标、原则、组织架构、授权体系、相关职责、基本程序等，并针对不同风险类型制定可操作的风险识别、评估、监测、应对、报告的方法和流程
	落实	证券公司应当通过评估、稽核、检查和绩效考核等手段保证风险管理制度的贯彻落实
授权管理体系	体系建设	证券公司应当建立健全授权管理体系，确保公司所有部门、分支机构及子公司在被授予的权限范围内开展工作，严禁越权从事经营活动
	管理控制	通过制度、流程、系统等方式，进行有效管理和控制，并确保业务经营活动受到制衡和监督
建立风险指标体系	指标体系	证券公司应当制定包括风险容忍度和风险限额等的风险指标体系，并通过压力测试等方法计量风险、评估承受能力、指导资源配置
	风险指标	风险指标应当经公司董事会、经理层或其授权机构审批并逐级分解至各部门、分支机构和子公司，证券公司应对分解后指标的执行情况进行监控和管理
开展新业务的风险管理	开展新业务	证券公司应当建立针对新业务的风险管理制度和流程，明确需满足的条件和公司内部审批路径。新业务应当经风险管理部门评估并出具评估报告
	了解新业务	证券公司应充分了解新业务模式，并评估公司是否有相应的人员、系统及资本开展该项业务
风险管理应急机制	证券公司应当针对流动性危机、交易系统事故等重大风险和突发事件建立风险应急机制，明确应急触发条件、风险处置的组织体系、措施、方法和程序，并通过压力测试、应急演练等机制进行持续改进	
风险管理与绩效考核	证券公司应当建立与风险管理效果挂钩的绩效考核及责任追究机制，保障全面风险管理的有效性	
风险管理与信息管理	证券公司应当全面、系统、持续地收集和分析可能影响实现经营目标的内外部信息，识别公司面临的风险及其来源、特征、形成条件和潜在影响，并按业务、部门和风险类型等进行分类	
风险管理机制	建立评估标准并进行风险控制；建立逐日盯市等机制并进行报告；建立压力测试机制并实施；选择与公司风险偏好相适应的应对策略与机制；建立在各层级畅通的风险沟通机制	
风险管理工作的报告	风险管理部门	①发现风险指标超限额的，应当与业务部门、分支机构、子公司及时沟通，了解情况和原因，督促业务部门、分支机构、子公司采取措施在规定时间内予以有效解决，并及时向首席风险官报告 ②应当向经理层提交风险管理日报、月报、年报等定期报告，反映风险识别、评估结果和应对方案，对重大风险应提供专项评估报告，确保经理层及时、充分了解公司风险状况
	经理层	应当向董事会定期报告公司风险状况、重大风险情况应及时报告

(五)中国证券业协会就证券公司的全面风险管理实施自律管理可采取的措施★

(1)中国证券业协会对证券公司实施《证券公司全面风险管理规范》的情况进行自律管理,督促证券公司持续完善全面风险管理体系;可以对证券公司全面风险管理情况进行评估和检查,证券公司应予以配合。

(2)证券公司违反《证券公司全面风险管理规范》的,中国证券业协会依据《中国证券业协会自律管理措施和纪律处分实施办法》对公司及相关负责人采取自律管理措施。

三、证券公司流动性风险管理

(一)证券公司流动性风险的定义与管理的目标★★★

证券公司流动性风险的定义与管理的目标见图2-10。

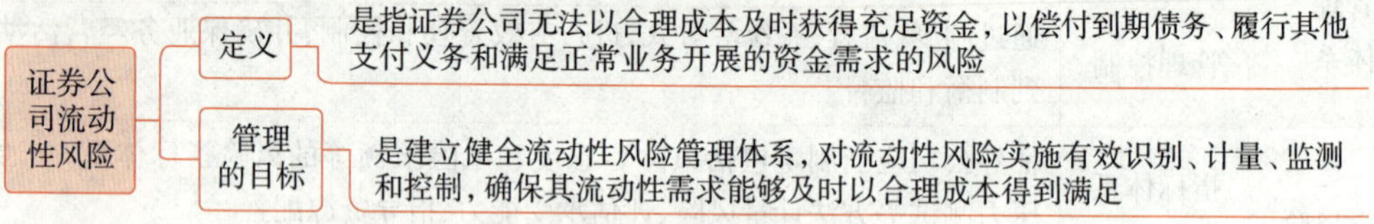

图2-10 证券公司流动性风险的定义与管理目标

(二)证券公司流动性风险管理应遵循的原则★★

(1)全面性原则,是指证券公司流动性风险管理应全面覆盖证券公司各部门、分支机构、子公司,包含所有表内外和境内外业务,贯穿决策、执行、监督、反馈等各个环节。

(2)审慎性原则,是指证券公司应对流动性风险管理各个环节进行严谨、审慎判断,保障公司流动性的安全。

(3)预见性原则,是指证券公司应加强资金来源、资金运用规模及期限结构变化方面的预测分析,合理预见各种可能出现的风险,协调公司表内外各项业务发展。

(三)证券公司流动性风险管理的组织架构及职责★

证券公司应建立有效的流动性风险管理组织架构,明确董事会、经理层及其首席风险官、相关部门在流动性风险管理中的职责和报告路线,建立健全有效的考核及问责机制(见表2-17)。

表2-17 证券公司流动性风险管理的组织架构及职责

主体	主要职责
董事会	证券公司董事会应承担流动性风险管理的最终责任,负责审核批准公司的流动性风险偏好、政策、信息披露等风险管理重大事项,持续关注流动性风险状况并对流动性管理情况进行监督检查
经理层	①应确定流动性风险管理组织架构,明确各部门职责分工 ②确保公司具有足够的资源,独立、有效地开展流动性风险管理工作 ③确保流动性风险偏好和政策在公司内部的有效沟通、传达和实施 ④建立完备的管理信息系统或采取相应手段,支持流动性风险的识别、计量、监测和控制 ⑤充分了解风险水平及其管理状况等
	证券公司首席风险官应充分了解证券公司流动性风险水平及其管理状况,并及时向董事会及经理层报告;对公司流动性风险管理中存在的风险隐患进行质询和调查,并提出整改意见

续表

主体	主要职责
流动性风险管理部门	①负责流动性风险管理的部门应统筹公司资金来源与融资管理，协调安排公司资金需求，监控优质流动性资产状况，组织流动性风险应急计划制定、演练和评估 ②负责制定流动性风险管理策略、措施和流程 ③监测流动性风险限额执行情况，及时报告超限额情况 ④定期向首席风险官报告流动性风险水平、管理状况及其重大变化 ⑤组织开展流动性风险压力测试

（四）证券公司流动性风险限额管理与融资管理的基本要求★

证券公司流动性风险限额管理的基本要求与证券公司融资管理的基本要求，如表 2-18 所示。

表 2-18　　证券公司流动性风险限额管理与融资管理的基本要求

证券公司	基本要求
流动性风险限额管理	①应对流动性风险实施限额管理，根据其业务规模、性质、复杂程度、流动性风险偏好和外部市场发展变化、监管要求等情况，设定流动性风险限额并对其执行情况进行监控 ②应至少每年对流动性风险限额进行一次评估，必要时进行调整
融资管理	应建立并完善融资策略，提高融资来源的多元化和稳定程度，建立包括但不限于银行借款、同业拆借、债券、收益凭证、短期融资券、证券回购等灵活的场内及场外融资渠道
	证券公司的融资管理应符合以下要求： ①分析正常和压力情景下未来不同时间段的融资需求和来源 ②加强负债品种、期限、交易对手、融资抵（质）押品和融资市场等的集中度管理，适当设置集中度限额 ③加强融资渠道管理，积极维护与主要融资交易对手的关系，保持在市场上的适当活跃程度，并定期评估市场融资和资产变现能力 ④密切监测主要金融市场的交易量和价格等变动情况，评估市场流动性对公司融资能力的影响

四、证券公司信用风险管理

（一）信用风险的定义及业务类型★★★

证券公司信用风险管理，是指证券公司以自有资金出资业务的信用风险管理。信用风险指因融资方、交易对手或发行人等违约导致损失的风险。按照业务类型分类，包括但不限于以下几类：

（1）股票质押式回购交易、约定购回式证券交易、融资融券等融资类业务；

（2）互换、场外期权、远期、信用衍生品等场外衍生品业务；

（3）债券投资交易（包括债券现券交易、债券回购交易、债券远期交易、债券借贷业务等债券相关交易业务），债券包括但不限于国债、地方债、金融债、政府支持机构债、企业债、非金融企业债务融资工具、公司债、资产支持证券、同业存单；

(4)非标准化债权资产投资；

(5)其他涉及信用风险的自有资金出资业务。

(二)信用风险管理应遵循的原则★

证券公司的信用风险管理遵循“全面性、内部制衡、全流程风控”的原则组织进行相关业务。全面覆盖证券公司各部门、分支机构、子公司，包含所有表内外和境内外业务，贯穿决策、执行、监督、反馈等各个环节；确保前、中、后台的职责分离，并建立相应的制约机制，防范利益冲突；对信用风险管理各个环节进行严谨、审慎判断，对业务信用风险的管理应贯穿业务全流程，完善风险的识别、评估、监控、应对及全程管理，确保风险可测、可控、可承受，保障可持续经营。

(三)信用风险管理组织架构的要求★★

证券公司应建立有效的信用风险管理组织架构，明确董事会、监事会、经理层及首席风险官、相关部门在信用风险管理中的职责和报告路线，建立健全有效的考核及问责机制。

(1)证券公司董事会应承担信用风险管理的最终责任，负责审议批准涵盖信用风险的公司风险偏好、容忍度等风险管理重大事项，持续关注信用风险状况。

(2)证券公司监事会应承担信用风险管理的监督责任，负责监督检查董事会和经理层在信用风险管理方面的履职尽责情况并督促整改。

(3)证券公司经理层应承担信用风险管理的主要责任，负责确定信用风险管理组织架构，明确各部门职责分工；确保公司具有足够的资源，独立、有效地开展信用风险管理工作；确保信用风险偏好和容忍度等在公司内部的有效沟通、传达和实施；建立完备的管理信息系统或采取相应手段，支持信用风险的识别、评估、监控、应对及全程管理；充分了解风险水平及其管理状况等，并向董事会报告。

(4)证券公司首席风险官负责全面风险管理工作，应充分了解证券公司信用风险水平及其管理状况，并及时向董事会及经理层报告。

(5)证券公司应当指定或者设立专门部门履行信用风险管理职责，在首席风险官的领导下推动信用风险管理工作，监测、评估、报告公司整体信用风险情况，并为业务决策提供信用风险管理建议，协助、指导和检查各部门、分支机构及子公司的信用风险管理工作。

(6)证券公司相关业务部门是业务执行机构，也是信用风险管理的一线主体，负责其经营领域的信用风险管理执行工作，对业务风险进行识别、评估、监控和应对，并将业务风险控制在授权范围内。

(四)信用风险识别、评估和控制的要求★

证券公司应当根据业务特点，对涉及信用风险的业务设置合理的准入要求。

证券公司应当根据监管要求、内部实际情况及管理需要，确定尽职调查覆盖的业务范围。

证券公司应当根据全面风险管理要求，建立常态化的信用风险压力测试机制，并根据市场变化、业务变化和风险水平情况，在压力测试中充分考虑信用风险因素。

(五)风险监控、报告和预警★

证券公司应建立信用风险监控、报告及预警机制。

(1)证券公司应通过设置并监测各类信用风险指标，动态、持续地监控信用风险状况、管理水平及效果。

(2)证券公司应建立健全存续期业务后续管理和跟踪机制，明确业务覆盖范围和管理方式，以便及时掌握业务风险情况并采取必要的应对措施。

(3)证券公司应明确信用风险报告的种类、路线、内容、格式和频率，建立健全重大信用风险事件报告机制，以便发生重大信用风险时可以及时掌握、处理。

(4)证券公司应根据监管部门或其派出机构等的要求报送与信用风险有关的报告。

真题实练

1. 子公司风险管理工作负责人应由证券公司首席风险官考核，考核权重不低于(　　)。

A. 30%　　B. 40%

C. 50%　　D. 60%

2. 按照《证券公司全面风险管理规范》的要求，(　　)承担全面风险管理的最终责任。

A. 监事会　　B. 经理层

C. 董事会　　D. 各业务部门、分支机构和子公司

3. 根据《证券公司流动性风险管理指引》，下列关于流动性风险管理的说法，正确的有(　　)。

Ⅰ. 证券公司流动性风险管理应遵循全面性、审慎性和公开性原则

Ⅱ. 证券公司应根据公司业务规模、性质、复杂程度、风险水平及组织架构，充分考虑压力测试结果，制定有效的流动性风险应急计划，确保公司可以应对紧急情况下的流动性需求

Ⅲ. 证券公司应持有充足的优质流动性资产，确保在压力情景下能够及时满足流动性需求

Ⅳ. 证券公司在引入新产品、新业务、新技术手段和建立新机构之前，应充分评估其可能对流动性风险产生的影响

A. Ⅰ、Ⅱ、Ⅳ　　B. Ⅰ、Ⅲ、Ⅳ

C. Ⅰ、Ⅱ、Ⅲ　　D. Ⅱ、Ⅲ、Ⅳ

4. 证券公司应建立并完善融资策略，提高融资来源的多元化和稳定程度，建立包括但不限于(　　)等灵活的场内及场外融资渠道。

Ⅰ. 银行借款　　Ⅱ. 同业拆借

Ⅲ. 债券　　Ⅳ. 证券回购

A. Ⅰ、Ⅲ、Ⅳ　　B. Ⅱ、Ⅲ、Ⅳ

C. Ⅰ、Ⅱ、Ⅲ、Ⅳ　　D. Ⅰ、Ⅱ、Ⅲ

【答案及解析】

1. C 【解析】子公司风险管理工作负责人应由证券公司首席风险官考核，考核权重不低于50%。

2. C 【解析】证券公司董事会承担全面风险管理的最终责任，履行以下职责：①推进风险文化建设；②审议批准公司全面风险管理的基本制度；③审议批准公司的风险偏好、风险容忍度以及重大风险限额；④审议公司定期风险评估报告；⑤任免、考核首席风险官，确定其薪酬待遇；⑥建立与首席风险官的直接沟通机制；⑦公司章程规定的其他风险管理职责。

3. D 【解析】Ⅰ错误，证券公司流动性风险管理应遵循全面性、审慎性和预见性原则。

4. C 【解析】证券公司应建立并完善融资策略，提高融资来源的多元化和稳定程度，建立包括但不限于银行借款、同业拆借、债券、收益凭证、短期融资券、证券回购等灵活的场内及场外融资渠道。

第三节　投资者适当性管理

考纲要求

本节考纲要求见表2-19所示。

表2-19　　第二章第三节考纲要求

考纲要求	星级	具体内容
熟悉	★★	①证券经营机构执行投资者适当性的基本原则 ②专业投资者的范围 ③划分产品或服务风险等级时应考虑的因素 ④经营机构销售产品或提供服务的禁止性行为 ⑤经营机构向普通投资者销售产品或提供服务前应告知的信息
掌握	★★★	①经营机构向投资者销售产品或提供服务应了解的投资者信息 ②普通投资者享有特别保护的规定 ③确定普通投资者风险承受能力的主要因素 ④经营机构在投资者坚持购买风险等级高于其承受能力的产品时的职责 ⑤经营机构需进行现场录音录像留痕的要求 ⑥对经营机构违反适当性管理规定的监管措施

考点梳理

一、证券经营机构执行投资者适当性的基本原则★★

经营机构及其工作人员在落实投资者适当性管理的过程中，应当遵循的五项原则见表

2-20 所示。

表 2-20　　证券经营机构执行投资者适当性的基本原则

基本原则	主要内容
投资者利益优先原则	当经营机构及其工作人员的利益与投资者的利益发生冲突时,应当优先保障投资者的合法权益
勤勉尽责原则	经营机构及其工作人员应当全面了解投资者的情况,包括与投资者分类、风险承受能力评估相关的各类信息;深入调查分析产品或者服务信息,充分了解划分产品或服务风险等级时应当综合考虑的因素以及应当审慎评估的特殊因素
客观性原则	经营机构应当采用科学合理的方法,设置必要的标准和流程,保证适当性管理的实施。经营机构及其从业人员应当客观公正地对产品或服务以及投资者情况进行调查和评价,尽力做到客观、准确,并将相关调查和评价结果作为向投资者推介适当产品或服务的重要依据
有效性原则	经营机构应当建立科学的投资者适当性管理制度与方法,确保投资者适当性管理的有效执行。经营机构及其从业人员还应根据投资者的不同类别、投资知识和经验等采取与之对应的信息披露措施,确保风险揭示充分、有效
差异性原则	经营机构应当对投资者进行分类管理,对普通投资者和专业投资者实施差别的适当性管理措施,履行不同的适当性义务

二、经营机构向投资者销售产品或提供服务应了解的信息

(一)应了解的投资者信息★★★

"了解你的客户"是投资者适当性管理工作的核心内容之一。根据《证券期货投资者适当性管理办法》,经营机构向投资者销售产品或者提供服务时,应当了解投资者的下列信息:

(1)自然人的姓名、住址、职业、年龄、联系方式,法人或者其他组织的名称、注册地址、办公地址、性质、资质及经营范围等基本信息。

(2)收入来源和数额、资产、债务等财务状况。

(3)投资相关的学习、工作经历及投资经验。

(4)投资期限、品种、期望收益等投资目标。

(5)风险偏好及可承受的损失。

(6)诚信记录。

(7)实际控制投资者的自然人和交易的实际受益人。

(8)法律法规、自律规则规定的投资者准入要求相关信息。

(9)其他必要信息。

(二)禁止性行为★★

经营机构销售产品或提供服务的禁止性行为包括:

(1)向不符合准入要求的投资者销售产品或者提供服务。

(2)向投资者就不确定事项提供确定性的判断,或者告知投资者有可能使其误认为具

有确定性的意见。

(3)向普通投资者主动推介风险等级高于其风险承受能力的产品或者服务。

(4)向普通投资者主动推介不符合其投资目标的产品或者服务。

(5)向风险承受能力最低类别的投资者销售或者提供风险等级高于其风险承受能力的产品或者服务。

(6)其他违背适当性要求,损害投资者合法权益的行为。

"投资者基本信息表"和《投资者风险承受能力评估问卷》应当由投资者本人或合法授权人填写,经营机构业务人员不得以任何方式诱导、误导或欺骗投资者,从而影响填写结果。

(三)销售产品或提供服务前应告知的信息★★

经营机构向普通投资者销售产品或者提供服务前,应当告知下列信息:

(1)可能直接导致本金亏损的事项。

(2)可能直接导致超过原始本金损失的事项。

(3)因经营机构的业务或者财产状况变化,可能导致本金或者原始本金亏损的事项。

(4)因经营机构的业务或者财产状况变化,影响客户判断的重要事由。

(5)限制销售对象权利行使期限或者可解除合同期限等全部限制内容。

(6)投资者适当性匹配意见。

经营机构在充分履行以上披露和告知义务后,应当提醒投资者,适当性匹配意见不代表经营机构对产品或服务的风险和收益作出实质性保证,投资者在参考经营机构给出的适当性匹配意见基础上,应根据自身能力审慎独立决策,独立承担投资风险。

三、普通投资者

(一)普通投资者享有特殊保护的规定★★★

根据《证券期货投资者适当性管理办法》,投资者分为普通投资者与专业投资者。普通投资者在信息告知、风险警示、适当性匹配等方面享有特别保护(如表2-21所示)。

表2-21 普通投资者享有特殊保护的规定

特殊保护	经营机构及其从业人员要求
信息告知	应当确保所告知的信息真实、准确、完整,并采取通俗易懂的方式向普通投资者进行介绍,帮助普通投资者理解产品或服务的风险等级、投资标的和结构、收益以及风险特征等,帮助普通投资者选择适当的金融产品或服务
风险警示	应当进行更为充分的风险警示,包括为普通投资者提供风险揭示材料,向普通投资者销售高风险产品或提供相关服务时履行特别的注意义务,在营业网点向普通投资者进行告知、警示的,应当全过程录音录像等
适当性匹配	应当针对普通投资者及其选择的产品或服务提供明确具体的适当性匹配意见,并通过书面或电子方式进行留痕

(二)确定普通投资者风险承受能力的主要因素★★★

1. 了解客户

专业投资者之外的投资者为普通投资者。经营机构应当按照有效维护投资者合法权益的要求,综合考虑收入来源、资产状况、债务、投资知识和经验、风险偏好、诚信状况等因素,确定普通投资者的风险承受能力,对其进行细化分类和管理。

2. 综合评估

经营机构在了解客户信息之后,可以通过请投资者填写《投资者风险承受能力评估问卷》等方法对投资者风险承受能力进行综合评估。评估普通投资者风险承受能力的主要因素有:

(1)财务状况。具体包含收入来源、用于投资资产占家庭总资产比例、债务状况以及可用于投资的资产规模等。

(2)投资知识。包括金融相关学历情况、工作经历以及相关资格证书等。

(3)投资经验。包括投资金融产品情况、交易频率以及投资时间等。

(4)投资目标。包括拟投资期限、投资品种、期望收益等。

(5)风险偏好。包括可承受的投资损失以及投资回报的用途等。

(6)其他信息。包括投资者的年龄、抚养、扶养和赡养义务、学历以及本人及配偶的就业状况等。

经过评估,经营机构可将普通投资者按照其风险承受能力由低至高至少划分为 C1、C2、C3、C4、C5 五个等级。

四、专业投资者的范围★★

依据《证券期货投资者适当性管理办法》,专业投资者可以划分为三类(如表 2-22 所示)。

表 2-22　专业投资者的划分

分类	内容
第一类专业机构投资者	指经有关金融监管部门批准设立的金融机构、金融机构发行的理财产品以及经监管部门批准设立的养老基金、社会公益基金、合格境外机构投资者(QFII)、人民币合格境外机构投资者(RQFII)等
	第一类专业机构投资者具体包括: ①经有关金融监管部门批准设立的金融机构,包括证券公司、期货公司、基金管理公司及其子公司、商业银行、保险公司、信托公司、财务公司等;经行业协会备案或者登记的证券公司子公司、期货公司子公司、私募基金管理人。 ②上述机构面向投资者发行的理财产品,包括但不限于证券公司资产管理产品、基金管理公司及其子公司产品、期货公司资产管理产品、银行理财产品、保险产品、信托产品、经行业协会备案的私募基金。 ③社会保障基金、企业年金等养老基金,慈善基金等社会公益基金,合格境外机构投资者(QFII),人民币合格境外机构投资者(RQFII)

续表

分类	内容
	指符合一定资产、财务规模并且具备一定投资知识和经验的投资者。此类投资者需提供相关证明材料，经经营机构核验属实的可以直接认定为专业投资者
第二类符合一定条件的专业投资者	符合下列条件之一的是第二类专业投资者： ①同时符合下列条件的法人或者其他组织：最近 1 年末净资产不低于 2000 万元；最近 1 年末金融资产不低于 1000 万元；具有 2 年以上证券、基金、期货、黄金、外汇等投资经历。 ②同时符合下列条件的自然人：金融资产不低于 500 万元，或者最近 3 年个人年均收入不低于 50 万元；具有 2 年以上证券、基金、期货、黄金、外汇等投资经历，或者具有 2 年以上金融产品设计、投资、风险管理及相关工作经历，或者属于前述第一类专业投资者中的第一部分的金融机构的高级管理人员、获得职业资格认证的从事金融相关业务的注册会计师和律师
	第二类专业投资者可以书面告知经营机构选择成为普通投资者，经营机构应当对其履行相应的适当性义务
第三类普通投资者自愿申请转化的专业投资者	在其资产、财务规模以及投资知识和经验符合一定要求的前提下，经营机构有权自主决定是否同意其转化
	符合下列条件之一的普通投资者可以申请转化成为专业投资者： ①最近 1 年末净资产不低于 1000 万元，最近 1 年末金融资产不低于 500 万元，且具有 1 年以上证券、基金、期货、黄金、外汇等投资经历的除专业投资者外的法人或其他组织。 ②金融资产不低于 300 万元或者最近 3 年个人年均收入不低于 30 万元，且具有 1 年以上证券、基金、期货、黄金、外汇等投资经历或者 1 年以上金融产品设计、投资、风险管理及相关工作经历的自然人投资者

五、划分产品或服务风险等级时应考虑的因素★★

划分产品或者服务风险等级时应综合考虑如下因素：流动性、到期时限、杠杆情况、结构复杂性、投资单位产品或者相关服务的最低金额、投资方向和投资范围、募集方式、发行人等相关主体的信用状况、同类产品或者服务过往业绩等。

产品或者服务存在下列因素的，应当审慎评估其风险等级：

（1）存在本金损失的可能性，因杠杆交易等因素容易导致本金大部分或者全部损失的产品或者服务。

（2）产品或者服务的流动变现能力，因无公开交易市场、参与投资者少等因素导致难以在短期内以合理价格顺利变现的产品或者服务。

（3）产品或者服务的可理解性，因结构复杂、不易估值等因素导致普通人难以理解其条款和特征的产品或者服务。

（4）产品或者服务的募集方式，涉及面广、影响力大的公募产品或者相关服务。

（5）产品或者服务的跨境因素，存在市场差异、适用境外法律等情形的跨境发行或者交易的产品或者服务。

(6)自律组织认定的高风险产品或者服务。

(7)其他有可能构成投资风险的因素。

根据《证券期货投资者适当性管理办法》,由行业协会制定并定期更新本行业的产品或者服务风险等级名录,经营机构评估相关产品或者服务的风险等级不得低于行业协会名录规定的风险等级。

六、经营机构在投资者坚持购买风险等级高于其承受能力的产品时的职责★★★

经营机构应当根据产品或者服务的不同风险等级,对其适合销售产品或者提供服务的投资者类型作出判断,并向投资者提出适当性匹配意见。如存在适当性不匹配的情况,不得主动向投资者进行推介。

经营机构告知投资者不适合购买相关产品或者接受相关服务,投资者仍主动要求购买风险等级高于其风险承受能力的产品或者相关服务时,经营机构的职责见图 2-11 所示。

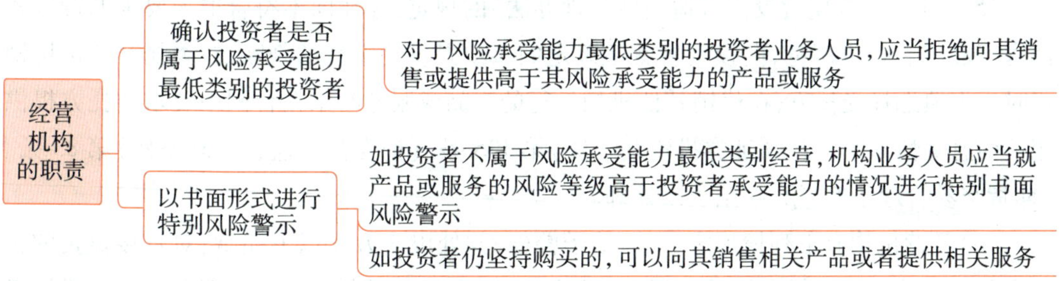

图 2-11　经营机构的职责

七、经营机构需进行现场录音录像留痕的要求★★★

普通投资者申请转为专业投资者,向普通投资者销售高风险产品或者提供相关服务,经营机构主动调整投资者分类、产品或者服务分级、适当性匹配意见以及向普通投资者履行信息告知义务,在这四种情形下,经营机构:

(1)通过营业网点向普通投资者进行告知、警示的,应当全过程录音或者录像。

(2)通过互联网等非现场方式进行的,应当完善配套留痕安排,由普通投资者通过符合法律、行政法规要求的电子方式进行确认。

同时,经营机构应当按照相关规定妥善保存其履行适当性义务的相关信息资料,防止泄露或者被不当利用,接受中国证监会及其派出机构和自律组织的检查。对匹配方案、告知警示资料、录音录像资料、自查报告等的保存期限不得少于 20 年。

八、对经营机构违反适当性管理规定的监管措施★★★

(1)经营机构违反《证券期货投资者适当性管理办法》规定的,中国证监会及其派出机构可以对经营机构及其直接负责的主管人员和其他直接责任人员,采取责令改正、监管谈话、出具警示函、责令参加培训等监督管理措施。

(2)证券公司、期货公司违反《证券期货投资者适当性管理办法》规定,存在较大风险或者风险隐患的,中国证监会及其派出机构可以按照《证券公司监督管理条例》第70条、《期货交易管理条例》第55条的规定,采取监督管理措施。

(3)违反《证券期货投资者适当性管理办法》相关规定,存在向投资者销售产品或提供服务时未了解投资者信息,未合理划分产品或服务的风险等级,在投资者坚持购买风险等级高于其承受能力的产品时未尽到相关职责及注意义务,未在情况变化时主动调整投资者分类、产品或者服务分级及适当性匹配意见,向投资者销售、提供了禁止销售的产品或提供的服务,在销售产品或提供服务前未告知相关信息或提供了虚假信息等情形时,按照《证券投资基金法》第137条、《证券公司监督管理条例》第84条、《期货交易管理条例》第67条予以处理。

(4)经营机构从业人员违反相关法律法规和《证券期货投资者适当性管理办法》规定,情节严重的,中国证监会可以依法采取市场禁入的措施。

(5)违反《证券期货投资者适当性管理办法》的规定,存在向不符合准入要求的投资者销售产品或者提供服务,向投资者就不确定的事项提供确定性的判断,在委托其他机构销售时未审慎选择受托方,在代销其他机构发行的产品或服务时未在合同中要求委托方提供相关信息等情形时,按照《证券投资基金法》第135条、《证券公司监督管理条例》第83条、《期货交易管理条例》第66条予以处理。

(6)经营机构有下列情形之一的,给予警告,并处以3万元以下罚款;对直接负责的主管人员和其他直接责任人员,给予警告,并处以3万元以下罚款:①未按规定对普通投资者进行细化分类和管理的;②未按规定进行投资者类别转化的;③未建立或者更新投资者评估数据库的;④未按规定了解所销售产品或者所提供服务信息或者履行分级义务的;⑤未按规定划分产品或者服务风险等级的;⑥未按规定录音录像或者采取配套留痕安排的;⑦未按规定制定或者落实适当性内部管理制度和相关制度机制的;⑧未按规定开展适当性自查的;⑨未按规定妥善保存相关信息资料的。

真题实练

1. 证券期货经营机构评估普通投资者的风险承受能力,评估的主要因素一般不包含(　　)。

A. 社会资源　　B. 本人就业状况

C. 债务状况　　D. 投资知识和经验

2. 经营机构告知投资者不适合购买相关产品或接受相关服务后,投资者仍主动要求购买风险等级高于其风险承受能力的产品或接受相关服务的,经营机构应确认投资者是否属于风险承受能力最低类别的投资者,若不是,业务人应(　　)。

A. 进行书面风险警示后,投资者仍坚持购买的,向其销售相关产品或提供相关服务

B. 拒绝向其销售或提供高于其风险承受能力的产品或服务

C. 直接向其销售相关产品或提供相关服务

D. 不予理睬

3. 普通投资者在(　　)等方面享有特别保护。

Ⅰ. 信息告知　　Ⅱ. 风险警示

Ⅲ. 适当性匹配　　Ⅳ. 投资收益

A. Ⅰ、Ⅲ、Ⅳ　　B. Ⅱ、Ⅲ、Ⅳ

C. Ⅰ、Ⅱ、Ⅲ、Ⅳ　　D. Ⅰ、Ⅱ、Ⅲ

4. 普通投资者申请转化成为专业投资者的规定条件是(　　)。

Ⅰ. 最近1年末净资产不低于1000万元

Ⅱ. 最近1年末金融资产不低于600万元

Ⅲ. 具有1年以上证券、基金、期货、黄金、外汇等投资经历的除专业投资者外的法人或其他组织

Ⅳ. 金融资产不低于300万元或者最近3年个人年均收入不低于30万元

A. Ⅰ、Ⅲ、Ⅳ　　B. Ⅱ、Ⅲ、Ⅳ

C. Ⅰ、Ⅱ、Ⅲ、Ⅳ　　D. Ⅰ、Ⅱ、Ⅲ

【答案及解析】

1. A　**【解析】**经营机构在了解客户信息之后,可以通过请投资者填写《投资者风险承受能力评估问卷》等方法对投资者风险承受能力进行综合评估。评估普通投资者风险承受能力的主要因素包括以下几个方面:①财务状况,具体包含收入来源、用于投资资产占家庭总资产比例、债务状况以及可用于投资的资产规模等;②投资知识,包括金融相关学历情况、工作经历以及相关资格证书等;③投资经验,包括投资金融产品情况、交易频率以及投资时间等;④投资目标,包括拟投资期限、投资品种、期望收益等;⑤风险偏好,包括可承受的投资损失以及投资回报的用途等;⑥其他信息,包括投资者的年龄、抚养、扶养和赡养义务、学历以及本人及配偶的就业状况等。

2. A　**【解析】**以书面形式进行特别风险警示:如投资者不属于风险承受能力最低类别,经营机构业务人员应当就产品或服务的风险等级高于投资者承受能力的情况进行特别书面风险警示。如投资者仍坚持购买的,可以向其销售相关产品或者提供相关服务。

3. D　**【解析】**根据《证券期货投资者适当性管理办法》,投资者分为普遍投资者与专业投资者。普通投资者在信息告知、风险警示、适当性匹配等方面享有特别保护。

4. A　**【解析】**符合下列条件之一的普通投资者可以申请转化成为专业投资者:①最近1年末净资产不低于1000万元,最近1年末金融资产不低于500万元,且具有1年以上证券、基金、期货、黄金、外汇等投资经历的除专业投资者外的法人或其他组织。②金融资产不低于300万元或者最近3年个人年均收入不低于30万元,且具有1年以上证券、基金、期货、黄金、外汇等投资经历或者1年以上金融产品设计、投资、风险管理及相关工作经历的自然人投资者。

第四节 证券公司反洗钱工作

考纲要求

本节考纲要求(见表 2-23 所示)。

表 2-23 第二章第四节考纲要求

考纲要求	星级	具体内容
熟悉	★★	①涉及恐怖活动资产冻结的流程及要求 ②证券公司对境内外分支机构和相关附属机构的管理要求
掌握	★★★	①反洗钱的定义 ②客户身份识别和客户身份资料与交易记录保存的基本要求 ③洗钱和恐怖融资风险评估及客户分类管理要求 ④可疑交易报告要求及可疑交易报告后续控制措施 ⑤证券公司反洗钱保密要求

考点梳理

一、反洗钱的定义★★★

反洗钱是指为了预防通过各种方式掩饰、隐瞒毒品犯罪、黑社会性质的组织犯罪、恐怖活动犯罪、走私犯罪、贪污贿赂犯罪、破坏金融管理秩序犯罪、金融诈骗犯罪等犯罪所得及其收益的来源和性质的洗钱活动,依照《反洗钱法》等相关法律法规、部门规章、规范性文件以及行业自律规则等规定采取相关措施的行为。

二、客户身份识别和客户身份资料与交易记录保存的基本要求★★★

(一)客户身份识别的基本要求

(1)证券公司应当勤勉尽责,建立健全和执行客户身份识别制度,遵循"了解你的客户"的原则,开展客户身份识别、重新识别和持续识别工作。

(2)任何单位和个人在与证券公司建立业务关系或者证券公司为其提供一次性金融服务时,都应当提供真实有效的身份证件或者其他身份证明文件。

(3)证券公司在与客户建立业务关系时,应当识别客户身份,了解实际控制客户的自然人和交易的实际受益人,核对客户的有效身份证件或者其他身份证明文件,登记客户身份基本信息,并留存有效身份证件或者其他身份证明文件的复印件或者影印件。

(4)针对具有不同洗钱或者恐怖融资风险特征的客户、业务关系或者交易,证券公司应采取相应的措施,通过可靠和来源独立的证明文件、数据信息和资料核实客户身份,了解客户及其交易目的和交易性质。

(5)证券公司应有效开展非自然人客户身份识别,根据非自然人客户的法律形态和实际情况,逐层深入并最终明确掌握控制权或者获取收益的自然人。每个非自然人客户至少有一名受益所有人。

(6)对于客户或其受益所有人属于外国政要、国际组织高级管理人员等特定自然人及前述人员的特定关系人的,或客户来自金融行动特别工作组(FATF)、亚太反洗钱组织(APG)、欧亚反洗钱和反恐怖融资组织(EAG)等国际反洗钱组织指定高风险国家或地区的,证券公司应采取相应强化的身份识别措施。

(7)证券公司不得为身份不明的客户提供服务或者与其进行交易,不得为客户开立匿名账户或者假名账户。

(8)客户由他人代理办理业务的,证券公司应当同时对代理人和被代理人的身份证件或者其他身份证明文件进行核对并登记。

(二)持续与重新识别客户身份

1. 持续识别客户身份

在与客户的业务关系存续期间,证券公司应当采取持续的客户身份识别措施,关注客户及其日常经营活动、金融交易情况,及时提示客户更新资料信息。

客户先前提交的身份证件或者身份证明文件已过有效期的,客户没有在合理期限内更新且没有提出合理理由的,证券公司应中止为客户办理业务。

2. 重新识别客户身份

证券公司应当在出现以下情况时重新识别客户:

(1)客户要求变更姓名或者名称、身份证件或者身份证明文件种类、身份证件号码、注册资本、经营范围、法定代表人或者负责人的。

(2)客户行为或者交易情况出现异常的。

(3)客户姓名或者名称与国务院有关部门、机构和司法机关依法要求金融机构协查或者关注的犯罪嫌疑人、洗钱和恐怖融资分子的姓名或者名称相同的。

(4)客户有洗钱、恐怖融资活动嫌疑的。

(5)证券公司获得的客户信息与先前已经掌握的相关信息存在不一致或者相互矛盾的。

(6)先前获得的客户身份资料的真实性、有效性、完整性存在疑点的。

(7)证券公司认为应重新识别客户身份的其他情形。

证券公司除核对有效身份证件或者其他身份证明文件外,可以采取以下的一种或者几种措施,识别或者重新识别客户身份:

(1)要求客户补充其他身份资料或者身份证明文件。

(2)回访客户。

(3)实地查访。

(4)向公安、工商行政管理等部门核实。

(5)其他可依法采取的措施。

在与非自然人客户业务关系存续期间,证券公司采取持续的客户身份识别措施或者重新识别客户身份的,应当同时开展受益所有人身份识别工作,确保受益所有人信息完整性、准确性和时效性。

(三)委托第三方进行客户身份识别

1. 委托其他金融机构向客户销售金融产品的要求

证券公司委托其他金融机构向客户销售金融产品时,应在委托协议中明确双方在识别客户身份方面的职责,相互间提供必要的协助,相应采取有效的客户身份识别措施。

符合下列条件时,证券公司可信赖销售金融产品的金融机构所提供的客户身份识别结果,不再重复进行已完成的客户身份识别程序,但仍应承担未履行客户身份识别义务的责任:

(1)销售金融产品的金融机构采取的客户身份识别措施符合反洗钱法律、行政法规和《金融机构客户身份识别和客户身份资料及交易记录保存管理办法》的要求。

(2)金融机构能够有效获得并保存客户身份资料信息。

2. 委托金融机构以外的第三方进行客户身份识别的要求

证券公司委托金融机构以外的第三方识别客户身份的,应当符合下列要求:

(1)能够证明第三方按反洗钱法律、行政法规和《金融机构客户身份识别和客户身份资料及交易记录保存管理办法》的要求,采取了客户身份识别和身份资料保存的必要措施。

(2)第三方为证券公司提供客户信息,不存在法律制度、技术等方面的障碍。

(3)证券公司在办理业务时,能立即获得第三方提供的客户信息,还可在必要时从第三方获得客户的有效身份证件、身份证明文件的原件、复印件或者影印件。

委托第三方代为履行识别客户身份与受益所有人身份的,证券公司应当承担未履行客户身份识别与受益所有人身份识别义务的责任。

(四)客户身份资料与交易记录保存的基本要求

客户身份资料与交易记录保存的基本要求,如表 2-24 所示。

表 2-24 客户身份资料与交易记录保存的基本要求

项目	类别	基本要求
保存内容	客户身份资料	包括记载客户身份信息、资料以及反映证券公司开展客户身份识别工作情况的各种记录和资料。在业务关系存续期间,客户身份资料发生变更的,证券公司应当及时更新客户身份资料
	交易记录	包括关于每笔交易的数据信息、业务凭证、账簿以及有关规定要求的反映交易真实情况的合同、业务凭证、单据、业务函件和其他资料

续表

项目	类别	基本要求
保存期限	客户身份资料	自业务关系结束当年或者一次性交易记账当年计起至少保存 5 年
	交易记录	自交易记账当年计起至少保存 5 年
	最长存期	同一介质上存有不同保存期限客户身份资料或者交易记录的，应当按最长期限保存

三、洗钱和恐怖融资风险评估及客户分类管理要求★★★

（一）洗钱风险管理工作基本原则（见图 2-12 所示）

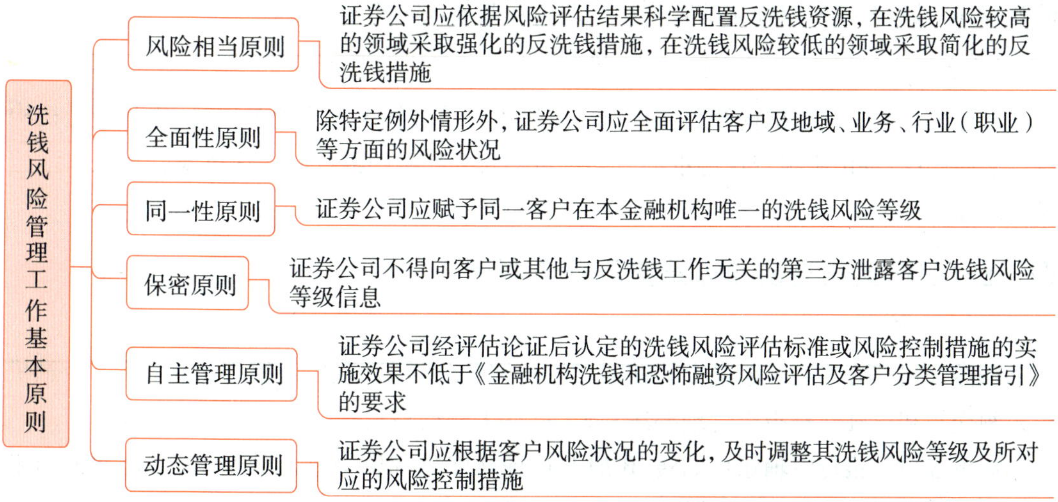

图 2-12　洗钱风险管理工作基本原则

（二）洗钱风险评估指标体系要求

洗钱风险评估指标体系包括客户特性、地域、业务（含金融产品、金融服务）、行业（含职业）四类基本要素。

证券公司应综合考虑客户背景、社会经济活动特点、声誉、权威媒体披露信息以及非自然人客户的组织架构等各方面情况，衡量本机构对其开展客户尽职调查工作的难度，评估风险。

（三）开展客户风险等级划分的基本要求

针对不同客户情况的风险等级划分的基本要求，如表 2-25 所示。

表 2-25　客户风险等级划分的基本要求

客户类型	基本要求
新建立业务关系的客户	证券公司应在建立业务关系后的 10 个工作日内，按照收集信息、筛选分析信息、初评和复评的流程，划分其风险等级
已确立过风险等级的客户	证券公司应根据其风险程度设置相应的重新审核期限，实现对风险的动态追踪。原则上，风险等级最高的客户的审核期限不得超过半年，低一等级客户的审核期限不得超出上一级客户审核期限时长的 2 倍

续表

客户类型	基本要求
首次建立业务关系的客户	无论其风险等级高低，证券公司在初次确定其风险等级后的3年内至少应进行一次复核

当客户变更重要身份信息、司法机关调查本证券公司客户、客户涉及权威媒体的案件报道等可能导致风险状况发生实质性变化的事件发生时，证券公司应考虑重新评定客户风险等级。

(四)客户风险分类控制措施

证券公司应在客户风险等级划分的基础上，采取相应的客户尽职调查及其他风险管控措施，对高风险客户采取强化的客户尽职调查及其他风险控制措施。

(五)委托其他机构开展客户风险等级划分等洗钱风险管理工作要求

证券公司委托其他机构开展客户风险等级划分等洗钱风险管理工作时，应与受托机构签订书面协议，并由高级管理层批准。委托机构对受托机构进行的洗钱风险管理工作承担最终法律责任。

四、证券公司大额交易和可疑交易报告制度

(一)大额交易报告

证券公司与客户进行金融交易并通过银行账户划转款项的，由银行机构按照《金融机构大额交易和可疑交易报告管理办法》规定提交大额交易报告。

对单客户多银行主辅账户划转、B股非银证转账外部资金进出等情形，如证券公司未发现交易或行为异常的，可以不提交大额交易报告。

(二)可疑交易报告★★★

证券公司应当制定本公司的交易监测标准，并对其有效性负责。交易监测标准包括但不限于客户的身份、行为，交易的资金来源、金额、频率、流向、性质等存在异常的情形。

证券公司发现或者有合理理由怀疑客户、客户的资金或者其他资产、客户的交易或者试图进行的交易与洗钱、恐怖融资等犯罪活动相关的，不论所涉资金金额或者资产价值大小，应当向中国反洗钱监测分析中心提交可疑交易报告。

当可疑交易符合下列情形之一的，证券公司应当在向中国反洗钱监测分析中心提交可疑交易报告的同时，以电子形式或书面形式向所在地中国人民银行或者其分支机构报告，并配合反洗钱调查：①明显涉嫌洗钱、恐怖融资等犯罪活动的；②严重危害国家安全或者影响社会稳定的；③其他情节严重或者情况紧急的情形。

对于既属于大额交易又属于可疑交易的交易，证券公司应当分别提交大额交易报告和可疑交易报告。

(三)可疑交易报告后续控制措施★★★

证券公司在报送可疑交易报告后，应当根据中国人民银行的相关规定采取相应的后续

风险控制措施，包括对可疑交易所涉客户及交易开展持续监控、提升客户风险等级、限制客户交易、拒绝提供服务、终止业务关系、向相关金融监管部门报告、向相关侦查机关报案等。

（四）反洗钱和反恐怖融资名单监控

证券公司应当对反洗钱和反恐怖融资监控名单开展实时监测，并覆盖证券公司的所有业务条线和业务环节。《金融机构大额交易和可疑交易报告管理办法》第 18 条规定，恐怖活动组织及恐怖活动人员名单包括：①中国政府发布的或者要求执行的恐怖活动组织及恐怖活动人员名单；②联合国安理会决议中所列的恐怖活动组织及恐怖活动人员名单；③中国人民银行要求关注的其他涉嫌恐怖活动的组织及人员名单。

当证券公司有合理理由怀疑客户或者其交易对手、资金或者其他资产与名单相关的，应当在立即向中国反洗钱监测分析中心提交可疑交易报告的同时，以电子形式或书面形式向所在地中国人民银行或者其分支机构报告，并按照相关主管部门的要求依法采取措施。

恐怖活动组织及恐怖活动人员名单调整的，证券公司应当立即开展回溯性调查。并按照规定提交可疑交易报告。法律、行政法规、规章对上述名单的监控有规定的，从其规定。

五、涉及恐怖活动资产冻结的流程及要求★★

涉及恐怖活动资产冻结的流程及要求见图 2-13 所示。

涉及恐怖活动资产冻结的流程及要求

- **制定冻结涉及恐怖活动资产的内部操作规程和控制措施**：对分支机构和附属机构执行的情况进行监督管理，严格按照公安部发布的恐怖活动组织及恐怖活动人员名单、冻结资产的决定，依法对相关资产采取冻结措施
- **采取冻结措施**：证券公司发现恐怖活动组织及恐怖活动人员拥有或者控制的资产，应立即采取冻结措施
- **采取冻结措施后的报告及告知义务**：证券公司采取冻结措施后，除中国人民银行及其分支机构、公安机关、国家安全机关另有要求外，应当及时告知客户，并说明采取冻结措施的依据和理由
- **协助调查义务**：证券公司及其工作人员应当依法协助、配合中国人民银行及其省会（首府）城市中心支行以上分支机构的反洗钱调查，以及公安机关和国家安全机关的调查、侦查，提供与恐怖活动组织及恐怖活动人员有关的信息、数据以及相关资产情况
- **解除冻结措施与对被冻结资产的管理及处置**：非依法律规定，证券公司不得擅自解除冻结措施。证券公司对根据《涉及恐怖活动资产冻结管理办法》被采取冻结措施的资产的管理及处置，应当按照中国人民银行、中国证监会等相关规定执行；没有规定的，参照公安机关、国家安全机关、检察机关的相关规定执行
- **境外涉恐资产冻结的相关要求**：境外有关部门以涉及恐怖活动为由，要求证券公司冻结相关资产、提供客户身份信息及交易信息的证券公司应当告知对方通过外交途径或者司法协助途径提出请求；不得擅自采取冻结措施，不得擅自提供客户身份信息及交易信息

图 2-13　涉及恐怖活动资产冻结的流程及要求

六、证券公司反洗钱保密要求★★★

证券公司及其工作人员，对依法履行反洗钱职责或者义务获得的客户身份资料和交易信息；对依法监测、分析、报告可疑交易的有关情况；对配合中国人民银行调查可疑交易活动等有关反洗钱工作信息；对采取冻结措施有关的工作信息予以保密。非依法律规定，不得向任何单位和个人提供。

七、证券公司对境内外分支机构管理和相关附属机构的管理要求★★

证券公司应当加强对境内外分支机构和相关附属机构的管理指导和监督。

对于在境外设有分支机构或相关附属机构的证券公司，如果《法人金融机构洗钱和恐怖融资风险管理指引(试行)》要求比所驻国家或地区的相关规定更为严格，但所驻国家或地区法律禁止或限制境外分支机构和相关附属机构实施《法人金融机构洗钱和恐怖融资风险管理指引(试行)》，证券公司应当采取适当的其他措施应对洗钱风险，并向中国人民银行报告。

如果其他措施无法有效控制风险，证券公司应当考虑在适当情况下关闭境外分支机构或相关附属机构。

真题实练

1. 证券公司与客户进行金融交易并通过银行账户划转款项的，由(　　)按照《金融机构大额交易和可疑交易报告管理办法》规定提交大额交易报告。

A. 证券公司　　B. 客户

C. 银行机构　　D. 金融机构

2. 当可疑交易明显涉嫌洗钱、恐怖融资等犯罪活动的，证券公司应当在向中国反洗钱监测分析中心提交可疑交易报告的同时，以电子形式或书面形式向(　　)或者分支机构报告，并配合反洗钱调查。

A. 所在地中国证监会　　B. 所在地中国人民银行

C. 注册地中国证监会　　D. 中国反洗钱监测分析中心

【答案及解析】

1. C 【解析】证券公司与客户进行金融交易并通过银行账户划转款项的，由银行机构按照《金融机构大额交易和可疑交易报告管理办法》规定提交大额交易报告。对单客户多银行主辅账户划转、B股非银证转账外部资金进出等情形，如证券公司未发现交易或行为异常的，可以不提交大额交易报告。

2. B 【解析】当可疑交易符合下列情形之一的，证券公司应当在向中国反洗钱监测分析中心提交可疑交易报告的同时，以电子形式或书面形式向所在地中国人民银行或者其分支机构报告，并配合反洗钱调查：①明显涉嫌洗钱、恐怖融资等犯罪活动的；②严重危害国家安全或者影响社会稳定的；③其他情节严重或者情况紧急的情形。

第五节　证券公司信息技术管理

考纲要求

本节考纲要求见表 2-26 所示。

表 2-26　　第二章第五节考纲要求

考纲要求	星级	具体内容
了解	★	①证券公司借助信息技术手段从事证券基金业务活动的一般规定 ②证券公司信息技术管理的监管要求及监管措施
熟悉	★★	①证券公司数据全生命周期管理机制 ②证券公司信息技术应急管理的组织架构、应急预案、应急演练、信息系统备份能力要求相关规定 ③委托信息技术服务机构提供信息技术服务、信息技术服务机构的选取条件、信息技术服务协议及保密协议签署要求
掌握	★★★	①证券公司信息技术治理中的权责分配机制 ②证券公司信息技术合规与风险管理 ③证券公司信息系统运行各环节的安全管理要求

考点梳理

一、证券公司借助信息技术手段从事证券基金业务活动的一般规定★

证券公司借助信息技术手段从事证券基金业务活动的一般规定见图 2-14 所示。

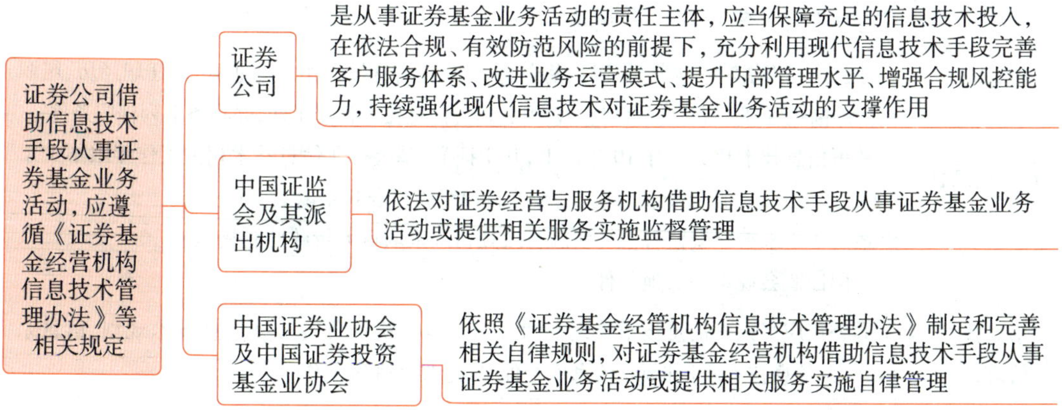

图 2-14　证券公司借助信息技术手段从事证券基金业务活动的一般规定

二、证券公司信息技术治理中的权责分配机制★★★

证券公司应当完善信息技术运用过程中的权责分配机制（见表 2-27），建立健全信息技术管理制度和操作流程，保障与业务活动规模及复杂程度相适应的信息技术投入水平，持续满足信息技术资源的可用性、安全性与合规性要求。

表 2-27　　　　证券公司信息技术治理中的权责分配机制

主体	具体责任
董事会	负责审议本公司的信息技术管理目标，对信息技术管理的有效性承担责任，履行下列职责： ①审议信息技术战略，确保与本公司的发展战略、风险管理策略、资本实力相一致 ②建立信息技术人力和资金保障方案 ③评估年度信息技术管理工作的总体效果和效率 ④公司章程规定的其他信息技术管理职责
经营管理层	负责落实信息技术管理目标，对信息技术管理工作承担责任，履行下列职责： ①组织实施董事会相关决议 ②建立责任明确、程序清晰的信息技术管理组织架构，明确管理职责、工作程序和协调机制 ③完善绩效考核和责任追究机制 ④公司章程规定或董事会授权的其他信息技术管理职责
信息技术治理委员会	负责制定信息技术战略并审议下列事项： ①制定信息技术规划，包括但不限于信息技术建设规划、信息安全规划、数据治理规划等 ②制定信息技术投入预算及分配方案 ③制定重要信息系统建设或重大改造立项、重大变更方案 ④制定信息技术应急预案 ⑤使用信息技术手段开展相关业务活动的审查报告以及年度评估报告 ⑥制定信息技术治理委员会委员提请审议的事项 ⑦制定其他对信息技术管理产生重大影响的事项
	信息技术治理委员会应当由高级管理人员以及合规管理部门、风险管理部门、稽核审计部门、主要业务部门、信息技术管理部门等部门负责人组成，可聘请外部专业人员担任信息技术治理委员会委员或顾问
首席信息官	证券公司应当指定一名熟悉证券、基金业务，具有信息技术相关专业背景、任职经历、履职能力的高级管理人员为首席信息官，由其负责信息技术管理工作，并具备下列任职条件： ①从事信息技术相关工作 10 年以上，其中证券、基金行业信息技术相关工作年限不少于 3 年；或者在证券监管机构、证券基金业自律组织任职 8 年以上 ②最近 3 年未被金融监管机构实施行政处罚或采取重大行政监管措施 ③中国证监会规定的其他条件
信息技术管理部门	证券公司应当设立信息技术管理部门或指定专门机构负责实施信息技术规划、信息系统建设、信息技术质量控制、信息安全保障、运维管理等工作

三、证券公司信息技术合规与风险管理★★★

（一）信息技术应用与风险控制措施的同步机制

证券公司借助信息技术手段从事证券基金业务活动的，应当在业务系统上线时，同步上线与业务活动复杂程度和风险状况相适应的风险管理系统或相关功能(以下统称“风险管理系统”),对风险进行识别、监控、预警和干预。

(二)信息技术合规与风险管理机制

信息技术合规与风险管理机制包括事前审查、事中风险监测和事后评估审计三个阶段见表 2–28 所示。

表 2–28　　信息技术合规与风险管理机制的三个阶段

阶段	主要内容
事前审查	证券公司借助信息技术手段从事证券基金业务活动前,应当开展内部审查,验证下列事项并建立存档记录: ①业务系统的流程设计、功能设置、参数配置和技术实现应当遵循业务合规的原则,不得违反法律法规及中国证监会的规定 ②风险管理系统功能完备、权限清晰,能够与业务系统同步上线运行 ③具备完善的信息安全防护措施,能够保障经营数据和客户信息的安全、完整 ④具备符合要求的信息系统备份及运维管理能力,能够保障相关系统安全、平稳运行
事中风险监测	证券公司应当识别借助信息技术手段从事证券基金业务活动的各类风险,建立持续有效的风险监测机制。证券公司应当及时、稳妥处置发现的风险问题,并至少每年开展一次风险监测机制及执行情况的有效性评估
事后评估审计	证券公司应当: ①定期开展信息技术管理工作专项审计,频率不低于每年一次,确保 3 年内完成信息技术管理全部事项的审计工作,包括但不限于信息技术治理、信息技术合规与风险管理、信息技术安全管理、应急管理 ②委托外部专业机构开展信息技术管理工作的全面审计,频率不低于每 3 年一次;未能有效实施信息技术管理被采取行政处罚措施、监管措施或者自律管理措施的,应当在 3 个月内完成对有关事项的专项审计 ③跟踪审计发现问题的整改情况,相关问题未能及时整改的,应当说明理由,并将审计报告提交信息技术治理委员会审议 ④妥善保存审计报告,保存期限不得少于 20 年

(三)信息技术应用的合规与风险要点

除法律法规及中国证监会另有规定外,证券公司:

(1)应当通过自身运营管理的信息系统直接接收客户交易指令,并记录客户交易指令接收时间。

(2)应当按照中国证监会有关规定采集、记录、存储、报送客户交易终端信息,并采取有效的技术措施,保障相关信息真实、准确、完整。

(3)借助专业化交易信息系统向特定客户提供交易服务的,应当要求客户登记交易终端信息;信息发生变更的,应当要求客户履行变更程序,确保客户真实使用的客户交易终端信息与登记内容一致。

(4)使用电子合同从事证券基金业务活动的,应当将电子合同存储在指定的信息系统,并提供可供投资者及合同其他相关方查询、下载的公开渠道。

(5)从事证券交易相关业务，应当按照监管规定及自律管理规则的要求，确保风险管理系统具备审查账户资金及证券是否充足、监控交易及资金划转是否异常等功能。

四、证券公司信息技术安全

(一)证券公司信息系统运行各环节的安全管理要求★★★

证券公司信息系统运行各环节的安全管理要求，如表 2–29 所示。

表 2–29　　证券公司信息系统运行各环节的安全管理要求

信息系统安全	分项	具体内容
信息系统的开发、测试、上线、变更与停止使用要求	开发、测试	证券公司应当建立独立于生产环境的专用开发测试环境，避免风险传导；开发测试环境使用未脱敏数据的，应当采取与生产环境同等的安全控制措施 证券公司在生产环境开展重要信息系统技术或业务测试的，应对测试流程及结果进行审查
	上线、变更	证券公司重要信息系统上线或发生重大变更的，应当制定专项实施方案，并对信息系统上线或变更操作行为进行审查、确认和跟踪
	停止使用	证券公司重要信息系统计划停止使用的，应当开展技术和业务影响评估，制定完整的系统停用和数据迁移保管方案，并组织必要的评审及停用后的安全检查
信息系统运行维护	测试与评估	证券公司应当结合公司发展战略、市场交易规模等因素定期对重要信息系统开展压力测试和评估分析，确保其容量满足业务开展需要
	信息系统安全监测机制	证券公司应当建立健全信息系统安全监测机制，设定监测指标并持续监测重要信息系统的运行状况。证券公司应当指定专人跟踪监测发现的异常情形，及时处置并定期开展评估分析
信息技术应用相关文档、日志及数据的管理	文档保存与日志留痕机制	证券公司应当妥善保存信息系统开发、测试、上线、变更及运维过程中产生的文档，并根据业务开展情况以及信息系统的重要程度建立与监测工作相适应的日志留痕机制，确保满足应急处置和审计需要
	数据管理	证券公司重要信息系统部署以及所承载数据的管理，应当遵循法律法规等规定
提供信息技术服务	提供基础设施	证券公司可以在安全、合规的前提下为子公司提供机房、通信网络及其他信息技术基础设施，并协助开展相关运维工作
	提供服务的前提	证券公司为其子公司提供信息技术服务的，应当充分评估信息技术基础设施的支撑能力与冗余程度，并与子公司签订服务协议，明确合作双方的权利义务，以及建立日常协作、业务隔离和应急管理机制，防范基础设施共用产生的新增风险
	信息技术专业子公司	证券公司可以设立信息技术专业子公司，为母公司提供信息技术服务。信息技术专业子公司经中国证监会备案后可为其他金融机构提供信息技术服务
重要信息系统的审计功能	证券公司应当确保重要信息系统具备可审计功能，并可以根据监管部门的要求转换、提供数据	

（二）证券公司数据全生命周期管理机制★★

证券公司应当结合公司发展战略，建立全面、科学、有效的数据治理组织架构以及数据全生命周期管理机制，确保数据统一管理、持续可控和安全存储，切实履行数据安全及数据质量管理职责，不断提升数据使用价值。

1. 数据分类分级

证券公司应当将经营及客户数据按照重要性和敏感性进行分类分级，并根据不同类别和级别作出差异化数据管理制度安排。

2. 数据安全保障措施

证券公司应当完善网络隔离、用户认证、访问控制、数据加密、数据备份、数据销毁、日志记录、病毒防范和非法入侵检测等安全保障措施，保护经营数据和客户信息安全，防范信息泄露与损毁。

3. 信息系统权限管理

证券公司应当：①遵循最少功能以及最小权限等原则分配信息系统管理、操作和访问权限，并履行审批流程。合规管理和风险管理部门应当对权限管理制度和操作流程进行合规审查及风险控制。②建立对信息系统权限的定期检查与核对机制，确保用户权限与其工作职责相匹配，防止出现授权不当的情形。③对重要信息系统的开发、测试、运维实施必要分离，保证信息技术管理部门内部岗位的相互制衡。

4. 经营数据和客户信息保护

证券公司应当记录经营数据和客户信息的使用情况，并持续监督信息技术服务机构等相关方落实保密协议的情况。

证券公司发现其他机构、个人违规存储或使用自身经营数据和客户信息的，应当排查数据泄露途径、评估影响范围，采取合理可行的整改措施，及时处置风险隐患，并按照中国证监会规定履行报告和调查处理职责。

证券公司发现信息技术服务机构等相关方违规存储或者使用自身经营数据和客户信息的，应当责令其立即改正并销毁已获取的经营数据和客户信息；信息技术服务机构等相关方拒绝配合整改的，证券公司应当立即停止与其合作，并采取措施维护自身及客户的合法权益。

证券公司应当建立健全数据安全管理制度，不得收集与服务无关的客户信息，不得购买或使用非法获取或来源不明的数据。在收集使用客户信息之前，证券公司应当公开收集、使用的规则和目的，并征得客户同意。除法律法规和中国证监会另有规定外，证券公司不得允许或者配合其他机构、个人截取、留存客户信息，不得以任何方式向其他机构、个人提供客户信息。

（三）证券公司信息技术应急管理

1. 应急管理职责

（1）信息技术管理部门为信息技术应急管理的牵头组织部门，组织开展信息技术应急预案的制定、演练、评估与改进工作，并负责信息系统的应急响应与恢复。

(2)各业务部门负责评估本业务条线信息技术突发事件相关风险，开展业务影响分析，确定并实施重要业务恢复目标和恢复策略。

(3)风险管理部门负责评估信息系统与相关业务恢复目标和恢复策略制定的合理性，确保与公司整体风险管理策略保持一致。

2. 应急预案★★

应急预案见图 2-15 所示。

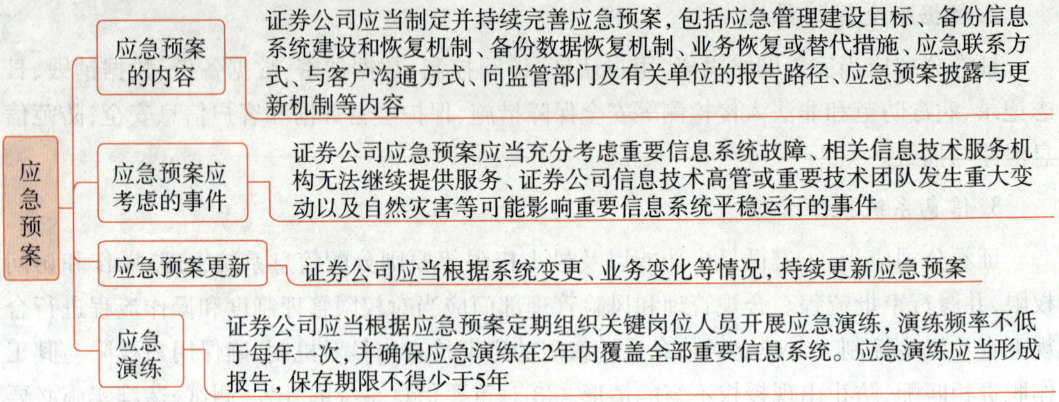

图 2-15 应急预案

3. 应急信息公示

证券公司应当在公司网站、客户交易终端等渠道公示信息技术突发事件发生时客户可采取的替代交易方式等信息，提示客户防范和应对可能出现的风险。

4. 信息系统备份能力要求★★

证券公司应当确保备份系统与生产系统具备同等的处理能力，保持备份数据与原始数据的一致性。

5. 信息安全事件分级响应机制

证券公司应当按照中国证监会有关规定，建立信息安全事件的分级响应机制，明确内部处置工作流程，确保相关信息系统及时恢复运行。

五、信息技术服务机构管理

信息技术服务机构是指为证券基金业务活动提供信息技术服务的机构。信息技术服务的范围包括：①重要信息系统的开发、测试、集成及测评；②重要信息系统的运维及日常安全管理；③中国证监会规定的其他情形。

(一)委托信息技术服务机构提供信息技术服务的责任划分★★

证券公司借助信息技术手段从事证券基金业务活动的，可以委托信息技术服务机构提供产品或服务，但证券公司依法应当承担的责任不因委托而免除或减轻。

证券公司应当清晰、准确、完整地掌握重要信息系统的技术架构、业务逻辑和操作流程等内容，确保重要信息系统运行始终处于自身控制范围。除法律法规及中国证监会另有规定外，不得将重要信息系统的运维、日常安全管理交由信息技术服务机构独立实施。

(二)信息技术服务机构的选取条件★★

(1)近3年未因从事非法金融活动，违反金融监管部门有关规定展业，为非法金融活动提供信息发布服务等情形受到监管部门行政处罚或重大监管措施。

(2)信息技术服务机构及其控股股东、实际控制人、实际控制人控制的其他信息技术服务机构最近1年内不存在证券期货重大违法违规记录。

(3)具备安全、稳定的信息技术服务能力。

(4)具备及时、高效的应急响应能力。

(5)熟悉相关证券基金业务，具备持续评估信息技术产品及服务是否符合监管要求的能力。

(6)中国证监会规定的其他情形。

(三)信息技术服务协议和保密协议的签署★★

证券公司应当与信息技术服务机构签订服务协议和保密协议，明确各方权利、义务和责任，约定质量考核标准、持续监控机制、异常处理机制、服务变更或者终止的处置流程以及现场服务人员保密要求等内容，并持续监督信息技术服务机构及相关人员落实服务协议和保密协议的情况。

六、证券公司信息技术管理的监管要求及监管措施★

(一)新建或更换重要信息系统的信息报送

证券公司新建或更换重要信息系统所在机房、证券基金交易相关信息系统，应当在开展相关业务活动的5个工作日内向中国证监会报送有关资料，包括内部审查意见、机房基本信息、技术架构设计、操作流程、信息安全管理资料、业务制度、合规管理及风险管理制度等。

(二)信息技术管理专项报告

证券公司应当在报送年度报告的同时报送年度信息技术管理专项报告，说明报告期内信息技术治理、信息技术合规与风险管理、信息技术安全管理、信息技术审计等方面执行规定的情况。证券公司提交报告的内容应当真实、准确、完整。

证券公司应当按照中国证监会有关规定履行信息安全事件报告和调查处理职责。

(三)信息技术管理的监督检查

中国证监会及其派出机构在对证券公司信息技术管理及服务活动的监管过程中，可以采用渗透测试、漏洞扫描及信息技术风险评估等方式开展现场检查及非现场检查。证券公司应当予以配合，如实提供有关文件、资料，不得拒绝、阻碍或隐瞒。

(四)证券公司违反信息技术管理规定的监管措施

证券公司违反《证券基金经营机构信息技术管理办法》规定的，中国证监会及其派出机构可以依法对其采取责令改正、暂停业务、出具警示函、责令定期报告、责令增加合规检查次数、公开谴责等行政监管措施；对直接负责的主管人员和其他责任人员采取责令改正、监管谈话、出具警示函、公开谴责等行政监管措施。

证券公司违反《证券基金经营机构信息技术管理办法》规定，反映公司治理混乱、内控失效的，中国证监会及其派出机构可以按照《证券投资基金法》第24条、《证券公司监督管理条例》第70条的规定，采取责令暂停部分或全部业务、责令更换董事、监事、高级管理人员或者限制其权利等行政监管措施。

真题实练

1. 下列不属于证券公司首席信息官的任职条件的有(　　)。
   A. 从事信息相关工作20年以上，其中从事证券基金行业信息技术相关的工作不少于3年
   B. 从事信息相关工作10年以上，其中从事证券基金行业信息技术相关的工作不少于3年
   C. 在证券监管机构、证券基金业自律组织任职8年以上
   D. 最近3年未被金融监管机构实施行政处罚或采取重大行政监管措施
2. 证券公司应当在报送年度报告的同时报送年度信息技术管理专项报告，说明报告期内(　　)等方面执行规定的情况。
   Ⅰ. 信息技术治理　　Ⅱ. 信息技术合规与风险管理
   Ⅲ. 信息技术安全管理　　Ⅳ. 信息技术审计
   A. Ⅰ、Ⅱ、Ⅳ　　B. Ⅰ、Ⅱ、Ⅲ
   C. Ⅰ、Ⅲ　　D. Ⅰ、Ⅱ、Ⅲ、Ⅳ

【答案及解析】

1. A　【解析】证券公司应当指定一名熟悉证券、基金业务，具有信息技术相关专业背景、任职经历、履职能力的高级管理人员为首席信息官，由其负责信息技术管理工作，并具备下列任职条件：①从事信息技术相关工作10年以上，其中证券、基金行业信息技术相关工作年限不少于3年；或者在证券监管机构、证券基金业自律组织任职8年以上。②最近3年未被金融监管机构实施行政处罚或采取重大行政监管措施。③中国证监会规定的其他条件。
2. D　【解析】证券公司应当在报送年度报告的同时报送年度信息技术管理专项报告，说明报告期内信息技术治理、信息技术合规与风险管理、信息技术安全管理、信息技术审计等方面执行规定的情况。

第三章　证券公司业务规范

思维导图

本章思维导图见图 3-1 所示。

- 证券公司业务规范
  - 证券经纪
    - 证券公司经纪业务的主要法律法规
    - 证券经纪业务概述
    - 证券经纪业务的营销管理
    - 证券经纪业务的营运管理
    - 沪港通、深港通
    - 科创板
    - 创业板
    - 存托凭证
    - 沪伦通
    - 证券经纪业务的禁止行为
    - 证券经纪业务风险防范的主要内容
    - 监管部门对经纪业务的监管措施和自律组织对经纪业务的自律管理措施
  - 证券投资咨询
    - 证券投资咨询、证券投资顾问、证券研究报告的概念和基本关系
    - 证券投资咨询机构及人员从业管理
    - 监管部门对发布证券研究报告业务的有关规定
    - 监管部门对证券投资顾问业务的有关规定
    - 证券公司等向社会公众开展证券投资咨询业务活动的有关规定
    - 利用“荐股软件”从事证券投资咨询业务的相关规定
    - 证券基金经营机构使用香港机构证券投资咨询服务的有关规定
    - 证券投资咨询人员执业行为准则
    - 法律责任和监管措施
  - 与证券交易、证券投资活动有关的财务顾问
    - 法规概述
    - 财务顾问业务资格的核准
    - 从事上市公司并购重组财务顾问业务的业务规则
    - 财务顾问的监管和法律责任
  - 证券承销与保荐
    - 证券公司发行与承销业务的主要法律法规
    - 证券发行上市保荐业务的一般规定
    - 证券发行与承销信息披露的有关规定
    - 证券公司发行与承销业务的内部控制规定
    - 监管部门对证券发行与承销的监管措施
    - 违反证券发行与承销有关规定的法律责任

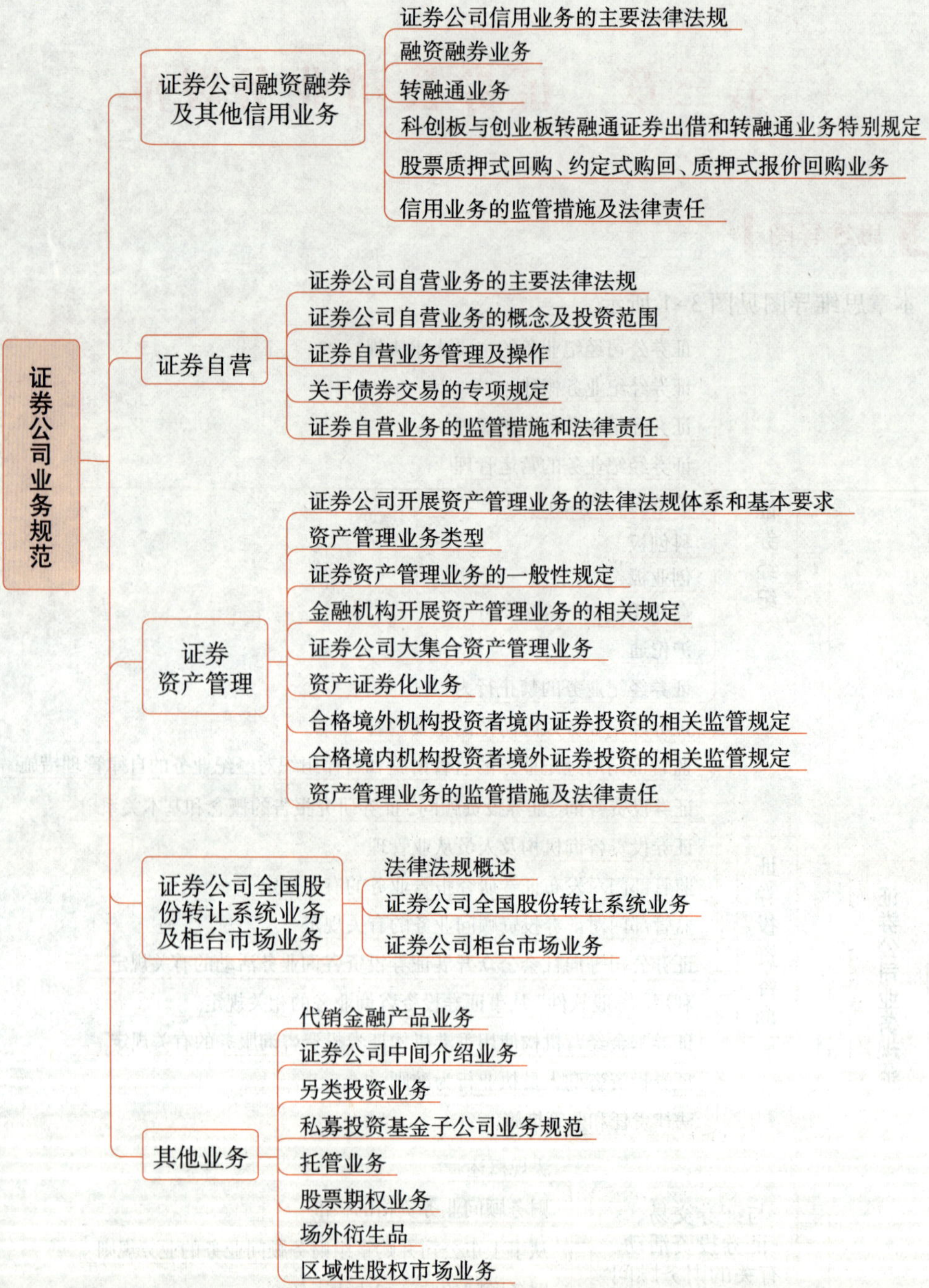

图 3-1　第三章思维导图

考情分析

本章内容多，但考试比重不大，其中需要重点复习的有第四节、第六节、第七节。第八节内容有所删减，由之前 4 个模块减少到 3 个模块，在这个小节需要重点关注场外业务，属于高频考点（见表 3-1 所示）。

表 3-1　　第三章考情分析

小节名称	题量[①]	页码[②]	性价比[③]
第一节　证券经纪	3.9%	5.2%	0.8
第二节　证券投资咨询	2.8%	5.2%	0.5
第三节　与证券交易、证券投资活动有关的财务顾问	0.5%	2.0%	0.3
第四节　证券承销与保荐	1.6%	4.7%	0.3
第五节　证券公司融资融券及其他信用业务	3.8%	6.0%	0.6
第六节　证券自营	1.7%	2.0%	0.9
第七节　证券资产管理	7.3%	5.0%	1.5
第八节　证券公司全国股份转让系统业务及柜台市场业务	3.7%	7.4%	0.5
第九节　其他业务	5.1%	6.4%	0.8

注:①题量是根据历年真题占比计算而来;

②页码是每个小节在整本书籍的占比;

③性价比是题量和页码的比值。性价比标志着本小节的重要性。

特别提示:查看本章节视频,请使用"海绵金融 APP"或"微信"扫描右侧二维码

第一节　证券经纪

考纲要求

本节考纲要求,见表 3-2 所示。

表 3-2　　第三章第一节考纲要求

考纲要求	星级	具体内容
了解	★	①证券公司经纪业务的主要法律法规 ②经纪业务风险防范的主要内容 ③对证券基金经营机构开展港股通相关业务内部管理和业务流程的基本要求 ④科创板、创业板特殊交易机制 ⑤沪伦通与深港通业务模式的区别
熟悉	★★	①证券经纪业务的特点 ②证券公司经纪业务中营销管理的主要内容、证券经纪人制度的主要内容、账户管理、客户适当性、客户交易结算资金三方存管、交易委托、异常交易行为管理、客户交易安全监控、佣金管理、指定交易及托管、转销户等环节的基本规则、业务风险及规范要求 ③监管部门对经纪业务的监管措施和自律组织对经纪业务的自律管理措施 ④沪港通、深港通股票范围及主要交易规则
掌握	★★★	①经纪业务的禁止行为 ②科创板、创业板定位、投资者适当性管理要求 ③存托凭证的定义、存托人与托管人职责、投资者保护机制 ④沪伦通的定义、投资者适当性管理要求

考点梳理

一、证券公司经纪业务的主要法律法规★

(一)法律、行政法规

《证券法》第七章"证券交易场所"、第八章"证券公司"对证券公司的证券经纪业务作出了原则性规定,《证券公司监督管理条例》第四章"业务规则与风险控制"中对证券经纪业务作出了一般规定。上述法律及行政法规是中国证监会等监管机构制定证券经纪业务相关监管政策、实施监督管理的重要法律依据。

(二)部门规章及规范性文件

证券公司经纪业务涉及的主要部门规章及规范性文件包括《客户交易结算资金管理办法》《证券登记结算管理办法》《关于加强证券经纪业务管理的规定》《证券经纪人管理暂行规定》《中国证券业协会证券经纪人执业规范(试行)》《证券公司开立客户账户规范》《中国证券登记结算有限责任公司证券账户管理规则》《中国证券登记结算有限责任公司证券账户非现场开户实施暂行办法》《内地与香港股票市场交易互联互通机制若干规定》等,对证券经纪业务进行了具体要求。

二、证券经纪业务概述

(一)概念与特点★★

证券经纪业务的概念及其特点,如表3-3所示。

表3-3 证券经纪业务概述

项目	分项	内容
证券经纪业务的概念	证券经纪业务	是指在证券交易中,接受投资者委托,处理交易指令、办理清算交收的经营性活动
	证券经纪商	是指接受客户委托、代理客户买卖证券并以此收取佣金的中间人。证券经纪商以代理人的身份从事证券交易,与客户是委托代理关系。目前,我国证券经纪商是指在证券交易中代理买卖证券,从事经纪业务的证券公司
证券经纪业务的特点	业务对象的广泛性	所有上市交易的股票和债券都是证券经纪业务的对象,因此,证券经纪业务的对象具有广泛性
	证券经纪商的中介性	证券经纪业务是一种代理活动,证券经纪商不以自己的资金进行证券买卖,也不承担交易中证券价格涨跌的风险,而是充当证券买方和卖方的代理人,因此具有中介性的特点
	客户指令的权威性	在证券经纪业务中,客户是委托人,证券经纪商是受托人,证券经纪商应当忠实执行投资者的委托指令,严格按照委托人的要求办理委托事务。委托人的指令具有权威性,证券经纪商必须严格地按照委托人指定的证券、数量、价格和有效时间买卖证券,不能自作主张,擅自改变委托人的意愿
	客户资料的保密性	在证券经纪业务中,委托人的资料关系到其资产的安全和投资决策的实施,证券经纪商有义务为客户保密,但法律法规另有规定的除外

（二）客户和证券经纪商的委托代理事项

根据中国证券业协会《证券交易委托代理协议指引》的规定，客户可以委托证券公司代理的主要事项如下：

（1）接受并执行客户依照《证券交易委托代理协议》约定的方式下达的合法有效的委托指令。

（2）代理客户进行资金、证券的清算、交收。

（3）代理保管客户买入或存入的有价证券。

（4）代理客户领取红利股息及其他利益分配。

（5）接受客户对其委托、成交及账户内的资产及变化情况的查询，并应客户的要求提供相应的清单。

（6）法律、法规、规章、自律规则规定的、证券公司可以代理客户进行的其他活动。

三、证券经纪业务的营销管理

（一）证券公司经纪业务中营销管理的主要内容★★

证券公司经纪业务中营销管理的概念及主要内容，如图 3-2 所示。

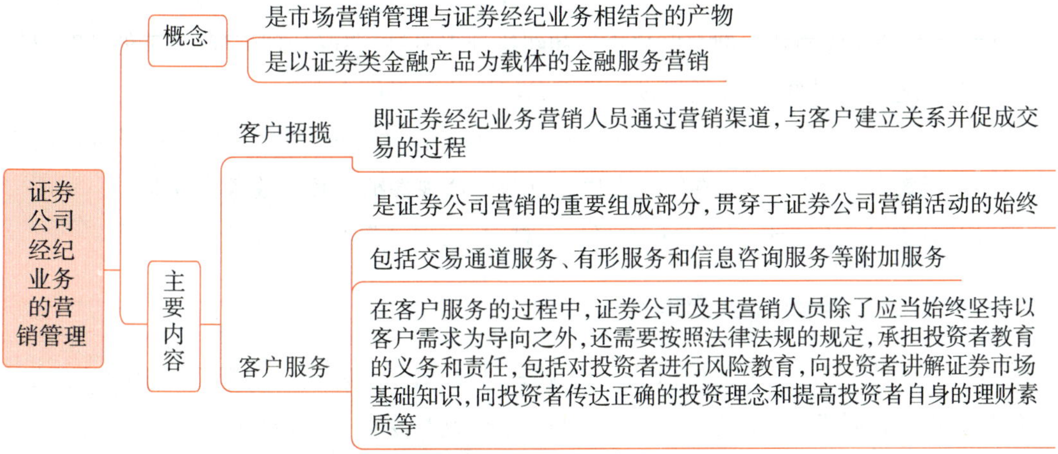

图 3-2　证券公司经纪业务的营销管理

（二）证券经纪人制度的主要内容★★

根据《证券经纪人管理暂行规定》的规定，证券经纪人是指接受证券公司的委托，代理其从事客户招揽和客户服务等活动的证券公司以外的自然人。证券公司委托证券经纪人开展证券经纪业务营销的，应当符合以下要求：

（1）证券公司应当建立健全证券经纪人管理制度，采取有效措施，对证券经纪人及其执业行为实施集中统一管理，保障证券经纪人具备基本的职业道德和业务素质，防止证券经纪人在执业过程中从事违法违规或者超越代理权限、损害投资者合法权益的行为。

（2）证券经纪人为证券从业人员，应当通过证券从业人员资格考试，并具备规定的证券从业人员执业条件。证券经纪人只能接受一家证券公司的委托,并应当专门代理证券公司从事客户招揽和客户服务等活动。证券公司应当在与证券经纪人签订委托合同前,对其资格条件进行严格审查。

(3)证券公司应当对证券经纪人进行不少于60个小时的执业前培训,其中法律法规和职业道德的培训时间不少于20个小时。此外,证券公司应当按照中国证券业协会的规定,组织对证券经纪人的后续职业培训。

(4)证券公司应当在与证券经纪人签订委托合同、对其进行执业前培训并经测试合格后,为其向中国证券业协会进行执业注册登记。

(5)证券公司应当建立健全信息查询制度,保证客户能够通过现场、电话或者互联网络的方式随时查询证券经纪人的姓名、代理权限、代理期间、服务的证券营业部、执业地域范围及证券经纪人证书编号等信息。

(6)证券公司应当建立健全客户回访制度,指定人员定期通过面谈、电话、信函或者其他方式对证券经纪人招揽和服务的客户进行回访。负责客户回访的人员不得从事客户招揽和客户服务活动。

(7)证券公司应当建立健全异常交易和操作监控制度,采取技术手段,对证券经纪人所招揽和服务客户的账户进行有效监控,发现异常情况的,立即查明原因并按照规定处理。

(8)证券公司应当建立健全客户投诉和纠纷处理机制,明确处理流程,妥善处理客户投诉和与客户之间的纠纷,持续做好客户投诉和纠纷处理工作。

(9)证券公司应当将证券经纪人的执业行为纳入合规管理范围,并建立科学合理的证券经纪人绩效考核制度,将证券经纪人执业行为的合规性纳入其绩效考核范围。

(10)证券公司应当建立健全证券经纪人档案,实现证券经纪人执业过程留痕。

四、证券经纪业务的营运管理

证券经纪业务营运管理的主要内容包括账户管理、信息了解、适当性管理、交易委托、交易席位与交易单元、异常交易行为管理、资产托管、佣金管理、转销户、回访与投诉等业务内容。

(一)账户管理★★

证券经纪业务中客户账户主要包括客户在证券公司开立的资金账户、代理中国结算开立的各市场证券账户、代理基金注册登记机构开立的开放式基金账户,以及经核准允许受理的其他金融产品账户等。

1. 账户开立的总体要求

《证券公司开立客户账户规范》对证券公司为客户账户开立作出了总体要求,主要如下:

(1)证券公司为客户办理开户,应当遵循合法、自愿、审慎原则,审核客户身份的真实性,确保客户资料真实、准确和完整。

（2）证券公司应建立健全客户账户开户管理制度、操作流程和风险识别、评估与控制体系，确保风险可测、可控、可承受。

（3）证券公司可以在经营场所内为客户现场开立账户，也可以通过见证、网上及中国证监会认可的其他方式为客户开立账户。

2. 账户开立的业务规则

《证券公司开立客户账户规范》对证券公司为客户开立账户作出了具体要求，主要如下：

（1）证券公司在受理客户开户申请时，应当要求客户出具真实有效的身份证明文件，并采取必要措施对客户身份的真实性进行审核。

（2）客户账户开立前，证券公司应当指定专人向客户讲解相关业务规则和开户协议等内容，并将风险揭示书交由客户签字，按规定履行投资者教育职责。

（3）客户账户开立前，证券公司应当按照规定了解客户情况，对客户风险承受能力进行评估，履行适当性管理义务，并将评估结果以书面或电子方式记载和保存。

（4）证券公司应当采取有效措施对客户开户资料的真实性、准确性、完整性进行审核。

（5）证券公司应当校验同一客户不同账户的名称、证件类型、证件号码等关键信息，确保账户实名对应且信息一致。

（6）证券公司应在验证客户身份、与客户签署开户相关协议、审核客户资料合格后，方可为客户开立资金账户及对应的其他账户，并按规定同时为客户办理客户交易结算资金存管手续。

（7）证券公司应当统一组织回访客户，对新开户客户应当在1个月内完成回访，对原有客户的回访比例应当不低于上年末客户总数（不含休眠账户及中止交易账户客户）的10%。客户回访应当留痕，相关资料应当保存不少于3年。

（8）证券公司应当在开户时与客户明确约定客户名称、证件类型及证件号码等关键信息的变更方式，并在变更时重新核实客户身份真实性。

（9）证券公司应当在开户时与客户明确约定办理账户注销的方式，并按照事先约定方式办理。

（10）证券公司应当及时、准确、完整地为每个客户单独建立纸质或者电子档案，妥善保管客户档案和资料，为客户保密。

（11）证券公司及其从业人员不得以办理见证开户或网上开户的名义设立非法经营网点。

3. 证券账户的管理

证券账户是记录证券及证券衍生品种持有及其变动情况的载体。

（1）证券账户的开立。

中国结算对证券账户实施统一管理，具体账户开立业务可以委托开户代理机构办理，相关内容如表3-4所示。

表 3-4　　证券账户的开立

<table>
<tr><th>证券账户</th><th>分类</th><th colspan="2">项目</th><th>内容</th></tr>
<tr><td rowspan="7">开立方式</td><td>现场方式</td><td colspan="2">概念</td><td>现场开户是指证券公司等开户代理机构工作人员在营业场所内为客户现场办理证券账户的开立手续，该开户方式适用于机构与自然人</td></tr>
<tr><td rowspan="6">非现场方式</td><td colspan="2">分类</td><td>包括见证开户、网上开户、中国结算认可的其他非现场开户方式</td></tr>
<tr><td rowspan="2">见证开户</td><td>概念</td><td>是指证券公司等开户代理机构工作人员在营业场所外面见投资者，验证投资者身份并见证投资者签署开户申请表后，为投资者办理证券账户开立手续，该开户方式适用于机构与自然人</td></tr>
<tr><td>特殊要求</td><td>证券公司等开户代理机构当面见证客户开户的，证券公司可以委派 2 名或以上工作人员为投资者办理开户手续，其中至少 1 名应为见证人员；视频见证开户的，证券公司等开户代理机构可以委派 1 名或以上工作人员面见投资者，并由证券公司等开户代理机构见证人员通过实时视频方式完成见证。证券公司等开户代理机构工作人员应当向投资者出示工作证件，并告知投资者可通过证券公司等开户代理机构网站、客服热线核实身份</td></tr>
<tr><td rowspan="2">网上开户</td><td>概念</td><td>是指证券公司等开户代理机构通过数字证书验证投资者身份，并通过互联网为投资者办理证券账户开立手续，该开户方式仅适用于自然人</td></tr>
<tr><td>特殊要求</td><td>开户代理机构应通过其公司网站为投资者办理网上开户业务，不得利用第三方网站办理网上开户业务。投资者应当使用中国结算或其认可的其他机构颁发的数字证书作为网上开户的身份认证工具</td></tr>
<tr><td rowspan="2">开立数量</td><td colspan="3">申请数量</td><td>1 个投资者只能申请开立 1 个一码通账户。1 个投资者在同一市场最多可以申请开立 3 个 A 股账户、3 个封闭式基金账户，只能申请开立 1 个信用账户、1 个 B 股账户</td></tr>
<tr><td colspan="3">A 股账户</td><td>投资者申请开立 A 股账户时，除投资者确有需要开立单边 A 股账户之外，证券公司等开户代理机构应当为其同时开立沪市及深市双边 A 股账户</td></tr>
</table>

(2)特殊法人与产品开立证券账户的开立。

①特殊机构及产品。

“特殊机构”是指证券公司、基金管理公司及其子公司、保险公司、信托公司、银行及外国战略投资者等特殊市场参与主体。

“产品”是指证券公司单一资产管理计划及集合资产管理计划、基金管理公司单一资产管理计划及集合资产管理计划、期货公司单一资产管理计划及集合资产管理计划、保险资产管理公司特定客户资产管理计划及集合资产管理计划、证券投资基金、信托产品、保险产品、银行理财产品、企业年金计划、养老金产品、全国社会保障基金投资组合、地方社保基金、私募基金、合格境外机构投资者（QFII）、人民币合格境外机构投资者（RQFII）等依法设立的证券投资产品。

特殊机构及产品证券账户可由申请主体到中国结算北京、上海或者深圳分公司任意一地临柜提交申请，也可以通过中国结算证券账户在线业务平台提交账户开立申请。

上述产品证券账户的开立、变更、注销等业务，有资产托管人的，应当由资产托管人申请办理，无资产托管人的由资产管理人办理。

②账户开立及使用中应遵守的实名制相关要求。

第一，特殊机构及产品证券账户持有人不得通过在证券账户下设立子账户、分账户、虚拟账户等方式违规进行证券交易；不得出借证券账户给他人使用。

第二，产品的管理人应加强自律，不得为专门申购新股、炒作风险警示股票（ST 股票）的产品申请开立证券账户；产品证券账户名称应当恰当反映产品属性。

第三，为产品、员工持股计划申请开立证券账户时，相关当事人应当申报登记产品、员工持股计划存续期。相关当事人应在申请表备注栏注明产品、员工持股计划的到期日，无固定期限或长期的产品到期日自申请日起不超过 3 年。产品、员工持股计划延期的，应提交延期公告或其他延期证明文件（需加盖产品管理人公章），及时办理变更登记。

第四，当证券公司单一资产管理计划及集合资产管理计划、基金管理公司单一资产管理计划及集合资产管理计划、期货公司单一资产管理计划及集合资产管理计划、保险资产管理公司特定客户资产管理计划及集合资产管理计划、信托产品、保险产品、银行理财产品、企业年金计划、私募基金等依法设立的证券投资产品发生开户后 6 个月内没有进行交易、产品终止、合同失效或被撤销等情形时，相关当事人应于上述情形发生后 15 个交易日内办理证券账户注销手续；相关当事人未按要求注销该证券账户的，中国结算有权注销该账户或限制该账户的使用。

第五，对于各类特殊机构及产品证券账户存在下设子账户、分账户、虚拟账户，开户后相关证券投资产品并未依法成立仍使用相关证券账户，借用他人证券账户或将名下的本人证券账户出借给他人使用等违反账户实名制有关要求的，以及存在利用证券账户从事法律法规禁止的其他行为的，中国结算或有委托交易关系的证券公司有权注销相关账户或限制相关账户的使用。

(3)证券账户的信息变更与注销(见图3-3所示)。

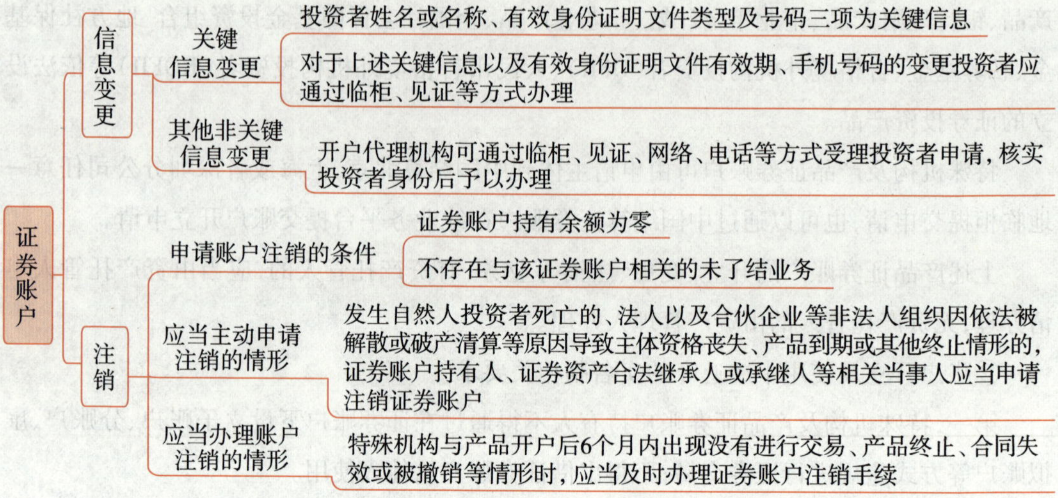

图3-3 证券账户的信息变更与注销

(4)不合格账户业务的认定与规范。

第一，违规以他人名义或利用虚假身份开立的账户、违规使用他人账户或使用以虚假身份开立的账户，证券公司应当要求投资者办理账户注销手续，有证券余额的，应当督促投资者清空证券后予以注销。

第二，代理关系不规范，即投资者委托他人代理开立证券账户，但缺少经公证的授权委托书等能够证明委托代理关系的相关材料，证券公司应当督促投资者补齐经公证的授权委托书能证明其委托代理关系的材料。

第三，账户关键信息不全、不准确或关键凭证缺失，即证券账户名称、有效身份证明文件类型、有效身份证明文件号码三项关键信息不全、不准确，或有效身份证明文件复印件等关键凭证缺失，证券公司应当督促投资者变更证券账户关键信息或补齐账户资料。

(5)证券账户的网络服务功能。

投资者可通过证券公司向中国结算申请开通证券账户网络服务功能，在线办理证券查询、上市公司股东大会网络投票等业务

(6)非交易过户。

登记在中国结算开立的证券账户中的A股股票(不含非流通股)、债券、基金(限于证券交易所场内登记的份额)、权证等证券，因发生证券继承、赠与、依法进行的财产分割、法人资格丧失等情形之一涉及证券持有人变更的，作为过出方和过入方可以申请办理非交易过户登记。

4.客户交易结算资金三方存管制度★★

依据《客户交易结算资金管理办法》，客户交易结算资金必须全额存入具有从事证券

交易结算资金存款业务资格的商业银行，单独立户管理。严禁挪用客户交易结算资金。

(1)客户交易结算资金三方存管的定义。

客户交易结算资金三方存管，是指证券公司将客户交易结算资金存放在指定的商业银行，并以每个客户名义单独立户管理，商业银行负责资金存取，发挥第三方监督作用，以保障客户资金安全为目的的资金存管模式。

(2)客户交易结算资金三方存管制度的主要内容。

第一，明确“单独立户”要求，防止资金被混合使用。证券公司从事证券经纪业务，应当以自己的名义在指定商业银行开立客户资金汇总账户，用于存放客户资金。其中，指定商业银行开立的账户则称为管理账户。证券公司、指定商业银行应当在客户签署资金存管合同后，分别为客户开立与客户资金汇总账户对应的二级账户，用于记载客户资金明细数据，以实现对每个客户的客户资金进行单独立户管理的目标。证券公司为客户开立的二级账户称为资金账户。

第二，明确“封闭运行”要求，防止资金被违规动用。除客户取款、交易等规定情形外，证券公司不得动用客户资金，客户资金存取应当以银证转账方式通过本人银行结算账户进行。指定商业银行根据客户指令，负责在客户银行结算账户与客户资金汇总账户之间划转资金，无须证券公司介入，从而防止证券公司假借客户提款挪用资金。证券公司代理客户证券申购及交易结算应当定向划转资金，相关资金只能在规定的账户之间划转。同时，证券公司需将相关账户提前向指定商业银行备案，指定商业银行据此对证券公司的划款指令进行逐笔审核，以防止证券公司假借代理交易结算违规动用客户资金。

第三，除向客户收取与证券交易有关的佣金、费用或者代扣税款等特定情形外，证券公司不得将客户资金转入自有资金账户。

(二)客户适当性管理★★

客户适当性管理见图 3-4 所示。

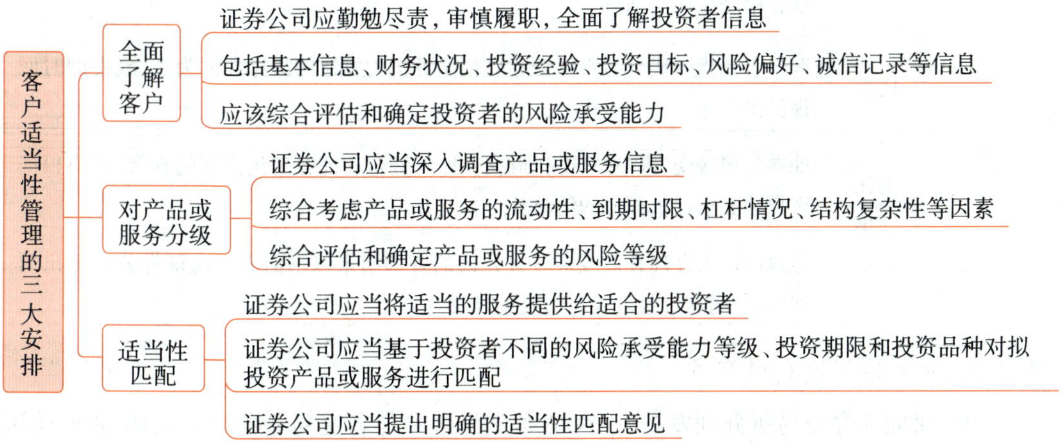

图 3-4 客户适当性管理

(三)委托交易★★

委托交易的委托方式及委托指令的内容,如表3-5所示。

表3-5　　委托交易的方式及指令

委托交易		内容
委托方式		客户向证券公司下达委托指令的方式由双方约定
		客户委托指令的下达方式包括柜台委托、自助委托以及证券公司认可的其他合法委托方式
		自助委托包括网上委托、电话委托、热键委托等
委托指令	要求	①客户委托证券公司代理其进行证券交易而发出的委托及撤销委托等指令的内容和方式应符合证券市场的交易规则及协议的相关约定 ②客户通过证券公司委托系统进行证券交易时,如因客户操作失误或因客户指令违反证券市场交易规则或协议约定,或其他可归咎于客户的原因而造成损失的,由客户承担 ③对于客户可能影响正常交易秩序的异常交易行为,证券公司有权按照证券交易所的要求对客户的交易委托采取限制措施
	无效	客户在进行委托前须确保已完全了解有关交易规则,避免发出无效委托指令。如客户发出的指令被证券公司委托系统或证券交易所交易系统拒绝受理,则该委托应视为无效委托
		证券公司接受客户委托指令时,如果出现由于客户原委托指令未撤销而造成证券公司无法执行客户新的委托指令时,由此导致的后果、风险和损失,由客户承担
	撤销	客户在委托有效期内可对未显示成交回报的委托发出撤销委托指令(交易规则另有规定的除外),但由于市场价格随时波动及成交回报速度的原因,客户的撤销委托指令虽经证券公司发出,但客户委托可能已在市场成交,此时客户应承认并接受该成交结果
	成交	客户委托指令成交与否以证券登记结算机构发送的清算数据为准,成交即时回报仅供参考
	委托结果查询	证券公司接受客户对其委托成交及账户资金和证券变化情况的查询,并应根据客户的要求提供相应的清单
		客户逾期未办理查询或未对有异议的查询结果以书面方式向证券公司提出质询的,视同客户对该委托结果无异议

(四)交易席位与交易单元

上海、深圳证券交易所分别发布《上海证券交易所参与者交易业务单元实施细则》《深圳证券交易所席位与交易单元管理细则》对交易单元的使用进行了规范(见表3-6所示)。

表 3-6　　交易席位与交易单元

项目	事项	具体内容
交易席位	定义	席位代表了会员(证券公司)在深圳证券交易所的权益,会员须拥有席位方可在证券交易所进行交易
	一般规定	会员应当至少取得并持有一个席位,但会员不得共有席位。会员取得的席位可向其他会员转让,但不得退回证券交易所。未经证券交易所同意,会员不得将席位出租、质押,或将席位所属权益以其他任何方式转给他人
交易单元	定义	是指会员向交易所申请设立的、参与证券交易与接受监管及服务的基本业务单位
	一般规定	会员可以根据需要,向交易所申请设立一个或多个交易单元;不同的会员不得使用同一交易单元。交易所通过交易单元对会员进行业务管理。根据会员的业务许可范围和申请,交易所按照相关业务规则开通或限制交易单元各项交易权限。证券公司从事证券经纪、自营、融资融券等业务,应当分别通过专用的交易单元进行

(五)指定交易、证券托管及转销户★★

1. 指定交易(见图 3-5 所示)

指定交易
- 定义
  - 是指凡在上海证券交易所市场进行证券交易的投资者,必须事先指定上海证券交易所市场交易参与人,作为其证券交易的受托人,并由该交易参与人通过其特定的交易单元参与上海证券交易所市场证券交易的制度
  - 交易参与人即指证券公司,每一个证券账户只能指定一个交易参与人(证券公司)
- 办理
  - 投资者应当与指定交易的证券公司签订指定交易协议,明确双方的权利、义务和责任
  - 指定交易协议一经签订,证券公司即可根据投资者的申请向上海证券交易所交易主机申报办理指定交易手续
- 撤销
  - 投资者变更指定交易的,应当向已指定的证券公司提出撤销申请,由该证券公司申报撤销指令
  - 对于符合撤销指定条件的,证券公司不得限制、阻挠或拖延其办理撤销指定手续
  - 指定交易撤销后即可重新申办指定交易

图 3-5　指定交易的流程

2. 证券托管

深圳证券交易所实行证券托管制度,根据《深圳证券交易所交易规则》的规定,证券托管制度是指投资者可以以同一证券账户在单个或者多个证券公司的不同证券营业部买入证券。

投资者买入的证券可以通过原买入证券的交易单元委托卖出,也可以向原买入证券的交易单元发出转托管指令,转托管完成后,在转入的交易单元委托卖出。

3. 转销户

证券公司不得违反规定限制客户终止交易代理关系、转移资产。

客户申请转托管、撤销指定交易和销户的,应当在接受客户申请并完成其账户交易结算(包括但不限于交易、基金代销、新股申购等业务)后的 2 个交易日内办理完毕,法律法规、中国证监会及证券交易所、证券登记结算机构另有规定的从其规定。

(六)客户交易安全监控★★

(1)证券公司应当要求客户在开立资金账户时自行设置密码,提醒客户适时修改密码和增强密码强度,并在证券营业部经营场所、公司网站、网上证券客户端及自助证券交易客户端提示客户加强身份证件、账号、密码的保护。

(2)证券公司应当根据法律法规、中国证监会的规定及合同约定,以信函、电子邮件、手机短信、网上查询或者与客户约定的其他方式,保证客户至少在证券公司营业时间内能够查询其委托、交易记录、证券和资金余额等信息。

(3)证券公司应当配合监管部门、证券交易所建立健全客户交易安全监控制度,保护客户资产安全。证券公司发现盗买盗卖等异常交易行为疑点时,应当及时通知客户并核实确认、留存证据;基本确认盗买盗卖等异常交易行为的,应当立即采取措施控制资产,并协助客户向公安机关报案。

(七)异常交易行为管理★★

1. 证券交易所对证券交易实时监控事项

上海证券交易所和深圳证券交易所对下列可能影响证券交易价格或者证券交易量的异常交易行为,予以重点监控:

(1)可能对证券交易价格产生重大影响的信息披露前,大量买入或者卖出相关证券。

(2)以同一身份证明文件,营业执照或其他有效证明文件开立的证券账户之间,大量或者频繁进行互为对手方的交易。

(3)委托、授权给同一机构或者同一个人代为从事交易的证券账户之间,大量或者频繁进行互为对手方的交易。

(4)2 个或 2 个以上固定的或涉嫌关联的证券账户之间,大量或者频繁进行互为对手方的交易。

(5)大笔申报、连续申报或者密集申报,以影响证券交易价格。

(6)频繁申报或频繁撤销申报,以影响证券交易价格或其他投资者的投资决定。

(7)巨额申报,且申报价格明显偏离申报时的证券市场成交价格。

(8)一段时期内进行大量且连续的交易。

(9)在同一价位或者相近价位大量或者频繁进行回转交易。

(10)大量或者频繁进行高买低卖交易。

(11)进行与自身公开发布的投资分析、预测或建议相背离的证券交易。

(12)在大宗交易中进行虚假或其他扰乱市场秩序的申报。

(13)证券交易所认为需要重点监控的其他异常交易。

2. 出现异常交易行为需采取的措施

证券交易所会员如果发现投资者的证券交易出现上述所列的异常交易行为之一，且可能严重影响证券交易秩序的，应当予以提醒，并及时向证券交易所报告。另外，出现上述所列异常交易行为之一，且对证券交易价格或者交易量产生重大影响的，证券交易所可采取非现场调查和现场调查措施，要求相关会员及其营业部提供投资者开户资料、授权委托书、资金存取凭证、资金账户情况、相关交易情况等资料；如异常交易涉及投资者的，证券交易所可以直接要求相关投资者提供有关材料。证券交易所会员及其营业部、投资者应当配合证券交易所进行相关调查，及时、真实、准确、完整地提供有关文件和资料。

对情节严重的异常交易行为，证券交易所可以视情况采取下列措施：①口头或书面警示；②约见谈话；③要求相关投资者提交书面承诺；④限制相关证券账户交易；⑤报请中国证监会冻结相关证券账户或资金账户；⑥上报中国证监会查处。

如果相关人对其中第④项限制相关证券账户交易措施有异议的，可以向证券交易所提出复核申请，复核期间不停止相关措施的执行。

（八）佣金管理★★

证券公司收取的证券交易佣金，是证券公司为客户提供证券代理买卖服务收取的报酬。

1. 佣金收费标准

我国现行的证券经纪业务佣金标准，A 股、B 股、证券投资基金的交易佣金实行最高上限向下浮动制度。证券经纪商向客户收取的佣金（包括代收的证券交易监管费和证券交易所手续费等）不得高于证券交易金额的 3‰，也不得低于代收的证券交易监管费和证券交易所手续费等。具体标准如下：

（1）A 股、证券投资基金每笔交易佣金不足 5 元的，按 5 元收取。

（2）B 股每笔交易佣金不足 1 美元或 5 港元的，按 1 美元或 5 港元收取。

（3）国债现券、企业债（含可转换债券）、国债回购以及以后出现的新的交易品种，其交易佣金标准由证券交易所制定并报中国证监会和原国家计委备案，备案 15 天内无异议后实施。

2. 佣金收取标准公示

证券公司收取的交易佣金应当与代收的印花税、证券监管费、证券交易经手费、登记过户费等其他费用分开列示，并按照规定与约定提供给投资者，证券公司应当在公司网站、营业场所、客户端公示对应类别的投资者具体证券交易佣金收取标准，证券公司实际收取的证券交易佣金应当与公示标准一致。

五、沪港通、深港通★★

2014 年 4 月，中国证监会和香港证券及期货事务监察委员会发布《中国证券监督管理委员会香港证券及期货事务监察委员会联合公告》批准“沪港通”机制。

深交所在 2016 年正式推出“深港通”业务（见表 3-7 所示）。

表 3-7　　沪港通、深港通的概念

沪港通	定义		即“沪港股票市场交易互联互通机制”，指内地和香港投资者委托上交所会员或者联交所参与者，通过上交所或者联交所在对方所在地设立的证券交易服务公司，买卖规定范围内的对方交易所上市股票
	分类	沪股通	是指香港投资者委托香港经纪商，经由联交所设立的证券交易服务公司，向上交所进行申报，买卖规定范围内的上交所上市的股票 沪股通股票包括以下范围内的股票：①上证 180 指数成分股；②上证 380 指数成分股；③A+H 股上市公司的证券交易所上市 A 股
		港股通	是指内地投资者委托内地证券公司，经由上交所设立的证券交易服务公司，向联交所进行申报，买卖规定范围内的联交所上市的股票
深港通	定义		即“深港股票市场交易互联互通机制”，指深交所和联交所建立技术连接，使内地和香港投资者通过当地证券公司或经纪商买卖规定范围内的对方交易所上市的股票
	分类	深股通	是指香港投资者委托香港经纪商，经由联交所在深圳设立的证券交易服务公司，向深交所进行申报，买卖规定范围内的深交所上市的股票 深股通的股票范围是市值 60 亿元人民币及以上的深证成分指数和深证中小创新指数的成分股，以及深交所上市的 A+H 股公司股票
		深港通下的港股通	是指内地投资者委托内地证券公司，经由深交所在香港设立的证券交易服务公司，向联交所进行申报，买卖规定范围内的联交所上市的股票 深港通下的港股通的股票范围是恒生综合大型股指数的成分股、恒生综合中型股指数的成分股、市值 50 亿元港币及以上的恒生综合小型股指数的成分股，以及联交所上市的 A+H 股公司股票
注意			①在上交所上市公司股票风险警示板交易的股票（即 ST、*ST 股票和退市整理股票）、以外币报价交易的股票（即 B 股）和具有上交所认定的其他特殊情形的股票，不纳入沪股通股票 ②沪港通和深港通下的港股通每日额度由沪、深证券交易所分别控制

六、科创板

我国于 2019 年在上海证券交易所设立科创板并试点注册制。

（一）科创板的定位★★★

科创板的定位见图 3-6 所示。

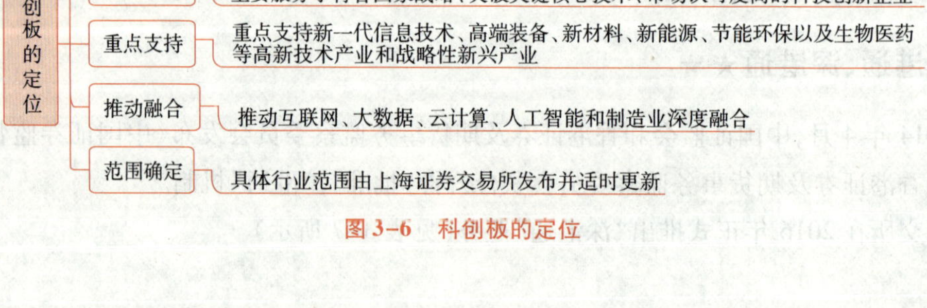

图 3-6　科创板的定位

（二）投资者适当性管理★★★

2019年3月，上海证券交易所公布《上海证券交易所科创板股票交易特别规定》，明确投资者参与科创板股票交易的具体条件：

（1）个人投资者申请权限开通前20个交易日证券账户及资金账户内的资产日均不低于人民币50万元，并且参与证券交易24个月以上。

（2）符合法律法规及上海证券交易所规定的机构投资者，可直接申请开通科创板股票交易权限。

投资者仅需向其委托的证券公司申请，在已有沪市A股证券账户上开通科创板股票交易权限即可，无须在中国结算开立新的证券账户。

（三）交易机制特别规定★

（1）引入盘后固定价格交易。盘后固定价格交易是指在竞价交易结束后，投资者通过收盘定价委托，按照收盘价买卖股票的交易方式。

（2）优化融券交易机制。

（3）新增两种市价申报方式。即新增本方最优价格申报和对手方最优价格申报方式。

（4）放宽涨跌幅限制。即将科创板股票的涨跌幅限制放宽至20%。为尽快形成合理价格，新股上市后的前5个交易日不设涨跌幅限制。

（5）调整单笔申报数量。对于市价订单和限价订单，规定单笔申报数量应不小于200股，每笔申报可以1股为单位递增；市价订单单笔申报最大数量为5万股，限价订单单笔申报最大数量为10万股。

（6）可以根据市场情况调整微观交易机制。

（7）调整交易信息公开指标。

（8）交易行为监督方面。明确了投资者参与交易的审慎、分散化原则；强化了交易所会员即证券公司对客户异常交易行为的管理责任。

七、创业板

（一）创业板定位★★★

创业板设立于2009年，十几年来创业板市场逐步发展壮大，聚集了一批优秀企业，在落实创新驱动发展战略、服务实体经济等方面发挥了重要作用。根据近年来经济形势变化和多层次资本市场发展实际，改革后创业板将定位为：深入贯彻创新驱动发展战略，适应发展更多依靠创新、创造、创意的大趋势，主要服务成长型创新创业企业，支持传统产业与新技术、新产业、新业态、新模式深度融合。

（二）适当性管理★★★

深交所2020年修订的《深圳证券交易所创业板投资者适当性管理实施办法》，明确新申请开通创业板交易权限的投资者条件：个人投资者申请权限开通前20个交易日证券账户及资金账户内的资产日均应不低于人民币10万元，并参与证券交易24个月以上。本次修订取消了原规则中2日、5日的冷静期要求。

（三）特别交易机制★

为积极稳妥推进创业板改革并试点注册制，配套完善交易机制，深交所制定了《深圳证券交易所创业板交易特别规定》。一方面，创业板在整体上充分借鉴科创板改革经验，在涨跌幅限制、限价申报限制、盘后定价交易机制、两融交易标的等方面均沿用科创板的交易机制。另一方面，创业板针对自身特殊情况作出了部分针对性的安排，如单笔申报数量方面，限价申报的单笔买卖申报数量不得超过30万股，市价申报的单笔买卖数量不得超过15万股。

八、存托凭证

（一）存托凭证的定义★★★

存托凭证（DR），是指由存托人签发、以境外证券为基础在中国境内发行、代表境外基础证券权益的证券。存托凭证的境外基础证券发行人应当参与存托凭证发行，依法履行发行人、上市公司的义务，承担相应的法律责任。

（二）存托人与托管人职责★★★

存托人与托管人及其应当承担的职责，如表3-8所示。

表3-8　存托人与托管人应承担的职责

项目	事项	内容
存托	可依法担任存托人的机构	中国证券登记结算有限责任公司及其子公司；经国务院银行业监督管理机构批准的商业银行、证券公司
	存托人应当承担的职责	①与境外基础证券发行人签署存托协议，并根据存托协议约定协助完成存托凭证的发行上市 ②安排存放存托凭证基础财产，可以委托具有相应业务资质、能力和良好信誉的托管人管理存托凭证基础财产，并与其签订托管协议，督促其履行基础财产的托管职责。存托凭证基础财产因托管人过错受到损害的，存托人承担连带赔偿责任 ③建立并维护存托凭证持有人名册 ④办理存托凭证的签发与注销 ⑤按照中国证监会规定和存托协议约定，向存托凭证持有人发送通知等文件 ⑥按照存托协议约定，向存托凭证持有人派发红利、股息等权益，根据存托凭证持有人意愿行使表决权等权利 ⑦境外基础证券发行人股东大会审议有关存托凭证持有人权利义务的议案时，存托人应当参加股东大会并为存托凭证持有人权益行使表决权 ⑧中国证监会规定和存托协议约定的其他职责

续表

项目	事项	内容
托管	托管人	存托人可以委托境外金融机构担任托管人。存托人委托托管人的,应当在存托协议中明确基础财产由托管人托管
	托管人应当承担的职责	①托管基础财产 ②按照托管协议约定,协助办理分红派息、投票 ③向存托人提供基础证券的市场信息 ④中国证监会规定和托管协议约定的其他职责

(三)投资者保护机制★★★

境外基础证券发行人:①应当确保存托凭证持有人实际享有的资产收益、参与重大决策、剩余财产分配等权益与境外基础证券持有人权益相当;②不得作出任何损害存托凭证持有人合法权益的行为。

中证中小投资者服务中心有限责任公司:①中证中小投资者服务中心建立投资者保护机制;②可以购买最小交易份额的存托凭证,依法行使存托凭证持有人的各项权利;③可以接受存托凭证持有人的委托,代为行使存托凭证持有人的各项权利;④可以支持受损害的存托凭证持有人依法向人民法院提起民事诉讼;⑤存托凭证持有人与境外基础证券发行人、存托人、证券服务机构等主体发生纠纷的,可以向中证中小投资者服务中心有限责任公司及其他依法设立的调解组织申请调解。

九、沪伦通

(一)沪伦通的定义★★★

沪伦通的定义见图3-7所示。

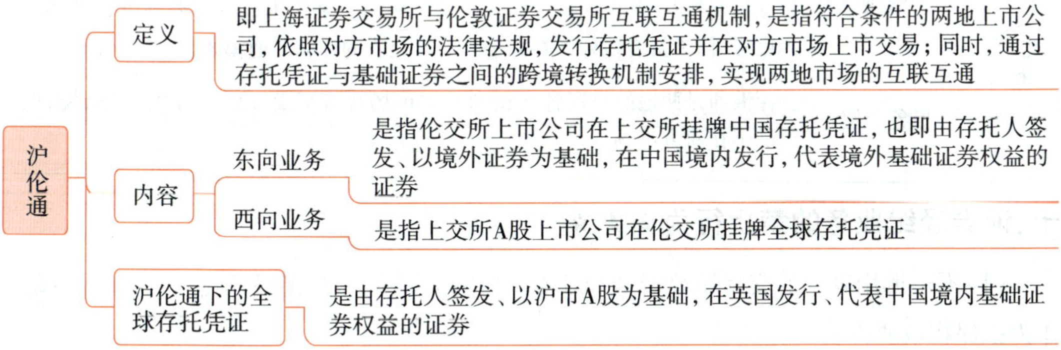

图3-7　沪伦通的定义

(二)投资者适当性管理要求★★★

试点初期,机构投资者以及符合条件的个人投资者,可以根据中国证监会和上交所的相关规定,向其指定交易的证券公司,申请参与沪伦通下中国存托凭证投资。

1. 个人投资者

个人投资者参与中国存托凭证交易,应当符合下列条件:

第一,申请权限开通前20个交易日证券账户及资金账户内的资产日均不低于人民币300万元(不包括该投资者通过融资融券交易融入的资金和证券)。

第二,不存在严重的不良诚信记录。

第三,不存在境内法律、上海证券交易所业务规则等规定的禁止或限制参与证券交易的情形。

证券公司应当对投资者是否符合中国存托凭证投资者适当性条件进行核查,并对个人投资者的资产状况、知识水平、风险承受能力和诚信状况等进行综合评估。

2. 机构投资者

机构投资者参与中国存托凭证交易,应当符合境内法律及上海证券交易所业务规则的规定。

(三)沪伦通与沪深港通业务模式的区别★

沪伦通与沪深港通业务模式的区别,如表3-9所示。

表3-9　沪伦通与沪深港通业务模式的区别

项目	区别	内容
沪伦通	简述	是沪伦两地满足一定条件的上市公司到对方市场上市交易存托凭证的模式,投资者参与存托凭证交易结算的模式与股票类似。同时参照国际通行做法。沪伦通存托凭证与基础股票间可以相互转换,利用基础股票和存托凭证之间的相互转换机制,打通两地市场的交易
	形象介绍	沪伦通是将对方市场的股票转换成存托凭证到本地市场挂牌交易,"产品"跨境,但投资者仍在本地市场
沪深港通	简述	是由交易所设立的证券交易服务公司将境内投资者的交易申报订单路由至境外交易所执行,并由两地证券登记结算机构分别为本地投资者提供名义持有人服务、代为持有境外证券并参与清算交收的互联互通模式
	形象介绍	沪深港通是两地的投资者互相到对方市场直接买卖股票,"投资者"跨境,但产品仍在对方市场

十、证券经纪业务的禁止行为★★★

(1)不得挪用客户的交易结算资金和证券,亦不得将客户的资金和证券借与他人,或者作为担保物或质押物。

(2)不得侵占、损害客户的合法权益。

(3)不得违背客户的指令买卖证券,或接受代为客户决定证券买卖方向、品种、数量、时间的全权委托。

(4)不得以任何方式向客户保证交易收益或者承诺赔偿客户的投资损失。

(5)不得为多获取佣金而诱导客户进行不必要的证券买卖。

(6)不得在批准的营业场所之外接受客户委托和进行清算、交收。

(7)不得以任何方式提高或降低,或者变相提高或降低证券交易管理部门和证券交易所规定的证券交易收费标准,收取不合理的佣金和其他费用。

(8)不得散布谣言或其他非公开披露的信息。

(9)不得借职业之便,利用或泄露内幕消息。

(10)不得为他人操纵市场、内幕交易、欺诈客户提供方便。

十一、证券经纪业务风险防范的主要内容★

证券经纪业务的风险,是指证券公司在开展证券经纪业务过程中因种种原因而导致其自身利益遭受损失的可能性。按风险起因不同,经纪业务的风险主要包括管理风险、合规风险和技术风险,具体内容如表3-10所示。

表3-10 证券经纪业务风险防范的主要内容

风险类型	概念	防范措施
管理风险	主要是指证券公司在经纪业务经营中由于管理制度不健全、内部控制不严,或工作人员有章不循、违规操作等而导致客户账户管理差错或违规、侵害客户权益、造成客户资产损失、引发客户纠纷,而使证券公司受到监管处罚或因承担赔偿责任遭受财产损失或声誉损失的风险	①加强经纪业务营销管理 ②严格执行经纪业务操作规程 ③建立经纪业务营销和账户管理操作信息管理系统,防范从业人员执业行为引发的风险,保护客户合法权益 ④加强员工培训,提高员工素质 ⑤建立客户投诉处理及责任追究机制 ⑥建立经纪业务检查稽核制度
合规风险	主要是指证券公司在经纪业务活动中违反法律、行政法规和监管部门规章及规范性文件、行业规范和自律规则、公司内部规章制度、行业公认并普遍遵守的职业道德和行为准则等行为,可能使证券公司受到法律制裁、被采取监管措施、遭受财产损失或声誉损失的风险	①证券公司要加强合规文化建设,从高级管理人员到普通员工都要增强法治观念和合规意识 ②要建立健全各项规章制度,严格按经纪业务内部控制的要求完善内部控制机制和制度 ③对客户交易结算资金实行第三方存管,对经纪业务账户管理、交易、清算、核算、操作权限、风险控制等实行集中统一管理;对风险程度和重要性不同的业务,实行实时复核、分级审批。加强对经纪业务主要环节和风险点的控制 ④强化岗位制约和监督,对经纪业务主要部门和岗位实行相互分离的管理制度。经纪业务营销、账户管理、信息系统管理、会计核算等部门或岗位应严格分开,不得兼职或混合操作。严格限定不同岗位人员的操作权限

风险类型	概念	防范措施
技术风险	是指证券公司信息技术系统(包括电脑设备、供电、通讯设施等)发生技术故障,导致行情中断、交易停滞、银证转账不畅,或在容量、运作等方面不能保障交易业务正常、有序、高效、顺利地进行,从而给客户造成损失,证券公司因承担赔偿责任而带来经济或声誉损失的风险	①证券公司的信息系统建设和管理,包括基础环境、网络通信、应用系统、管理制度、系统运行维护、安全保障等方面应符合中国证券业协会制定的《证券公司证券营业部信息技术指引》的有关要求。这是防范技术风险的重要基础和根本保障 ②证券公司应根据业务需求建立完善的信息技术系统及相应的容错备份系统和灾难备份系统 ③制定并严格执行信息系统运行管理制度和备份方案、系统故障及业务应急处理预案;做好信息系统的日常管理和维护保养,定期按应急处理预案进行演练

十二、监管部门对经纪业务的监管措施和自律组织对经纪业务的自律管理措施★★

(一)中国证券业协会发布的《证券公司开立客户账户规范》的有关规定

中国证券业协会应组织对证券公司执行该规范的情况进行执业检查。对违反该规定的证券公司,中国证券业协会视情节轻重对其采取谈话提醒、警示、责令整改等自律管理措施并记入其诚信档案;造成严重后果的,视情况对其采取行业内通报批评、公开谴责、暂停或者取消协会授予的业务资格、暂停部分会员权利、取消会员资格等纪律处分并记入其诚信档案。

(二)中国结算发布的《中国证券登记结算有限责任公司证券账户管理规则》的有关规定

对违反该规则的开户代理机构及其网点,中国结算视情节轻重单处或并处口头警示、书面警示、约见谈话、通报批评、公开谴责、暂停或终止开户代理机构或网点的开户代理业务资格;终止开户代理机构或网点的开户代理业务资格、提请国务院证券监督管理机构采取相关监管措施等自律管理措施,并根据国务院证券监督管理机构及中国结算的有关规定记入诚信档案。

(三)上海、深圳证券交易所分部发布的《上海证券交易会员管理规则》《深圳证券交易所会员管理规则》的有关规定

对于会员违反上海、深圳证券交易所业务规则,上海、深圳证券交易所有权采取责令改正的自律措施,并视情节轻重单处或者并处在会员范围内通报批评、在中国证监会指定媒体上公开谴责、暂停或者限制交易、取消交易权限、取消会员资格等纪律处分措施。上海、深圳证券交易所采取上述纪律处分时,可视情况通报中国证监会或者其派出机构。

真题实练

1. 所有上市交易的股票和债券都是证券经纪业务的对象，同时上市交易的股票和债券价格经常涨跌变化，因此证券经纪业务的对象具有(　　)的特点。

Ⅰ.广泛性　　Ⅱ.价格变动性　　Ⅲ.保密性　　Ⅳ.权威性

A. Ⅰ、Ⅱ、Ⅲ、Ⅳ　　B. Ⅰ、Ⅱ

C. Ⅱ、Ⅳ　　D. Ⅲ、Ⅳ

2. 证券经纪业务营运管理的主要内容包括(　　)。

Ⅰ.账户管理(包括证券账户和资金账户管理)

Ⅱ.证券委托买卖

Ⅲ.清算交割

Ⅳ.投资者教育与适当性管理

A. Ⅰ、Ⅱ、Ⅲ　　B. Ⅰ、Ⅱ、Ⅳ　　C. Ⅰ、Ⅱ、Ⅲ、Ⅳ　　D. Ⅲ、Ⅳ

3. 为做好证券经纪业务合规风险的防范，证券公司应当(　　)。

Ⅰ.加强合规文化建设，全员都要增强法治观念和合规意识

Ⅱ.建立健全各项规章制度

Ⅲ.对账户管理、交易、清算、核算、操作权限等实行分散管理

Ⅳ.对主要部门和岗位实行相互分离的管理制度

A. Ⅱ、Ⅲ、Ⅳ　　B. Ⅰ、Ⅲ、Ⅳ　　C. Ⅰ、Ⅱ、Ⅳ　　D. Ⅰ、Ⅱ、Ⅲ

【答案及解析】

1. B　**【解析】**证券经纪业务具有以下特点：①业务对象的广泛性和价格变动性；②证券经纪商的中介性；③客户指令的权威性；④客户资料的保密性。

2. B　**【解析】**证券经纪业务营运管理的主要内容包括账户管理、信息了解、适当性管理、交易委托、交易席位与交易单元、异常交易行为管理、资产托管、佣金管理、转销户、回访与投诉等业务内容。

3. C　**【解析】**合规风险的防范包括：①证券公司要加强合规文化建设，从高级管理人员到普通员工都要增强法治观念和合规意识。Ⅰ说法正确。②要建立健全各项规章制度，严格按经纪业务内部控制的要求完善内部控制机制和制度。Ⅱ说法正确。③对客户交易结算资金实行第三方存管，对经纪业务账户管理、交易、清算、核算、操作权限、风险控制等实行集中统一管理；对风险程度和重要性不同的业务，实行实时复核、分级审批。加强对经纪业务主要环节和风险点的控制。Ⅲ说法错误。④强化岗位制约和监督，对经纪业务主要部门和岗位实行相互分离的管理制度。经纪业务营销、账户管理、信息系统管理、会计核算等部门或岗位应严格分开，不得兼职或混合操作。严格限定不同岗位人员的操作权限。Ⅳ说法正确。

第二节 证券投资咨询

考纲要求

本节考纲要求见表 3-11 所示。

表 3-11 第三章第二节考纲要求

考纲要求	星级	具体内容
了解	★	①证券基金经营机构使用香港机构证券投资咨询服务的有关规定 ②监管部门和自律组织对证券投资咨询业务的监管措施和自律管理措施
掌握	★★★	①证券投资咨询、证券投资顾问、证券研究报告的概念和基本关系 ②证券投资咨询机构及人员从业管理要求 ③证券、期货投资咨询业务的管理规定 ④监管部门对发布证券研究报告业务的有关规定 ⑤监管部门对证券投资顾问业务的有关规定 ⑥证券公司、证券投资咨询机构及其执业人员向社会公众开展证券投资咨询业务活动的有关规定 ⑦利用"荐股软件"从事证券投资咨询业务的相关规定 ⑧证券投资咨询人员执业行为准则

考点梳理

一、证券投资咨询、证券投资顾问、证券研究报告的概念和基本关系★★★

(一)证券投资咨询、证券投资顾问、证券研究报告的概念

证券投资咨询、证券投资顾问、证券研究报告，具体内容如表 3-12 所示。

表 3-12 证券投资咨询、证券投资顾问、证券研究报告的概念

项目	事项	内容
证券投资咨询	概念	是指从事证券投资咨询业务的机构及其投资咨询人员以下列形式为证券投资人或者客户提供证券投资分析、预测或者建议等直接或者间接有偿咨询服务的活动： ①接受投资人或者客户委托，提供证券投资咨询服务 ②举办有关证券投资咨询的讲座、报告会、分析会等 ③在报刊上发表证券投资咨询的文章、评论、报告，以及通过电台、电视等公众传播媒体提供证券投资咨询服务 ④通过电话、传真、电脑网络等电信设备系统，提供证券投资咨询服务 ⑤中国证监会认定的其他形式
	内容	证券投资咨询业务包括证券投资顾问业务及发布证券研究报告
证券投资顾问	概念	是证券投资咨询业务的一种基本形式，指证券公司、证券投资咨询机构接受客户委托，按照约定向客户提供涉及证券及证券相关产品的投资建议服务，辅助客户作出投资决策，并直接或者间接获取经济利益的经营活动
	内容	投资建议服务内容包括投资的品种选择、投资组合以及理财规划建议等

续表

项目	事项	内容
发布证券研究报告	概念	是证券投资咨询业务的一种基本形式，指从事发布证券研究报告业务的机构（以下简称“经营机构”）对证券及证券相关产品的价值、市场走势或者相关影响因素进行分析，形成证券估值、投资评级等投资分析意见，制作证券研究报告，并向客户发布的行为
	内容	证券研究报告主要包括涉及证券及证券相关产品的价值分析报告、行业研究报告、投资策略报告等
	形式	证券研究报告可以采用书面或者电子文件形式

（二）证券投资咨询、证券投资顾问、证券研究报告的基本关系

1. 证券投资顾问业务和发布证券研究报告的区别

证券投资顾问业务和发布证券研究报告是证券投资咨询业务的两种基本形式，两者的区别表现在表 3-13 所示的四个方面。

表 3-13　证券投资顾问业务和发布证券研究报告的区别

区别	证券投资顾问业务	发布证券研究报告
立场不同	证券投资顾问基于特定客户的立场，遵循忠实客户利益原则，向客户提供适当的证券投资建议	证券分析师基于独立、客观的立场，对证券及证券相关产品的价值进行研究分析，撰写发布研究报告
服务方式和内容不同	证券投资顾问在了解客户的基础上，依据合同约定，向特定客户提供适当的、有针对性的操作性投资建议，关注品种选择、组合管理建议以及买卖时机等	证券研究报告向不特定的客户发布，提供证券估值等研究成果，关注证券定价，不关注买卖时机选择等具体的操作性投资建议
服务对象有所不同	证券投资顾问一般服务于普通投资者，强调针对客户类型、风险偏好等提供适当的服务	证券研究报告一般服务于基金、QFII 等能够理解研究报告和有效处理有关信息的专业投资者，强调公平对待证券研究报告接收人
市场影响有所不同	证券投资顾问服务与特定客户的证券投资及其利益密切相关，但通常不会显著影响证券定价	证券研究报告向多个机构客户同时发布，对证券价格可能产生较大影响

2. 证券投资顾问业务和发布证券研究报告的联系（见图 3-8 所示）

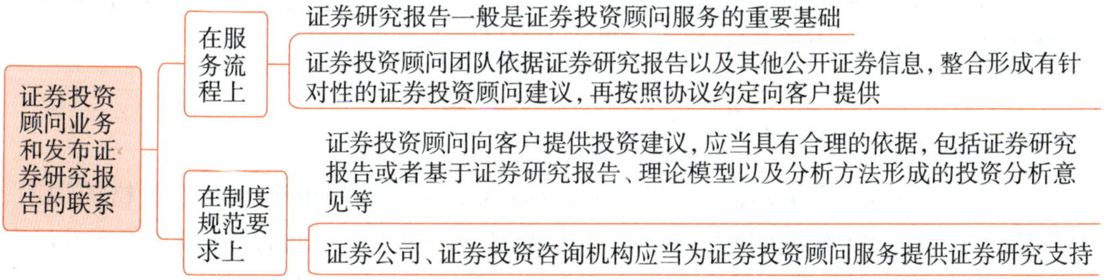

图 3-8　证券投资顾问业务和发布证券研究报告的联系

二、证券投资咨询机构及人员从业管理★★★

（一）证券投资咨询机构从业管理

申请证券投资咨询从业资格的机构，应当具备下列条件：

（1）单独从事证券投资咨询业务的机构，有5名以上取得证券投资咨询从业资格的专职人员；同时从事证券和期货投资咨询业务的机构，有10名以上取得证券、期货投资咨询从业资格的专职人员；其高级管理人员中，至少有1名取得证券投资咨询从业资格。

（2）有100万元人民币以上的注册资本。

（3）有固定的业务场所和与业务相适应的通讯及其他信息传递设施。

（4）有公司章程。

（5）有健全的内部管理制度。

（6）具备中国证监会要求的其他条件。

符合设立条件的证券投资咨询机构，由中国证监会颁发业务许可证。证券公司亦可申请业务许可证，从事证券投资咨询业务。

（二）证券投资咨询人员从业管理

从事证券投资咨询业务的人员，必须取得证券投资咨询从业资格并加入一家有从业资格的证券投资咨询机构后，方可从事证券投资咨询业务。证券投资咨询人员不得同时在2个或者2个以上的证券投资咨询机构执业。

同一人员不得同时注册为证券分析师和证券投资顾问。

从事证券投资咨询业务的人员分为两类：

（1）在发布的证券研究报告上署名的人员，应当具有证券投资咨询执业资格，并在中国证券业协会注册登记为证券分析师。

（2）向客户提供证券投资顾问服务的人员，应当具有证券投资咨询执业资格，并在中国证券业协会注册登记为证券投资顾问。

三、监管部门对发布证券研究报告业务的有关规定★★★

（一）基本原则

经营机构发布证券研究报告，应当遵守法律、行政法规和其他有关规定，遵循独立、客观、公平、审慎原则，有效防范利益冲突，公平对待发布对象，禁止传播虚假、不实、误导性信息，禁止从事或者参与内幕交易、操纵证券市场活动。

（二）发布证券研究报告业务关键环节的规范要求

1. 证券研究报告载明事项

①“证券研究报告”字样；②经营机构名称；③具备证券投资咨询业务资格的说明；④署名人员的证券投资咨询执业资格证书编码；⑤发布证券研究报告的时间；⑥证券研究报告采用的信息和资料来源；⑦使用证券研究报告的风险提示。

2. 证券研究报告覆盖范围管理

经营机构发布证券研究报告，应当建立健全研究对象覆盖、信息收集、调研、证券研究报告制作、质量控制、合规审查、证券研究报告发布以及相关销售服务等关键环节的管理制度，加强流程管理和内部控制。建立健全证券分析师发表公开言论前的内部报备程序。

3. 证券研究报告信息来源管理(见图 3-9 所示)

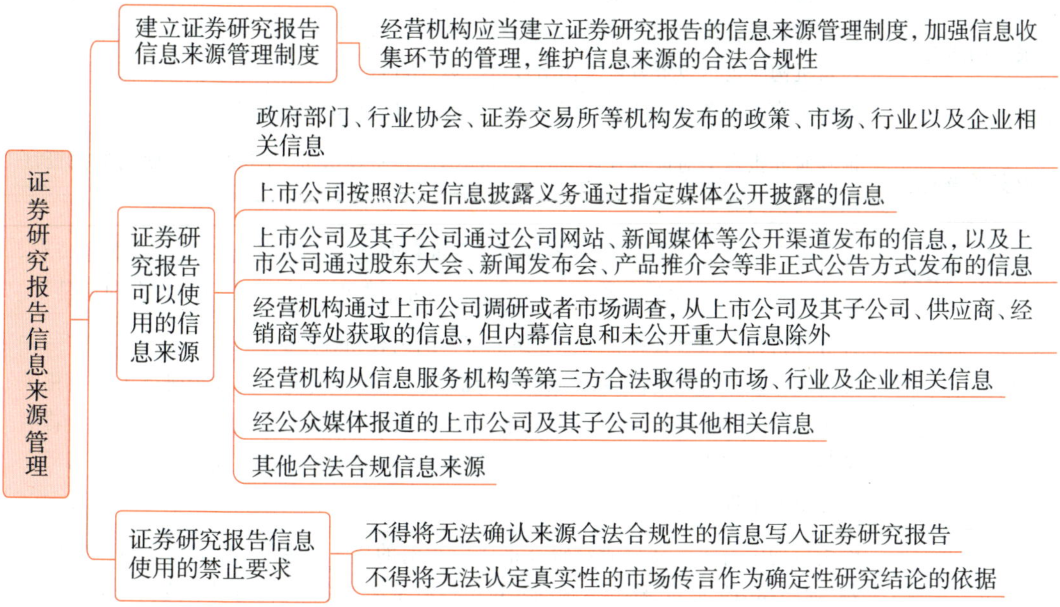

图 3-9　证券研究报告信息来源管理

4. 调研活动管理

经营机构应当建立调研活动的管理制度，分别针对非客户服务性质的独立调研和带有客户服务性质的联合调研制定相应规范，加强对调研活动的管理。

发布证券研究报告相关人员进行上市公司调研活动，应当符合以下要求：

(1)事先履行所在经营机构的审批程序。

(2)不得向证券研究报告相关销售服务人员、特定客户和其他无关人员泄露研究部门或研究子公司的调研底稿、调研后发布证券研究报告的计划、研究观点的调整信息，以及未来一段时间的非客户服务性质的独立调研计划。

(3)不得主动寻求上市公司相关内幕信息或者未公开重大信息。

(4)被动知悉上市公司内幕信息或者未公开重大信息的，应当对有关信息内容进行保密，并及时向所在机构的合规管理部门报告本人已获知有关信息的事实，在有关信息公开前不得发布涉及该上市公司的证券研究报告。

(5)上市公司调研纪要仅供内部存档或撰写研究报告使用，不得对外发布或提供给客户。

(6)在证券研究报告中使用调研信息的，应当保留必要的信息来源依据。

5. 证券研究报告质量控制

证券研究报告质量控制的要求，如表 3-14 所示。

表 3-14　　证券研究报告质量控制要求

控制项目	主要内容
研究方法要求	经营机构制作证券研究报告应当秉承专业的态度，采用严谨的研究方法和分析逻辑，重点围绕宏观经济形势、资本市场走势、行业发展、上市公司投资价值等进行深入分析，并基于合理的数据基础和事实依据，审慎提出研究结论
报告用语要求	经营机构制作证券研究报告应当坚持客观原则，避免使用夸大、低俗、诱导性、煽动性的标题或者用语，不得对证券估值、投资评级作出任何形式的保证 经营机构应提示投资者自主作出投资决策并自行承担投资风险，任何形式的分享证券投资收益或者分担证券投资损失的书面或口头承诺均为无效
投资评级要求	证券研究报告中对证券及证券相关产品提出投资评级的，应当披露所使用的投资评级分类及其含义
工作底稿管理	经营机构应当建立发布证券研究报告工作底稿制度。工作底稿包括必要的信息资料、调研纪要、分析模型等内容，纳入发布证券研究报告相关业务档案予以保存和管理
报告署名人员资质要求	证券分析师应当对其署名的证券研究报告的内容和观点负责 参与制作证券研究报告，但尚未登记为证券分析师的研究部门或者研究子公司相关人员，如果已通过证券分析师胜任能力考试并已完成一般证券业务登记的，经署名证券分析师和研究部门或研究子公司同意，可以用“研究助理”或“联系人”的名义在证券研究报告中列示
证券研究报告质量审核	经营机构应当建立健全证券研究报告发布前的质量控制机制，细化质量控制的目标、程序和岗位职责，建立清晰的质量审核清单和工作底稿，列明审核工作应当涵盖的内容。通过合理的流程安排避免审核工作流于形式，并确保审核意见得到回应和有效落实 证券研究报告应当由登记为证券分析师的专职质量审核人员进行质量审核；证券分析师数量少于 10 人的可以由署名证券分析师之外的证券分析师进行质量审核 质量审核应当严格按照公司规定的标准进行认真审查，涵盖信息处理、分析逻辑、研究结论等内容，重点关注研究方法和研究结论的专业性和审慎性

6. 合规审查

经营机构应当建立健全证券研究报告发布前的合规审查机制，细化合规审查的目标、程序和岗位职责，建立清晰的审查清单和工作底稿，列明审查工作应当涵盖的内容。通过合理的流程安排避免审查工作流于形式，并确保审查意见得到回应和有效落实。

证券研究报告应当由公司合规部门或者研究部门、研究子公司的专职人员进行合规审查。

合规审查应当涵盖人员资质、信息来源、风险提示等内容，重点关注证券研究报告可能涉及的利益冲突事项。

经营机构应当根据业务规模配备充足的证券研究报告质量控制和合规审查人员。

经营机构应当建立拟发布的证券研究报告市场影响评估机制，在证券研究报告制作和合规审查环节，对证券研究报告重要敏感信息可能对市场产生的影响进行审慎评估，不得基于个别数据夸大或臆测行业或市场整体风险。对于可能产生重要影响的结论和信息，应当提高审核人员层级，加大审核力度。

7. 证券研究报告发布管理

经营机构在证券研究报告发布前，可以就证券研究报告涉及上市公司相关信息的真实性向该上市公司进行确认，但不得透露该证券研究报告的发布时间、观点、盈利预测和结论。

经营机构的证券研究报告应当通过发布证券研究报告平台统一发送给公司约定的证券研究报告发布对象，以保障发布证券研究报告的公平性。发布证券研究报告的平台应由公司指定，且必须是以公司名义注册或拥有。

8. 发布证券研究报告的利益冲突防范及信息隔离墙机制

(1)利益冲突防范机制。

第一，建立健全利益冲突防范机制。经营机构应当采取有效管理措施，防止制作发布证券研究报告的相关人员利用发布证券研究报告为自身及其利益相关者谋取不当利益，或者在发布证券研究报告前泄露证券研究报告的内容和观点。

第二，人员岗位的利益冲突防范。从事发布证券研究报告业务的相关人员，不得同时从事证券自营、证券资产管理等存在利益冲突的业务。

第三，有关利益冲突情形的披露要求。发布对具体股票作出明确估值和投资评级的证券研究报告时，公司持有该股票达到相关上市公司已发行股份1%以上的，应当在证券研究报告中向客户披露本公司持有该股票的情况，并且在证券研究报告发布日及第2个交易日，不得进行与证券研究报告观点相反的交易。

(2)信息隔离墙机制。

第一，严格执行隔离墙制度。经营机构应当严格执行发布证券研究报告与其他证券业务之间的隔离墙制度，防止存在利益冲突的部门及人员利用发布证券研究报告谋取不当利益。

第二，静默期安排。担任发行人股票首次公开发行的保荐机构、主承销商，自确定并公告发行价格之日起40日内，不得发布与该发行人有关的证券研究报告。担任上市公司股票增发、配股、发行可转换公司债券等再融资项目的保荐机构、主承销商或者财务顾问，自确定并公告公开发行价格之日起10日内，不得发布与该上市公司有关的证券研究报告。担任上市公司并购重组财务顾问，在经营机构的合规部门将该上市公司列入相关限制名单期间，按照合规管理要求限制发布与该上市公司有关的证券研究报告。

第三，跨越隔离墙管理。经营机构的证券分析师因公司业务需要，阶段性参与公司承销保荐、财务顾问等业务项目，撰写投资价值研究报告或者提供行业研究支持的，应当履行公司内部跨越隔离墙审批程序。合规管理部门和相关业务部门应当对证券分析师跨越隔离墙后的业务活动实行监控。证券分析师参与公司承销保荐、财务顾问等业务项目期间，不得发布与该业务项目相关的证券研究报告。跨越隔离墙期满，证券分析师不得利用公司承销保荐、财务顾问等业务项目的非公开信息,发布证券研究报告。

9. 绩效考核和激励机制

经营机构应当建立合理的发布证券研究报告相关人员绩效考核和激励机制,以维护发布证券研究报告行为的独立性。

经营机构应当综合考虑合规情况、研究质量、客户评价、工作量等多种因素,设立发布证券研究报告相关人员的考核激励标准。外部评选结果仅作为对分析师个人社会评价的参考,不得作为证券分析师薪酬激励的依据。

与发布证券研究报告业务存在利益冲突的部门或人员不得参与对发布证券研究报告相关人员的考核。证券分析师跨越信息隔离墙参与公司承销保荐、财务顾问业务等项目的,其个人薪酬不得与相关项目的业务收入直接挂钩。研究销售人员不得参与对分析师等研究人员的考核。

10. 定制证券研究报告服务的有关要求

经营机构的研究部门或者研究子公司:

(1)接受特定客户委托,按照协议约定就尚未覆盖的具体股票提供含有证券估值或投资评级的研究成果或者投资分析意见的,自提供之日起6个月内不得就该股票发布证券研究报告。

(2)不得就已经覆盖的具体股票接受委托提供仅供特定客户使用的、与最新已发布证券研究报告结论不一致的研究成果或者投资分析意见。

11. 媒体刊载、转发证券研究报告的管理要求

(1)授权媒体刊载、转发证券研究报告的管理要求。

经营机构授权公众媒体及其他机构刊载或者转发涉及具体上市公司的证券研究报告、评论意见,应当慎重评估,充分论证必要性,并符合以下要求:

①严格按照《发布证券研究报告暂行规定》等有关规定,与相关公众媒体及其他机构作出协议约定,明确由被授权机构承担相关刊载或者转发责任,强化媒体合作管理。要求授权转发或刊载研究报告、评论意见的媒体机构注明研究报告的发布人和发布日期、评论意见的发表者和发布时间,提示使用研究报告或评论意见的风险等,要求媒体机构不得自行对公司所提供材料的标题或者内容作实质性修改。

②采取有效措施提供证券研究报告相应的后续解读服务,防止误导公众投资者。

③通过公司网站等途径披露本公司授权公众媒体及其他机构刊载或者转发证券研究报告有关情况,提醒公众投资者慎重使用未经授权刊载或者转发的本公司证券研究报告。

④具备相应的应对措施,妥善处理投资者投诉。

(2)防止媒体未经授权刊载、转发证券研究报告。

经营机构应当采取下列措施,防止公众媒体或者其他机构未经授权私自刊载或者转发公司的证券研究报告:

①加强证券研究报告发布环节管理，要求公司相关人员不得将证券研究报告私自提供给未经公司授权的公众媒体或者其他机构，提示客户不要将证券研究报告转发给他人。

②建立跟踪监测机制，发现公司证券研究报告被私自刊载或者转发的，及时采取维权措施。

③加强投资者教育和客户沟通，提示客户及公众投资者慎重使用公众媒体刊载的证券研究报告。

（三）发布证券研究报告的内部控制要求

1. 发布证券研究报告实行集中统一管理

发布证券研究报告的经营机构，应当设立专门研究部门或者子公司，建立健全业务管理制度，对发布证券研究报告行为及相关人员实行集中统一管理。

2. 发布证券研究报告合规管理要求

经营机构应当严格执行合规管理制度，对与发布证券研究报告相关的人员资格、利益冲突、跨越隔离墙等情形进行合规审查和监控。

3. 业务、合规培训和职业道德教育

经营机构应当加强对制作发布证券研究报告相关人员的业务、合规培训和职业道德教育，提升相关人员的专业能力、合规意识和职业道德水平。

4. 业务留痕管理和档案保存要求

经营机构发布证券研究报告，应当对发布的时间、方式、内容、对象和审阅过程实行留痕管理。发布证券研究报告相关业务档案的保存期限自证券研究报告发布之日起不得少于5年。

四、监管部门对证券投资顾问业务的有关规定★★★

（一）基本原则

证券公司、证券投资咨询机构从事证券投资顾问业务，应当遵循守法合规、诚实信用、忠实客户利益的原则。

（二）证券投资顾问业务关键环节的规范要求

证券投资顾问业务关键环节的规范要求，如表3-15所示。

表3-15 证券投资顾问业务关键环节的规范要求

环节	规范要求
了解客户环节	应当按照公司制定的程序和要求，了解客户的身份、财产与收入状况、证券投资经验、投资需求与风险偏好，评估客户的风险承受能力，并以书面或者电子文件形式予以记载、保存

续表

<table>
<tr><th>环节</th><th colspan="2">规范要求</th></tr>
<tr><td>风险揭示环节</td><td colspan="2">证券公司、证券投资咨询机构向客户提供证券投资顾问服务，应当告知客户下列基本信息：①公司名称、地址、联系方式、投诉电话、证券投资咨询业务资格等；②证券投资顾问的姓名及其证券投资咨询执业资格编码；③证券投资顾问服务的内容和方式；④投资决策由客户作出，投资风险由客户承担；⑤证券投资顾问不得代客户作出投资决策
证券公司、证券投资咨询机构应当通过营业场所、中国证券业协会和公司网站，公示前款第①②项信息，方便投资者查询、监督
证券公司、证券投资咨询机构应当向客户提供风险揭示书，并由客户签收确认</td></tr>
<tr><td>签订证券投资顾问服务协议环节</td><td colspan="2">协议应当包括下列内容：①当事人的权利义务；②证券投资顾问服务的内容和方式；③证券投资顾问的职责和禁止行为；④收费标准和支付方式；⑤争议或者纠纷解决方式；⑥终止或者解除协议的条件和方式
证券投资顾问服务协议应当约定，自签订协议之日起5个工作日内，客户可以书面通知方式提出解除协议。证券公司、证券投资咨询机构收到客户解除协议书面通知时，证券投资顾问服务协议解除</td></tr>
<tr><td rowspan="4">提供投资建议服务环节</td><td>服务适当性要求</td><td>证券投资顾问应当根据了解的客户情况，在评估客户风险承受能力和服务需求的基础上，向客户提供适当的投资建议服务</td></tr>
<tr><td>具有合理依据</td><td>证券投资顾问向客户提供投资建议，应当具有合理的依据。投资建议的依据包括证券研究报告或者基于证券研究报告、理论模型以及分析方法形成的投资分析意见等</td></tr>
<tr><td>研究支持</td><td>证券公司、证券投资咨询机构应当为证券投资顾问服务提供必要的研究支持。证券公司、证券投资咨询机构的证券研究不足以支持证券投资顾问服务需要的，应当向其他具有证券投资咨询业务资格的证券公司或者证券投资咨询机构购买证券研究报告，提升证券投资顾问服务能力</td></tr>
<tr><td>告知客户有关信息</td><td>证券投资顾问依据本公司或者其他证券公司、证券投资咨询机构的证券研究报告作出投资建议的，应当向客户说明证券研究报告的发布人、发布日期</td></tr>
<tr><td rowspan="2">提供投资建议服务环节</td><td>风险提示和底线要求</td><td>证券投资顾问向客户提供投资建议，应当提示潜在的投资风险，禁止以任何方式向客户承诺或者保证投资收益。鼓励证券投资顾问向客户说明与其投资建议不一致的观点，作为辅助客户评估投资风险的参考</td></tr>
<tr><td>信息保密</td><td>证券投资顾问向客户提供投资建议，知悉客户作出具体投资决策计划的，不得向他人泄露该客户的投资决策计划信息</td></tr>
<tr><td>客户回访和投诉处理环节</td><td colspan="2">证券公司、证券投资咨询机构从事证券投资顾问业务：①应当建立客户回访机制，明确客户回访的程序、内容和要求，并指定专门人员独立实施；②应当建立客户投诉处理机制，及时、妥善处理客户投诉事项</td></tr>
</table>

续表

<table>
<tr><th>环节</th><th colspan="2">规范要求</th></tr>
<tr><td>收费环节</td><td colspan="2">证券公司、证券投资咨询机构应当按照公平、合理、自愿的原则，与客户协商并书面约定收取证券投资顾问服务费用的安排，可以按照服务期限、客户资产规模收取服务费用，也可以采用差别佣金等其他方式收取服务费用。
证券投资顾问服务费用应当以公司账户收取。禁止证券公司、证券投资咨询机构及其人员以个人名义向客户收取证券投资顾问服务费用</td></tr>
<tr><td rowspan="3">业务推广和客户招揽环节</td><td>底线要求</td><td>证券公司、证券投资咨询机构应当规范证券投资顾问业务推广和客户招揽行为，禁止对服务能力和过往业绩进行虚假、不实、误导性的营销宣传，禁止以任何方式承诺或者保证投资收益</td></tr>
<tr><td>公众媒体广告宣传的规范要求</td><td>证券公司、证券投资咨询机构通过广播、电视、网络、报刊等公众媒体对证券投资顾问业务进行广告宣传，应当遵守《广告法》和证券信息传播的有关规定，广告宣传内容不得存在虚假、不实、误导性信息以及其他违法违规情形。
证券公司、证券投资咨询机构应当提前 5 个工作日将广告宣传方案和时间安排向公司住所地证监局、媒体所在地证监局报备</td></tr>
<tr><td>以讲座、报告会、分析会等形式进行业务推广和客户招揽的规范要求</td><td>证券公司、证券投资咨询机构通过举办讲座、报告会、分析会等形式，进行证券投资顾问业务推广和客户招揽的，应当提前 5 个工作日向举办地证监局报备</td></tr>
<tr><td>以软件工具、终端设备等为载体提供投资建议</td><td colspan="2">以软件工具、终端设备等为载体，向客户提供投资建议或者类似功能服务的，除遵守上述规定外，还应当符合下列要求：①客观说明软件工具、终端设备的功能，不得对其功能进行虚假、不实、误导性宣传；②揭示软件工具、终端设备的固有缺陷和使用风险，不得隐瞒或者有重大遗漏；③说明软件工具、终端设备所使用的数据信息来源；④表示软件工具、终端设备具有选择证券投资品种或者提示买卖时机功能的，应当说明其方法和局限性</td></tr>
<tr><td>以合作方式提供证券投资顾问服务</td><td colspan="2">证券公司、证券投资咨询机构以合作方式向客户提供证券投资顾问服务，应当对服务方式、报酬支付、投诉处理等作出约定，明确当事人的权利和义务</td></tr>
</table>

（三）证券投资顾问业务的内部控制要求

（1）证券投资顾问人员管理制度要求。证券公司、证券投资咨询机构应当制定证券投资顾问人员管理制度，加强对证券投资顾问人员注册登记、岗位职责、执业行为的管理。

（2）证券投资顾问业务管理制度、合规管理和风险控制机制要求。证券公司、证券投资咨询机构应当建立健全证券投资顾问业务管理制度、合规管理和风险控制机制，覆盖业务推广、协议签订、服务提供、客户回访、投诉处理等业务环节。

(3)保证与服务方式、业务规模相适应。证券公司、证券投资咨询机构从事证券投资顾问业务,应当保证证券投资顾问人员数量、业务能力、合规管理和风险控制与服务方式、业务规模相适应。

(4)业务留痕管理和档案保存要求。证券公司、证券投资咨询机构应当对证券投资顾问业务推广、协议签订、服务提供、客户回访、投诉处理等环节实行留痕管理;向客户提供投资建议的时间、内容、方式和依据等信息,应当以书面或者电子文件形式予以记录留存;证券投资顾问业务档案的保存期限自协议终止之日起不得少于5年。

(5)人员培训要求。证券公司、证券投资咨询机构应当加强人员培训,提升证券投资顾问的职业操守、合规意识和专业服务能力。

五、证券公司等向社会公众开展证券投资咨询业务活动的有关规定★★★

(一)资质要求

任何机构或个人从事就证券市场、证券品种的走势、投资证券的可行性,以口头、书面、电脑网络或者中国证监会认定的其他形式向公众提供分析、预测或建议的业务,必须先行取得中国证监会授予的证券投资咨询业务资格证书或者证券投资咨询人员执业证书。

(二)基本原则

证券投资咨询机构及其执业人员从事证券投资咨询活动必须遵循客观公正、诚实信用的基本原则:

(1)不得以虚假信息、内幕信息或者市场传言为依据向客户或投资者提供分析、预测或建议。

(2)预测证券市场、证券品种的走势或者就投资证券的可行性进行建议时需有充分的理由和依据,不得主观臆断。

(3)证券投资分析报告、投资分析文章等形式的咨询服务产品不得有建议投资者在具体证券品种上进行具体价位买卖等方面的内容。

(4)证券投资咨询机构及其执业人员不得参加媒体等机构举办的荐股“擂台赛”、模拟证券投资大赛或类似的栏目或节目。

(5)证券投资咨询机构及其执业人员有权拒绝媒体对其所提供的稿件进行断章取义、作有损原意的删节和修改,并自提供之日起将其稿件以书面形式保存3年。

(6)证券投资咨询执业人员向公众提供证券投资分析报告、投资分析文章等形式的咨询服务时,须先行取得所在机构的同意或认可。

(三)执业回避

证券投资咨询机构及其执业人员在与自身有利害冲突的下列情况下应当进行执业回避：

(1)经中国证监会核准的公开发行证券的企业的承销商或上市推荐人及其所属的证券投资咨询机构和证券投资咨询执业人员(包括自有关证券公开发行之日起18个月内调离的证券投资咨询执业人员),不得在公众传播媒体上刊登或发布其为客户撰写的投资价值分析报告,也不得以假借其他机构和个人名义等方式变相从事前述业务。

(2)证券公司的自营、受托投资管理、财务顾问和投资银行等业务部门的专业人员在离开原岗位后的6个月内不得从事面向社会公众开展的证券投资咨询业务。

(3)证券投资咨询机构或其执业人员在知悉本机构、本人以及财产上的利害关系人与有关证券有利害关系时,不得就该证券的走势或投资的可行性提出评价或建议。

(4)中国证监会根据合理理由认定的其他可能存在利益冲突的情形。

(四)信息披露

证券投资咨询机构或其执业人员在预测证券品种的走势或对投资证券的可行性提出建议时,应明确表示在自己所知情的范围内本机构、本人以及财产上的利害关系人与所评价或推荐的证券是否有利害关系。

六、利用"荐股软件"从事证券投资咨询业务的相关规定★★★

(一)"荐股软件"的概念

"荐股软件"是指具备下列一项或多项证券投资咨询服务功能的软件产品、软件工具或者终端设备：

(1)提供涉及具体证券投资品种的投资分析意见,或者预测具体证券投资品种的价格走势。

(2)提供具体证券投资品种选择建议。

(3)提供具体证券投资品种的买卖时机建议。

(4)提供其他证券投资分析、预测或者建议。

具备证券信息汇总或者证券投资品种历史数据统计功能,但不具备上述第(1)至第(4)点所列功能的软件产品、软件工具或者终端设备,不属于"荐股软件"。

(二)资格管理

向投资者销售或者提供"荐股软件",并直接或者间接获取经济利益的,属于从事证券投资咨询业务,应当经中国证监会许可,取得证券投资咨询业务资格。

（三）基本原则

证券投资咨询机构利用“荐股软件”从事证券投资咨询业务，应当遵循客观公正、诚实信用原则，不得误导、欺诈客户，不得损害客户利益。

（四）主要监管要求

（1）在公司营业场所、公司网站、中国证券业协会网站公示信息，包括但不限于公司名称、住所、联系方式，投诉电话，证券投资咨询业务许可证号，证券投资咨询执业人员姓名及其执业资格编码；同时，还应当通过公司网站公示产品分类、具体功能、产品价格、服务收费标准和收费方式等信息。

（2）将“荐股软件”销售（服务）协议格式、营销宣传、产品推介等材料报住所地证监局和中国证券业协会备案。

（3）遵循客户适当性原则，制定了解客户的制度和流程，对“荐股软件”产品进行分类分级，并向客户揭示产品的特点及风险，将合适的产品销售给适当的客户。

（4）在合同签订、产品销售、服务提供、客户回访、投诉处理等各个业务环节中，加强投资者教育和客户权益保护。证券投资咨询机构应当主动告知客户公司及执业人员的证券投资咨询业务资格及其查询方式；客观、准确告知客户“荐股软件”的作用，全面揭示“荐股软件”存在的局限和纠纷解决方式；主动向客户提示非法证券投资咨询活动的风险和危害。

（5）公平对待客户，不得通过诱导客户升级付费等方式，将相同产品以不同价格销售给不同客户。

（6）建立健全内部管理制度，实现对营销和服务过程的客观、完整、全面留痕，并将留痕记录归档管理；相关业务档案的保存期限自相关协议终止之日起不得少于5年。

（7）通过网络、电话、短信方式营销产品、提供服务的，应当明确告知客户公司的联系方式，并提醒客户发现营销或者服务人员通过其他方式联系时，可以向本公司反映、举报，也可以向中国证监会及其派出机构投诉、举报。

（8）不得对产品功能和服务业绩进行虚假、不实、夸大、误导性的营销宣传，不得以任何方式向客户承诺或者保证投资收益。

（9）产品销售、协议签订、服务提供、客户回访、投诉处理等业务环节均应当自行开展，不得委托未取得证券投资咨询业务资格的机构和个人代理。

七、证券基金经营机构使用香港机构证券投资咨询服务的有关规定★

根据《证券基金经营机构使用香港机构证券投资咨询服务暂行规定》，港股通下内地证券公司、公开募集证券投资基金的基金管理人（以下统称“证券基金经营机构”）使用香港机构证券投资咨询服务，应当遵守以下要求（见表3-16所示）：

表 3-16 证券基金经营机构使用香港机构证券投资咨询服务的有关规定

项目	事项	内容
业务模式	港股研究报告	允许证券公司或者其子公司(以下统称“证券公司”)经香港机构授权,将机构发布的就港股通股票提供投资分析意见的证券研究报告(以下统称“港股研究报告”)转发给客户
	港股投资顾问	允许证券基金经营机构委托香港机构,为证券基金经营机构管理的参与港股通的证券投资基金,提供关于港股通股票的投资建议服务(以下统称“港股投资顾问服务”)
机构资质管理	转发港股研究报告的内地机构	从事发布证券研究报告业务的证券公司可以向客户转发港股研究报告,但最近3年因发布证券研究报告业务违法违规行为受到行政处罚或者被采取重大行政监管措施的证券公司除外
	发布港股研究报告的香港机构	证券公司转发香港机构发布的港股研究报告,应当对该香港机构进行审查,确保其经香港证及期货事务监察委员会(以下简称“香港证监会”)批准取得证券提供意见牌照,并具有发布证券研究报告业务经验
	提供港股投资顾问服务的香港机构	证券基金经营机构委托香港机构提供港股投资顾问服务,应当履行尽职调查义务,确保其经香港证监会批准取得就证券提供意见和资产管理牌照,并具有资产管理业务经验
内地机构转发港股研究报告的业务规范	建立港股研究报告转发审查机制	证券公司应当建立港股研究报告转发审查机制,安排证券分析师、合规管理人员对港股研究报告是否符合下列要求进行审查: ①在港股研究报告上署名的香港机构人员已取得就证券提供意见牌照。 ②香港机构发布港股研究报告的程序符合香港证监会的规定。 ③港股研究报告的内容符合内地有关规定,不得损害国家安全、社会公共利益或者扰乱证券市场秩序。 ④除对港股通股票进行行业可比分析的需要或者中国证监会另有规定外,港股研究报告不得就港股通股票以外的证券形成证券估值、投资评级等投资分析意见。 证券公司不得转发不符合前述规定要求的港股研究报告
	告知内地发布证券研究报告规定	证券公司应当告知香港机构内地发布证券研究报告有关规定
	符合内地发布证券研究报告规定	证券公司应当在发布对象公平对待、利益冲突防范、信息披露、跨越隔离墙行为管理、静默期安排、留痕管理方面符合内地发布证券研究报告有关规定
	对客户承担责任	证券公司依法就港股研究报告的内容和转发行为对客户承担责任
	陪同参与客户交流活动	根据证券公司需求,香港机构取得就证券提供意见牌照的持牌代表通过电话会议、证券公司转发邮件方式,就港股研究报告的内容与证券公司的客户进行交流的,证券公司应当陪同参与,确保交流方式与内容符合内地有关规定,并记录交流情况。相关业务档案的保存期限不得少于5年
	签订协议	证券公司应当与香港机构签订协议,约定双方的权利、义务和责任,服务的内容、方式和禁止行为等事项

续表

项目	事项	内容
内地证券基金经营机构使用港股投资顾问服务的业务规范	履行主动管理职责	证券基金经营机构应当履行主动管理职责，自主作出投资决策，不得委托提供港股投资顾问服务的香港机构直接执行投资指令。证券基金经营机构作为基金管理人依法应当承担的责任不因委托而免除
	签订协议	证券基金经营机构应当与提供港股投资顾问服务的香港机构签订协议，约定双方的权利、义务和责任，服务的内容、方式和禁止行为等事项
	信息披露	证券基金经营机构应当在基金合同或者招募说明书中如实披露使用港股投资顾问服务的情况，包括提供港股投资顾问服务的香港机构的名称、注册地址、办公地址、成立时间、最近一个会计年度管理的证券资产规模、主要负责人及联系方式等信息，并充分说明和揭示委托香港机构提供港股投资顾问服务可能产生的风险
	留痕管理	证券基金经营机构应当对使用港股通投资顾问服务的情况实行留痕管理，以书面或者电子文件形式记录香港机构提供港股投资顾问服务的时间、方式、内容和依据等信息。相关业务档案的保存期限自协议终止之日起不得少于5年
香港机构的业务规范	符合内地和香港的规定	香港机构应当确保其发布港股研究报告、授权证券公司转发港股研究报告、为证券基金经营机构提供港股投资顾问服务的行为，符合内地和香港有关发布证券研究报告及证券投资顾问业务有关规定
	责任承担	香港机构依法就港股研究报告的内容和发布行为对证券公司承担责任，证券公司依法就港股研究报告的内容和转发行为对客户承担责任
	与客户交流	除内地机构转发港股研究报告的业务规范第5项规定的根据证券公司需求，通过电话会议、证券公司转发邮式、就港股研究报告的内容与证券公司的客户进行交流外，香港机构取得就证券提供意见牌照的持牌代表和销售人员不得就港股研究报告的内容与证券公司的客户进行交流
	配合监管工作	香港机构应当承诺配合中国证监会及其派出机构的监管工作，按照要求提供有关业务资料和信息
备案管理	使用香港机构证券投资咨询服务	证券基金经营机构使用符合下列情形之一的香港机构的证券投资咨询服务的，应当自签订协议之日起5个工作日内，将协议、香港机构签署的承诺书、香港机构符合资质的证明文件报住所地或者经营所在地中国证监会派出机构备案： ①与证券基金经营机构存在控制关系或者受同一金融机构控制 ②提供港股研究报告的香港机构从事发布证券研究报告业务3年以上，且有20名以上经香港证监会批准取得就证券提供意见牌照的持牌代表 ③提供港股投资顾问服务的香港机构从事资产管理业务5年以上，且最近一个会计年度管理的证券资产不少于100亿港元或者等值货币 除前述情形外，证券基金经营机构其他香港机构证券投资咨询服务的，还当向住所地或者经营所在地中国证监会派出机构报送说明选择该香港机构理由的专项报告。中国证监会派出机构应当根据专项报告审慎评估证券基金经营机构使用该香港机构证券投资咨询服务的风险情况，未提异议的，应当在协议签订之日起1个月内对证券基金经营机构使用香港机构证券投资咨询服务的情况进行专项现场检查

续表

项目	事项	内容
备案管理	注册或者备案使用港股投资顾问服务的证券投资基金	证券基金经营机构注册或者备案使用港股投资顾问服务的证券投资基金，除按《证券投资基金法》等有关规定提交材料外，还应当提交以下文件： ①香港机构的营业执照及经香港证监会批准取得的业务许可证明文件（复印件） ②香港机构在中国证券投资基金业协会完成基本信息备案的证明文件 ③境外注册会计师出具的有关香港机构上一年度末资产管理规模证明文件 ④香港机构风险控制、合规管理和证券投资顾问业务管理主要制度的说明 ⑤香港机构最近一年经审计的财务报表 ⑥香港机构及其关联方在内地设立机构及业务活动情况说明 ⑦证券基金经营机构与香港机构签订的协议 ⑧就使用港股投资顾问服务向投资者披露信息、揭示风险的材料

八、证券投资咨询人员执业行为准则★★★

（一）证券投资咨询人员执业行为的总体要求（见图3-10所示）

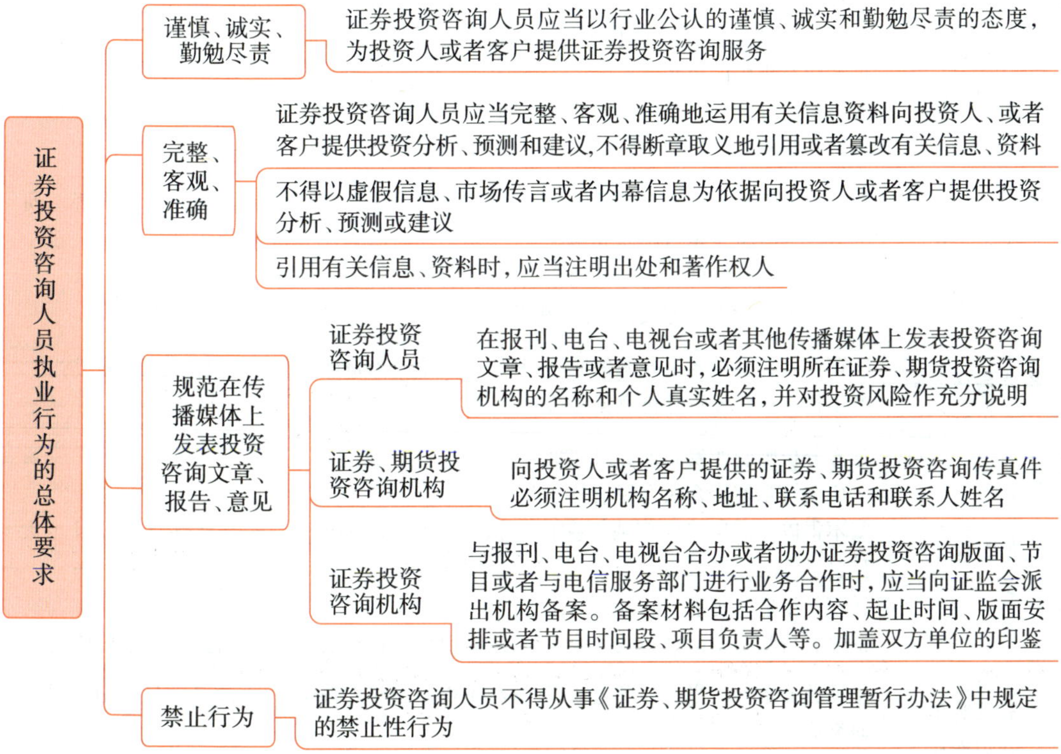

图3-10　证券投资咨询人员执业行为的总体要求

（二）证券分析师、证券投资顾问执业行为准则

1.证券分析师执业行为准则

证券分析师应当自觉遵守法律、法规、中国证监会的有关规定、行业自律规则以及所在从事发布证券研究报告业务的机构（以下简称“经营机构”）的内部管理制度，规范执业行为。不得私自以公司名义、冠以公司职务或者其他容易引发身份误导的方式对外公开发表言论。

证券分析师应当遵循独立、客观、公平、审慎、专业、诚信的执业原则，自觉弘扬行业优秀文化，加强自身职业道德修养，规范自身行为，履行社会责任，遵守社会公德。

证券分析师执业行为准则的具体内容，如表3-17所示。

表3-17　证券分析师执业行为准则的具体内容

执业行为准则	具体内容
保持独立性	①证券分析师应当保持独立性，不因所在公司内部其他部门、证券发行人、上市公司、基金管理公司、资产管理公司等利益相关者的不当要求而放弃自己的独立立场 ②证券分析师在执业过程中，不得向上市公司、证券发行人、基金管理公司、资产管理公司以及其他利益相关者提供、索要或接受任何贵重财物或可能对证券分析师独立客观执业构成不利影响的其他利益
保持客观性	证券分析师制作发布证券研究报告、提供相关服务： ①不得用以往推荐具体证券的表现佐证未来预测的准确性 ②不得对具体的研究观点或结论进行保证或夸大
公平对待发布对象	①证券分析师应当通过公司规定的系统平台发布证券研究报告 ②不得通过短信、个人邮件等方式向特定客户、公司内部部门提供或泄露尚未发布的证券研究报告内容和观点 ③不得通过论坛、博客、微博等互联网平台对外提供或泄露尚未发布的证券研究报告内容和观点
认真审慎、专业严谨	①证券分析师制作发布证券研究报告，应当基于认真审慎的工作态度、专业严谨的研究方法与分析逻辑得出研究结论 ②证券研究报告的分析与结论应当保持逻辑一致性 ③制作发布证券研究报告、提供相关服务，应当向客户进行必要的风险提示
恪守诚信原则	①证券分析师应当恪守诚信原则，其研究结论应当是证券分析师真实意思的表达 ②不得在提供投资分析意见时违背自身真实意思误导投资者
信息保密	证券分析师制作发布证券研究报告： ①应当自觉使用合法合规信息 ②不得以任何形式使用或泄露国家保密信息、上市公司内幕信息以及未公开重大信息 ③不得编造并传播虚假、不实、误导性信息 证券分析师引用信息和数据来源时，应对引用信息和数据来源进行核实，审慎使用
充分尊重知识产权	①证券分析师应当充分尊重知识产权，不得抄袭他人著作、论文或其他证券分析师的研究成果 ②在证券研究报告中引用他人著作、论文或研究成果时，应当加以注明

续表

执业行为准则	具体内容
报告违法违规事项	证券分析师明知特定客户、公司内部其他部门的要求或拟委托的事项违反了法律、法规、中国证监会监管规定、行业自律规则以及公司管理制度的,应当予以拒绝,并及时向公司报告
防范利益冲突	①证券分析师在执业过程中遇到自身利益与公司利益、客户利益存在冲突时,应当主动向公司报告 ②证券分析师的配偶、子女、父母担任其所研究覆盖的上市公司的董事、监事、高级管理人员的,证券分析师应当按照公司的规定进行执业回避或者在证券研究报告中对上述事实进行披露 ③证券分析师只能与一家经营机构签订劳动合同,不得以任何形式同时在两家或两家以上的机构执业 ④证券分析师不得在公司内部或外部兼任有损其独立性与客观性的其他职务,包括担任上市公司的独立董事
珍惜职业称号和职业声誉	证券分析师应当珍惜职业称号和职业声誉,以真实姓名执业
防范不正当竞争	①证券分析师参加媒体组织的研究评价活动,应当经所在公司同意,秉承公平竞争的原则,不得以不正当手段争取较高的研究评价结果 ②应当相互尊重,共同维护行业声誉,不得在公众场合及媒体上发表贬低、损害同行声誉的言论,不得以不正当手段与同行竞争
规范参与公众交流活动	证券分析师通过广播、电视、网络、报刊等公众媒体、自媒体以及报告会、交流会等形式,发表涉及具体证券的评论意见,应当严格执行证券信息传播及中国证监会的相关规定,准确地表述自己的研究观点,不得与其所在公司已发布证券研究报告的最新意见和建议相矛盾,也不得就所在研究机构未覆盖的公司发表证券估值或投资评级意见
维护所在机构利益	①证券分析师应当遵守所在公司的管理制度,履行岗位职责,充分尊重和维护所在公司的合法权益 ②证券分析师离职后,应当履行与原所在公司所签署的劳动合同或协议的有关约定,承担相应的保密、竞业限制、培训赔偿等义务
进行外部沟通的规定	证券分析师通过路演、电话等传统方式或各类新媒体工具和外部进行沟通,应当符合第 20 条的有关规定,提供研究报告后续解读服务应是对既往已发布报告的解读,不涉及新的分析意见
备案、记录及存档制度	证券分析师应向公司备案其使用的与提供证券研究报告服务有关的聊天群、自媒体账号、云共享平台账号等,并报备与业务有关的使用记录和发布内容;对其他方式服务客户的,应当做好客户服务记录,并及时存档检查
邀请外部专家参与证券投资咨询服务	证券分析师应按照公司有关规定邀请外部专家参与证券投资咨询服务以外的咨询服务,并对专家身份进行认真核实,将经核实的专家身份告知投资者,不得有虚假或误导性成份,并告知外部专家必须遵守的合规要求
加强后续培训	证券分析师应当按照中国证券业协会的相关规定参加后续执业培训,积极参加所在公司组织的业务培训及合规培训,认真学习和领会国家路线方针政策,不断提高专业能力、执业水平以及合规意识
引导市场预期、传递正能量	证券公司首席经济学家、分析师应充分发挥在行业形成的重要影响力,聚集经济金融形势、资本市场和行业发展等研究,客观、专业、审慎发表研究观点,在引导市场预期、传递正能量方面发挥积极作用

2. 证券投资顾问执业行为准则

证券投资顾问应当遵循诚实信用原则，勤勉、审慎地为客户提供证券投资顾问服务。

证券投资顾问执业行为准则的具体内容，如表 3-18 所示。

表 3-18　证券投资顾问执业行为准则的具体内容

执业行为准则	具体内容
忠实客户利益	①证券投资顾问不得为公司及其关联方的利益损害客户利益 ②不得为证券投资顾问人员及其利益相关者的利益损害客户利益 ③不得为特定客户利益损害其他客户利益
提供适当的投资建议服务	证券投资顾问应当根据了解的客户情况，在评估客户风险承受能力和服务需求的基础上，向客户提供适当的投资建议服务，并提示潜在的投资风险
提供投资建议应具有合理依据	证券投资顾问向客户提供投资建议，应当具有合理的依据 投资建议的依据包括证券研究报告或者基于证券研究报告、理论模型以及分析方法形成的投资分析意见等
规范参与媒体证券节目	证券投资顾问参与媒体证券节目的，应当按照证券信息传播的有关规定，通过广播、电视、网络、报刊等公众媒体，客观、专业、审慎地对宏观经济、行业状况、证券市场变动情况发表评论意见，为公众投资者提供证券资讯服务，传播证券知识，揭示投资风险，引导理性投资
禁止行为	证券投资顾问不得从事下列活动： ①以任何方式向客户承诺或者保证投资收益 ②对服务能力和过往业绩进行虚假、不实、误导性的营销宣传 ③向他人泄露客户的投资决策计划信息 ④以个人名义向客户收取证券投资顾问服务费用 ⑤通过广播、电视、网络、报刊等公众媒体作出买入、卖出或者持有具体证券的投资建议

九、法律责任和监管措施

（一）法律责任

1. 对证券投资咨询业务的行政处罚★★★

（1）未经中国证监会许可，擅自从事证券投资咨询业务的，由证监会派出机构责令停止，并处没收违法所得和违法所得等值以下的罚款。

（2）证券投资咨询机构有下列行为之一的，由证监会派出机构处 1 万元以上 5 万元以下的罚款；情节严重的，证监会派出机构应当向中国证监会报告，由中国证监会作出暂停或者撤销其业务资格的处罚：

①向证券监管部门报送的文件、资料有虚假陈述或者重大遗漏的。

②未按照规定履行报告和年检义务的。

③未按照规定履行对本机构有关情况发生变化的变更手续的。

④本机构证券投资咨询人员违反规定，受到证券监管部门行政处罚的。

⑤干扰、阻碍证监会派出机构检查、调查，或者隐瞒、销毁证据的。

(3)证券投资咨询机构有下列行为之一的，由证监会派出机构单处或者并处警告、没收违法所得、1 万元以上 10 万元以下罚款；情节严重的，证监会派出机构应当向中国证监会报告，由中国证监会作出暂停或者撤销业务资格的处罚；构成犯罪的，依法追究刑事责任：

①证券、期货投资咨询人员同时在 2 个或 2 个以上的证券、期货投资咨询机构执业的。

②未以行业公认的谨慎、诚实和勤勉尽责的态度，为投资人或者客户提供证券投资咨询服务的。

③未完整、客观、准确地运用有关信息、资料向投资人或者客户提供投资分析、预测和建议；断章取义地引用或者篡改有关信息、资料；引用有关信息、资料时未注明出处和著作权人的。

④以虚假信息、市场传言或者内幕信息为依据向投资人或者客户提供投资分析、预测或建议的。

⑤在报刊、电台、电视台或者其他传播媒体上发表投资咨询文章、报告或者意见时未注明所在证券、期货投资咨询机构的名称和个人真实姓名；未对投资风险作充分说明；提供的证券投资咨询传真件未注明机构名称、地址、联系电话和联系人姓名的。

⑥与报刊、电台、电视台合办或者协办证券、期货投资咨询版面、节目或者与电信服务部门进行业务合作时未向证监会派出机构备案。

⑦代理投资人从事证券买卖；向投资人承诺证券投资收益；与投资人约定分享投资收益或者分担投资损失；为自己买卖股票及具有股票性质、功能的证券；利用咨询服务与他人合谋操纵市场或者进行内幕交易；从事法律、法规、规章所禁止的其他证券、期货欺诈行为的。

⑧就同一问题向不同客户提供的投资分析、预测或者建议不一致的；就同一问题向社会公众和其自营部门提供的咨询意见不一致，为自营业务获利的需要误导社会公众的。

⑨未将其向投资人或者社会公众提供的投资咨询资料自提供之日起保存 2 年。

证券投资咨询人员违反上述第①②③④⑤⑦点，由证监会派出机构单处或者并处警告、没收违法所得、1 万元以上 3 万元以下罚款；情节严重的，证监会派出机构应当向中国证监会报告，由中国证监会作出暂停或者撤销其业务资格的处罚；构成犯罪的，依法追究刑事责任。

(4)证券经营机构向社会公众提供本机构内部使用的证券、期货信息简报、快讯、动态以及信息系统等，或者经中国证监会批准的公开发行股票的公司的承销商或者上市推荐人及其所属证券投资咨询机构在公众传播媒体上刊登其为客户撰写的投资价值分析报告的，由证监会派出机构责令改正，并处以警告或者 1 万元以上 5 万元以下罚款。

2. 对发布证券研究报告业务和证券投资顾问业务的监管措施★

证券公司、证券投资咨询机构及其人员从事发布证券研究报告业务，违反法律、行政法规和《发布证券研究报告暂行规定》的，中国证监会及其派出机构可以采取责令改正、监管谈话、出具警示函、责令增加内部合规检查次数并提交合规检查报告、责令暂停发布证券研究报告、责令处分有关人员等监管措施；情节严重的，中国证监会依照法律、行政法规和有关规定作出行政处罚；涉嫌犯罪的，依法移送司法机关。

证券公司、证券投资咨询机构及其人员从事证券投资顾问业务，违反法律、行政法规和《证券投资顾问业务暂行规定》的，中国证监会及其派出机构可以采取责令改正、监管谈话、出具警示函、责令增加内部合规检查次数并提交合规检查报告、责令清理违规业务、责令暂停新增客户、责令处分有关人员等监管措施；情节严重的，中国证监会依照法律、行政法规和有关规定作出行政处罚；涉嫌犯罪的，依法移送司法机关。

（二）自律组织对证券投资咨询业务的自律管理措施★

中国证券业协会将对经营机构落实《发布证券研究报告执业规范》的情况组织开展执业检查。经营机构及其人员违反《发布证券研究报告执业规范》的，中国证券业协会将根据《中国证券业协会自律措施实施办法》等有关规定，视情节轻重采取谈话提醒、要求提交书面承诺、要求参加强化培训、警示、责令改正等自律管理措施或行业内通报批评、公开谴责、暂停会员权利、暂停执业、停止执业等纪律处分，并按规定将相关自律措施记入协会诚信信息管理系统，相关纪律处分信息将记入证监会诚信档案数据库。

真题实练

1. 关于不得从事面向公众开展证券投资咨询业务的情形，以下表述正确的是（　　）。

A. 自营部门的专业人员离岗后的3个月内

B. 投资银行部门的专业人员离岗后的8个月内

C. 受托投资管理等业务部门的专业人员离岗后的2个月内

D. 财务顾问部门的专业人员在离岗后6个月内

2. 根据《发布证券研究报告暂行规定》，从事发布证券研究报告业务的机构发布的证券研究报告，应当载明的事项不包括（　　）。

A. “证券研究报告”字样

B. 证券研究报告采用的信息和资料来源

C. 署名人员的证券投资咨询执业登记编号

D. 当事人的权利义务

3. 下列功能属于“荐股软件”功能的是（　　）。

Ⅰ. 预测某证券的价格走势　　Ⅱ. 建议买入某证券

Ⅲ. 建议某天买入某证券　　Ⅳ. 提供某证券的投资分析建议

A. Ⅰ、Ⅲ、Ⅳ　　B. Ⅰ、Ⅱ、Ⅲ、Ⅳ

C. Ⅰ、Ⅱ　　D. Ⅱ、Ⅲ、Ⅳ

4. 根据《证券公司风险控制指标管理办法》相关规定，证券公司经营证券自营业务，持有权益类证券及证券衍生品的规模及比例应符合（　　）。

Ⅰ. 自营权益类证券及证券衍生品的合计额不得超过净资本的100%

Ⅱ. 自营权益类证券及证券衍生品的合计额不得超过净资本的500%
Ⅲ. 持有一种权益类证券的市值与其总市值的比例不得超过10%
Ⅳ. 持有一种权益类证券的成本不得超过净资本的30%

A. Ⅰ、Ⅳ　　B. Ⅱ、Ⅳ
C. Ⅰ、Ⅲ　　D. Ⅱ、Ⅲ

【答案及解析】

1. D　**【解析】**根据《关于规范面向公众开展的证券投资咨询业务行为若干问题的通知》，证券公司的自营、受托投资管理、财务顾问和投资银行等业务部门的专业人员在离开原岗位后的6个月内不得从事面向社会公众开展的证券投资咨询业务。

2. D　**【解析】**经营机构发布的证券研究报告，应当载明下列事项：①"证券研究报告"字样；②从事发布证券研究报告业务的机构名称；③具备证券投资咨询业务资格的说明；④署名人员的证券投资咨询执业登记编号；⑤发布证券研究报告的时间；⑥证券研究报告采用的信息和资料来源；⑦使用证券研究报告的风险提示。

3. B　**【解析】**"荐股软件"是指具备下列一项或多项证券投资咨询服务功能的软件产品、软件工具或者终端设备：①提供涉及具体证券投资品种的投资分析意见，或者预测具体证券投资品种的价格走势；②提供具体证券投资品种选择建议；③提供具体证券投资品种的买卖时机建议；④提供其他证券投资分析、预测或者建议。

4. A　**【解析】**证券公司经营证券自营业务的，必须符合下列规定：①自营权益类证券及证券衍生品的合计额不得超过净资本的100%；②自营固定收益类证券的合计额不得超过净资本的500%；③持有一种权益类证券的成本不得超过净资本的30%；④持有一种权益类证券的市值与其总市值的比例不得超过5%，但因包销导致的情形和中国证监会另有规定的除外。

第三节　与证券交易、证券投资活动有关的财务顾问

考纲要求

本节考纲要求见表3-19所示。

表3-19　第三章第三节考纲要求

考纲要求	星级	具体内容
了解	★	上市公司收购以及上市公司重大资产重组等主要法律法规
熟悉	★★	①从事上市公司并购重组财务顾问业务的业务规则 ②财务顾问的监管和法律责任
掌握	★★★	财务顾问业务的业务许可情况

考点梳理

一、法规概述★

(一)法律、行政法规

《证券法》第十章"证券服务机构"就财务顾问机构在业务资格的核准管理、从业人员的要求及禁止行为、出具文件的要求与责任等方面进行了指导性规定,是中国证监会等监管机构制定监管政策、实施监督管理的重要法律依据之一。

(二)部门规章及规范性文件

与证券交易、证券投资活动有关的财务顾问涉及的主要部门规章及规范性文件包括《上市公司收购管理办法》《上市公司重大资产重组管理办法》《上市公司并购重组财务顾问业务管理办法》等。此外,中国证监会、上海证券交易所和深圳证券交易所还制定发布了一系列规定、指引等,对财务顾问的执业行为进行规范、监管。

二、财务顾问业务资格的核准★★★

(一)基本概念

上市公司并购重组财务顾问业务,是指为上市公司的收购、重大资产重组、合并、分立、股份回购等对上市公司股权结构、资产和负债、收入和利润等具有重大影响的并购重组活动提供交易估值、方案设计、出具专业意见等专业服务。

(二)业务资格

依据《上市公司并购重组财务顾问业务管理办法》,经中国证监会核准具有上市公司并购重组财务顾问业务资格的证券公司、证券投资咨询机构或者其他符合条件的财务顾问机构,可以依照该办法的规定从事上市公司并购重组财务顾问业务。未经中国证监会核准,任何单位和个人不得从事上市公司并购重组财务顾问业务。上市公司并购重组活动涉及公开发行股票的,应当按照有关规定聘请具有保荐资格的证券公司从事相关业务。

此外,不得担任财务顾问或独立财务顾问的情形如表 3-20 所示。

表 3-20 不得担任财务顾问或独立财务顾问的情形

情形	具体规定
不得担任财务顾问的情形	证券公司、证券投资咨询机构和其他财务顾问机构有下列情形之一的,不得担任财务顾问: ①最近 24 个月内存在违反诚信的不良记录 ②最近 24 个月内因执业行为违反行业规范而受到行业自律组织的纪律处分 ③最近 36 个月内因违法违规经营受到处罚或者因涉嫌违法违规经营正在被调查
不得担任独立财务顾问的情形	证券公司、证券投资咨询机构或者其他财务顾问机构受聘担任上市公司独立财务顾问的,应当保持独立性,不得与上市公司存在利害关系;存在下列情形之一的,不得担任独立财务顾问: ①持有或者通过协议、其他安排与他人共同持有上市公司股份达到或者超过 5%,或者选派代表担任上市公司董事

续表

情形	具体规定
不得担任独立财务顾问的情形	②上市公司持有或者通过协议、其他安排与他人共同持有财务顾问的股份达到或者超过5%，或者选派代表担任财务顾问的董事 ③最近2年财务顾问与上市公司存在资产委托管理关系、相互提供担保，或者最近一年财务顾问为上市公司提供融资服务 ④财务顾问的董事、监事、高级管理人员、财务顾问主办人或者其直系亲属有在上市公司任职等影响公正履行职责的情形 ⑤在并购重组中为上市公司的交易对方提供财务顾问服务 ⑥上市公司董事会或者独立董事聘请的独立财务顾问，不得同时担任收购人的财务顾问或者与收购人的财务顾问存在关联关系 ⑦与上市公司存在利害关系、可能影响财务顾问及其财务顾问主办人独立性的其他情形

三、从事上市公司并购重组财务顾问业务的业务规则★★

（一）财务顾问的职责

（1）接受并购重组当事人的委托，对上市公司并购重组活动进行尽职调查，全面评估相关活动所涉及的风险。

（2）就上市公司并购重组活动向委托人提供专业服务，帮助委托人分析并购重组相关活动所涉及的法律、财务、经营风险，提出对策和建议，设计并购重组方案，并指导委托人按照上市公司并购重组的相关规定制作申报文件。

（3）对委托人进行证券市场规范化运作的辅导，使其熟悉有关法律、行政法规和中国证监会的规定，充分了解其应承担的义务和责任，督促其依法履行报告、公告和其他法定义务。

（4）在对上市公司并购重组活动及申报文件的真实性、准确性、完整性进行充分核查和验证的基础上，依据中国证监会的规定和监管要求，客观、公正地发表专业意见。

（5）接受委托人的委托，向中国证监会报送有关上市公司并购重组的申报材料，并根据中国证监会的审核意见，组织和协调委托人及其他专业机构进行答复。

（6）根据中国证监会的相关规定，持续督导委托人依法履行相关义务。

（7）中国证监会要求的其他事项。

（二）业务规则

1. 接受或终止委托

（1）签订协议。

财务顾问应当与委托人签订委托协议，明确双方的权利和义务，就委托人配合财务顾问履行其职责的义务、应提供的材料和责任划分、双方的保密责任等事项作出约定。

（2）接受委托。

财务顾问接受上市公司并购重组多方当事人委托的，不得存在利益冲突或者潜在的利益冲突。接受委托的，财务顾问应当指定2名财务顾问主办人负责，同时，可以安排1名项目协办人参与。

(3)终止委托。

在终止委托关系后,财务顾问应根据终止事项的不同原因、时点等及时履行相应的报告、公告程序,主要规定包括:

①委托人应当配合财务顾问进行尽职调查,提供相应的文件资料。若委托人不能提供必要的材料、不配合进行尽职调查或者限制调查范围的,财务顾问应当终止委托关系或者相应修改其结论性意见。

②财务顾问将申报文件报中国证监会审核期间,委托人和财务顾问终止委托协议的,财务顾问和委托人应当自终止之日起5个工作日内向中国证监会报告,申请撤回申报文件,并说明原因。委托人重新聘请财务顾问就同一并购重组事项进行申报的,应当在报送中国证监会的申报文件中予以说明。

③在持续督导期间,财务顾问解除委托协议的,应当及时向中国证监会派出机构作出书面报告,说明无法继续履行持续督导职责的理由,并予以公告。委托人应当在1个月内另行聘请财务顾问对其进行持续督导。

2. 尽职调查(见图3-11所示)

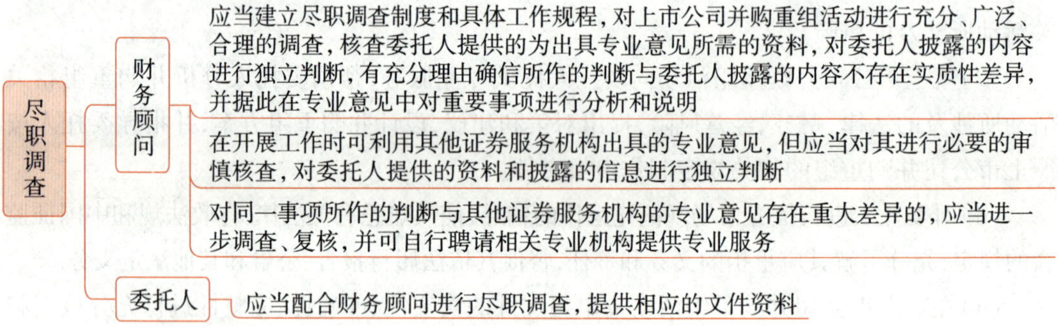

图3-11　尽职调查

3. 辅导与验收

财务顾问应当采取有效方式对新进入上市公司的董事、监事和高级管理人员、控股股东和实际控制人的主要负责人进行证券市场规范化运作的辅导,包括上述人员应履行的责任和义务、上市公司治理的基本原则、公司决策的法定程序和信息披露的基本要求,并对辅导结果进行验收,将验收结果存档。验收不合格的,财务顾问应当重新进行辅导和验收。

4. 发表专业意见

财务顾问应当设立由专业人员组成的内部核查机构,内部核查机构应当恪尽职守,保持独立判断,对相关业务活动进行充分论证与复核,并就所出具的财务顾问专业意见提出内部核查意见。

唯有在充分尽职调查和内部核查的基础上,财务顾问方可按照中国证监会的相关规定,对并购重组事项出具财务顾问专业意见,并作出相关承诺。

财务顾问的法定代表人或者其授权代表人、部门负责人、内部核查机构负责人、财务顾问主办人和项目协办人应当在财务顾问专业意见上签名，并加盖财务顾问单位公章。

5. 接受监管机构审核

财务顾问代表委托人向中国证监会提交申请文件后，应当配合中国证监会的审核，并承担以下工作：

（1）指定财务顾问主办人与中国证监会进行专业沟通，并按照中国证监会提出的反馈意见作出回复。

（2）按照中国证监会的要求对涉及本次并购重组活动的特定事项进行尽职调查或者核查。

（3）组织委托人及其他专业机构对中国证监会的意见进行答复。

（4）委托人未能在行政许可的期限内公告相关并购重组报告全文的，财务顾问应当督促委托人及时公开披露中国证监会提出的问题及委托人未能如期公告的原因。

（5）自申报至并购重组事项完成前，对于上市公司和其他并购重组当事人发生较大变化对本次并购重组构成较大影响的情况予以高度关注，并及时向中国证监会报告。

（6）申报本次担任并购重组财务顾问的收费情况。

（7）中国证监会要求的其他事项。

财务顾问应当建立健全内部报告制度，财务顾问主办人应当就中国证监会在反馈意见中提出的问题按照内部程序向部门负责人、内部核查机构负责人等相关负责人报告，并对中国证监会提出的问题进行充分的研究、论证，审慎回复。回复意见应当由财务顾问的法定代表人或者其授权代表人、财务顾问主办人和项目协办人签名，并加盖财务顾问单位公章。

6. 持续督导（见图 3–12 所示）

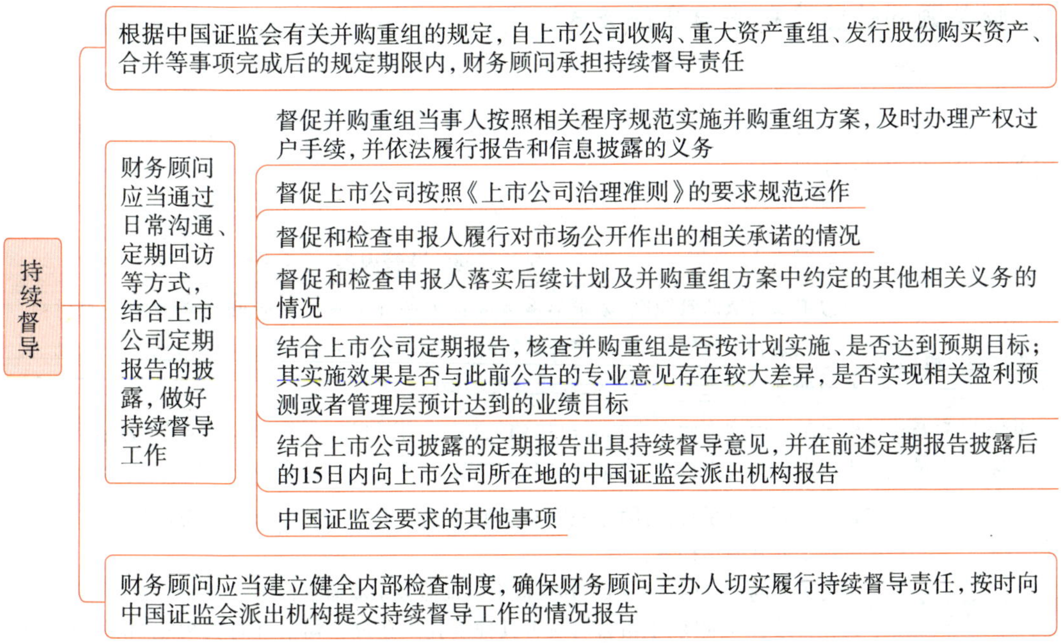

图 3–12　持续督导

7. 工作底稿

财务顾问应当建立并购重组工作档案和工作底稿制度，为每一项目建立独立的工作档案。财务顾问的工作档案和工作底稿应当真实、准确、完整，保存期不少于10年。

8. 保密责任

财务顾问及其财务顾问主办人应当严格履行保密责任，不得利用职务之便买卖相关上市公司的证券或者牟取其他不当利益，并应当督促委托人、委托人的董事、监事和高级管理人员及其他内幕信息知情人严格保密，不得进行内幕交易。

财务顾问应当按照中国证监会的要求，配合提供上市公司并购重组相关内幕信息知情人买卖、持有相关上市公司证券的文件，并向中国证监会报告内幕信息知情人的违法违规行为，配合中国证监会依法进行的调查。

9. 公平竞争

财务顾问从事上市公司并购重组财务顾问业务，应当公平竞争，按照业务复杂程度及所承担的责任和风险与委托人商议财务顾问报酬，不得以明显低于行业水平等不正当竞争手段招揽业务。

10. 接受培训

中国证券业协会可以根据《上市公司并购重组财务顾问业务管理办法》的规定，制定财务顾问执业规范，组织财务顾问主办人进行持续培训。

财务顾问可以申请加入中国证券业协会。财务顾问主办人应当参加中国证券业协会组织的相关培训，接受后续教育。

四、财务顾问的监管和法律责任★★

（一）财务顾问的监管

根据《证券法》《上市公司并购重组财务顾问业务管理办法》等法律法规，财务顾问的监管内容，如表3-21所示。

表3-21　财务顾问的监管内容

主体	财务顾问的监管内容
中国证监会及其派出机构	可以根据审慎监管原则，要求财务顾问提供按规定履行尽职调查义务的证明材料、工作档案和工作底稿，并对财务顾问的公司治理、内部控制、经营运作、风险状况、从业活动等方面进行非现场检查或者现场检查
财务顾问及其有关人员	应当配合中国证监会及其派出机构的检查工作，提交的材料应当真实、准确、完整，不得以任何理由拒绝、拖延提供有关材料，或者提供不真实、不准确、不完整的材料
中国证监会	建立监管信息系统，对财务顾问及其财务顾问主办人进行持续动态监管，并将以下事项记入其诚信档案： ①财务顾问及其财务顾问主办人被中国证监会采取监管措施的 ②在持续督导期间，上市公司或者其他委托人违反公司治理有关规定、相关资产状况及上市公司经营成果等与财务顾问的专业意见出现较大差异的 ③中国证监会认定的其他事项

（二）财务顾问的法律责任

（1）财务顾问及其财务顾问主办人出现下列情形之一的，中国证监会对其采取监管谈话、出具警示函、责令改正等监管措施：①内部控制机制和管理制度、尽职调查制度以及相关业务规则存在重大缺陷或者未得到有效执行的；②未按照相关规定发表专业意见的；③在受托报送申报材料过程中，未切实履行组织、协调义务、申报文件制作质量低下的；④未依法履行持续督导义务的；⑤未按照相关规定向中国证监会报告或者公告的；⑥违反其就上市公司并购重组相关业务活动所作承诺的；⑦违反保密制度或者未履行保密责任的；⑧采取不正当竞争手段进行恶性竞争的；⑨唆使、协助或者伙同委托人干扰中国证监会审核工作的；⑩中国证监会认定的其他情形；⑪责令改正的，财务顾问及其财务顾问主办人在改正期间，或者按照要求完成整改并经中国证监会验收合格之前，不得接受新的上市公司并购重组财务顾问业务。

（2）上市公司就并购重组事项出具盈利预测报告的，在相关并购重组活动完成后，凡不属于上市公司管理层事前无法获知且事后无法控制的原因，上市公司或者购买资产实现的利润未达到盈利预测报告或者资产评估报告预测金额 80% 的，中国证监会责令财务顾问及其财务顾问主办人在股东大会及中国证监会指定报刊上公开说明未实现盈利预测的原因并向股东和社会公众投资者道歉；利润实现数未达到盈利预测 50% 的，中国证监会可以同时对财务顾问及其财务顾问主办人采取监管谈话、出具警示函、责令定期报告等监管措施。

（3）财务顾问不再符合《上市公司并购重组财务顾问业务管理办法》规定条件的，应当在 5 个工作日内向中国证监会报告并依法进行公告，由中国证监会责令改正。责令改正期满后，仍不符合规定条件的，中国证监会撤销其从事上市公司并购重组财务顾问业务资格。

（4）财务顾问主办人发生变化的，财务顾问应当在 5 个工作日内向中国证监会报告。不再符合规定条件的，中国证监会将其从财务顾问主办人名单中去除，财务顾问不得聘请其作为财务顾问主办人从事相关业务。

（5）中国证券业协会对财务顾问及其财务顾问主办人违反自律规范的行为，依法进行调查，给予纪律处分。

（6）发行人、证券登记结算机构、证券公司、证券服务机构，未按照规定保存有关文件和资料的，责令改正，给予警告，并处以 10 万元以上 100 万元以下的罚款；泄露、隐匿、伪造、篡改或者毁损有关文件和资料的，给予警告，并处以 20 万元以上 200 万元以下的罚款；情节严重的，处以 50 万元以上 500 万元以下的罚款，并处暂停、撤销相关业务许可或者禁止从事相关业务；对直接负责的主管人员和其他直接责任人员给予警告，并处以 10 万元以上 100 万元以下的罚款。

真题实练

1. 上市公司就并购重组事项出具盈利预测报告的，在相关重组活动完成后，凡不属于上市公司管理层事前无法获知且事后无法控制的原因，购买资产实现的利润未达到盈利预测报告或者资产评估报告预测金额（　　）的，中国证监会将责令财务顾问及其财务顾问主办人在股东大会及中国证监会指定报刊上公开说明未实现盈利预测的原因并向股东和社会公众投资者道歉。

A. 50%　　B. 70%

C. 90%　　D. 80%

2. 收购人聘请的财务顾问应在收购完成后（　　）个月内，对收购人进行持续督导。

A. 36　　B. 12

C. 24　　D. 6

3. 下列关于财务顾问主办人的说法，正确的是（　　）。

Ⅰ. 财务顾问主办人切实履行持续督导责任，按时向中国证监会派出机构提交持续督导工作的情况

Ⅱ. 财务顾问主办人不得利用职务之便买卖相关上市公司的证券

Ⅲ. 中国证券业协会建立监管信息系统，对财务顾问及其财务顾问主办人进行持续动态监管

Ⅳ. 被责令改正的，财务顾问主办人在改正期间，不得从事上市公司并购重组财务顾问业务

A. Ⅰ、Ⅱ　　B. Ⅰ、Ⅱ、Ⅲ、Ⅳ

C. Ⅰ、Ⅱ、Ⅳ　　D. Ⅲ、Ⅳ

4. 证券公司存在下列（　　）情形的，不得担任独立财务顾问。

Ⅰ. 持有上市公司 4.01% 的股份

Ⅱ. 选派代表担任上市公司董事

Ⅲ. 上市公司通过协议与他人共同持有财务顾问的股份达到或者超过 5%

Ⅳ. 近 1 年财务顾问为上市公司提供融资服务

A. Ⅱ、Ⅲ、Ⅳ　　B. Ⅰ、Ⅱ、Ⅲ

C. Ⅰ、Ⅱ、Ⅲ、Ⅳ　　D. Ⅰ、Ⅲ、Ⅳ

【答案及解析】

1. D　【解析】根据《上市公司并购重组财务顾问业务管理办法》，上市公司就并购重组事项出具盈利预测报告的，在相关并购重组活动完成后，凡不属于上市公司管理层事前无法获知且事后无法控制的原因，上市公司或者购买资产实现的利润未达到盈利预测报告或者资产评估报告预测金额 80% 的，中国证监会责令财务顾问及其财务顾问主办人在股东大会及中国证监会指定报刊上公开说明未实现盈利预测的原因并向股东

和社会公众投资者道歉；利润实现数未达到盈利预测50%的，中国证监会可以同时对财务顾问及其财务顾问主办人采取监管谈话、出具警示函、责令定期报告等监管措施。

2. B　【解析】根据《发布证券研究报告暂行规定》，自收购人公告上市公司收购报告书至收购完成后12个月内，财务顾问应当通过日常沟通、定期回访等方式，关注上市公司的经营情况，结合被收购公司定期报告和临时公告的披露事宜，对收购人及被收购公司履行持续督导职责。

3. A　【解析】Ⅲ错误，根据《上市公司并购重组财务顾问业务管理办法》，中国证监会建立监管信息系统，对财务顾问及其财务顾问主办人进行持续动态监管。Ⅳ错误，根据《上市公司并购重组财务顾问业务管理办法》，被责令改正的，财务顾问及其财务顾问主办人在改正期间，或者按照要求完成整改并经中国证监会验收合格之前，不得接受新的上市公司并购重组财务顾问业务。

4. A　【解析】根据《上市公司并购重组财务顾问业务管理办法》，证券公司、证券投资咨询机构或者其他财务顾问机构存在下列情形之一的，不得担任独立财务顾问：①持有或者通过协议、其他安排与他人共同持有上市公司股份达到或者超过5%，或者选派代表担任上市公司董事；②上市公司持有或者通过协议、其他安排与他人共同持有财务顾问的股份达到或者超过5%，或者选派代表担任财务顾问的董事；③最近2年财务顾问与上市公司存在资产委托管理关系、相互提供担保，或者最近一年财务顾问为上市公司提供融资服务；④财务顾问的董事、监事、高级管理人员、财务顾问主办人或者其直系亲属有在上市公司任职等影响公正履行职责的情形；⑤在并购重组中为上市公司的交易对方提供财务顾问服务；⑥与上市公司存在利害关系、可能影响财务顾问及其财务顾问主办人独立性的其他情形。

第四节　证券承销与保荐

考纲要求

本节考纲要求见表3-22所示。

表3-22　第三章第四节考纲要求

考纲要求	星级	具体内容
了解	★	①证券公司发行与承销业务的主要法律法规 ②证券发行与承销信息披露的有关规定
熟悉	★★	①证券发行上市保荐业务的一般规定 ②监管部门对证券发行与承销的监管措施
掌握	★★★	①证券公司发行与承销业务的内部控制规定 ②违反证券发行与承销有关规定的法律责任

考点梳理

一、证券公司发行与承销业务的主要法律法规★

证券公司发行与承销业务的主要法律法规，如表3-23所示。

表3-23 证券公司发行与承销业务的主要法律法规

法律法规	分类	具体法规名称
主要法律、行政法规	《公司法》《证券法》《企业债券管理条例》等	
证券（股票类）发行与承销业务的主要部门规章及规范性文件	证券（股票类）发行与承销业务	《证券发行上市保荐业务管理办法》《证券发行与承销管理办法》《首次公开发行股票并上市管理办法》等
	科创板证券（股票类）发行与承销业务	《关于在上海证券交易所设立科创板并试点注册制的实施意见》《科创板首次公开发行股票注册管理办法（试行）》等
债券发行与承销的主要部门规章及规范性文件	公司债券发行与承销	《公司债券发行与交易管理办法》《非公开发行公司债券备案管理办法》《非公开发行公司债券项目承接负面清单指引》等
	企业债券发行与承销	《国家发展改革委关于进一步改进和加强企业债券管理工作的通知》《关于进一步推进企业债券市场化方向改革有关工作的意见》等
	金融债券发行与承销	《全国银行间债券市场金融债券发行管理办法》《全国银行间债券市场金融债券发行管理操作规程》《证券公司次级债管理规定》等
	非金融企业债务融资工具发行与承销	《银行间债券市场非金融企业债务融资工具管理办法》《银行间债券市场非金融企业中期票据业务指引》《银行间债券市场非金融企业短期融资券业务指引》等

二、证券发行上市保荐业务的一般规定★★

（一）证券（股票类）发行上市保荐业务的一般规定

（1）发行人应当就下列事项聘请具有保荐机构资格的证券公司履行保荐职责：首次公开发行股票并上市；上市公司发行新股、可转换公司债券；中国证监会认定的其他情形。

（2）证券公司从事证券（股票类）发行上市保荐业务，应依照《证券发行上市保荐业务管理办法》的规定向中国证监会申请保荐机构资格；保荐机构履行保荐职责，应当指定依照本办法规定取得保荐代表人资格的个人具体负责保荐工作；未经中国证监会核准，任何机构和个人不得从事保荐业务。

（3）同次发行的证券（股票类），其发行保荐和上市保荐应当由同一保荐机构承担，保荐机构依法对发行人申请文件、证券（股票类）发行募集文件进行核查，向中国证监会、证券交易所出具保荐意见;保荐机构应当保证所出具的文件真实、准确、完整。发行规模达到一定数量的,可以采用联合保荐,但参与联合保荐的保荐机构不得超过 2 家。发行的主承销商可以由该保荐机构担任,也可以由其他具有保荐机构资格的证券公司与该保荐机构共同担任。

(4)发行人及其董事、监事、高级管理人员,为证券(股票类)发行上市制作、出具有关文件的律师事务所、会计师事务所、资产评估机构等证券服务机构及其签字人员,应当依照法律、行政法规和中国证监会的规定,配合保荐机构及其保荐代表人履行保荐职责,并承担相应的责任。

(5)保荐机构及其保荐代表人,履行保荐职责,不能减轻或者免除发行人及其董事、监事、高级管理人员、证券服务机构及其签字人员的责任。

(6)中国证监会,依法对保荐机构及其保荐代表人进行监督管理。中国证券业协会,对保荐机构及其保荐代表人进行自律管理。

(二)债券发行业务的一般规定

1. 公司债券发行业务

公司债券发行业务的主要内容,如表 3-24 所示。

表 3-24　公司债券发行业务的主要内容

事项	一般规定
概念	公司债券,是指公司依照法定程序发行、约定在一定期限还本付息的有价证券
类型	公司债券可以公开发行,也可以非公开发行,包括在中华人民共和国境内,公开发行公司债券并在证券交易所、全国中小企业股份转让系统交易或转让,非公开发行公司债券并按照规定承销或自行销售,或在证券交易所、全国中小企业股份转让系统、机构间私募产品报价与服务系统、证券公司柜台转让的情形以及法律法规和中国证监会另有规定的其他情形
原则	发行人及其控股股东、实际控制人应当诚实守信,发行人的董事、监事、高级管理人员应当勤勉尽责,维护债券持有人享有的法定权利和债券募集说明书约定的权利
文件要求	债券募集说明书及其他信息披露文件所引用的审计报告、资产评估报告、评级报告,应当由具有从事证券服务业务资格的机构出具 债券募集说明书所引用的法律意见书,应当由律师事务所出具,并由 2 名执业律师和所在律师事务所负责人签署
对服务机构及人员的要求	为公司债券发行提供服务的承销机构、资信评级机构、受托管理人、会计师事务所、资产评估机构、律师事务所等专业机构和人员应当勤勉尽责,严格遵守执业规范和监管规则,按规定和约定履行义务
对发行人、承销机构及其相关人员的规定	发行人、承销机构及其相关工作人员在发行定价和配售过程中,不得有违反公平竞争、进行利益输送、直接或间接谋取不正当利益以及其他破坏市场秩序的行为
风险承担	中国证监会对公司债券发行的核准或者中国证券业协会按照《公司债券发行与交易管理办法》对公司债券发行的备案,不表明其对发行人的经营风险、偿债风险、诉讼风险以及公司债券的投资风险或收益等作出判断或者保证。公司债券的投资风险,由投资者自行承担

续表

事项	一般规定
中国证监会及证券自律组织的管理	中国证监会依法对公司债券的公开发行、非公开发行及其交易或转让活动进行监督管理 证券自律组织可依照相关规定对公司债券的上市交易或转让、非公开发行及转让、承销、尽职调查、信用评级、受托管理及增信等进行自律管理;应当制定相关业务规则,明确公司债券承销、备案、上市交易或转让、信息披露、投资者适当性管理、持有人会议及受托管理等具体规定,报中国证监会批准
发行不同公司债券的规定	上市公司、股票公开转让的非上市公众公司发行的公司债券,可以附认股权、可转换成相关股票等条款。上市公司、股票公开转让的非上市公众公司股东可以发行附可交换成上市公司或非上市公众公司股票条款的公司债券。商业银行等金融机构可以按照有关规定发行附减记条款的公司债券
在债券募集说明书上签字的要求	发行人全体董事、监事、高级管理人员应当在债券募集说明书上签字,承诺不存在虚假记载、误导性陈述或者重大遗漏,并承担相应的法律责任。但是能够证明自己没有过错的除外
合格投资者应当符合的资质条件	《公司债券发行与交易管理办法》所称合格投资者,应当具备相应的风险识别和承担能力,知悉并自行承担公司债券的投资风险,并符合下列资质条件: ①经有关金融监管部门批准设立的金融机构,包括证券公司、基金管理公司及其子公司、期货公司、商业银行、保险公司和信托公司等,以及经中国证券投资基金业协会登记的私募基金管理人 ②上述金融机构面向投资者发行的理财产品,包括但不限于证券公司资产管理产品、基金及基金子公司产品、期货公司资产管理产品、银行理财产品、保险产品、信托产品以及经中国证券投资基金业协会备案的私募基金 ③净资产不低于人民币1000万元的企事业单位法人、合伙企业 ④合格境外机构投资者、人民币合格境外机构投资者 ⑤社会保障基金、企业年金等养老基金、慈善基金等社会公益基金 ⑥名下金融资产不低于人民币300万元的个人投资者 ⑦经中国证监会认可的其他合格投资者 前款所称金融资产包括银行存款、股票、债券、基金份额、资产管理计划、银行理财产品、信托计划、保险产品、期货权益等;理财产品、合伙企业拟将主要资产投向单一债券,需要穿透核查最终投资者是否为合格投资者并合并计算投资者人数,具体标准由中国基金业协会规定 证券自律组织可以在《公司债券发行与交易管理办法》规定的基础上,设定更为严格的合格投资者资质条件
募集资金的规定	公开发行公司债券,募集资金应当用于核准的用途;非公开发行公司债券,募集资金应当用于约定的用途。除金融类企业外,募集资金不得转借他人。 发行人应当指定专项账户,用于公司债券募集资金的接收、存储、划转与本息偿付

2. 企业债券与金融债券发行业务

企业债券与金融债券发行业务的主要内容,如表3-25所示。

表 3-25　企业债券与金融债券发行业务的主要内容

业务	事项	一般规定
企业债券发行业务	概念	企业债券，是指企业依照法定程序发行、约定在一定期限内还本付息的有价证券。企业进行有偿筹集资金活动，必须通过公开发行企业债券的形式进行，法律和国务院另有规定的除外
	适用范围	适用于境内具有法人资格的企业在境内发行的债券，但是金融债券和外币债券除外
	原则	发行和购买企业债券应当遵循自愿、互利、有偿的原则
	企业债券持有人	①有权按照约定期限取得利息、收回本金，但是无权参与企业的经营管理 ②对企业的经营状况不承担责任
	特点	企业债券可以转让、抵押和继承
金融债券发行业务	概念	金融债券，是指依法在中华人民共和国境内设立的金融机构法人在全国银行间债券市场发行的、按约定还本付息的有价证券
	监管主体	中国人民银行依法对金融债券的发行进行监督管理。未经中国人民银行核准，任何金融机构不得擅自发行金融债券
	其他内容	①金融债券的投资风险由投资者自行承担 ②金融债券可在全国银行间债券市场公开发行或定向发行 ③金融债券的发行可以采取一次足额发行或限额内分期发行的方式 ④金融债券的发行应由具有债券评级能力的信用评级机构进行信用评级 金融债券发行后信用评级机构应每年对该金融债券进行跟踪信用评级 ⑤金融债券定向发行的，经认购人同意，可免于信用评级。定向发行的金融债券只能在认购人之间进行转让

3. 非金融企业债务融资工具发行业务

非金融企业债务融资工具发行业务的主要内容，如表 3-26 所示。

表 3-26　非金融企业债务融资工具发行业务的主要内容

事项	一般规定
概念	非金融企业债务融资工具，是指具有法人资格的非金融企业在银行间债券市场发行的，约定在一定期限内还本付息的有价证券
原则	债务融资工具发行与交易应遵循诚信、自律原则
其他内容	①企业发行债务融资工具应在中国银行间市场交易商协会注册 ②债务融资工具在中央国债登记结算有限责任公司登记、托管、结算 ③全国银行间同业拆借中心为债务融资工具在银行间债券市场的交易提供服务 ④企业发行债务融资工具应在银行间债券市场披露信息。信息披露应遵循诚实信用原则，不得有虚假记载、误导性陈述或重大遗漏 ⑤企业发行债务融资工具应由金融机构承销。企业可自主选择主承销商，需要组织承销团的，由主承销商组织承销团 ⑥债务融资工具投资者应自行判断和承担投资风险

三、证券发行与承销信息披露的有关规定★

(一)证券(股票类)发行与承销信息披露有关规定

1. 证券(股票类)发行与承销信息披露的有关规定

(1)发行人和主承销商在发行过程中,应当按照中国证监会规定的要求编制信息披露文件,履行信息披露义务。发行人和承销商在发行过程中披露的信息,应当真实、准确、完整、及时,不得有虚假记载、误导性陈述或者重大遗漏。

(2)首次公开发行股票申请文件受理后至发行人发行申请经中国证监会核准、依法刊登招股意向书前,发行人及与本次发行有关的当事人不得采取任何公开方式或变相公开方式进行与股票发行相关的推介活动,也不得通过其他利益关联方或委托他人等方式进行相关活动。

(3)首次公开发行股票招股意向书刊登后,发行人和主承销商可以向网下投资者进行推介和询价,并通过互联网等方式向公众投资者进行推介。发行人和主承销商向公众投资者进行推介时,向公众投资者提供的发行人信息的内容及完整性应与向网下投资者提供的信息保持一致。

(4)发行人和主承销商在推介过程中不得夸大宣传,或以虚假广告等不正当手段诱导、误导投资者,不得披露除招股意向书等公开信息以外的发行人其他信息。承销商应当保留推介、定价、配售等承销过程中的相关资料至少 3 年并存档备查,包括推介宣传材料、路演现场录音等,如实、全面反映询价、定价和配售过程。

(5)发行人和主承销商在发行过程中公告的信息只需选择一家中国证监会指定的报刊披露,同时将其刊登在中国证监会指定的互联网网站,并置备于中国证监会指定的场所,供公众查阅。

(6)发行人披露的招股意向书除不含发行价格、筹资金额以外,其内容与格式应当与招股说明书一致,并与招股说明书具有同等法律效力。

(7)首次公开发行股票的发行人和主承销商应当在发行和承销过程中公开披露以下信息:

①招股意向书刊登首日在发行公告中披露发行定价方式、定价程序、参与网下询价投资者条件、股票配售原则、配售方式、有效报价的确定方式、中止发行安排、发行时间安排和路演推介相关安排等信息;发行人股东拟老股转让的,还应披露预计老股转让的数量上限,老股转让股东名称及各自转让老股数量,并明确新股发行与老股转让数量的调整机制。

②网上申购前披露每位网下投资者的详细报价情况,包括投资者名称、申购价格及对应的拟申购数量;剔除最高报价有关情况;剔除最高报价部分后网下投资者报价的中位数和加权平均数以及公募基金报价的中位数和加权平均数;有效报价和发行价格(或发行价格区间)的确定过程;发行价格(或发行价格区间)及对应的市盈率;网上、网下的发行方式和发行数量;回拨机制;中止发行安排;申购缴款要求等。已公告老股转让方案的,还应披

露老股转让和新股发行的确定数量,老股转让股东名称及各自转让老股数量,并应提示投资者关注,发行人将不会获得老股转让部分所得资金。按照发行价格计算的预计募集资金总额低于拟以本次募集资金投资的项目金额的,还应披露相关投资风险。

③如公告的发行价格(或发行价格区间上限)市盈率高于同行业上市公司二级市场平均市盈率,发行人和主承销商应当在披露发行价格的同时,在投资风险特别公告中明示该定价可能存在估值过高给投资者带来损失的风险,提醒投资者关注。

④在发行结果公告中披露获配机构投资者名称、个人投资者个人信息以及每个获配投资者的报价、申购数量和获配数量等,并明确说明自主配售的结果是否符合事先公布的配售原则;对于提供有效报价但未参与申购,或实际申购数量明显少于报价时拟申购量的投资者应列表公示并着重说明。

⑤向战略投资者配售股票的,应当在网下配售结果公告中披露战略投资者的名称、认购数量及持有期限等情况。

⑥上述信息中网上申购前每位网下投资者的详细报价情况及发行结果公告中网下投资者的情况只需刊登在中国证监会指定的互联网网站。

(8)发行人和主承销商在披露发行市盈率时,应同时披露发行市盈率的计算方式。

2. 科创板证券(股票类)发行与承销信息披露的有关规定

(1)发行人申请首次公开发行股票并在科创板上市,应当按照中国证监会制定的信息披露规则,编制并披露招股说明书,保证相关信息真实、准确、完整。信息披露内容应当简明易懂,语言应当浅白平实,以便投资者阅读、理解。

中国证监会制定的信息披露规则是信息披露的最低要求。不论上述规则是否有明确规定,凡是对投资者作出价值判断和投资决策有重大影响的信息,发行人均应当予以披露。

(2)存在特别表决权股份的境内科技创新企业申请首次公开发行股票并在科创板上市的,发行人应当在招股说明书等公开发行文件中,披露并特别提示差异化表决安排的主要内容、相关风险和对公司治理的影响,以及依法落实保护投资者合法权益的各项措施。

(3)交易所受理注册申请文件后,发行人应当按交易所规定,将招股说明书、发行保荐书、上市保荐书、审计报告和法律意见书等文件在交易所网站预先披露。

(4)交易所审核同意后,将发行人注册申请文件报送中国证监会时,招股说明书、发行保荐书、上市保荐书、审计报告和法律意见书等文件应在交易所网站和中国证监会网站公开。

(5)获中国证监会同意注册后,发行人与主承销商应当及时向上海证券交易所报备发行与承销方案。上海证券交易所5个工作日内无异议的,发行人与主承销商可依法刊登招股意向书,启动发行工作。

(6)发行人股票发行前应当在交易所网站和中国证监会指定网站全文刊登招股说明书,同时在中国证监会指定报刊刊登提示性公告,告知投资者网上刊登的地址及获取文件的途径。

发行人可以将招股说明书以及有关附件刊登于其他报刊和网站，但披露内容应当完全一致，且不得早于在交易所网站、中国证监会指定报刊和网站的披露时间。

(7)股票在科创板的发行承销业务，适用《上海证券交易所科创板股票发行与承销实施办法》。该办法未作规定的，适用《上海市场首次公开发行股票网上发行实施细则》《上海市场首次公开发行股票网下发行实施细则》及其他业务规则的规定。

(8)首次公开发行股票应当向证券公司、基金管理公司、信托公司、财务公司、保险公司、合格境外机构投资者和私募基金管理人等专业机构投资者(以下统称“网下投资者”)以询价的方式确定股票发行价格。网下投资者应当向中国证券业协会注册，接受中国证券业协会自律管理。

发行人和主承销商可以根据上海证券交易所和中国证券业协会相关自律规则的规定，在前段所指的网下投资者范围内设置其他条件，并在发行公告中预先披露。

(9)发行人和主承销商可以通过初步询价确定发行价格，或者在初步询价确定发行价格区间后，通过累计投标询价确定发行价格。

(10)主承销商应当向网下投资者提供投资价值研究报告，并遵守中国证券业协会关于投资价值研究报告的相关规定。

(11)发行人和主承销商应当在申购前，披露网下投资者剔除最高报价部分后有效报价的中位数和加权平均数，以及公开募集方式设立的证券投资基金和其他偏股型资产管理产品、全国社会保障基金和基本养老保险基金的报价中位数和加权平均数等信息。

(12)初步询价结束后，发行人和主承销商确定的发行价格(或者发行价格区间中值)超过(11)规定的中位数、加权平均数的孰低值的，发行人和主承销商应当在申购前至少一周发布投资风险特别公告。

发行人和主承销商确定的发行价格(或发行价格区间上限)对应的市盈率高于同行业上市公司二级市场平均市盈率，但确定的发行价格(或者发行价格区间中值)未超过(11)规定的中位数、加权平均数的孰低值的，不适用发布投资风险特别公告的相关规定。

(13)除《证券发行与承销管理办法》规定的中止发行情形外，发行人预计发行后总市值不满足其在招股说明书中明确选择的市值与财务指标上市标准的，应当中止发行。前款“预计发行后总市值”，是指初步询价结束后，按照确定的发行价格(或者发行价格区间下限)乘以发行后总股本(不含采用超额配售选择权发行的股票数量)计算的总市值。中止发行后，在中国证监会同意注册决定的有效期内，且满足会后事项监管要求的前提下，经向上海证券交易所备案，可重新启动发行。

(14)发行人应当与战略投资者事先签署配售协议。发行人和主承销商应当在发行公告中披露战略投资者的选择标准、向战略投资者配售的股票总量、占本次发行股票的比例以及持有期限等。战略投资者参与股票配售，应当使用自有资金，不得接受他人委托或者委托他人参与，但依法设立并符合特定投资目的的证券投资基金等主体除外。发行人和主承销商应当对战略投资者配售资格进行核查。战略投资者应当承诺获得本次配售的股票持有期限不少于 12 个月，持有期自本次公开发行的股票上市之日起计算。

（15）科创板试行保荐机构相关子公司跟投制度。发行人的保荐机构依法设立的相关子公司或者实际控制该保荐机构的证券公司依法设立的其他相关子公司，参与本次发行战略配售，并对获配股份设定限售期。

（16）发行人的高级管理人员与核心员工可以设立专项资产管理计划参与本次发行战略配售。前述专项资产管理计划获配的股票数量不得超过首次公开发行股票数量的 10%，且应当承诺获得本次配售的股票持有期限不少于 12 个月。发行人的高级管理人员与核心员工按照前款规定参与战略配售的，应当经发行人董事会审议通过，并在招股说明书中披露参与的人员姓名、担任职务、参与比例等事宜。

（17）承销商应当向通过战略配售、网下配售获配股票的投资者收取不低于获配应缴款一定比例的新股配售经纪佣金，承销商因承担发行人保荐业务获配股票或者履行包销义务取得股票的除外。承销商应当在发行与承销方案中明确新股配售经纪佣金的收取标准、收取方式、验资安排等事宜，并向上海证券交易所报备。

发行人和主承销商可以在发行方案中采用超额配售选择权。采用超额配售选择权发行股票数量不得超过首次公开发行股票数量的 15%。主承销商采用超额配售选择权，应当与参与本次配售并同意作出延期交付股份安排的投资者达成协议。

（二）债券发行与承销信息披露的有关规定

1. 公司债券发行与承销信息披露的有关规定

（1）发行人及其他信息披露义务人应当按照中国证监会及证券自律组织的相关规定及时、公平地履行披露义务，所披露或者报送的信息必须真实、准确、完整，不得有虚假记载、误导性陈述或者重大遗漏。

（2）公开发行公司债券的发行人应当按照规定及时披露债券募集说明书，并在债券存续期内披露中期报告和经具有从事证券服务业务资格的会计师事务所审计的年度报告；非公开发行公司债券的发行人信息披露的时点、内容，应当按照募集说明书的约定履行，相关信息披露文件应当由受托管理人向中国证券业协会备案。

（3）公司债券募集资金的用途应当在债券募集说明书中披露。发行人应当在定期报告中披露公开发行公司债券募集资金的使用情况；非公开发行公司债券的，应当在债券募集说明书中约定募集资金使用情况的披露事宜。

（4）公开发行公司债券的发行人应当及时披露债券存续期内发生可能影响其偿债能力或债券价格的重大事项。重大事项包括：

①公司股权结构或者生产经营状况发生重大变化。

②公司债券信用评级发生变化。

③公司重大资产抵押、质押、出售、转让、报废。

④公司发生未能清偿到期债务的情况。

⑤公司新增借款或者对外提供担保超过上年末净资产的 20%。

⑥公司放弃债权或者财产超过上年末净资产的10%。

⑦公司发生超过上年末净资产10%的重大损失。

⑧公司分配股利，作出减资、合并、分立、解散及申请破产的决定，或者依法进入破产程序、被责令关闭。

⑨涉及公司的重大诉讼、仲裁。

⑩公司涉嫌犯罪被依法立案调查，公司的控股股东、实际控制人、董事、监事、高级管理人员涉嫌犯罪被依法采取强制措施。

⑪国务院证券监督管理机构规定的其他事项。

(5)资信评级机构为公开发行公司债券进行信用评级，应当符合以下规定：

①按照规定或约定将评级信息告知发行人，并及时向市场公布首次评级报告、定期和不定期跟踪评级报告。

②在债券有效存续期间，应当每年至少向市场公布一次定期跟踪评级报告。

③应充分关注可能影响评级对象信用等级的所有重大因素，及时向市场公布信用等级调整及其他与评级相关的信息变动情况，并向证券交易所或其他证券交易场所报告。

(6)公开发行公司债券的发行人及其他信息披露义务人应当将披露的信息刊登在其债券交易场所的互联网网站，同时将披露的信息或信息摘要刊登在至少一种中国证监会指定的报刊，供公众查阅。

2. 企业债券发行与承销信息披露的有关规定

发行人是信息披露的第一责任人。发行人对信息披露内容负有诚信责任，必须确保信息披露真实、准确、完整、及时。发行人应全面配合中介机构开展尽职调查，按要求提供财务会计资料和其他资料。在存续期内定期披露财务数据、债券资金使用情况等相关信息，并及时依法依规披露募投项目变更等存续期内可能影响偿债能力的重大事项。

中介机构应协助发行人做好信息公开工作。

3. 金融债券发行与承销信息披露的有关规定

(1)金融债券的发行应遵循公平、公正、诚信、自律的原则，金融债券发行人及相关中介机构应充分披露有关信息，并提示投资风险。

(2)对影响发行人履行债务的重大事件，发行人应在第一时间向中国人民银行报告，并按照中国人民银行指定的方式披露。

(3)经中国人民银行核准发行金融债券的，发行人应于每期金融债券发行前3个工作日披露募集说明书和发行公告。

(4)金融债券存续期间，发行人应于每年4月30日前向投资者披露年度报告，年度报告应包括发行人上一年度的经营情况说明、经注册会计师审计的财务报告以及涉及的重大诉讼事项等内容。

(5)发行人应于金融债券每次付息日前2个工作日公布付息公告，最后一次付息暨兑付日前5个工作日公布兑付公告。

(6)金融债券存续期间,发行人应于每年7月31日前披露债券跟踪信用评级报告。

4. 非金融企业债务融资工具发行与承销信息披露的有关规定

企业发行债务融资工具应在银行间债券市场披露信息。信息披露应遵循诚实信用原则,不得有虚假记载、误导性陈述或重大遗漏。

为债务融资工具的发行、交易提供中介服务的承销机构、信用评级机构、会计师事务所、律师事务所等中介机构及其指派的经办人员,应对所出具的专业报告和专业意见负责。

四、证券公司发行与承销业务的内部控制规定★★★

证券公司发行与承销业务的内部控制规定见图3-13所示。

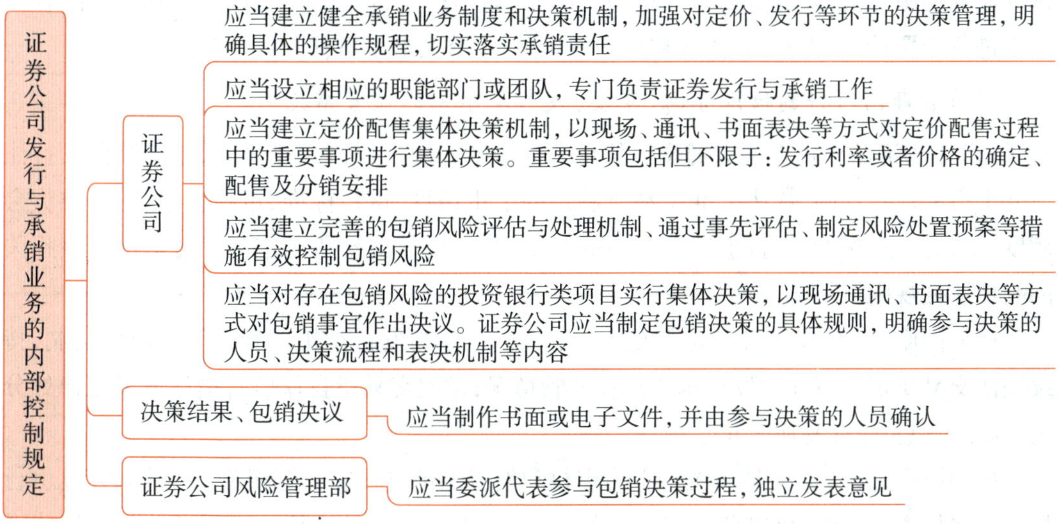

图3-13　证券公司发行与承销业务的内部控制规定

五、监管部门对证券发行与承销的监管措施★★

(一)监管部门对证券(股票类)发行与承销的监管措施

1. 监管部门对证券(股票类)发行与承销的监管措施

(1)中国证监会可以对保荐机构及其保荐代表人从事保荐业务的情况进行定期或者不定期现场检查,保荐机构及其保荐代表人应当积极配合检查,如实提供有关资料,不得拒绝、阻挠、逃避检查,不得谎报、隐匿、销毁相关证据材料。

(2)中国证监会对保荐机构及其相关人员进行持续动态的跟踪管理,记录其业务资格、执业情况、违法违规行为、其他不良行为以及对其采取的监管措施等。保荐信用记录向社会公开。

(3)自保荐机构向中国证监会提交保荐文件之日起,保荐机构及其保荐代表人承担相应的责任。

(4)中国证监会对股票和可转换公司债券发行承销过程实施事中事后监管,发现涉嫌违法违规或者存在异常情形的,可责令发行人和承销商暂停或中止发行,对相关事项进行调查处理。

(5)中国证券业协会应当建立对承销商询价、定价、配售行为和网下投资者报价行为的日常监管制度,加强相关行为的监督检查,发现违规情形的,应当及时采取自律监管措施。中国证券业协会还应当建立对网下投资者和承销商的跟踪分析和评价体系,并根据评价结果采取奖惩措施。

(6)发行人、证券公司、证券服务机构、投资者及其直接负责的主管人员和其他直接责任人员有失诚信、违反法律、行政法规或者《证券发行与承销管理办法》规定的,中国证监会可以视情节轻重采取责令改正、监管谈话、出具警示函、责令公开说明、认定为不适当人选等监管措施,或者采取市场禁入措施,并记入诚信档案;依法应予行政处罚的,依照有关规定进行处罚;涉嫌犯罪的,依法移送司法机关,追究其刑事责任。

2. 监管部门对科创板证券(股票类)发行与承销的监管措施

(1)中国证监会负责建立健全以信息披露为中心的注册制规则体系,制定股票发行注册并上市的规章规则,依法批准交易所制定的上市条件、审核标准、审核程序、上市委员会制度、信息披露、保荐、发行承销等方面的制度规则,指导交易所制定与发行上市审核相关的其他业务规则。

(2)中国证监会建立对交易所发行上市审核工作和发行承销过程监管的监督机制,持续关注交易所审核情况和发行承销过程监管情况;发现交易所自律监管措施或者纪律处分失当的,可以责令交易所改正。

(3)中国证监会对交易所发行上市审核和发行承销过程监管等相关工作进行年度例行检查。在检查过程中,可以调阅审核工作文件,列席相关审核会议。中国证监会定期或者不定期按一定比例对交易所发行上市审核和发行承销过程监管等相关工作进行抽查。中国证监会在检查和抽查过程中发现问题的,交易所应当整改。

(4)交易所应当建立定期报告制度,及时总结发行上市审核和发行承销监管的工作情况,并报告中国证监会。

(5)交易所负责对发行人及其控股股东、实际控制人、保荐人、承销商、证券服务机构等进行自律监管。

中国证券业协会负责制定保荐业务、发行承销自律监管规则,对保荐人、承销商、保荐代表人、网下投资者进行自律监管。

交易所和中国证券业协会应当对发行上市过程中违反自律监管规则的行为采取自律监管措施或者给予纪律处分。

(6)中国证监会会同有关部门,加强对发行人等相关市场主体的监管信息共享,完善失信联合惩戒机制。

(7)上海证券交易所对股票在科创板发行与承销的过程实施自律监管,对违反《上海证券交易所科创板股票发行与承销实施办法》的行为单独或者合并采取监管措施和纪律处分。

发行承销涉嫌违法违规或者存在异常情形的，上海证券交易所可以要求发行人和承销商暂停或中止发行，对相关事项进行调查，并上报中国证监会查处。

(二)监管部门对债券发行与承销的监管措施

监管部门对债券发行与承销的监管措施，如表3-27所示。

表3-27　监管部门对债券发行与承销的监管措施

项目	监管措施
监管部门对公司债券发行与承销的监管措施	①中国证监会依法对公司债券的公开发行、非公开发行及其交易或转让活动进行监督管理 ②证券自律组织可依照相关规定对公司债券的上市交易或转让、非公开发行及转让、承销、尽职调查、信用评级、受托管理及增信等进行自律管理 ③证券自律组织应当制定相关业务规则，明确公司债券承销、备案、上市交易或转让、信息披露、投资者适当性管理、持有人会议及受托管理等具体规定，报中国证监会批准
监管部门对企业债券发行与承销的监管措施	①国家发展和改革委员会根据工作需要授权省级发展改革部门对本行政区域内企业债券发行及其相关活动进行监督检查，省级发展改革部门应当及时将监督检查结果报告国家发展和改革委员会 ②在企业债券发行过程中，各承销商面向社会公开零售企业债券的所有营业网点及每个营业网点的承销份额，均须在各营业网点所在地省级发展改革部门备案，并自觉接受当地省级发展改革部门的监督检查 ③国家发展和改革委员会和省级发展改革部门在履行监督检查职责时，有关单位和当事人应给予积极配合，对违法违规行为的，依法制止，责令纠正。涉嫌犯罪的，移送司法机关处理
监管部门对金融债券发行与承销的监管措施	中国人民银行依法对金融债券的发行进行监督管理
监管部门对非金融企业债务融资工具发行与承销的监管措施	①交易商协会依据《银行间债券市场非金融企业债务融资工具管理办法》及中国人民银行相关规定对债务融资工具的发行与交易实施自律管理。交易商协会应制定相关自律管理规则，并报中国人民银行备案 ②同业拆借中心负责债务融资工具交易的日常监测，每月汇总债务融资工具交易情况向交易商协会报送 ③中央结算公司负责债务融资工具登记、托管、结算的日常监测，每月汇总债务融资工具发行、登记、托管、结算、兑付等情况向交易商协会报送 ④交易商协会应每月向中国人民银行报告债务融资工具注册汇总情况，自律管理工作情况、市场运行情况及自律管理规则执行情况

六、违反证券发行与承销有关规定的法律责任★★★

(一)违反证券(股票类)发行与承销有关规定的法律责任

1. 违反证券(股票类)发行与承销有关规定的法律责任

(1)证券公司承销擅自公开发行的证券(股票类)的,依照《证券法》第183条的规定处罚。证券公司承销或者销售擅自公开发行或者变相公开发行的证券的,责令停止承销或者销售,没收违法所得,并处以违法所得1倍以上10倍以下的罚款;没有违法所得或者违法所得不足100万元的,处以100万元以上1000万元以下的罚款;情节严重的,并处暂停或者撤销相关业务许可。给投资者造成损失的,应当与发行人承担连带赔偿责任。对直接负责的主管人员和其他直接责任人员给予警告,并处以50万元以上500万元以下的罚款。

(2)证券公司及其直接负责的主管人员和其他直接责任人员在承销证券过程中,有下列行为之一的,中国证监会可以采取《证券发行与承销管理办法》第38条规定的监管措施;情节比较严重的,还可以采取3至12个月暂不受理其证券(股票类)承销业务有关文件的监管措施;依法应予行政处罚的,依照《证券法》第184条的规定予以处罚:

①夸大宣传,或以虚假广告等不正当手段诱导、误导投资者。

②以不正当竞争手段招揽承销业务。

③从事《证券发行与承销管理办法》第17条规定禁止的行为。

④向不符合《证券发行与承销管理办法》第5条规定的网下投资者配售股票,或向《证券发行与承销管理办法》第16条规定禁止配售的对象配售股票。

⑤未按《证券发行与承销管理办法》要求披露有关文件。

⑥未按照事先披露的原则和方式配售股票,或其他未依照披露文件实施的行为。

⑦向投资者提供除招股意向书等公开信息以外的发行人其他信息。

⑧未按照《证券发行与承销管理办法》要求保留推介、定价、配售等承销过程中相关资料。

⑨其他违反证券承销业务规定的行为。

(3)发行人及其直接负责的主管人员和其他直接责任人员有下列行为之一的,中国证监会可以采取《证券发行与承销管理办法》第38条规定的监管措施;构成违反《证券法》相关规定的,依法进行行政处罚:

①从事《证券发行与承销管理办法》第17条规定禁止的行为。

②夸大宣传,或以虚假广告等不正当手段诱导,误导投资者。

③向投资者提供除招股意向书等公开信息以外的发行人信息。

④中国证监会认定的其他情形。

2. 违反科创板证券(股票类)发行与承销有关规定的法律责任

(1)保荐人未勤勉尽责,致使发行人信息披露资料存在虚假记载、误导性陈述或者重大遗漏的，中国证监会将视情节轻重，自确认之日起采取暂停保荐人业务资格 1 年到 3 年，责令保荐人更换相关负责人的监管措施；情节严重的，撤销保荐人业务资格，对相关责任人员采取证券市场禁入的措施。

保荐代表人未勤勉尽责，致使发行人信息披露资料存在虚假记载、误导性陈述或者重大遗漏的，按规定撤销保荐代表人资格。

证券服务机构未勤勉尽责，致使发行人信息披露资料中与其职责有关的内容及其所出具的文件存在虚假记载、误导性陈述或者重大遗漏的，中国证监会可视情节轻重，自确认之日起采取 3 个月至 3 年不接受相关单位及其责任人员出具的发行证券专项文件的监管措施；情节严重的，对证券服务机构相关责任人员采取证券市场禁入的措施。

(2)保荐人存在下列情形的，中国证监会可以视情节轻重，自确认之日起采取暂停保荐人业务资格 3 个月至 3 年的监管措施；情节特别严重的，撤销其业务资格：

①伪造或者变造签字、盖章。

②重大事项未报告、未披露。

③以不正当手段干扰审核注册工作。

④不履行其他法定职责。

保荐代表人存在前款规定情形的，视情节轻重，按规定暂停保荐代表人资格 3 个月至 3 年；情节严重的，按规定撤销保荐代表人资格。

证券服务机构及其相关人员存在以上规定情形的，中国证监会可以视情节轻重，自确认之日起，采取 3 个月至 3 年不接受相关单位及其责任人员出具的发行证券专项文件的监管措施。

(3)发行人公开发行证券上市当年即亏损的，中国证监会自确认之日起暂停保荐人的保荐人资格 3 个月，撤销相关人员的保荐代表人资格，尚未盈利的企业或者已在证券发行募集文件中充分分析并揭示相关风险的除外。

(4)保荐人、证券服务机构存在以下情形的，中国证监会可以视情节轻重，采取责令改正、监管谈话、出具警示函、1 年内不接受相关单位及其责任人员出具的与注册申请有关的文件等监管措施；情节严重的，可以同时采取 3 个月到 1 年内不接受相关单位及其责任人员出具的发行证券专项文件的监管措施：

①制作或者出具的文件不齐备或者不符合要求。

②擅自改动注册申请文件、信息披露资料或者其他已提交文件。

③注册申请文件或者信息披露资料存在相互矛盾或者同一事实表述不一致且有实质性差异。

④文件披露的内容表述不清，逻辑混乱，严重影响投资者理解。

⑤未及时报告或者未及时披露重大事项。

发行人存在以上规定情形的，中国证监会可视情节轻重，采取责令改正、监管谈话、出具警示函、6 个月至 1 年内不接受发行人公开发行证券相关文件的监管措施。

(5)发行人及其控股股东和实际控制人、董事、监事、高级管理人员,保荐人、承销商、证券服务机构及其相关执业人员,在股票公开发行并上市相关的活动中存在其他违反《科创板首次公开发行股票注册管理办法(试行)》规定行为的,中国证监会可以视情节轻重,采取责令改正、监管谈话、出具警示函、责令公开说明、责令参加培训、责令定期报告、认定为不适当人选、暂不受理与行政许可有关的文件等监管措施,或者采取证券市场禁入的措施。

(6)发行人及其控股股东、实际控制人、保荐人、证券服务机构及其相关人员违反《证券法》依法应予以行政处罚的,中国证监会将依法予以处罚;对欺诈发行、虚假陈述负有责任的发行人、保荐人、会计师事务所、律师事务所、资产评估机构及其责任人员依法从重处罚。涉嫌犯罪的,依法移送司法机关,追究其刑事责任。

(二)违反债券发行与承销有关规定的法律责任

1. 违反公司债券发行与承销有关规定的法律责任

(1)对违反法律法规及《公司债券发行与交易管理办法》规定的机构和人员,中国证监会可采取责令改正、监管谈话、出具警示函、责令公开说明、责令参加培训、责令定期报告、认定为不适当人选、暂不受理与行政许可有关的文件等相关监管措施;依法应予行政处罚的,依照《证券法》《行政处罚法》等法律法规和中国证监会的有关规定进行处罚;涉嫌犯罪的,依法移送司法机关,追究其刑事责任。

(2)发行人、承销机构向不符合规定条件的投资者发行公司债券的,中国证监会可以对发行人、承销机构及其直接负责的主管人员和其他直接责任人员采取上述(1)规定的相关监管措施;情节严重的,处以警告、罚款。

(3)非公开发行公司债券,发行人违反《公司债券发行与交易管理办法》第 15 条规定的,中国证监会可以对发行人及其直接负责的主管人员和其他直接责任人员采取上述(1)规定的相关监管措施;情节严重的,处以警告、罚款。

(4)承销机构承销擅自公开发行的公司债券的,中国证监会可以采取 12 至 36 个月暂不受理其证券承销业务有关文件等监管措施;对其直接负责的主管人员和其他直接责任人员,可以采取上述(1)规定的相关监管措施。

(5)除中国证监会另有规定外,承销或自行销售非公开发行公司债券未按规定进行备案的,中国证监会可以对承销机构及其直接负责的主管人员和其他直接责任人员采取上述(1)规定的相关监管措施;情节严重的,处以警告、罚款。

(6)承销机构在承销公司债券过程中,有下列行为之一的,中国证监会可以对承销机构及其直接负责的主管人员和其他直接责任人员采取上述(1)规定的相关监管措施;情节严重的,可以对承销机构采取 3 至 12 个月暂不受理其证券承销业务有关文件的监管措施:以不正当竞争手段招揽承销业务;从事《公司债券发行与交易管理办法》第 38 条规定禁止的行为;从事《公司债券发行与交易管理办法》第 40 条规定禁止的行为;未按《公司债券发行与交易管理办法》及相关规定要求披露有关文件;未按照事先披露的原则和方式配售公司债券,或其他未依照披露文件实施的行为;未按照《公司债券发行与交易管理办法》及相关规定要求保留推介、定价、配售等承销过程中相关资料;其他违反承销业务规定的行为。

(7)发行人有下列行为之一的,中国证监会可以对发行人及其直接负责的主管人员和其他直接责任人员采取上述(1)规定的相关监管措施:从事《公司债券发行与交易管理办法》第38条规定禁止的行为;从事《公司债券发行与交易管理办法》第40条规定禁止的行为;其他违反承销业务规定的行为。

(8)非公开发行公司债券,发行人及其他信息披露义务人未按规定披露信息,或者所披露的信息存在虚假记载、误导性陈述或者重大遗漏的,依照《证券法》和中国证监会有关规定处理,对发行人、其他信息披露义务人及其直接负责的主管人员和其他直接责任人员可以采取上述(1)规定的相关监管措施;情节严重的,处以警告、罚款。

(9)发行人、债券受托管理人违反《公司债券发行与交易管理办法》规定,损害债券持有人权益的,中国证监会可以对发行人、受托管理人及其直接负责的主管人员和其他直接责任人员采取上述(1)规定的相关监管措施;情节严重的,处以警告、罚款。

(10)发行人的控股股东滥用公司法人独立地位和股东有限责任,损害债券持有人利益的,应当依法对公司债务承担连带责任。

2. 违反企业债券发行与承销有关规定的法律责任(见图3-14所示)

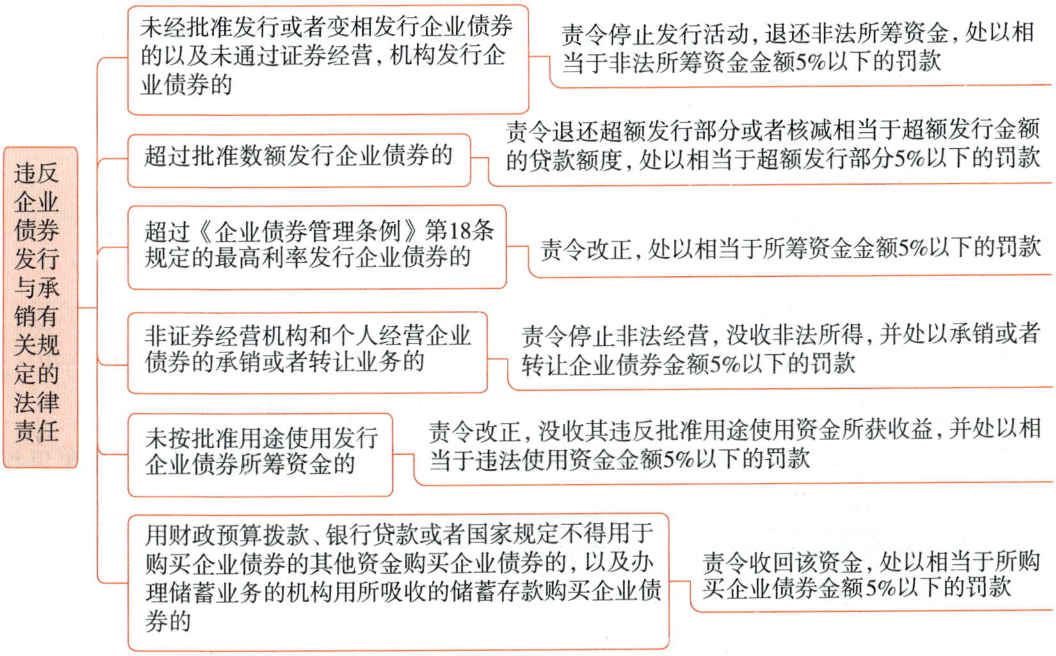

图3-14　违反企业债券发行与承销有关规定的法律责任

上述6条规定的处罚,由中国人民银行及其分支机构决定;所列违法行为单位的法定代表人和直接责任人员,由中国人民银行及其分支机构给予警告或者处以1万元以上10万元以下的罚款;构成犯罪的,依法追究刑事责任。

地方审批机关违反《企业债券管理条例》规定,批准发行企业债券的,责令改正,给予通报批评，根据情况相应核减该地方企业债券的发行规模。企业债券监督管理机关的工作人员玩忽职守、徇私舞弊的，给予行政处分；构成犯罪的，依法追究刑事责任。发行企业债券的企业违反规定，给他人造成损失的，应当依法承担民事赔偿责任。

3. 违反金融债券发行与承销有关规定的法律责任

（1）发行人有下列行为之一的，由中国人民银行按照《中国人民银行法》第46条的规定予以处罚：

①未经中国人民银行核准擅自发行金融债券。

②超规模发行金融债券。

③以不正当手段操纵市场价格、误导投资者。

④未按规定报送文件或披露信息。

⑤其他违反《全国银行间债券市场金融债券发行管理办法》的行为。

（2）承销人有下列行为之一的，由中国人民银行按照《中国人民银行法》第46条的规定予以处罚：

①以不正当竞争手段招揽承销业务。

②发布虚假信息或泄露非公开信息。

③其他违反《全国银行间债券市场金融债券发行管理办法》的行为。

（3）托管机构有下列行为之一的，由中国人民银行按照《中国人民银行法》第46条的规定予以处罚：

①挪用托管客户金融债券。

②债券登记错误或遗失。

③发布虚假信息或泄露非公开信息。

④其他违反《全国银行间债券市场金融债券发行管理办法》的行为。

（4）注册会计师、律师、信用评级机构等相关机构和人员所出具的文件含有虚假记载、误导性陈述或重大遗漏的，由中国人民银行按照《中国人民银行法》第46条的规定予以处罚，其行为给他人造成损失的，应当就其负有责任的部分依法承担民事责任。

（5）《中国人民银行法》第46条规定，中国人民银行有权对金融机构以及其他单位和个人的下列行为进行检查监督：

①执行有关存款准备金管理规定的行为。

②与中国人民银行特种贷款有关的行为。

③执行有关人民币管理规定的行为。

④执行有关银行间同业拆借市场、银行间债券市场管理规定的行为。

⑤执行有关外汇管理规定的行为。

⑥执行有关黄金管理规定的行为。

⑦代理中国人民银行经理国库的行为。

⑧执行有关清算管理规定的行为。

⑨执行有关反洗钱规定的行为。

前款所称中国人民银行特种贷款，是指国务院决定的由中国人民银行向金融机构发放的用于特定目的的贷款。上述所列行为违反有关规定，有关法律、行政法规有处罚规定的，依照其规定给予处罚；有关法律、行政法规未作处罚规定的，由中国人民银行区别不同情形给予警告，没收违法所得，违法所得 50 万元以上的，并处违法所得 1 倍以上 5 倍以下罚款；没有违法所得或者违法所得不足 50 万元的，处 50 万元以上 200 万元以下罚款；对负有直接责任的董事、高级管理人员和其他直接责任人员给予警告，处 5 万元以上 50 万元以下罚款；构成犯罪的，依法追究刑事责任。

4. 违反非金融企业债务融资工具发行与承销有关规定的法律责任

(1)交易商协会对违反自律管理规则的机构和人员，可采取警告、诫勉谈话、公开谴责等措施进行处理。

(2)中国人民银行依法对交易商协会、同业拆借中心和中央结算公司进行监督管理。交易商协会、同业拆借中心和中央结算公司应按照中国人民银行的要求，及时向中国人民银行报送与债务融资工具发行和交易等有关的信息。

(3)对违规机构和人员，中国人民银行可依照《中国人民银行法》第 46 条规定进行处罚，构成犯罪的，依法追究刑事责任。

真题实练

1. 证券发行规模达到一定数量的，可以采用联合保荐，但参与联合保荐的保荐机构不得超过(　　)家。

A. 4　　B. 3

C. 2　　D. 1

2. 下列关于首次公开发行股票的说法，正确的有(　　)。

Ⅰ. 发行达到一定规模的，应当在网下配售和网上发行之间建立回拨机制

Ⅱ. 网下申购与网上申购同步进行

Ⅲ. 参与网下申购的机构资金可同时进行网上申购

Ⅳ. 战略投资者不参与网下询价

A. Ⅰ、Ⅲ、Ⅳ　　B. Ⅱ、Ⅲ

C. Ⅰ、Ⅱ、Ⅲ、Ⅳ　　D. Ⅰ、Ⅱ、Ⅳ

3. 根据《证券发行上市保荐业务管理办法》，发行人出现以下(　　)情形的，中国证监会自确认之日起暂停保荐机构的保荐资格 3 个月，撤销相关人员的保荐代表人资格。

Ⅰ. 证券发行募集文件等申请文件存在虚假记载、误导性陈述或者重大遗漏

Ⅱ. 公开发行证券上市当年即亏损

Ⅲ. 公开发行证券上市当年净利润比上年下降 50% 以上

Ⅳ. 持续督导期间信息披露文件存在虚假记载、误导性陈述或者重大遗漏

A. Ⅰ、Ⅲ、Ⅳ　　B. Ⅱ、Ⅲ、Ⅳ

C. Ⅰ、Ⅱ、Ⅲ　　D. Ⅰ、Ⅱ、Ⅳ

【答案及解析】

1. C 【解析】证券发行规模达到一定数量的，可以采用联合保荐，但参与联合保荐的保荐机构不得超过2家。

2. D 【解析】参与网下申购的机构资金不能重复进行网上申购。

3. D 【解析】根据《证券发行上市保荐业务管理办法》，发行人出现下列情形之一的，中国证监会自确认之日起暂停保荐机构的保荐机构资格3个月，撤销相关人员的保荐代表人资格：①证券发行募集文件等申请文件存在虚假记载、误导性陈述或者重大遗漏；②公开发行证券上市当年即亏损；③持续督导期间信息披露文件存在虚假记载、误导性陈述或者重大遗漏。

第五节　证券公司融资融券及其他信用业务

考纲要求

本节考纲要求见表3-28所示。

表3-28　第三章第五节考纲要求

考纲要求	星级	具体内容
了解	★	①证券公司信用业务的主要法律法规 ②证券公司申请融资融券业务资格应具备的条件 ③融券业务所涉及证券的权益处理规定 ④转融通业务的基本概念及主要规则 ⑤转融通业务中资金和证券的来源及权益处理 ⑥科创板及创业板转融通证券出借和转融券业务的基本概念及主要规则 ⑦股票质押回购、约定式购回、质押式报价回购业务的风险管理、违约处置及异常交易处理的一般规定
熟悉	★★	①融资融券业务客户的申请、客户征信调查、客户的选择标准 ②融资融券业务所形成的债权担保的有关规定 ③股票质押式回购、约定式购回、质押式报价回购业务的主要规则
掌握	★★★	①融资融券业务管理的基本原则 ②融资融券业务的账户体系 ③融资融券业务合同及风险揭示书的基本内容 ④标的证券、保证金和担保物的管理规定 ⑤监管部门对融资融券业务的监管措施

考点梳理

一、证券公司信用业务的主要法律法规★

（一）法律、行政法规

《证券法》第八章“证券公司”明确经国务院证券监督管理机构批准，证券公司可以为客户买卖证券提供融资融券服务，《证券公司监督管理条例》则在其第四章“业务规则与风险控制”中对证券公司融资融券业务作出一般性规定。上述法律及行政法规是中国证监会等监管机构制定信用业务相关监管政策、实施监督管理的重要法律依据。

（二）部门规章及自律规则

证券公司信用业务涉及的主要部门规章、自律规则包括《证券公司融资融券业务管理办法》《证券公司融资融券业务内部控制指引》《转融通业务监督管理试行办法》《上海证券交易所融资融券交易实施细则》《深圳证券交易所融资融券交易实施细则》《上海证券交易所转融通证出借交易实施办法（试行）》《深圳证券交易所转融通证券出借交易实施办法（试行）》《中国证券登记结算有限责任公司证券出借及转融通登记结算业务规则（试行）》《上海证券交易所 中国证券金融股份有限公司 中国证券登记结算有限责任公司科创板转融通证券出借和转融券业务实施细则》《股票质押式回购交易及登记结算业务办法》《约定购回式证券交易及登记结算业务办法》及《质押式报价回购交易及登记结算业务办法》等。

二、融资融券业务

（一）融资融券业务的基本概念

融资融券业务是指在证券交易所或者国务院批准的其他证券交易场所进行的证券交易中，证券公司向客户出借资金供其买入证券或者出借证券供其卖出，并由客户交存相应担保物的经营活动。

（二）融资融券业务管理的基本原则★★★

（1）合法合规性原则。证券公司开展融资融券业务应当遵守法律法规和准则的规定，加强内部控制，严格防范和控制风险，切实维护客户合法权益；开展融资融券业务必须经中国证监会批准。未经中国证监会批准，任何证券公司不得向客户融资、融券，也不得为客户与客户、客户与他人之间的融资融券活动提供任何便利和服务。中国证监会及其派出机构，依照法律、行政法规和《证券公司融资融券业务管理办法》的规定，对证券公司融资融券业务活动进行监督管理。

（2）集中管理原则。证券公司应当对融资融券业务实行集中统一管理。证券公司融资融券业务的决策和主要管理职责应当由证券公司总部承担，并应加强对分支机构融资融券业务活动的控制，禁止分支机构未经总部批准向客户融资、融券，禁止分支机构自行决定签约、开户、授信、保证金收取等应当由总部决定的事项。

(3)业务隔离原则。证券公司应当健全业务隔离制度,融资融券业务的前、中、后台应当相互分离、相互制约,各主要环节应当分别由不同的部门和岗位负责,负责风险监控和业务稽核的部门和岗位应当独立于其他部门和岗位,分管融资融券业务的高级管理人员不得兼管风险监控部门和业务稽核部门;应确保融资融券业务与证券资产管理、证券自营、投资银行等业务在机构、人员、信息、账户等方面相互分离。

(4)了解客户原则。证券公司开展融资融券业务应加强客户适当性管理,充分了解客户,不得诱导不适当的客户开展融资融券业务。

(三)证券公司申请融资融券业务资格应具备的条件★

(1)具有证券经纪业务资格。

(2)公司治理健全,内部控制有效,能有效识别、控制和防范业务经营风险和内部管理风险。

(3)公司最近2年内不存在因涉嫌违法违规正被中国证监会立案调查或者正处于整改期间的情形。

(4)财务状况良好,最近2年各项风险控制指标持续符合规定,注册资本和净资本符合增加融资融券业务后的规定。

(5)客户资产安全、完整,客户交易结算资金第三方存管有效实施,客户资料完整真实。

(6)已建立完善的客户投诉处理机制,能够及时、妥善处理与客户之间的纠纷。

(7)已建立符合监管规定和自律要求的客户适当性制度,实现客户与产品的适当性匹配管理。

(8)信息系统安全稳定运行,最近1年未发生因公司管理问题导致的重大事件,融资融券业务技术系统已通过证券交易所、证券登记结算机构组织的测试。

(9)有拟负责融资融券业务的高级管理人员和适当数量的专业人员。

(10)中国证监会规定的其他条件。

(四)融资融券业务的决策授权体系

证券公司应当建立融资融券业务的决策与授权体系。融资融券业务的决策与授权体系原则上按照“董事会—业务决策机构—业务执行部门—分支机构”的架构设立和运行。

(1)董事会负责制定融资融券业务的基本管理制度,决定与融资融券业务有关的部门设置及各部门职责,确定融资融券业务的总规模。

(2)业务决策机构由有关高级管理人员及部门负责人组成,负责制定融资融券业务操作流程,选择可从事融资融券业务的分支机构,确定对单一客户和单一证券的授信额度、融资融券的期限和利率(费率)、保证金比例和最低维持担保比例、可充抵保证金的证券种类及折算率、客户可融资买入和融券卖出的证券种类。

(3)业务执行部门负责融资融券业务的具体管理和运作,制订融资融券合同的标准文本,确定对具体客户的授信额度,对分支机构的业务操作进行审批、复核和监督。

(4)分支机构在公司总部的集中监控下,按照公司的统一规定和决定,具体负责客户征信、签约、开户、保证金收取和交易执行等业务操作。

(五)融资融券业务的账户体系★★★

1. 证券公司信用业务账户体系

(1)证券公司在证券登记结算机构开设的信用账户。

证券公司经营融资融券业务,应当以自己的名义,在证券登记结算机构分别开立如图3-15所示的账户:

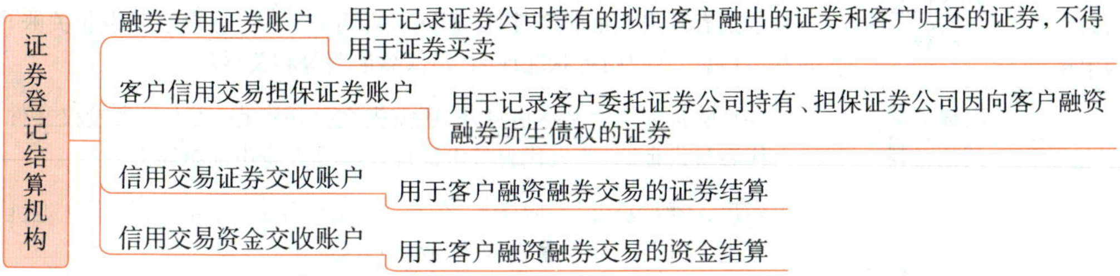

图3-15　证券公司在证券登记结算机构开设的信用账户

(2)证券公司在商业银行开设的信用账户。

证券公司经营融资融券业务,应当以自己的名义,在商业银行分别开立如图3-16所示的账户:

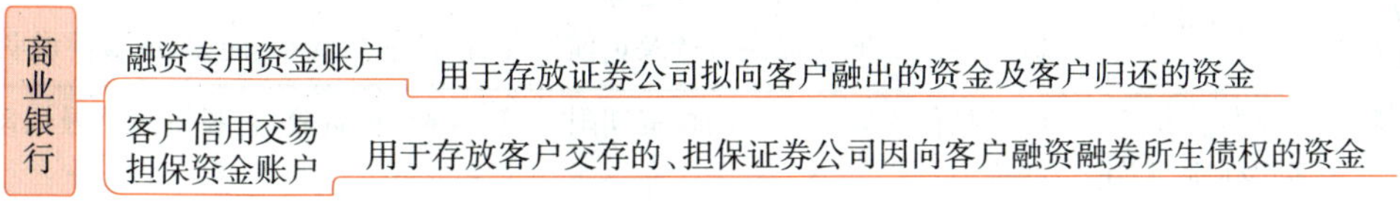

图3-16　证券公司在商业银行开设的信用账户

根据沪、深证券交易所"融资融券交易实施细则",证券公司按照相关规定开立融券专用证券账户、客户信用交易担保证券账户、融资专用资金账户及客户信用交易担保资金账户后,应在开户后3个交易日内报交易所备案。

2. 客户信用账户

客户通过证券公司开展融资融券业务,应当在证券公司开立实名信用资金台账和信用证券账户,在指定的商业银行开立实名信用资金账户(见表3-29所示)。

表3-29　客户信用账户的具体用途

客户信用账户	具体用途
客户信用资金台账	客户在证券公司开立的用于记载客户交存的担保资金及融资融券负债明细数据的账户
客户信用证券账户	证券公司客户信用交易担保证券账户的二级账户,用于记录客户委托证券公司持有的担保证券的明细数据。客户用于一家证券交易所上市证券交易的信用证券账户只能有一个
客户信用资金账户	客户在指定的商业银行开立的用于记载客户交存的担保资金的明细数据的账户。该账户是证券公司客户信用交易担保资金账户的二级账户

(六)融资融券业务客户的申请、客户征信调查及客户的选择标准★★

融资融券业务客户的申请、客户征信调查及客户的选择标准的具体内容,如表3-30所示。

表3-30 融资融券业务客户的申请、客户征信调查及客户的选择标准

项目	事项	具体内容
客户的申请	应提交的基本信息材料	客户向证券公司申请开展融资融券业务,应当由客户本人向证券公司营业部提出申请,并应根据证券公司营业部的要求提供相应的书面申请材料,一般包括有效身份证明文件、融资融券业务申请表、客户已开设相关账户的基本信息、客户财务状况证明、担保品证明等相关材料
	应提交的其他材料	机构客户除提交以上基本信息外,还需提交公司章程、法人代表授权文件、法人代表身份证明、法人代表身份证件及经办人身份证明等文件
客户的征信调查	客户基本情况	个人客户:一般包括但不限于姓名、性别、出生年月、联系方式、居住地址、文化程度、婚姻状况、家庭成员、职业、职务等 机构客户一般包括但不限于单位名称、成立时间、企业性质、所属行业、经营范围、注册地址、经营期限、高管人员情况、实际控制人及受益人等
	财产与收入状况	个人客户:一般应提供其收入来源及数额、金融资产、非金融资产、债务情况及用作担保品的资金或证券资产情况等 机构客户一般应提供资产及负债情况、偿债能力、盈利能力、成长性说明等
	证券投资经验及风险偏好	应包括但不限于客户的投资期限、投资规模、投资收益、投资风格及风险偏好等
	诚信合规记录	客户近几年证券投资交易清算履约情况、商业银行信用记录、其他信用记录等
	融资融券需求	客户对融资融券业务规则、相关风险的认知情况及融资融券需求,如融资融券授信方式、额度、期限、利率及费率等
客户的选择标准	证券公司应当按《证券公司融资融券业务管理办法》规定的有关条件和征信要求制定选择客户的具体标准,一般主要包括以下几个方面	
	从事证券交易的时间	客户申请开立信用业务证券账户前,应当已经在申请开展融资融券业务的证券公司所属营业部及与其具有控制关系的其他证券公司营业部开设普通证券账户且从事证券交易的时间满半年以上
	账户状态	客户开户手续齐全、资料完备,资金账户与证券账户对应关系清晰,交易结算状态正常
	信誉状况	要求客户信誉良好,无重大违约记录
	资产状况	最近20个交易日日均证券类资产不低于50万元,具有符合要求的担保品及较强的还款能力
	投资风格	具有较强的风险承受能力,符合适当性相关规定
	关联关系	不属于本公司的股东(持有上市证券公司5%以下流通股份股东除外)或关联人
	专业机构投资者参与融资、融券,可不受前款从事证券交易时间及证券类资产条件限制	

（七）融资融券业务合同及交易风险揭示书的基本内容★★★

1. 融资融券业务合同的基本内容

根据中国证券业协会发布的《融资融券合同必备条款》，融资融券业务合同的基本内容应包含：

（1）当事人姓名、住所等相关信息。

（2）订立合同的目的和依据。

（3）对融资融券交易所涉及的信用账户、融资与融券交易、担保物、保证金比例、维持担保比例、强制平仓等专业术语进行解释或定义。合同还应当对《证券公司监督管理条例》中的“客户证券担保账户”“客户资金担保账户”“授信账户”与《证券公司融资融券业务管理办法》中的“客户信用交易担保证券账户”“客户信用交易担保资金账户”“客户信用证券账户和客户信用资金账户”之间的对应关系作出解释和说明。

（4）合同应载明的内容包括：①甲乙双方对主体资格、交易资产来源、身份证明材料的真实性等方面的声明与保证。②开立信用业务相关账户的有关内容。③通知与送达的有关事项。④明确载入因火灾、地震等不可抗力；非因乙方自身原因导致的技术系统异常事故；政策法规修改；法律法规规定的其他情形等因素，导致合同任何一方不能及时或完全履行合同，免除其相应责任的条款。⑤乙方确认已向甲方说明融资融券交易的风险，不保证甲方获得投资收益或承担甲方投资损失；甲方确认，已充分理解本合同内容，自行承担风险和损失。

（5）合同应约定的内容包括：①融资融券特定的财产信托关系，即信托目的、信托财产范围、信托的成立和生效、信托财产的管理、信托财产的处分及信托的终止。②甲方从事融资融券交易的保证金比例及计算公式、保证金可用余额计算公式、可充抵保证金的证券范围和折算率、标的证券范围等。③甲方从事融资融券交易的信用额度、融资融券期限、融资利率和融券费用的确定方式及相应的计算公式等事项。④应对融资融券交易的主要业务操作环节加以约定。⑤甲方从事融资融券交易的维持担保比例和计公式、补仓时间、补仓期限、补仓后应达到的维持担保比例以及乙方要求甲方补仓的通知方式。约定内容应当符合证券交易所的有关规定。⑥乙方强制平仓的各类情形、平仓开始与停止条件、平仓顺序等事项。合同还可以约定，如甲方逾期偿还债务的，乙方将收取违约金，并明确违约金的计算方式。⑦甲方清偿债务的范围、方式、期限以及债务清偿后信用账户的处理方式等有关事项。⑧在融资融券交易期间，当出现可充抵保证金证券范围和折算率调整；保证金比例与维持担保比例调整；标的证券范围调整；标的证券暂停交易或终止上市；乙方被取消或限制融资融券交易权限；司法机关对甲方信用证券账户记载的权益采取财产保全或强制执行措施；甲方信用证券账户记载的权益被继承、财产细分或无偿转让等特殊情况时，对尚未了结的融资融券交易的处理方式。⑨约定融资融券交易所涉及的权益处理事项。⑩导致合同终止的各种具体情形。⑪适用的法律和争议处理方式（仲裁或诉讼方式选择一种）。

⑫合同成立与生效条件、合同期限、合同份数等事项。

合同还应规定,合同应由甲方本人签署,当甲方为机构投资者时,应由法定代表人或其授权代表人签署。

2. 融资融券业务交易风险揭示书的基本内容

证券公司与客户签订融资融券合同前,应将融资融券交易风险揭示书交由客户书面确认。根据中国证券业协会发布的《融资融券业务交易风险揭示书必备条款》,融资融券业务交易风险揭示书的基本内容应包含:

(1)提示客户注意融资融券交易具有普通证券交易所具有的政策风险、市场风险、违约风险、系统风险等各种风险,以及其特有的投资风险放大等风险。

(2)提示客户在开户从事融资融券交易前,必须了解所在的证券公司是否具有开展融资融券业务的资格。

(3)提示客户在从事融资融券交易期间,如果不能按照约定的期限清偿债务,或上市证券价格波动导致担保物价值与其融资融券债务之间的比例低于维持担保比例,且不能按照约定的时间、数量追加担保物时,将面临担保物被证券公司强制平仓的风险。

(4)提示客户在从事融资融券交易期间,如果其信用资质状况降低,证券公司会相应降低对其的授信额度,或者证券公司提高相关警戒指标、平仓指标所产生的风险,可能会给客户造成经济损失。

(5)提示客户在从事融资融券交易期间,如果中国人民银行规定的同期金融机构贷款基准利率调高,证券公司将相应调高融资利率或融券费率,客户将面临融资融券成本增加的风险。

(6)提示客户在从事融资融券交易期间,如果因自身原因导致其资产被司法机关采取财产保全或强制执行措施,或者出现丧失民事行为能力、破产、解散等情况时,客户将面临被证券公司提前了结融资融券交易的风险,可能会给客户造成经济损失。

(7)提示客户在从事融资融券交易期间,如果发生融资融券标的证券范围调整、标的证券暂停交易或终止上市等情况,客户将可能面临被证券公司提前了结融资融券交易的风险,可能会给客户造成经济损失。

(8)提示客户在从事融资融券交易期间,证券公司将以《融资融券合同》约定的通知与送达方式及通讯地址,向客户发送通知。通知发出并经过约定的时间后,将视作证券公司已经履行对客户的通知义务。客户无论因何种原因没有及时收到有关通知,都会面临担保物被证券公司强制平仓的风险,可能会给客户造成经济损失。

(9)提示客户应妥善保管信用账户卡、身份证件和交易密码等资料,如客户将信用账户、身份证件、交易密码等出借给他人使用,由此造成的后果由客户承担。

(10)除上述9项风险提示外,各证券公司还可以根据具体情况在其制订的《融资融券交易风险揭示书》中对融资融券交易存在的风险进一步列举。

（八）融资融券业务所形成的债权担保的有关规定★★

（1）证券公司向客户融资、融券，应当向客户收取一定比例的保证金。保证金除现金形式外还可以证券充抵。

（2）证券公司应当将收取的保证金以及客户融资买入的全部证券和融券卖出所得全部价款，分别存放在客户信用交易担保证券账户和客户信用交易担保资金账户，作为对该客户融资融券所生债权的担保物。

（3）证券公司应当在符合证券交易所规定的前提下，根据客户信用状况、担保物质量等情况，与客户约定最低维持担保比例、补足担保物的期限以及违约处置方式等。

（4）证券公司应当逐日计算客户交存的担保物价值与其所欠债务的比例。当该比例低于约定的维持担保比例时，应当通知客户在约定的期限内补交担保物，客户经证券公司认可后，可以提交除可充抵保证金证券以外的其他证券、不动产、股权等资产。

（5）客户未能按期交足担保物或者到期未偿还债务的，证券公司可以按照约定处分其担保物。

（6）保证金比例和可充抵保证金的证券的种类、折算率，最低维持担保比例和客户补交担保物的期限，由证券交易所规定，且证券交易所应当对可充抵保证金的各类证券制定不同的折算率要求。

（九）标的证券、保证金和担保物的管理规定★★★

1. 标的证券

标的证券的相关内容，如表3-31所示。

表3-31　　标的证券的相关内容

项目	主要内容
概念	在交易所上市交易的并经交易所认可的可作为融资买入或融券卖出的证券统称为标的证券
内容	标的证券涵盖四大类证券，即股票、证券投资基金、债券、其他证券
股票	标的证券为股票的，应当符合下列条件： ①在交易所上市交易超过3个月 ②融资买入标的股票的流通股本不少于1亿股或流通市值不低于5亿元，融券卖出标的股票的流通股本不少于2亿股或流通市值不低于8亿元 ③股东人数不少于4000人 ④在最近3个月内没有出现下列情形之一：日均换手率低于基准指数日均换手率的15%，且日均成交金额小于5000万元；日均涨跌幅平均值与基准指数涨跌幅平均值的偏离值超过4%；波动幅度达到基准指数波动幅度的5倍以上 ⑤股票发行公司已完成股权分置改革 ⑥股票交易未被交易所实施风险警示 ⑦交易所规定的其他条件

续表

项目	主要内容
交易型开放式指数基金	标的证券为交易型开放式指数基金(ETF)的,应当符合下列条件: ①上市交易超过5个交易日 ②最近5个交易日内的日平均资产规模不低于5亿元 ③基金持有户数不少于2000户 ④交易所规定的其他条件
上市开放式基金	标的证券为上市开放式基金的,应当符合下列条件: ①上市交易超过5个交易日 ②最近5个交易日内的日平均资产规模不低于5亿元 ③基金持有户数不少于2000户 ④基金份额不存在分拆、合并等分级转换情形 ⑤交易所规定的其他条件
债券	标的证券为债券的,应当符合下列条件: ①债券托管面值在1亿元以上 ②债券剩余期限在1年以上 ③债券信用评级达到AA级(含)以上 ④交易所规定的其他条件
原则	交易所按照从严到宽、从少到多、逐步扩大的原则,从满足上述规定的证券范围内选取和确定标的证券的名单,并向市场公布
标的调整	交易所可根据市场情况调整标的证券的选择标准和名单,证券公司向其客户公布的标的证券名单,不得超出交易所公布的标的证券范围
暂停交易	标的证券暂停交易的,证券公司与其客户可以根据双方约定了结相关融资融券合约。如恢复交易日在融资融券债务到期日之后的,融资融券的期限可以顺延,顺延的具体期限由证券公司与其客户自行约定
被实施风险警示的	标的股票交易被实施风险警示的,交易所自该股票被实施风险警示当日起将其调整出标的证券范围。标的证券进入终止上市程序的,交易所自发行人作出相关公告当日起将其调整出标的证券范围
调整出标的证券范围	证券被调整出标的证券范围的,在调整实施前未了结的融资融券合同仍然有效。证券公司与其客户可以根据双方约定提前了结相关融资融券合约

2. 保证金和担保物管理

保证金和担保物的管理规定,如表3-32所示。

表3-32 保证金和担保物的管理规定

项目	主要内容
保证金	证券公司向客户融资、融券,应当向客户收取一定比例的保证金,除现金外,保证金可以证券充抵

续表

<table>
<tr><th>项目</th><th colspan="2">主要内容</th></tr>
<tr><td>债务的担保物</td><td colspan="2">证券公司向客户收取的保证金以及客户融资买入的全部证券和融券卖出所得全部资金，整体作为客户对证券公司融资融券所生债务的担保物</td></tr>
<tr><td>可充抵保证金的证券的折算率</td><td colspan="2">可充抵保证金的证券，在计算保证金金额时应当以证券市值或净值按下列折算率进行折算：
①上证 180 指数成分股股票及深证 100 指数成分股股票的折算率最高不超过 70%，其他股票折算率最高不超过 65%
②交易型开放式指数基金折算率最高不超过 90%
③证券公司现金管理产品、货币市场基金、国债折算率最高不超过 95%
④被实施风险警示、暂停上市、进入退市整理期的证券，静态市盈率在 300 倍以上或者为负数的 A 股股票，以及权证的折算率为零
⑤其他上市证券投资基金和债券折算率最高不超过 80%</td></tr>
<tr><td>调整可充抵保证金证券的名单和折算率</td><td colspan="2">交易所可以根据市场情况调整可充抵保证金证券的名单和折算率，证券公司公布的可充抵保证金证券的名单，不得超出交易所公布的可充抵保证金证券范围。公布的可充抵保证金证券的折算率，不得高于交易所规定的标准</td></tr>
<tr><td rowspan="2">融资融券保证金比例及计算</td><td>融资买入证券</td><td>投资者融资买入证券时，融资保证金比例不得低于 100%。融资保证金比例是指投资者融资买入时交付的保证金与融资交易金额的比例，计算公式为：
融资保证金比例=保证金/（融资买入证券数量×买入价格）×100%</td></tr>
<tr><td>融券卖出证券</td><td>投资者融券卖出时，融券保证金比例不得低于 50%。融券保证金比例是指投资者融券卖出时交付的保证金与融券交易金额的比例，计算公式为：
融券保证金比例=保证金/（融券卖出证券数量×卖出价格）×100%</td></tr>
<tr><td rowspan="3">保证金可用余额及计算</td><td>概念</td><td>保证金可用余额是指投资者用于充抵保证金的现金、证券市值及融资融券交易产生的浮盈经折算后形成的保证金总额，减去投资者未了结融资融券交易已占用保证金和相关利息、费用的余额</td></tr>
<tr><td>计算公式</td><td>保证金可用余额=现金+Σ（可充抵保证金的证券市值×折算率）+Σ[（融资买入证券市值-融资买入金额）×折算率]+Σ[（融券卖出金额-融券卖出证券市值）×折算率]-Σ融券卖出金额-Σ融资买入证券金额×融资保证金比例-Σ融券卖出证券市值×融券保证金比例-利息及费用</td></tr>
<tr><td>公式解释</td><td>融券卖出金额=融券卖出证券的数量×卖出价格
融券卖出证券市值=融券卖出证券数量×市价
融券卖出证券数量，指融券卖出后尚未偿还的证券数量
Σ[（融资买入证券市值-融资买入金额）×折算率]、Σ[（融券卖出金额-融券卖出证券市值）×折算率]中的折算率，是指融资买入、融券卖出证券对应的折算率。当融资买入证券市值低于融资买入金额或融券卖出证券市值高于融券卖出金额时，折算率按 100% 计算</td></tr>
</table>

续表

项目	主要内容	
客户担保物的监控	概念	证券公司应当对客户提交的担保物进行整体监控，并计算其维持担保比例。维持担保比例是指客户担保物价值与其融资融券债务之间的比例
	计算公式	维持担保比例=（现金+信用证券账户内证券市值总和+其他担保物价值）/（融资买入金额+融券卖出证券数量×当前市价+利息及费用总和）
	公式解释	“其他担保物”是指客户维持担保比例低于最低维持担保比例时，客户经证券公司认可后提交的除现金及信用证券账户内证券以外的其他担保物，其价值根据证券公司与客户约定的估值方式计算或双方认可的估值结果确定
特殊情形的计算	客户信用证券账户内的证券，出现被调出可充抵保证金证券范围、被暂停交易、被实施风险警示等特殊情形或者因权益处理等产生尚未到账的在途证券，证券公司在计算客户维持担保比例时，可以根据与客户的约定按照公允价格或其他定价方式计算其市值	
约定最低维持担保比例	证券公司应当根据市场情况、客户资信和公司风险管理能力等因素，审慎评估并与客户约定最低维持担保比例要求	
追加担保物	当客户维持担保比例低于最低维持担保比例时，证券公司应当通知客户在约定的期限内追加担保物，客户经证券公司认可后，可以提交除可充抵保证金证券外的其他证券、不动产、股权等依法可以担保的财产或财产权利作为其他担保物。证券公司可以与客户自行约定追加担保物后的维持担保比例要求，仅计算现金及信用证券账户内证券市值总和的维持担保比例超过300%时，客户可以提取保证金可用余额中的现金、充抵保证金的证券，但提取后仅计算现金及信用证券账户内证券市值总和的维持担保比例不得低于300%	
解除其他担保物的担保	维持担保比例超过证券公司与客户约定的数值时，客户可以解除其他担保物的担保，但解除担保后的维持担保比例不得低于证券公司与客户约定的数值。交易所对提取现金、充抵保证金的证券，或解除其他担保物的担保另有规定的除外	
不得提交为担保物的情形	客户不得将已设定担保或其他第三方权利及被采取查封、冻结等司法强制措施的证券提交为担保物，证券公司不得向客户借出此类证券	
暂停接受委托或采取风险控制措施	客户担保物中单一证券市值占比达到一定比例时，证券公司应当按照与客户的约定，暂停接受其融资买入该证券的委托或采取其他风险控制措施	

续表

项目	主要内容
可以动用证券公司客户信用交易担保证券账户内的证券和客户信用交易担保资金账户内的资金的情形	根据《证券公司融资融券业务管理办法》的规定,除下列情形外,任何人不得动用证券公司客户信用交易担保证券账户内的证券和客户信用交易担保资金账户内的资金: ①为客户进行融资融券交易的结算 ②收取客户应当归还的资金、证券 ③收取客户应当支付的利息、费用、税款 ④按照该办法的规定以及与客户的约定处分担保物 ⑤收取客户应当支付的违约金 ⑥客户提取还本付息、支付税费及违约金后的剩余证券和资金 ⑦法律、行政法规和该办法规定的其他情形
证券公司应当处分担保物的情形	司法机关依法对客户信用证券账户或者信用资金账户记载的权益采取财产保全或者强制执行措施的,证券公司应当处分担保物,实现因向客户融资融券所生债权,并协助司法机关执行

(十)权益处理★

1. 对证券发行人权利的行使

根据《证券公司融资融券业务管理办法》,证券发行人的权利,是指请求召开证券持有人会议、参加证券持有人会议、提案、表决、配售股份的认购、请求分配投资收益等因持有证券而产生的权利。

证券登记结算机构依据证券公司客户信用交易担保证券账户内的记录,确认证券公司受托持有证券的事实,并以证券公司为名义持有人,登记于证券持有人名册。

对客户信用交易担保证券账户记录的证券,由证券公司以自己的名义,为客户的利益,行使对证券发行人的权利。证券公司行使对证券发行人的权利,应当事先征求客户的意见,并按照其意见办理。客户未表达意见的,证券公司不得行使对发行人的权利。

2. 证券发行人分派投资收益的处理

证券登记结算机构受证券发行人委托以证券形式分派投资收益的,应当将分派的证券记录在证券公司客户信用交易担保证券账户内,并相应变更客户信用证券账户的明细数据。

证券登记结算机构受证券发行人委托以现金形式分派投资收益的,应当将分派的资金划入证券公司信用交易资金交收账户。证券公司应当在资金到账后,通知商业银行对客户信用资金账户的明细数据进行变更。

3. 融券交易期间权益的处理

客户融入证券后、归还证券前,证券发行人分配投资收益、向证券持有人配售或者无偿派发证券、发行证券持有人有优先认购权的证券的,客户应当按照融资融券合同的约定,在偿还债务时,向证券公司支付与所融入证券可得利益相等的证券或者资金。

三、转融通业务

（一）转融通业务的基本概念及主要规则★

1. 转融通业务的基本概念

转融通业务，是指证券金融公司将自有或者依法筹集的资金和证券出借给证券公司，以供其办理融资融券业务的经营活动。

证券金融公司是中国证监会根据国务院的决定，批准设立专司转融通业务的股份有限公司，证券金融公司不以营利为目的，履行下列职责：

（1）为证券公司融资融券业务提供资金和证券的转融通服务。

（2）对证券公司融资融券业务运行情况进行监控。

（3）监测分析全市场融资融券交易情况，运用市场化手段防控风险。

（4）中国证监会确定的其他职责。

2. 转融通业务的主要规则

转融通业务的主要规则，如表3-33所示。

表3-33　转融通业务的主要规则

业务	事项	内容
专用证券账户	开立账户	证券金融公司开展转融通业务，应当以自己的名义，在证券登记结算机构分别开立转融通专用证券账户、转融通担保证券账户和转融通证券交收账户
	账户作用	①转融通专用证券账户，用于记录证券金融公司持有的拟向证券公司融出的证券和证券公司归还的证券 ②转融通担保证券账户，用于记录证券公司委托证券金融公司持有、担保证券金融公司因向证券公司转融通所生债权的证券 ③转融通证券交收账户，用于办理证券金融公司与转融通业务有关的证券结算
专用资金账户	开立账户	证券金融公司开展转融通业务，应当以自己的名义，在商业银行开立转融通专用资金账户，在证券登记结算机构分别开立转融通担保资金账户和转融通资金交收账户
	账户作用	①转融通专用资金账户，用于存放证券金融公司拟向证券公司融出的资金及证券公司归还的资金 ②转融通担保资金账户，用于记录证券公司交存的、担保证券金融公司因向证券公司转融通所生债权的资金 ③转融通资金交收账户，用于办理证券金融公司与转融通业务有关的资金结算
了解客户及信用评估	了解客户	证券金融公司开展转融通业务，应当了解证券公司的基本情况、业务范围、财务状况、违约记录、风险控制能力等，并以书面和电子的方式予以记录和保存
	信用评估	证券金融公司应当建立客户信用评估机制，对证券公司的信用状况进行评估，并根据评估结果确定和调整对证券公司的授信额度
转融通业务合同	备案	证券金融公司应当制定转融通业务合同标准格式，报中国证监会备案
	合同内容	合同应约定转融通的资金数额、标的证券的种类和数量、期限、费率、保证金的比例、证券权益处理办法、违约责任等事项

续表

业务	事项	内容
转融通期限	期限	证券金融公司向证券公司转融通的期限不得超过6个月
	计算	转融通的期限，自资金或者证券实际交付之日起算
证券公司担保账户	开立账户	证券金融公司与证券公司签订转融通业务合同后，应当根据证券公司的申请，以证券公司的名义，为其开立转融通担保证券明细账户和转融通担保资金明细账户
	担保证券明细账户	转融通担保证券明细账户是转融通担保证券账户的二级账户，用于记载证券公司委托证券金融公司持有的担保证券的明细数据
	担保资金明细账户	转融通担保资金明细账户是转融通担保资金账户的二级账户，用于记载证券公司交存的担保资金的明细数据
	数据变更	证券金融公司可以委托证券登记结算机构根据清算、交收结果等，对证券公司转融通担保证券明细账户和转融通担保资金明细账户内的数据进行变更
转融通保证金	收取保证金	证券金融公司开展转融通业务，应当向证券公司收取一定比例的保证金。保证金可以证券充抵，但货币资金占应收取保证金的比例不得低于15%。可充抵保证金证券的种类和折算率由证券金融公司确定并公布
	交存保证金	证券公司向证券金融公司交存保证金，采取设立信托的方式。保证金中的证券应当记入转融通担保证券账户，保证金中的资金应当记入转融通担保资金账户。转融通担保证券账户内的证券和转融通担保资金账户内的资金，均为担保证券金融公司因向证券公司转融通所生债权的信托财产
	计算保证金	证券金融公司应当逐日计算证券公司交存的保证金价值与其所欠债务的比例。当该比例低于约定的维持保证金比例时，应当通知证券公司在一定的期限内补交差额，直至达到约定的初始保证金比例
	处分保证金	证券公司违约的，证券金融公司可以按照约定处分保证金，以实现对证券公司的债权；处分保证金不足以完全实现对证券公司的债权的，证券金融公司应当依法向证券公司追偿
	使用保证金	经证券公司书面同意，证券金融公司可以有偿使用证券公司交存的保证金。证券金融公司使用保证金的用途、期限、对价等具体事项，由双方通过转融通业务合同约定
转融通互保基金		证券金融公司可以根据化解证券公司违约风险的需要，建立转融通互保基金。转融通互保基金的管理办法，由证券金融公司制定，报中国证监会备案后实施
转融通的暂停		市场交易活动出现异常，已经或者可能危及市场稳定，有必要暂停转融通业务的，证券金融公司可以按照业务规则和合同约定，暂停全部或者部分转融通业务并公告
转融通业务涉及的证券和资金的划转		证券登记结算机构根据证券账户和资金账户持有人发出或者认可的指令，办理转融通业务涉及的证券和资金的划转

续表

业务	事项	内容
协助司法强制执行	司法机关依法对证券公司转融通担保证券明细账户或者转融通担保资金明细账户记载的权益采取财产保全或者强制执行措施的，证券金融公司应当处分保证金，在实现因向证券公司转融通所生债权后，协助司法机关执行	

（二）转融通业务中资金和证券的来源及权益处理★

1. 转融通业务中资金和证券的来源

证券金融公司开展转融通业务，可以使用下列资金和证券：

（1）自有资金和证券。

（2）通过证券交易所的业务平台融入的资金和证券。

（3）通过证券金融公司的业务平台融入的资金。

（4）依法筹集的其他资金和证券。

2. 转融通业务的权益处理

转融通业务的权益处理的主要内容，如表 3-34 所示。

表 3-34 转融通业务的权益处理

项目	权益处理的内容
对证券发行人权利的行使	证券发行人的权利，是指请求召开证券持有人会议、参加证券持有人会议、提案、表决、配售股份的认购、请求分配投资收益等因持有证券而产生的权利
	证券登记结算机构根据转融通担保证券账户内的记录，确认证券金融公司受托持有证券的事实，并以证券金融公司为名义持有人，登记于证券持有人名册
	对转融通担保证券账户内记录的证券，由证券金融公司以自己的名义，行使对证券发行人的权利。证券金融公司行使对证券发行人的权利，应当事先征求委托其持有该证券的证券公司意见，并按照其意见办理
证券持有人的收益权利	证券登记结算机构受证券发行人委托以证券或者现金形式分派投资收益的，应当分别将分派的证券或者现金记录在转融通担保证券账户或者转融通担保资金账户内，并相应变更证券公司转融通担保证券明细账户或者转融通担保资金明细账户的数据
	证券金融公司融入证券后、归还证券前，或者证券公司向证券金融公司融入证券后、归还证券前，证券发行人分配投资收益、向证券持有人配售或者无偿派发证券、发行证券持有人有优先认购权的证券的，证券金融公司或者证券公司应当按照约定向融出方支付与所融入证券可得利益相等的证券或者资金
证券持有人的信息报告与披露义务	证券金融公司通过转融通担保证券账户持有的证券不计入其自有证券，证券金融公司无须因该账户内证券数量的变动而履行信息报告、披露或者要约收购义务
	证券公司通过其自营证券账户、融券专用证券账户和转融通担保证券明细账户合计持有一家上市公司股票及其权益的数量或者其增减变动达到规定的比例时，应当依法履行信息报告、披露或者要约收购义务。有一致行动人的，一致行动人与证券公司持有的股票及其权益的数量合并计算

（三）转融通业务中其他主要规定★

其他主要规定如表3-35所示。

表3-35　转融通业务中其他主要规定

项目	主要规定
制定业务规则	证券金融公司应当依照办法的规定制定转融通业务规则，明确账户管理、授信管理、标的证券管理、保证金管理、费率管理、信息披露等事项，报中国证监会备案后实施
公布信息	证券金融公司应当每个交易日公布转融资余额、转融券余额、转融通成交数据及转融通费率
建立合规管理与风险控制机制	证券金融公司应当建立合规管理机制，保证公司的经营管理及工作人员的执业行为合法合规；应当建立风险控制机制，有效识别、评估、控制公司经营管理中的各类风险。 证券金融公司应当遵守以下风险控制指标规定： ①净资本与各项风险资本准备之和的比例不得低于100% ②对单一证券公司转融通的余额，不得超过证券金融公司净资本的50% ③融出的每种证券余额不得超过该证券上市可流通市值的10% ④充抵保证金的每种证券余额不得超过该证券总市值的15%
	证券金融公司净资本、风险资本准备的计算，参照中国证监会对证券公司的有关规定执行，中国证监会另有规定的除外。证券金融公司不得为他人的债务提供担保。证券金融公司应当每年按照税后利润的10%提取风险准备金。中国证监会可以根据防范证券金融公司风险的需要，对提取比例进行调整
资金用途	证券金融公司的资金，除用于履行相关法规的规定职责和维持公司正常运转外，只能用于购买银行存款；购买国债、证券投资基金份额等经中国证监会认可的高流动性金融产品；购置自用不动产及中国证监会认可的其他用途
信息系统安全管理	证券金融公司应当建立信息系统安全管理机制，保障公司信息系统安全、稳定运行
报告制度	证券金融公司应当按时向中国证监会报送年度报告、月度报告。年度报告应当包含按照规定编制并经具有证券相关业务资格的会计师事务所审计的财务会计报告。月度报告应当包含各项风险控制指标和转融通业务专项报表，以及中国证监会要求报送的其他信息 发生影响或者可能影响公司经营管理的重大事件的，证券金融公司应当立即向中国证监会报送临时报告，说明事件的起因、目前的状态、可能产生的后果和应对措施
信息共享与保密机制	证券交易所、证券登记结算机构、证券金融公司应当建立融资融券信息共享机制 证券金融公司及其工作人员应当对因履行职责而获悉的信息保密。法律、行政法规和中国证监会另有规定的除外 证券金融公司应当妥善保存履行中国证监会有关规定职责所形成的各类文件、资料，保存期限不少于20年
违规处罚	证券金融公司或者证券公司违反中国证监会规定的，由中国证监会视具体情形，采取责令改正、出具警示函、责令公开说明、责令定期报告等监管措施；应当给予行政处罚的，由中国证监会对公司及其有关责任人员单处或者并处警告、罚款

四、科创板与创业板转融通证券出借和转融通业务特别规定★

(一)基本概念

科创板与创业板转融通证券出借,是指证券出借人(以下简称"出借人")以一定的费率向证券金融公司出借科创板或创业板证券,证券金融公司到期归还所借证券及相应权益补偿并支付费用的业务。

科创板与创业板转融券业务,是指证券金融公司将自有或者依法筹集的科创板或创业板证券出借给科创板或创业板转融通券借入人(以下简称"借入人"),供其办理融券的业务。

(二)科创板与创业板证券出借业务的主要规则

1. 出借人

符合条件的公募基金、社保基金、保险资金等机构投资者以及参与科创板或创业板发行人首次公开发行的战略投资者,可以作为出借人,通过约定申报和非约定申报方式参与科创板或创业板证券出借。

2. 标的证券

科创板或创业板证券出借的标的证券范围,与相应板块可融券卖出的标的证券范围一致。

可通过约定申报和非约定申报方式参与科创板或创业板证券出借的证券类型包括:无限售流通股;战略投资者配售获得的在承诺的持有期限内的股票;符合规定的其他证券。

战略投资者在承诺的持有期限内,不得通过与关联方进行约定申报、与其他主体合谋等方式,锁定配售股票收益、实施利益输送或者谋取其他不当利益。

3. 其他规定

通过约定申报方式参与科创板或创业板证券出借的,证券出借期限可在 1 天至 182 天的区间内协商确定。

上交所接受约定申报方式下出借人的出借申报时间为每个交易日的 9:30 至 11:30、13 :00 至 15 :00。深交所接受约定申报方式下出借人的出借申报时间为每个交易日的 9 :15 至 11 :30、13 :00 至 15 :00。约定申报当日有效。未成交的申报,15:00 前可以撤销。

交易所对科创板或创业板证券出借约定申报进行实时撮合成交,生成成交数据,并对证券金融公司和出借人的账户可交易余额进行实时调整。

(三)科创板与创业板转融券业务的主要规则

1. 借入人

符合以下条件的证券公司,可以作为借入人通过约定申报和非约定申报方式参与科创板或创业板转融券业务:

(1)具有融资融券业务资格,并已开通转融通业务权限;

(2)业务管理制度和风险控制制度健全,具有切实可行的业务实施方案;

(3)技术系统准备就绪;

(4)参与科创板转融券业务应当具备证券金融公司规定的其他条件。

2. 标的证券

证券金融公司根据市场状况,确定可以参与科创板或创业板转融券业务的标的证券名单,在每一交易日开市前公布。

证券公司向证券金融公司借入证券用于融资融券业务的,需使用证券公司融券专用证券账户。

3. 转融券期限、费率、保证金

通过约定申报方式参与科创板或创业板转融券业务的,转融券期限可在1天至182天的区间内协商确定。其转融券费率应符合以下要求:

(1)借入人申报的费率=出借人申报的费率+转融券费率差;

(2)借入人申报的费率不得低于或等于转融券费率差。

科创板或创业板转融券费率差按证券金融公司公布的标准执行,并可以根据市场供求等因素调整科创板转融券费率差。

证券金融公司可根据借入人资信情况和转融通担保证券、资金明细账户的资产情况,按一定的综合比例,确定对借入人开展科创板转融券业务应收取的保证金。应收取的保证金比例可低于20%,其中货币资金占应收取保证金的比例不得低于15%。

4. 展期及提前了结

借入人和出借人协商一致,可申请科创板或创业板转融券约定申报的展期、提前了结,经证券金融公司同意后可以展期或提前了结。

借入人和出借人应在原合约到期日前的同一交易日向证券金融公司提交展期指令;在商定的归还日前的同一交易日提交提前了结指令。

展期数量、期限、费率由借入人和出借人按照相关规定协商确定。

借入人和出借人协商提前了结的,应一次性全部提前了结该笔转融券业务。提前了结时,双方可以协商调整原费率。

科创板或创业板转融券业务提前了结的,相关权益补偿一并提前了结。权益补偿日需重新计算,其中原转融券归还日为出借人和借入人商定的归还日。

转融券展期的,相关权益补偿不进行展期。

通过约定申报进行科创板或创业板转融券业务,以及相关展期、提前了结等过程中,借入人和出借人应当合理确定费率、期限、实际出借天数等要素,不得违反证券金融公司相关规定,禁止任何形式的利益输送。

五、股票质押式回购、约定式购回、质押式报价回购业务

(一)主要规则★★

股票质押式回购、约定式购回、质押式报价回购业务的主要规则,如表3-36所示。

表3-36　股票质押式回购、约定式购回、质押式报价回购业务的主要规则

业务类型	概念与规则	主要规则
股票质押式回购业务	基本概念	股票质押式回购业务是指符合条件的资金融入方以所持有的股票或其他证券质押,向符合条件的资金融出方融入资金,并约定在未来返还资金、解除质押的交易 资金融出方一般为证券公司、证券公司管理的集合资产管理计划或定向资产管理客户、证券公司资产管理子公司管理的集合资产管理计划或定向资产管理客户
	主要规则	①证券公司应当建立健全股票质押回购风险控制机制,根据相关规定和自身风险承受能力确定业务规模。证券交易所据此对证券公司股票质押回购交易规模进行前端控制 ②融入方、融出方、证券公司各方根据相关法律法规、部门规章及《股票质押式回购交易及登记结算业务办法》的规定,签署《股票质押回购交易业务协议》(本节简称《业务协议》) ③证券公司应当建立健全融入方资质审查制度,对融入方进行尽职调查,调查内容包括融入方的身份、财务状况、经营状况、信用状况、担保状况、融资投向、风险承受能力等 ④证券公司及其资产管理子公司管理的公开募集集合资产管理计划不得作为融出方参与股票质押回购 ⑤《业务协议》应明确约定融入方融入资金存放于其在证券公司指定银行开立的专用账户,并用于实体经济生产经营,不得直接或者间接用于下列用途:投资于被列入国家相关部委发布的淘汰类产业目录,或者违反国家宏观调控政策、环境保护政策的项目;进行新股申购;通过竞价交易或者大宗交易方式买入上市交易的股票;法律法规、中国证监会相关部门规章和规范性文件禁止的其他用途
约定式购回业务	基本概念	约定购回式证券交易是指符合条件的客户以约定价格向其指定交易的证券公司卖出标的证券,并约定在未来某一日期由客户按照另一约定价格从证券公司购回标的证券,证券公司根据与客户签署的协议将待购回期间标的证券产生的相关孳息返还给客户的交易
	主要规则	①证券公司应当建立健全约定购回式证券交易风险控制机制,根据相关规定和自身风险承受能力确定业务规模 ②证券公司应当按照相关规定和与客户的协议约定基于客户的真实委托向交易所交易系统进行申报,由交易系统予以确认。中国结算依据交易所确认的成交结果为约定购回式证券交易提供证券登记和资金划付服务 ③证券公司与客户之间的纠纷,不影响中国结算依据交易所成交结果已经办理或正在办理的证券登记和资金划付等业务

续表

业务类型	概念与规则	主要规则
质押式报价回购业务	基本概念	质押式报价回购交易是指证券公司将符合沪、深证券交易所《质押式报价回购交易及登记结算业务办法》规定的自有资产作为质押券,以质押券折算后的标准券总额为融资额度,向其指定交易客户以证券公司报价、客户接受报价的方式融入资金,在约定的购回日客户收回融出资金并获得相应收益的交易
	主要规则	①证券公司应当建立健全报价回购业务风险控制机制,对质押券价值进行管理 ②证券公司应当按照规定的格式向交易所交易系统申报报价,并代客户申报接受报价的委托。交易系统对双方的申报按相关规则予以成交确认,并将成交结果发送中国结算。中国结算依据交易所确认的成交结果为报价回购的初始交易与购回交易提供相关登记结算服务 ③证券公司应遵循诚实信用原则,如实向交易所交易系统申报其与客户已经达成的真实交易意向,不得擅自伪造、篡改或进行虚假申报 ④证券公司与客户之间的纠纷,不影响中国结算依据交易所成交结果已经办理或正在办理的相关登记结算业务

(二)风险管理、违约处置及异常交易处理的一般规定★

1. 股票质押式回购业务

(1)风险管理。

①证券公司应当对股票质押回购实行集中统一管理,并建立完备的管理制度、操作流程和风险识别、评估与控制体系,确保风险可测、可控、可承受。

②证券公司应当健全业务隔离制度,确保股票质押回购与有可能形成冲突的业务在机构、人员、信息、账户等方面相互隔离。

③证券公司应当建立标的证券的管理制度,在交易所规定的标的证券范围内确定和调整标的证券范围,合理确定用于质押的单一标的证券数量占其发行在外证券数量的最大比例,确保选择的标的证券合法合规、风险可控。以有限售条件股份作为标的证券的,解除限售日应当早于回购到期日。

④证券公司作为融出方的,单一证券公司接受单只 A 股股票质押的数量不得超过该股票 A 股股本的 30%。集合资产管理计划或定向资产管理客户作为融出方的,单一集合资产管理计划或定向资产管理客户接受单只 A 股股票质押的数量不得超过该股票 A 股股本的 15%。因履约保障比例达到或低于约定数值,补充质押导致超过上述比例或超过上述比例后继续补充质押的情况除外。单只 A 股股票市场整体质押比例不得超过 50%。市场整体质押比例,是指单只 A 股股票质押数量与其 A 股股本的比值。

⑤融入方所持有股票涉及业绩承诺股份补偿协议的,在相关业绩承诺履行完毕前,证券公司不得允许集合资产管理计划或者定向资产管理客户作为融出方参与相应股票质押

回购;证券公司作为融出方参与相应股票质押回购的,应当切实防范因融入方履行业绩承诺股份补偿协议可能产生的风险。

⑥股票质押率上限不得超过60%。以有限售条件股份作为标的证券的质押率原则上低于同等条件下无限售条件股份的质押率。证券交易所可以根据市场情况,对质押率上限进行调整,并向市场公布。

⑦证券公司应当建立以净资本为核心的股票质押回购规模监控和调整机制,建立、健全待购回期间融入方跟踪监测机制,建立、健全盯市机制,持续跟踪质押标的证券价格波动和可能对质押标的证券产生重大影响的风险事件,建立融入方融入资金跟踪管理制度,采取措施对融入资金的使用情况进行跟踪并按照交易所要求报送股票质押回购相关数据信息。

⑧融出方为集合资产管理计划的,可通过证券公司或其他第三方的信用增级措施保障融出方权益。证券交易所可以根据市场情况暂停或恢复单一标的证券用于股票质押回购。

持有上市公司股份5%以上的股东,将其持有的该上市公司股票进行股票质押回购的,不得违反有关信息披露的规定。新增股票质押回购融入资金全部用于偿还违约合约债务的,证券公司可在完善风险管理措施的前提下不适用上述④⑥相关规定。

(2)违约处置。

融入方违约,根据《业务协议》的约定须处置质押标的证券的,对于无限售条件股份,通过交易所进行处置的,证券公司按以下程序处理:

①证券公司应及时通知交易双方并报告证券交易所。

②T日证券公司根据《业务协议》约定,向证券交易所交易系统提交违约处置申报。

③T日违约处置申报处理成功后,T+1日起证券公司即可根据《业务协议》的约定处置标的证券,卖出成交后,证券公司应当在当日根据中国结算的要求提交申报数据,处置所得优先偿付融出方;证券公司应当根据《业务协议》的约定将偿付资金划付到融出方对应的账户。

④违约处置后,证券公司应向交易所提交终止购回申报。质押标的证券及相应孳息如有剩余的,中国结算相应解除剩余标的证券及相应孳息的质押登记。

⑤违约处置完成后,证券公司向交易所、中国结算和中国证券投资者保护基金有限责任公司提交违约处置结果报告。

对于仍处于限售期的有限售条件股份,证券公司应当按照《业务协议》的约定处理。

(3)异常情况处理。

异常情况一般包括以下情形:

①质押标的证券、证券账户或资金账户被司法等机关冻结或强制执行。

②质押标的证券被作出终止上市决定。

③集合资产管理计划提前终止。

④证券公司被暂停或终止股票质押回购交易权限。

⑤证券公司进入风险处置或破产程序。

⑥交易所认定的其他情形。

发生异常情况的,交易各方可以按《业务协议》中约定的提前购回、延期购回、终止购回及交易所认可的其他约定方式等处理。

2. 约定购回式证券交易

(1)风险管理。

证券公司开展约定购回式证券交易,应当建立完备的管理制度、操作流程和风险识别、评估与控制体系,确保风险可测、可控、可承受。证券公司应当:

①健全业务隔离制度,确保约定购回式证券交易与有可能形成业务冲突的证券资产管理、证券自营、投资银行等业务在机构、人员、信息、账户等方面相互隔离。

②对约定购回式证券交易实行集中统一管理。

③确定标的证券筛选标准,建立标的证券的管理制度,确保选择的标的证券合法合规、风险可控。

④建立以净资本为核心的约定购回式证券交易规模监控和调整机制,根据监管要求和自身财务状况,合理确定总体规模、单一客户、单一证券的金额占净资本的比例等风险控制指标。

⑤对约定购回式证券交易进行盯市管理,监控标的证券的市场风险。

(2)违约处置。

因客户原因导致购回交易或证券、资金划付无法完成的,证券公司应当于次一交易日报告交易所,并按以下程序处理:

①证券公司应当及时向交易所申请终止购回,并告知客户。

②证券公司应当向交易所提交处置申请、承诺书和合规意见书等相关材料。

③证券公司提交的违约处置申请及相关材料形式完备的,交易所向中国结算发出终止约定购回交易的书面通知。证券公司可在标的证券划转至自营账户的下一交易日起按照《客户协议》约定处置购回交易所涉全部标的证券,以抵偿客户应付金额,剩余金额按照多退少补的原则处理。

④违约处置完成后,证券公司应当将违约处置结果向交易所备案。

因证券公司原因导致购回交易或证券、资金划付无法完成的,应当于次一交易日报告交易所,并与客户协商延期购回。证券公司无法延期购回或客户不同意延期购回的,按以下程序处理:

①证券公司应当及时向交易所申报终止购回。

②证券公司应当及时通知客户,并与其按照《客户协议》的约定处理。

③违约处置完成后,证券公司应当将违约处置结果向交易所备案。

(3)异常情况处理。

异常情况一般包括以下几种情形:

①证券公司专用证券账户或其中的证券被司法等机关冻结或强制执行。

②证券公司被暂停或终止约定购回式证券交易权限。

③证券公司进入风险处置或破产程序。

④客户资金账户或证券账户被司法等机关冻结或强制执行。

⑤标的证券暂停上市或终止上市。

⑥交易所认定的其他情形。

发生异常情况的，交易各方可以按《业务协议》中约定的提前购回、延期购回、证券公司向交易所申报终止购回并与客户协商处理及交易所认可的其他约定方式等处理。

证券公司与客户应当在《客户协议》中约定，待购回期间标的证券涉及吸收合并、要约收购、权证发行、债转股、公司缩股或公司分立等事件，客户应当提前购回。

3.质押式报价回购交易

质押式报价回购交易的风险管理、违约处置与异常情况处理的内容，如表3-37所示。

表3-37 质押式报价回购交易的风险管理、违约处置与异常情况处理的内容

项目	主要内容
风险管理	证券公司开展报价回购业务，应当建立完备的管理制度、操作流程和风险识别、评估与控制体系，确保风险可测、可控、可承受。证券公司应当： ①建立运行高效、控制严密的内部控制机制，制定科学合理、切实有效的内部控制制度 ②对报价回购业务实行集中统一管理 ③对报价回购业务进行盯市管理，监控市场风险及提前做好当日资金划付安排
违约处置	因客户原因或证券公司原因导致初始交易、到期购回或提前购回的交易或资金划付无法完成的，违约方按《客户协议》承担违约责任，并由证券公司与客户按照约定自行办理资金结算
异常情况处理	异常情况一般包括以下几种情形： ①证券公司质押专用账户中质押券或质押现金被司法等机关冻结或强制执行的 ②证券公司被暂停或终止报价回购业务权限的 ③证券公司进入风险处置或破产程序的 ④客户资金账户被司法等机关冻结或强制执行的 ⑤质押券中的债券到期的 发生前三项情形的，证券公司应及时通知客户。其中，证券公司被暂停报价回购交易权限的，应在权限暂停之日开市前，通过其网络或系统公告。证券公司因违约导致异常情况发生的，应向受影响的客户承担违约责任

六、信用业务的监管措施及法律责任

（一）信用业务的相关监管措施及法律责任

1.《证券公司融资融券业务管理办法》的有关规定

（1）证券公司或其分支机构违反《证券公司融资融券业务管理办法》，中国证监会或其

派出机构可采取责令改正、监管谈话、出具警示函、责令公开说明、责令参加培训、责令定期报告、暂不受理与行政许可有关的文件、暂停部分或者全部业务、撤销业务许可等相关监管措施。

(2)依法应予行政处罚的,依照《证券法》《行政处罚法》等法律法规和中国证监会的有关规定进行处罚;涉嫌犯罪的,依法移送司法机关,追究其刑事责任。

2.《转融通业务监督管理试行办法》的有关规定

证券金融公司或者证券公司违反《转融通业务监督管理试行办法》规定的,由中国证监会视具体情形,采取责令改正、出具警示函、责令公开说明、责令定期报告等监管措施;应当给予行政处罚的,由中国证监会对公司及其有关责任人员单处或者并处警告、罚款。

真题实练

1. 依法可对证券公司及其分支机构的融资融券业务活动进行非现场检查和现场检查的是(　　)。

A. 负责客户信用资金存管的商业银行

B. 中国证券金融公司

C. 证监会派出机构

D. 证券登记结算机构

2. 证券金融公司开展转融通业务,可以使用的资金和证券包括(　　)。

Ⅰ. 自有资金和证券

Ⅱ. 通过证券交易所的业务平台融入的资金和证券

Ⅲ. 通过证券金融公司的业务平台融入的资金

Ⅳ. 依法筹集的资金

A. Ⅰ、Ⅱ、Ⅲ、Ⅳ　　B. Ⅰ、Ⅲ、Ⅳ

C. Ⅰ、Ⅱ　　D. Ⅰ、Ⅱ、Ⅲ

3. 客户向证券公司申请开展融资融券业务时,应提交的信息包括(　　)。

Ⅰ. 已开立的普通资金账户和证券账户

Ⅱ. 融资融券担保品证明

Ⅲ. 客户具有支配权的资产证明

Ⅳ. 客户身份证明文件

A. Ⅱ、Ⅲ、Ⅳ　　B. Ⅰ、Ⅱ、Ⅲ

C. Ⅰ、Ⅱ、Ⅲ、Ⅳ　　D. Ⅰ、Ⅱ、Ⅳ

【答案及解析】

1. C　**【解析】**中国证监会派出机构按照辖区监管责任制的要求,依法对证券公司及其分支机构的融资融券业务活动中涉及的客户选择、合同签订、授信额度的确定、担保物的收取和管理、补交担保物的通知以及处分担保物等事项,进行非现场检查和现场检查。

2. A 【解析】证券金融公司开展转融通业务，可以使用下列资金和证券：①自有资金和证券；②通过证券交易所的业务平台融入的资金和证券；③通过证券金融公司的业务平台融入的资金；④依法筹集的其他资金和证券。

3. C 【解析】客户向证券公司申请开展融资融券业务时，应提交的材料有：融资融券业务申请表、有效身份证明文件、已在营业部开立的普通资金账户和证券账户、融资融券担保品证明、客户具有支配权的资产证明、住址证明等客户征信所需的相关材料。机构客户还需要提交公司章程、法人代表授权书、法人代表证明书、法人代表身份证明及经办人身份证明等文件。

第六节　证券自营

考纲要求

本节考纲要求见表3-38所示。

表3-38　第三章第六节考纲要求

考纲要求	星级	具体内容
了解	★	①证券公司自营业务的主要法律法规 ②证券自营业务决策与授权的要求 ③证券自营业务操作的基本要求 ④债券交易的相关监管要求
熟悉	★★	证券自营业务的监管措施和法律责任
掌握	★★★	①证券公司自营业务投资范围的规定 ②证券自营业务相关风险控制指标 ③自营业务的禁止性行为

考点梳理

一、证券公司自营业务的主要法律法规★

（一）法律、行政法规

《证券法》第八章“证券公司”对证券公司的证券自营业务作出了原则性规定，《证券公司监督管理条例》则在其第四章“业务规则与风险控制”中专门对证券公司证券自营业务作出一般或基本规定。上述法律及行政法规是中国证监会等监管机构制定自营业务相关监管政策、实施监督管理的重要法律依据。

（二）部门规章及规范性文件

证券公司证券自营业务涉及的部门规章及规范性文件包括《证券公司风险控制指标管

理办法》《证券公司风险控制指标计算标准规定》《证券公司内部控制指引》《证券公司证券自营业务指引》《关于证券公司证券自营业务投资范围及有关事项的规定》等。

二、证券公司自营业务的概念及投资范围

（一）证券公司自营业务的基本概念

证券公司自营业务，是指经中国证监会批准经营证券自营业务的证券公司用自有资金以自己名义开设的证券账户买卖依法公开发行的股票、债券、证券投资基金或者国务院证券监督管理机构认可的其他证券，以获取盈利的行为。

（二）证券公司自营业务投资范围的规定★★★

证券公司自营业务投资范围的一般性规定和特别规定，具体内容见表 3-39 所示。

表 3-39　证券公司自营业务投资范围的规定

投资范围	具体内容
一般性规定	根据《关于证券公司证券自营业务投资范围及有关事项的规定》，证券公司从事证券自营业务，可以买卖此规定附件《证券公司证券自营投资品种清单》所列证券，主要包括： ①已经和依法可以在境内证券交易所上市交易和转让的证券。这是证券自营业务主要的投资对象，主要包括股票、债券、证券投资基金等 ②已经在全国中小企业股份转让系统挂牌转让的证券 ③已经和依法可以在符合规定的区域性股权交易市场挂牌转让的私募债券，已经在符合规定的区域性股权交易市场挂牌转让的股票 ④已经和依法可以在境内银行间市场交易的证券。主要包括政府债券、国际开发机构人民币债券、央行票据、金融债券、短期融资券、公司债券、中期票据、企业债券 ⑤经国家金融监管部门或者其授权机构依法批准或备案发行并在境内金融机构柜台交易的证券
特别规定	①证券公司将自有资金投资于依法公开发行的国债、投资级公司债、货币市场基金、央行票据等中国证监会认可的风险较低、流动性较强的证券，或者委托其他证券公司或者基金管理公司进行证券投资管理，且投资规模合计不超过其净资本 80% 的，无须取得证券自营业务资格 ②具备证券自营业务资格的证券公司可以从事金融衍生产品交易，不具备证券自营业务资格的证券公司只能以对冲风险为目的，从事金融衍生产品交易 ③证券公司可以委托具备证券资产管理业务资格、特定客户资产管理业务资格或者合格境内机构投资者资格的其他证券公司或者基金管理公司进行证券投资管理 ④具备证券自营业务资质的证券公司可以设立子公司，从事《证券公司证券自营投资品种清单》所列品种以外的金融产品等投资。该证券公司不得为子公司提供融资或担保

三、证券自营业务管理及操作

（一）证券自营业务决策与授权的要求★

证券公司应建立健全相对集中、权责统一的投资决策与授权机制（见表 3-40 所示）。

表 3-40　证券公司应建立健全相对集中、权责统一的投资决策与授权机制

<table>
<tr><th>项目</th><th colspan="3">内容</th></tr>
<tr><td rowspan="5">投资决策机制</td><td colspan="3">自营业务决策机构原则上应当按照“董事会—投资决策机构—自营业务部门”的三级体制设立</td></tr>
<tr><td>董事会</td><td>是自营业务的最高决策机构</td><td>在严格遵守监管法规中关于自营业务规模等风险控制指标规定基础上，根据公司资产、负债、损益和资本充足等情况确定自营业务规模、可承受的风险限额等，并以董事会决议的形式进行落实，自营业务具体投资运作管理由董事会授权公司投资决策机构决定</td></tr>
<tr><td>投资决策机构</td><td>是自营业务投资运作的最高管理机构</td><td>负责确定具体的资产配置策略、投资事项和投资品种等</td></tr>
<tr><td>自营业务部门</td><td>是自营业务的执行机构</td><td>应在投资决策机构作出的决策范围内，根据授权负责具体投资项目的决策和执行工作</td></tr>
<tr><td colspan="3">自营业务的管理和操作由证券公司自营业务部门专职负责，非自营业务部门和分支机构不得以任何形式开展自营业务。自营业务中涉及自营规模、风险限额、资产配置、业务授权等方面的重大决策应当经过集体决策并采取书面形式，由相关人员签字确认后存档</td></tr>
<tr><td>授权机制</td><td colspan="3">证券公司应建立健全自营业务授权制度，明确授权权限、时效和责任，对授权过程做书面记录，保证授权制度的有效执行。
建立层次分明、职责明确的业务管理体系，制定标准的业务操作流程，明确自营业务相关部门、相关岗位的职责</td></tr>
</table>

(二)证券自营业务操作的基本要求★

1. 账户

证券自营业务必须以证券公司自身名义、通过专用自营席位进行，并由非自营业务部门负责自营账户的管理，包括开户、销户、使用登记等。

证券公司需建立健全自营账户的审核和稽核制度，严禁出借自营账户、使用非自营席位变相自营、账外自营。

2. 投资管理

证券公司需完善可投资证券品种的投资论证机制，建立证券池制度，自营业务部门只能在确定的自营规模和可承受风险限额内，从证券池内选择证券进行投资。并建立健全自营业务运作止盈止损机制，止盈止损的决策、执行与实效评估应当符合规定的程序并进行书面记录。

证券公司需建立严密的自营业务操作流程，投资品种的研究、投资组合的制订和决策以及交易指令的执行应当相互分离并由不同人员负责；交易指令执行前应当经过审核，并强制留痕。同时，应建立健全自营业务数据资料备份制度，并由专人负责管理。

3. 资金

证券自营业务需加强自营业务资金的调度管理和自营业务的会计核算，由非自营业务

部门负责自营业务所需资金的调度。

自营业务资金的出入必须以公司名义进出，禁止以个人名义从自营账户中调入调出资金，禁止从自营账户中提取现金。

4. 清算

证券自营业务的清算、统计应由专门人员执行，并与财务部门资金清算人员及时对账，对账情况要有相应记录及相关人员签字。

对自营资金执行独立清算制度，自营清算岗位应当与经纪业务、资产管理业务及其他业务的清算岗位分离。

（三）证券自营业务相关风险控制指标★★★

证券自营业务相关风险控制指标见图 3-17 所示。

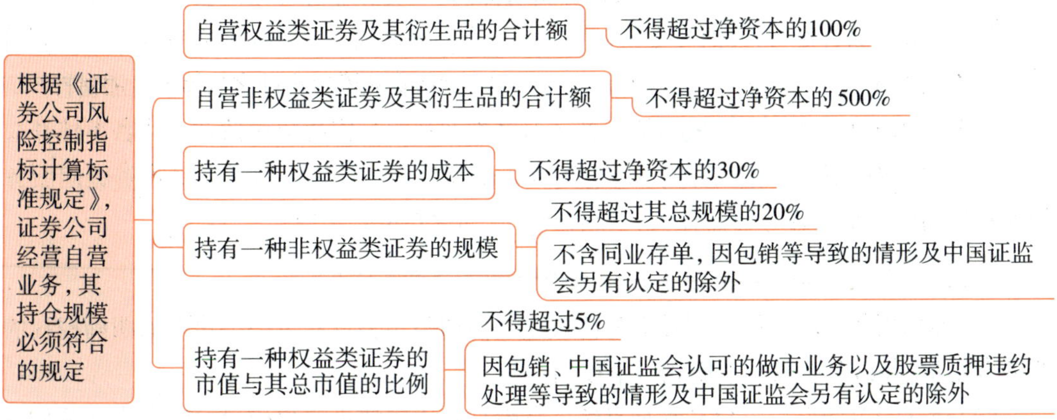

图 3-17　证券自营业务相关风险控制指标

（四）证券自营业务的禁止性行为★★★

证券自营业务的禁止性行为的具体内容，如表 3-41 所示。

表 3-41　证券自营业务的禁止性行为的具体内容

禁止性行为	具体内容
禁止内幕交易	证券公司从事证券自营业务时，严禁以获取利益或者减少损失为目的，利用证券交易内幕信息的知情人和非法获取内幕信息的人利用内幕信息从事证券交易活动
禁止操纵市场	证券公司不得利用自营业务操纵证券市场
其他禁止的行为	①假借他人名义或者个人名义进行自营业务 ②违反规定委托他人代为买卖证券 ③违反规定购买本证券公司控股股东或者与本证券公司有其他重大利害关系的发行人发行的证券 ④将自营账户借给他人使用 ⑤将自营业务与经纪业务混合操作 ⑥法律、行政法规或中国证监会禁止的其他行为

四、关于债券交易的专项规定★

(一)债券交易范围

债券交易包括现券买卖、债券回购、债券远期、债券借贷等符合规定的债券交易业务。

(二)强化合规风控作用,建立有效监督制衡机制

(1)证券公司债券交易的中后台部门应集中统一管理,债券交易相关部门下设二级部门的,应授权明确,纳入部门统一管理,不得以"团队制"替代部门管理。

(2)债券有关业务应按照经纪、自营、承销、资管、投资顾问等类型分开办理,并在人员、账户、资金、信息等方面严格分离,防范利益冲突;债券交易的投资决策、交易执行、风险控制、清算交收等关键岗位应专人负责,禁止岗位兼任或者混合操作。

(3)证券公司合规管理应覆盖各类债券交易部门、人员和业务环节。公司应有专职合规人员负责债券交易合规管理,债券交易相关部门下设二级部门应当有兼职合规人员。与公司总部异地办公的,总部应派驻合规人员,并通过增加合规检查和稽核审计次数等手段加强管控。

(4)证券公司应具备专门风险控制系统对各类债券交易实施集中监控。将各类债券交易纳入公司全面风险管理体系,健全应急处置机制;对自营、资管账户及提供投资顾问服务的账户之间的交易实施有效监控,防范利益输送、冲突和风险传导。

(三)加强各类债券交易的业务和人员管理,强化关键环节管控

(1)加强用印管理。签订债券交易协议应当使用公司公章或者经公司书面明确授权的业务专用章,并以书面或电子形式集中存档。

(2)建立完善债券投资交易管理系统。证券公司应审慎设置规模、杠杆、集中度及价格偏离度等指标,实现阈值控制和全程留痕,并向中后台部门开放管理和监测权限。

(3)完善交易监控。证券公司应主动建立多指标、差异化的债券交易价格和利率比较基准体系,避免过度依赖单一比较基准;债券投资交易人员应使用公司统一配置的电话、邮件、即时通讯等系统开展债券交易询价等活动,其工作邮件、通话记录、即时通讯信息等应监测留痕,并接受合规部门监督检查。

(4)加强债券交易人员执业资格、权限公示及薪酬递延管理。债券交易人员薪酬与激励合计超过100万元人民币的,超过部分应按照等分原则递延发放,周期不少于2年。

(四)不得违反规定在债券交易场所和系统以外开展线下债券交易

(1)各类交易双方均应按照实质重于形式的原则,按规定签订交易合同及相关协议。严禁任何形式的"抽屉协议"或通过变相交易、组合交易等方式规避监管要求。

(2)建立交易对手方白名单和额度管理制度,并由中后台部门设置专岗负责每个交易日日终核对交易明细及与对手方的回购(返售)或远期交易安排(如有)。

(3)开展债券回购交易的,交易双方应当按照会计准则要求将交易纳入表内核算,记入"买入返售金融资产"或"卖出回购金融资产"科目。

(4)约定由他人暂时持有但最终须返售,或者为他人暂时持有但最终须由其购回等债

券交易，均属于买断式回购。但债券发行分销期间代申购、代缴款交易除外。开展买断式回购交易的，正回购方应当将逆回购方暂时持有的债券继续按照自有债券进行会计核算，以此计算相应风险资本准备、表内外资产总额等风险控制指标，并统一纳入规模、杠杆、集中度等指标控制。

（5）逆回购方对回购标的券、交易对手等风险管理要求不得低于公司自营业务或资管产品投资约定的资质要求。

（五）证券公司及其从业人员依法合规开展各类债券交易业务

（1）不得私下或在表外开展债券交易。

（2）按规定应当签订书面合同的，不得以邮件，即时通讯信息等替代书面合同。

（3）不得指定协议双方以外的第三方作为交易对手方开展债券回购交易。

（4）不得以人员挂靠、业务包干等承包方式开展业务，或以其他形式实施过度激励。

（5）不得通过任何交易形式利益输送，内幕交易、操纵市场、规避监管，或者为规避监管提供服务、便利。

五、证券自营业务的监管措施和法律责任★★

（一）证券自营业务的监管措施

证券自营业务的监管措施的具体内容，如表 3-42 所示。

表 3-42　　证券自营业务的监管措施的具体内容

主体	内容
中国证监会的监管	①证券公司从事证券自营业务，应当以公司名义开立证券自营账户，并报中国证监会备案 ②中国证监会对证券公司从事证券自营业务情况及相关的资金来源和运用情况进行定期或不定期检查，并可要求其证券公司报送其证券自营业务资料及其他相关业务资料 ③中国证监会及其派出机构对从事证券自营业务过程中涉嫌违反国家有关法规的证券公司，将进行调查，并可要求提供、复制或封存有关业务文件、资料、账册、报表、凭证和其他必要的资料。中国证监会及其派出机构还可以要求证券公司有关人员在指定时间和地点提供有关证据 ④证券公司可聘请具有从事证券业务资格的会计师事务所、审计事务所等专业性中介机构，对证券公司从事证券自营业务情况进行稽核。证券公司对会计师事务所、审计事务所等专业性中介机构的稽核，应视同为中国证监会的检查并予以配合 ⑤证券自营业务原始凭证以及有关业务文件、资料、账册、报表和其他必要的材料应至少妥善保存 20 年 ⑥中国证监会及其派出机构应加强对内幕交易等违法违规行为的监管，一经发现违法违规行为应严肃处理
证券交易所的监管	①证券公司的证券自营账户，应当自开户之日起 3 个交易日内报证券交易所备案 ②证券交易所应当按照章程、业务规则对证券公司通过证券自营等业务进行的证券交易实施监督管理 ③证券交易所应当按照章程、业务规则要求证券公司报备其通过自营账户开展产品业务创新的具体情况以及账户实际控制人的有关文件资料

(二)证券自营业务的法律责任

1.《证券法》的有关规定

证券交易内幕信息的知情人或者非法获取内幕信息的人违反本法第53条的规定从事内幕交易的,责令依法处理非法持有的证券,没收违法所得,并处以违法所得1倍以上10倍以下的罚款;没有违法所得或者违法所得不足50万元的,处以50万元以上500万元以下的罚款。单位从事内幕交易的,还应当对直接负责的主管人员和其他直接责任人员给予警告,并处以20万元以上200万元以下的罚款。国务院证券监督管理机构工作人员从事内幕交易的,从重处罚。

违反本法第55条的规定,操纵证券市场的,责令依法处理其非法持有的证券,没收违法所得,并处以违法所得1倍以上10倍以下的罚款;没有违法所得或者违法所得不足100万元的,处以100万元以上1000万元以下的罚款。单位操纵证券市场的,还应当对直接负责的主管人员和其他直接责任人员给予警告,并处以50万元以上500万元以下的罚款。

证券公司违反本法第128条的规定,未采取有效隔离措施防范利益冲突,或者未分开办理相关业务、混合操作的,责令改正,给予警告,没收违法所得,并处以违法所得1倍以上10倍以下的罚款;没有违法所得或者违法所得不足50万元的,处以50万元以上500万元以下的罚款;情节严重的,并处撤销相关业务许可。对直接负责的主管人员和其他直接责任人员给予警告,并处以20万元以上200万元以下的罚款。

证券公司违反本法第129条的规定从事证券自营业务的,责令改正,给予警告,没收违法所得,并处以违法所得1倍以上10倍以下的罚款;没有违法所得或者违法所得不足50万元的,处以50万元以上500万元以下的罚款;情节严重的,并处撤销相关业务许可或者责令关闭。对直接负责的主管人员和其他直接责任人员给予警告,并处以20万元以上200万元以下的罚款。

2.《刑法》的有关规定

证券、期货交易内幕信息的知情人员或者非法获取证券、期货交易内幕信息的人员,在涉及证券的发行,证券、期货交易或者其他对证券、期货交易价格有重大影响的信息尚未公开前,买入或者卖出该证券,或者从事与该内幕信息有关的期货交易,或者泄露该信息,或者明示、暗示他人从事上述交易活动,情节严重的,处5年以下有期徒刑或者拘役,并处或者单处违法所得1倍以上5倍以下罚金;情节特别严重的,处5年以上10年以下有期徒刑,并处违法所得1倍以上5倍以下罚金。单位犯前款罪的,对单位判处罚金,并对其直接负责的主管人员和其他直接责任人员,处5年以下有期徒刑或者拘役。

编造并且传播影响证券、期货交易的虚假信息,扰乱证券、期货交易市场,造成严重后果的,处5年以下有期徒刑或者拘役,并处或者单处1万元以上10万元以下罚金。

有下列情形之一,操纵证券、期货市场,影响证券、期货交易价格或者证券、期货交易量,情节严重的,处5年以下有期徒刑或者拘役,并处或者单处罚金;情节特别严重的,处5年以上10年以下有期徒刑,并处罚金:单独或者合谋,集中资金优势、持股或者持仓优势或者利用信息优势联合或者连续买卖的;与他人串通,以事先约定的时间、价格和方式相互进行证券、期货交易的;在自己实际控制的帐户之间进行证券交易,或者以自己为交易对象,自买自卖期货合约的；不以成交为目的，频繁或者大量申报买入、卖出证券、期货合约并撤销申报的；利用虚假或者不确定的重大信息，诱导投资者进行证券、期货交易的；对证券、证券发行人、期货交易标的公开作出评价、预测或者投资建议，同时进行反向证券交易或者相关期货交易的；以其他方法操纵证券、期货市场的。

3.《证券公司监督管理条例》的有关规定

《证券公司监督管理条例》中有关证券自营业务的法律责任，如表3-43所示。

表3-43　证券自营业务的法律责任

适用情形	法律责任
证券公司违反规定委托他人代为买卖证券；证券自营业务投资范围或者投资比例违反规定的法律责任	①责令改正，给予警告，没收违法所得，并处以违法所得1倍以上5倍以下的罚款 ②没有违法所得或者违法所得不足10万元的，处以10万元以上30万元以下的罚款 ③对直接负责的主管人员和其他直接责任人员，给予警告，并处以3万元以上10万元以下的罚款 ④情节严重的，撤销任职资格或者证券从业资格
证券公司未按照规定将证券自营账户报证券交易所备案的法律责任	①责令改正，给予警告，没收违法所得，并处以违法所得1倍以上5倍以下的罚款 ②没有违法所得或者违法所得不足3万元的，处以3万元以上30万元以下的罚款 ③对直接负责的主管人员和其他直接责任人员，给予警告，并处以3万元以上10万元以下的罚款 ④情节严重的，撤销任职资格或者证券从业资格

真题实练

1. 债券交易人员薪酬与激励合计超过(　　)万元人民币的，超过部分应按照等分原则递延发放，周期不少于(　　)年。

A. 100　2　　B. 100　3　　C. 200　2　　D. 200　3

2. 证券公司将自有资金投资于证监会认可的风险较低、流动性较强的证券，或者委托其他证券公司或者基金管理公司进行证券投资管理，且投资规模合计不超过其(　　)80%的，无须取得证券自营业务资格。

A. 总股本　　B. 总资产　　C. 净资本　　D. 净资产

3. 证券公司自营业务部门的职责不包括(　　)。

Ⅰ. 自营账户开户　　Ⅱ. 自营账户使用登记

Ⅲ. 自营账户销户　　Ⅳ. 自营业务所需资金的调度

A. Ⅰ、Ⅲ、Ⅳ　　B. Ⅰ、Ⅱ、Ⅲ、Ⅳ　　C. Ⅰ、Ⅱ　　D. Ⅱ、Ⅲ、Ⅳ

【答案及解析】

1. A　**【解析】**债券交易人员薪酬与激励合计超过100万元人民币的，超过部分应按照等分原则递延发放，周期不少于2年。

2. C　**【解析】**证券公司将自有资金投资于依法公开发行的国债、投资级公司债、货币市场基金、央行票据等中国证券监督管理委员会认可的风险较低、流动性较强的证券，或者委托其他证券公司或者基金管理公司进行证券投资管理，且投资规模合计不超过其净资本80%的，无须取得证券自营业务资格。

3. B 【解析】根据《证券公司证券自营业务指引》，自营业务必须以证券公司自身名义、通过专用自营席位进行，并由非自营业务部门负责自营账户的管理，包括开户、销户、使用登记等。加强自营业务资金的调度管理和自营业务的会计核算，由非自营业务部门负责自营业务所需资金的调度。

第七节 证券资产管理

考纲要求

本节考纲要求见表3-44所示。

表3-44 第三章第七节考纲要求

考纲要求	星级	具体内容
了解	★	①证券公司大集合资产管理业务的基本概念 ②证券公司大集合资产管理业务的规范要求 ③专项计划管理人主要职责 ④专项计划设立、运作的一般流程 ⑤资产支持证券挂牌、转让的相关规定 ⑥资产支持证券信息披露的相关要求 ⑦合格境外机构投资者境内证券投资、合格境内机构投资者境外证券投资的相关监管规定
熟悉	★★	①证券公司开展资产管理业务的法律法规体系和基本要求 ②关联交易的要求 ③资产管理计划应当终止的情形 ④资产管理业务的托管要求 ⑤证券公司开展资产证券化业务的主要规则 ⑥资产证券化业务的尽职调查规定 ⑦资产证券化业务基础资产负面清单
掌握	★★★	①资产管理业务类型 ②证券资产管理业务的一般性规定 ③资产管理业务人员基本要求、合同签署及内容约定要求 ④资产管理计划募集推广、委托资产的资产来源 ⑤资产管理计划成立及转让的条件 ⑥资产管理业务投资者的权利与义务 ⑦资产管理计划投资交易的要求 ⑧证券公司以自有资金参与资产管理计划的相应要求 ⑨资产管理业务禁止行为的有关规定 ⑩金融机构开展资产管理业务遵循的基本原则、产品种类、适当性、内控要求、金融机构基本职责、代销要求、投资范围、资金池要求、估值要求、禁止刚性兑付要求、分级要求、通道及嵌套要求、人工智能、监管原则等 ⑪监管部门对资产管理业务的监管措施 ⑫资产管理业务违反有关规定的法律责任

考点梳理

一、证券公司开展资产管理业务的法律法规体系和基本要求★★

（一）法律法规体系

1. 法律、行政法规

《证券投资基金法》对资产管理业务作了基础性法律规定。《证券法》第八章“证券公司”对证券公司经营范围中规定经国务院证券监督管理机构批准，证券公司可以经营证券资产管理业务。《证券公司监督管理条例》则在其第四章“业务规则与风险控制”中专门对证券公司资产管理业务作出基本性规定。上述法律及行政法规是中国证监会等监管机构制定资产管理业务相关监管政策、实施监督管理的重要法律依据。

2. 部门规章及规范性文件

证券公司资产管理业务涉及的主要部门规章及规范性文件包括《关于规范金融机构资产管理业务的指导意见》《证券期货经营机构私募资产管理业务管理办法》《证券期货经营机构私募资产管理计划运作管理规定》《证券公司及基金管理公司子公司资产证券化业务管理规定》等。涉及合格境外机构投资者境内证券投资业务和合格境内机构投资者境外证券投资业务的制度包括《合格境内机构投资者境外证券投资管理试行办法》《合格境外机构投资者境内证券投资管理办法》《合格境内机构投资者境外证券投资外汇管理规定》《合格境外机构投资者境内证券投资外汇管理规定》。

（二）基本要求

证券公司开展资产管理业务的基本要求，如表3-45所示。

表3-45　证券公司开展资产管理业务的基本要求

基本要求	主要内容
业务资质	证券公司从事私募资产管理业务，应当依法经中国证监会批准。中国证监会及其派出机构依据法律、行政法规等规定，对证券公司私募资产管理业务实施监督管理
审慎经营	证券公司应当遵守审慎经营规则，制定科学合理的投资策略和风险管理制度，有效防范和控制风险，确保业务开展与资本实力、管理能力及风险控制水平相适应
客户利益至上、勤勉尽责	证券公司从事私募资产管理业务，应当遵循自愿、公平、诚实信用和客户利益至上原则，恪尽职守，谨慎勤勉，维护投资者合法权益，服务实体经济，不得损害国家利益、社会共同利益和他人合法权益
业务隔离	证券公司从事私募资产管理业务，应当实行集中运营管理，建立健全内部控制和合规管理制度，采取有效措施，将私募资产管理业务与公司其他业务分开管理，控制敏感信息的不当流动和使用，防范内幕交易、利用未公开信息交易、利益冲突和利益输送。资产管理计划财产独立于证券公司和托管人的固有财产，并独立于证券公司管理的和托管人托管的其他财产

二、资产管理业务类型★★★

根据《关于规范金融机构资产管理业务的指导意见》，资产管理业务是指银行、信托、证券、基金、期货、保险资产管理机构、金融资产投资公司等金融机构接受投资者委托，对受托的投资者财产进行投资和管理的金融服务。资产管理业务的分类情况，如图 3-18 所示。

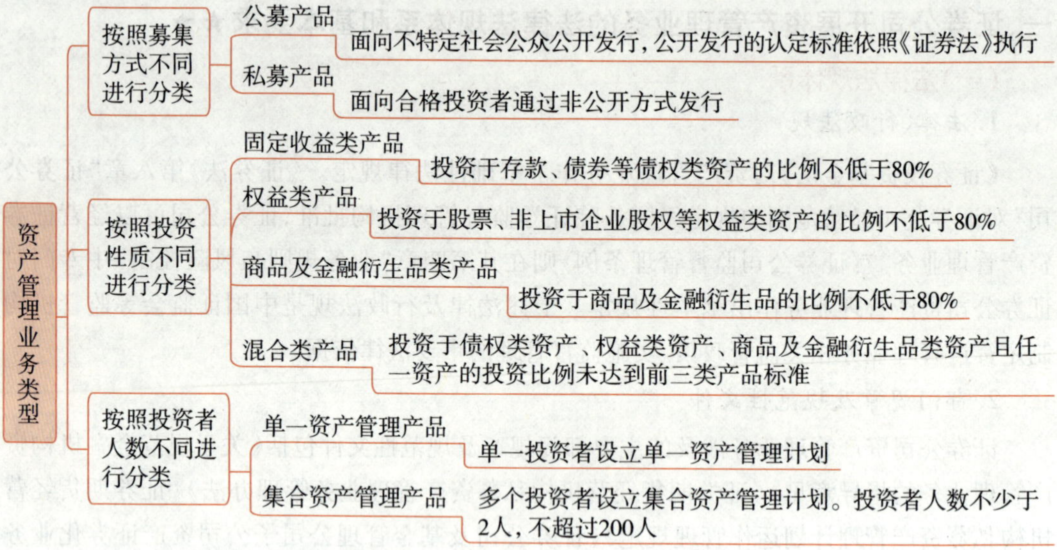

图 3-18　资产管理业务的分类情况

三、证券资产管理业务的一般性规定

（一）资产管理业务人员基本要求、合同签署及内容约定要求★★★

资产管理业务人员基本要求、合同签署及内容约定要求，如表 3-46 所示。

表 3-46　资产管理业务人员基本要求、合同签署及内容约定

项目	一般性规定
人员	证券公司开展私募资产管理业务，应具备符合条件的高级管理人员和 3 名以上投资经理，应具有投资研究部门，且专职从事投资研究的人员不少于 3 人
合同	①证券公司募集资产管理计划，应当与投资者、托管人签订资产管理合同。资产管理合同应当包括《证券投资基金法》第 92 条、第 93 条规定的内容。 ②资产管理合同当事人应当遵循平等自愿、诚实信用、公平原则订立资产管理合同，维护投资者合法权益，不得损害国家利益、社会公共利益和他人合法权益。不得含有虚假的内容或误导性陈述。 ③资产管理合同应当对巨额退出、延期支付、延期清算、管理人变更或者托管人变更等或有事项，作出明确约定

（二）资产管理计划募集推广、委托资产的资产来源★★★

1. 募集推广

证券公司和销售机构在募集资产管理计划过程中，应当按照中国证监会的规定，严格履行适当性管理义务，充分了解投资者，对投资者进行分类，对资产管理计划进行风险评级，遵循风险匹配原则，向投资者推荐适当的产品，禁止误导投资者购买与其风险承受能力不相符合的产品，禁止向风险识别能力和风险承受能力低于产品风险等级的投资者销售资产管理计划。

资产管理计划的初始募集规模不得低于 1000 万元。

集合资产管理计划的初始募集期自资产管理计划份额发售之日起不得超过 60 天，专门投资于未上市企业股权的集合资产管理计划的初始募集期自资产管理计划份额发售之日起不得超过 12 个月。

封闭式单一资产管理计划的投资者可以分期缴付委托资金，但应当在资产管理合同中事先明确约定分期缴付资金的数额、期限，且首期缴付资金不得少于 1000 万元，全部资金缴付期限自资产管理计划成立之日起不得超过 3 年。

2. 委托资产

投资者应当以真实身份和自有资金参与资产管理计划，并承诺委托资金的来源符合法律、行政法规的规定。

投资者未作承诺，或者证券公司、销售机构知道或者应当知道投资者身份不真实、委托资金来源不合法的，证券公司不得接受其参与资产管理计划。

集合资产管理计划募集期间，证券公司、销售机构应当在规定期限内，将投资者参与资金存入集合资产管理计划份额登记机构指定的专门账户。

集合资产管理计划成立前，任何机构和个人不得动用投资者参与资金。

存入专门账户的投资者参与资金，独立于证券公司、销售机构的固有财产。

非因投资者本身的债务或者法律规定的其他情形，不得查封、冻结、扣划或者强制执行存入专门账户的投资者参与资金。

（三）资产管理计划成立及转让的条件★★★

资产管理计划成立及转让的条件，如表 3-47 所示。

表 3-47 资产管理计划成立及转让的条件

项目	一般性规定
资产管理计划的成立	集合资产管理计划成立应当具备下列条件： ①募集过程符合法律、行政法规和中国证监会的规定 ②募集金额达到资产管理合同约定的成立规模，且不违反中国证监会规定的最低成立规模 ③投资者人数不少于 2 人 ④符合中国证监会规定以及资产管理合同约定的其他条件 集合资产管理计划的募集金额缴足之日起 10 个工作日内，证券公司应当委托具有证券相关业务资格的会计师事务所进行验资并出具验资报告 集合资产管理计划在取得验资报告后，由证券公司公告资产管理计划成立；单一资产管理计划在受托资产入账后，由证券公司书面通知投资者资产管理计划成立 证券公司应当在资产管理计划成立之日起 5 个工作日内，将资产管理合同、投资者名单与认购金额、验资报告或者资产缴付证明等材料报证券投资基金业协会备案，并抄报中国证监会相关派出机构 资产管理计划完成备案前不得开展投资活动，以现金管理为目的，投资于银行活期存款、国债、中央银行票据、政策性金融债、地方政府债券、货币市场基金等中国证监会认可的投资品种的除外

续表

项目	一般性规定
资产管理计划份额转让	投资者可以通过证券交易所以及中国证监会认可的其他方式,向合格投资者转让其持有的集合资产管理计划份额,并按规定办理份额变更登记手续。转让后,持有资产管理计划份额的合格投资者合计不得超过 200 人
	证券公司应当在集合资产管理计划份额转让前,对受让人的合格投资者身份和资产管理计划的投资者人数进行合规性审查。受让方首次参与集合资产管理计划的,应当先与证券公司、托管人签订资产管理合同
	证券公司、交易场所不得通过办理集合资产管理计划的份额转让,公开或变相公开募集资产管理计划

(四)资产管理业务投资者的权利与义务★★★

1. 资产管理计划的投资者主要享有的权利

(1)分享资产管理计划财产收益。

(2)取得分配清管后的剩余资产管理计划财产。

(3)对于单一资产管理计划按照合同的约定追加、提取委托财产,对于集合资产管理计划按照合同约定参与、退出和转让资产管理计划份额。

(4)根据合同的规定,参加或申请召集资产管理计划份额持有人大会,行使相关职权。

(5)按照法律法规及合同约定的时间和方式获得资产管理计划的信息披露资料。

(6)监督管理人、托管人履行投资管理及托管义务的情况。

(7)法律法规、中国证监会及中国证券投资基金业协会规定的和资产管理合同约定的其他权利。

2. 资产管理计划的投资者主要应履行的义务

(1)认真阅读并遵守资产管理合同,保证投资资金的来源及用途合法。

(2)接受合格投资者认定程序,如实填写风险识别能力和风险承担能力问卷,如实提供资金来源、金融资产、收入及负债情况,并对其真实性、准确性和完整性负责,签署合格投资者相关文件。

(3)除公募资产管理产品外,以合伙企业、契约等非法人形式直接或者间接投资于资产管理计划的,应向管理人充分披露实际投资者和最终资金来源。

(4)认真阅读并签署风险揭示书。

(5)按照资产管理合同约定支付资产管理计划份额的参与款项,承担资产管理合同约定的管理费、业绩报酬(如有)、托管费、审计费、税费等合理费用。

(6)在持有的资产管理计划份额范围内,承担资产管理计划亏损或者终止的有限责任。

(7)向管理人或资产管理计划销售机构提供法律法规规定的信息资料及身份证明文

件，配合管理人或其销售机构完成投资者适当性管理非居民金融账户涉税信息尽职调查、反洗钱等监管规定的工作。

(8)不得违反资产管理合同的约定干涉管理人的投资行为。

(9)不得从事任何有损资产管理计划及其投资者、管理人管理的其他资产及托管人托管的其他资产合法权益的活动。

(10)保守商业秘密，不得泄露资产管理计划的投资计划、投资意向等；不得利用资产管理计划相关信息进行内幕交易或者其他不当、违法的证券期货业务活动。

(11)法律法规、中国证监会及中国证券投资基金业协会规定和资产管理合同约定的其他义务。

(五)资产管理计划投资交易的要求★★★

证券公司设立集合资产管理计划进行投资，除中国证监会另有规定外，应当采用资产组合的方式。资产管理计划投资交易的要求，如表3-48所示。

表3-48　资产管理计划投资交易的要求

项目	一般性规定
可以投资的资产	①银行存款、同业存单，以及符合《关于规范金融机构资产管理业务的指导意见》规定的标准化债权类资产，包括但不限于在证券交易所、银行间市场等国务院同意设立的交易场所交易的可以划分为均等份额、具有合理公允价值和完善流动性机制的债券、中央银行票据、资产支持证券、非金融企业债务融资工具等 ②上市公司股票、存托凭证，以及中国证监会认可的其他标准化股权类资产 ③在证券期货交易所等国务院同意设立的交易场所集中交易清算的期货及期权合约等标准化商品及金融衍生品类资产 ④公开募集证券投资基金，以及中国证监会认可的比照公募基金管理的资产管理产品 ⑤第①项至第③项规定以外的非标准化债权类资产、股权类资产、商品及金融衍生品类资产 ⑥第④项规定以外的其他受国务院金融监督管理机构监管的机构发行的资产管理产品 ⑦中国证监会认可的其他资产 前款第①项至第④项为标准化资产，第⑤项至第⑥项为非标准化资产 中国证监会对证券公司从事私募资产管理业务投资于第⑤项规定资产另有规定的，适用其规定
资产管理计划	①可以依法参与证券回购、融资融券、转融通以及中国证监会认可的其他业务。法律、行政法规和中国证监会另有规定的除外。证券公司可以依法设立资产管理计划在境内募集资金，投资于中国证监会认可的境外金融产品 ②不得直接投资商业银行信贷资产；不得违规为地方政府及其部门提供融资；不得要求或者接受地方政府及其部门违规提供担保；不得直接或者间接投资法律、行政法规和国家政策禁止投资的行业或领域 ③存续期间，证券公司应当严格按照法律、行政法规、中国证监会规定以及合同约定的投向和比例进行资产管理计划的投资运作 ④改变投向和比例的，应当事先取得投资者同意，并按规定履行合同变更程序 ⑤接受其他资产管理产品参与，证券期货经营机构应当切实履行主动管理职责，不得进行转委托，不得再投资除公募基金以外的其他资产管理产品

(六)证券公司以自有资金参与资产管理计划的相应要求★★★

证券公司以自有资金参与资产管理计划的相应要求见图 3-19 所示。

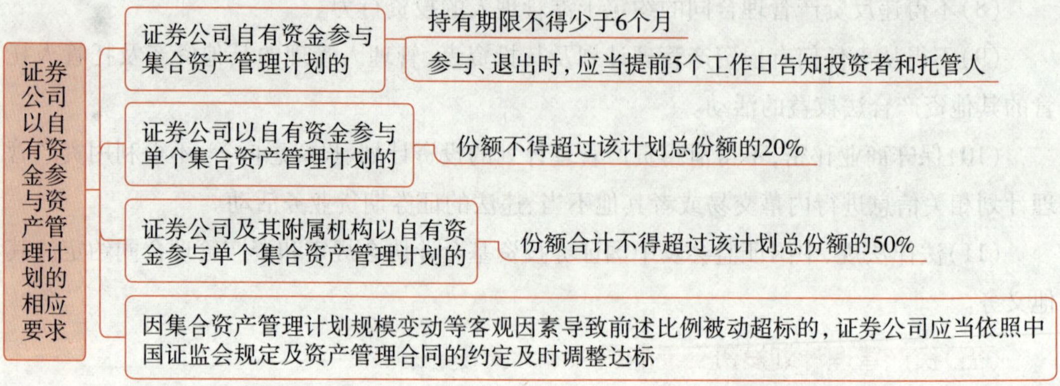

图 3-19 证券公司以自有资金参与资产管理计划的相应要求

为应对集合资产管理计划巨额赎回以解决流动性风险，或者中国证监会认可的其他情形，在不存在利益冲突并遵守合同约定的前提下，证券公司及其附属机构以自有资金参与及其后续退出集合资产管理计划可不受上述规定的限制，但应当及时告知投资者和托管人，并向中国证监会相关派出机构及证券投资基金业协会报告。

(七)关联交易的要求★★

证券公司不得以资产管理产品的资金与关联方进行不正当交易、利益输送、内幕交易和操纵市场，包括但不限于投资于关联方虚假项目、与关联方共同收购上市公司、向本机构注资等。

证券公司的资产管理产品投资本机构、托管人及其控股股东、实际控制人或者与其有其他重大利害关系的公司发行或者承销的证券，或者从事其他重大关联交易的，应当建立健全内部审批机制和评估机制，并向投资者充分披露信息。

证券公司以资产管理计划资产从事重大关联交易的，应当遵守法律、行政法规、中国证监会的规定和合同约定，事先取得投资者的同意，事后及时告知投资者和托管人，并向中国证监会相关派出机构和证券投资基金业协会报告，投资于证券期货的关联交易还应当向证券期货交易所报告。

(八)信息披露与报告

证券公司、托管人、销售机构和其他信息披露义务人应当依法披露资产管理计划信息，保证所披露信息的真实性、准确性、完整性、及时性，确保投资者能够按照资产管理合同约定的时间和方式查阅或者复制所披露的信息资料。

资产管理计划运作期间，证券期货经营机构应当按照以下要求向投资者提供相关信息：

(1)投资标准化资产的资产管理计划至少每周披露一次净值，投资非标准化资产的资产管理计划至少每季度披露一次净值。

(2)开放式资产管理计划净值的披露频率不得低于资产管理计划的开放频率,分级资产管理计划应当披露各类别份额净值。

(3)每季度结束之日起1个月内披露季度报告,每年度结束之日起4个月内披露年度报告。

(4)发生资产管理合同约定的或者可能影响投资者利益的重大事项时,在事项发生之日起5日内向投资者披露。

(5)中国证监会规定的其他要求。

资产管理计划成立不足3个月或者存续期间不足3个月的,证券公司可以不编制资产管理计划当期的季度报告和年度报告。

(九)资产管理计划应当终止的情形★★

有下列情形之一的,资产管理计划应当终止:

(1)资产管理计划存续期届满且不展期。

(2)证券公司被依法撤销资产管理业务资格或者依法解散、被撤销、被宣告破产,且在6个月内没有新的管理人承接。

(3)托管人被依法撤销基金托管资格或者依法解散、被撤销、被宣告破产,且在6个月内没有新的托管人承接。

(4)经全体投资者、证券公司和托管人协商一致决定终止的。

(5)发生资产管理合同约定的应当终止的情形。

(6)集合资产管理计划存续期间,持续5个工作日投资者少于2人。

(7)法律、行政法规及中国证监会规定的其他情形。

证券公司应当自资产管理计划终止之日起5个工作日内报中国证券投资基金业协会备案,并抄报中国证监会相关派出机构。

(十)资产管理业务的托管要求★★

证券公司应当将受托财产交由依法取得基金托管资格的托管机构实施独立托管。法律、行政法规和中国证监会另有规定的除外。托管人应当履行下列职责:

(1)安全保管资产管理计划财产。

(2)按照规定开设资产管理计划的托管账户,不同托管账户中的财产应当相互独立。

(3)按照资产管理合同约定,根据管理人的投资指令,及时办理清算、交割事宜。

(4)建立与管理人的对账机制,复核、审查管理人计算的资产管理计划资产净值和资产管理计划参与、退出价格。

(5)监督管理人的投资运作,发现管理人的投资或清算指令违反法律、行政法规、中国证监会的规定或者资产管理合同约定的,应当拒绝执行,并向中国证监会相关派出机构和证券投资基金业协会报告。

(6)办理与资产管理计划托管业务活动有关的信息披露事项。

(7)对资产管理计划财务会计报告、年度报告出具意见。

(8)保存资产管理计划托管业务活动的记录、账册、报表和其他相关资料。

(9)对资产管理计划投资信息和相关资料承担保密责任,除法律、行政法规、规章规定或者审计要求、合同约定外,不得向任何机构或者个人提供相关信息和资料。

(10)法律、行政法规和中国证监会规定的其他职责。

(十一)资产管理业务禁止行为的有关规定★★★

证券公司及相关从业人员从事私募资产管理业务,不得有下列行为:

(1)利用资产管理计划从事内幕交易、操纵市场或者其他不当、违法的证券期货业务活动。

(2)泄露因职务便利获取的未公开信息、利用该信息从事或者明示、暗示他人从事相关交易活动。

(3)为违法或者规避监管的证券期货业务活动提供交易便利。

(4)从事非公平交易、利益输送等损害投资者合法权益的行为。

(5)利用资产管理计划进行商业贿赂。

(6)侵占、挪用资产管理计划财产。

(7)利用资产管理计划或者职务便利为投资者以外的第三方谋取不正当利益。

(8)直接或者间接向投资者返还管理费。

(9)以获取佣金或者其他不当利益为目的,使用资产管理计划财产进行不必要的交易。

(10)法律、行政法规和中国证监会规定禁止的其他行为。

四、金融机构开展资产管理业务的相关规定★★★

依据《关于规范金融机构资产管理业务的指导意见》,金融机构开展资产管理业务的相关规定,如表3-49所示。

表3-49　金融机构开展资产管理业务的相关规定

项目	主要内容
基本原则	①坚持严控风险的底线思维 ②坚持服务实体经济的根本目标 ③坚持宏观审慎管理与微观审慎监管相结合、机构监管与功能监管相结合的监管理念 ④坚持有的放矢的问题导向 ⑤坚持积极稳妥审慎推进
产品种类	资产管理产品包括但不限于人民币或外币形式的银行非保本理财产品,资金信托,证券公司、证券公司子公司、基金管理公司、基金管理子公司、期货公司、期货公司子公司、保险资产管理机构、金融资产投资公司发行的资产管理产品等。依据金融管理部门颁布规则开展的资产证券化业务,依据人力资源社会保障部门颁布规则发行的养老金产品,不适用本意见
适当性	金融机构发行和销售资产管理产品,应当坚持"了解产品"和"了解客户"的经营理念,加强投资者适当性管理,向投资者销售与其风险识别能力和风险承担能力相适应的资产管理产品。禁止欺诈或者误导投资者购买与其风险承担能力不匹配的资产管理产品

续表

项目	主要内容
金融机构应当履行的管理人职责	①依法募集资金,办理产品份额的发售和登记事宜 ②办理产品登记备案或者注册手续 ③对所管理的不同产品受托财产分别管理、分别记账,进行投资 ④按照产品合同的约定确定收益分配方案,及时向投资者分配收益 ⑤进行产品会计核算并编制产品财务会计报告 ⑥依法计算并披露产品净值或者投资收益情况,确定申购、赎回价格 ⑦办理与受托财产管理业务活动有关的信息披露事项 ⑧保存受托财产管理业务活动的记录、账册、报表和其他相关资料 ⑨以管理人名义,代表投资者利益行使诉讼权利或者实施其他法律行为 ⑩在兑付受托资金及收益时,金融机构应当保证受托资金及收益返回委托人的原账户、同名账户或者合同约定的受益人账户 ⑪金融监督管理部门规定的其他职责
代销要求	金融机构代理销售其他金融机构发行的资产管理产品,应当符合金融监督管理部门规定的资质条件。未经金融监督管理部门许可,任何非金融机构和个人不得代理销售资产管理产品
资金池要求	金融机构应当做到每只资产管理产品的资金单独管理、单独建账、单独核算,不得开展或者参与具有滚动发行、集合运作、分离定价特征的资金池业务
资产管理的投资范围	①为降低期限错配风险,金融机构应当强化资产管理产品久期管理,封闭式资产管理产品期限不得低于90天。资产管理产品直接或者间接投资于非标准化债权类资产的,非标准化债权类资产的终止日不得晚于封闭式资产管理产品的到期日或者开放式资产管理产品的最近一次开放日 ②资产管理产品直接或者间接投资于未上市企业股权及其受(收)益权的,应当为封闭式资产管理产品,并明确股权及其受(收)益权的退出安排。未上市企业股权及其受(收)益权的退出日不得晚于封闭式资产管理产品的到期日 ③金融机构不得违反金融监督管理部门的规定,通过为单一融资项目设立多只资产管理产品的方式,变相突破投资人数限制或者其他监管要求。同一金融机构发行多只资产管理产品投资同一资产的,为防止同一资产发生风险波及多只资产管理产品,多只资产管理产品投资该资产的资金总规模合计不得超过300亿元。如果超出该限额,需经相关金融监督管理部门批准
估值要求	金融机构以摊余成本计量金融资产净值,应当采用适当的风险控制手段,对金融资产净值的公允性进行评估。当以摊余成本计量已不能真实公允反映金融资产净值时,托管机构应当督促金融机构调整会计核算和估值方法。金融机构前期以摊余成本计量的金融资产的加权平均价格与资产管理产品实际兑付时金融资产的价值的偏离度不得达到5%或以上,如果偏离5%或以上的产品数超过所发行产品总数的5%,金融机构不得再发行以摊余成本计量金融资产的资产管理产品

续表

项目	主要内容
刚性兑付相关要求	经金融管理部门认定,存在以下行为的视为刚性兑付: ①金融机构为资产管理产品投资的非标准化债权类资产或者股权类资产提供任何直接或间接、显性或隐性的担保、回购等代为承担风险的承诺 ②资产管理产品的发行人或者管理人违反真实公允确定净值原则,对产品进行保本保收益;采取滚动发行等方式,使得资产管理产品的本金、收益、风险在不同投资者之间发生转移,实现产品保本保收益;资产管理产品不能如期兑付或者兑付困难时,发行或者管理该产品的金融机构自行筹集资金偿付或者委托其他机构代为偿付;金融管理部门认定的其他情形
	经认定存在刚性兑付行为的,区分以下两类机构进行惩处: ①存款类金融机构发生刚性兑付的,认定为利用具有存款本质特征的资产管理产品进行监管套利,由国务院银行保险监督管理机构和中国人民银行按照存款业务予以规范,足额补缴存款准备金和存款保险保费,并予以行政处罚 ②非存款类持牌金融机构发生刚性兑付的,认定为违规经营,由金融监督管理部门和中国人民银行依法纠正并予以处罚 外部审计机构在对金融机构进行审计时,如果发现金融机构存在刚性兑付行为的,应当及时报告金融管理部门
分级要求	公募产品和开放式私募产品不得进行份额分级 分级私募产品的总资产不得超过该产品净资产的140%。分级私募产品应当根据所投资资产的风险程度设定分级比例(优先级份额/劣后级份额,中间级份额计入优先级份额)。固定收益类产品的分级比例不得超过3∶1,权益类产品的分级比例不得超过1∶1,商品及金融衍生品类产品、混合类产品的分级比例不得超过2∶1。发行分级资产管理产品的金融机构应当对该资产管理产品进行自主管理,不得转委托给劣后级投资者 分级资产管理产品不得直接或者间接对优先级份额认购者提供保本保收益安排
通道及嵌套要求	金融机构不得为其他金融机构的资产管理产品提供规避投资范围、杠杆约束等监管要求的通道服务。资产管理产品可以再投资一层资产管理产品,但所投资的资产管理产品不得再投资公募证券投资基金以外的资产管理产品
人工智能	运用人工智能技术开展投资顾问业务应当取得投资顾问资质,非金融机构不得借助智能投资顾问超范围经营或者变相开展资产管理业务
对资产管理业务实施监管应遵循的原则	①机构监管与功能监管相结合,按照产品类型而不是机构类型实施功能监管,同一类型的资产管理产品适用同一监管标准,减少监管真空和套利 ②实行穿透式监管,对于多层嵌套资产管理产品,向上识别产品的最终投资者,向下识别产品的底层资产(公募证券投资基金除外) ③强化宏观审慎管理,建立资产管理业务的宏观审慎政策框架,完善政策工具,从宏观、逆周期、跨市场的角度加强监测、评估和调节 ④实现实时监管,对资产管理产品的发行销售、投资、兑付等各环节进行全面动态监管,建立综合统计制度

五、证券公司大集合资产管理业务

（一）定义★

《证券公司大集合资产管理业务适用〈关于规范金融机构资产管理业务的指导意见〉操作指引》（以下简称《操作指引》）中证券公司大集合资产管理计划（以下简称“大集合产品”），是指证券公司设立管理的投资者人数不受200人限制的集合资产管理计划。通过专项资产管理计划形式设立的大集合产品亦属于上述范围。

（二）总体规范要求★

证券公司应严格遵照《证券投资基金法》等公募基金相关法律、行政法规及中国证监会的规定管理运作大集合产品。

（1）自《操作指引》公布之日起，大集合产品新开展的投资应当遵守公募基金法定投资范围和投资限制，加强投资组合的流动性风险管理，并按照公募基金的有关规定计提风险准备金。

（2）存量大集合产品应当在2020年12月31日前对标公募基金进行管理，包括但不限于：

①产品销售、份额交易与申购赎回、份额登记、投资运作、估值核算、信息披露、风险准备金计提等要求与公募基金一致。

②证券公司应当对照法律法规有关公募基金管理人的要求调整完善合规管理、内部控制、风险管理等制度体系。

③证券公司从事大集合产品管理业务的相关高级管理人员与其他从业人员应当遵守公募基金相关法律法规的资质条件与行为要求。

④对存量产品已计提业绩报酬事项及中国证监会认定的其他事项，待公募基金相关专项规范等要求出台后，相应进行调整规范。

⑤中国证监会规定的其他事项。

（三）转化为私募资产管理计划的情形

《操作指引》公布后，连续60个工作日投资者不足200人或资产净值低于5000万元的存量大集合产品，应当在过渡期内逐步转为符合法律法规规定的私募资产管理计划，并依法履行备案等程序，或者通过与其他产品合并、终止产品合同等方式予以规范。

证券公司执行上述规定时，应当按照产品合同约定的方式取得投资者和托管人的同意，保障投资者选择退出大集合产品的权利，有效控制流动性风险，对相关后续事项作出公平、合理安排。

(四)禁止性行为

大集合产品在未完成前述规范前,应当控制产品规模,非现金管理类大集合产品原则上不得新增净申购额,现金管理类大集合产品不得新增客户。

具体来说,不得新增以下行为:

(1)未完成整改规范前,公开或变相公开募集产品份额。

(2)通过分期发行独立核算子份额等方式变相发起设立新的大集合产品。

(3)违规为大集合产品聘请投资顾问。

(4)未经注册擅自对合同条款进行实质性调整或变更。

(5)法律、行政法规及中国证监会规定的其他事项。

六、资产证券化业务

(一)证券公司开展资产证券化业务的主要规则★★

1. 定义

资产证券化业务,是指以基础资产所产生的现金流为偿付支持,通过结构化等方式进行信用增级,在此基础上发行资产支持证券的业务活动。

2. 设立申请条件

依据《证券公司资产证券化业务管理规定》,证券公司申请设立专项计划、发行资产支持证券,应当具备以下条件:

(1)具备证券资产管理业务资格。

(2)最近1年未因重大违法违规行为受到行政处罚。

(3)具有完善的合规、风控制度以及风险处置应对措施,能有效控制业务风险。

资产支持证券应当面向合格投资者发行,发行对象不得超过200人,单笔认购不少于100万元人民币发行面值或等值份额。

(二)专项计划管理人主要职责★

管理人应当履行下列职责:

(1)对相关交易主体和基础资产进行全面的尽职调查,可聘请具有从事证券期货相关业务资格的会计师事务所、资产评估机构等相关中介机构出具专业意见。

(2)在专项计划存续期间,督促原始权益人以及为专项计划提供服务的有关机构,履行法律规定及合同约定的义务。

(3)办理资产支持证券发行事宜。

(4)按照约定及时将募集资金支付给原始权益人。

（5）为资产支持证券投资者的利益管理专项计划资产。

（6）建立相对封闭、独立的基础资产现金流归集机制，切实防范专项计划资产与其他资产混同以及被侵占、挪用等风险。

（7）监督、检查特定原始权益人持续经营情况和基础资产现金流状况，出现重大异常情况的，管理人应当采取必要措施，维护专项计划资产安全。

（8）按照约定向资产支持证券投资者分配收益。

（9）履行信息披露义务。

（10）负责专项计划的终止清算。

（11）法律、行政法规和中国证监会规定以及计划说明书约定的其他职责。

（三）专项计划设立及备案★

专项计划设立及备案见图 3–20 所示。

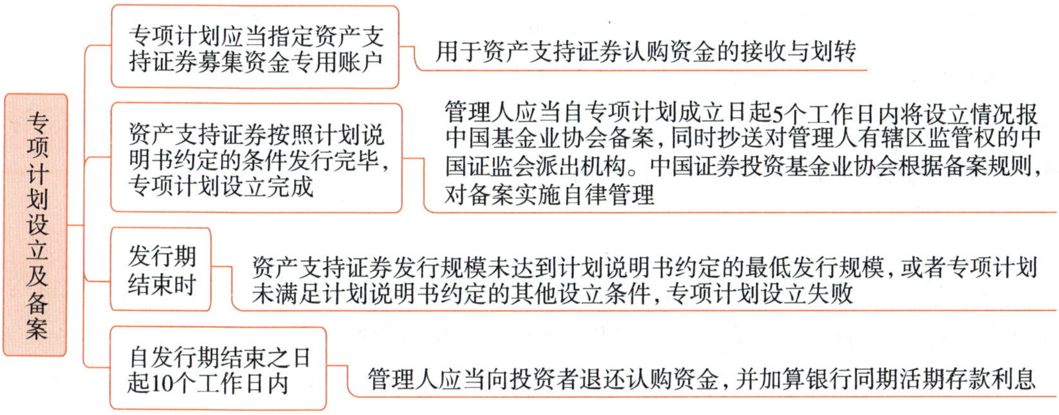

图 3–20　专项计划设立及备案

（四）资产支持证券挂牌、转让的相关规定★

资产支持证券可以按照规定在证券交易所、全国中小企业股份转让系统、机构间私募产品报价与服务系统、证券公司柜台市场以及中国证监会认可的其他证券交易场所进行挂牌、转让。

资产支持证券仅限于在合格投资者范围内转让。转让后，持有资产支持证券的合格投资者合计不得超过 200 人。资产支持证券初始挂牌交易单位所对应的发行面值或等值份额应不少于 100 万元人民币。

资产支持证券的登记结算业务应当由中国证券登记结算有限责任公司或中国证监会认可的其他机构办理。证券公司等机构可以为资产支持证券转让提供双边报价服务。

（五）资产证券化业务的尽职调查规定★★

资产证券化业务的尽职调查是指证券公司及基金管理公司子公司（简称“管理人”）勤

勉尽责地通过查阅、访谈、列席会议、实地调查等方法对业务参与人以及拟证券化的基础资产进行调查,并有充分理由确定相关发行文件及信息披露真实、准确、完整的过程。

业务参与人包括原始权益人、资产服务机构、托管人、信用增级机构以及对交易有重大影响的其他交易相关方。

(六)资产支持证券信息披露的相关要求★

1. 年度报告披露

管理人、托管人应当在每年 4 月 30 日之前向资产支持证券合格投资者披露上年度资产管理报告、年度托管报告。年度资产管理报告、年度托管报告应当由管理人向中国证券投资基金业协会报告,同时抄送对管理人有辖区监管权的中国证监会派出机构。

2. 临时信息披露

发生可能对资产支持证券投资价值或价格有实质性影响的重大事件,管理人应当及时将有关该重大事件的情况向资产支持证券合格投资者披露,说明事件的起因、目前的状态和可能产生的法律后果,并向证券交易场所、中国证券投资基金业协会报告,同时抄送对管理人有辖区监管权的中国证监会派出机构。

(七)资产证券化业务基础资产负面清单★★

(1)以地方政府为直接或间接债务人的基础资产。但地方政府按照事先公开的收益约定规则,在政府与社会资本合作模式(PPP)下应当支付或承担的财政补贴除外。

(2)以地方融资平台公司为债务人的基础资产。地方融资平台公司是指根据国务院相关文件规定,由地方政府及其部门和机构等通过财政拨款或注入土地、股权等资产设立,承担政府投资项目融资功能,并拥有独立法人资格的经济实体。

(3)矿产资源开采收益权、土地出让收益权等产生现金流的能力具有较大不确定性的资产。

(4)有下列情形之一的与不动产相关的基础资产:

①因空置等原因不能产生稳定现金流的不动产租金债权。

②待开发或在建占比超过 10% 的基础设施、商业物业、居民住宅等不动产或相关不动产收益权。当地政府证明已列入国家保障房计划并已开工建设的项目除外。

(5)不能直接产生现金流、仅依托处置资产才能产生现金流的基础资产。如提单、仓单、产权证书等具有物权属性的权利凭证。

(6)法律界定及业务形态属于不同类型且缺乏相关性的资产组合,如基础资产中包含企业应收账款、高速公路收费权等 2 种或 2 种以上不同类型资产。

(7)违反相关法律法规或政策规定的资产。

(8)最终投资标的为上述资产的信托计划受益权等基础资产。

七、合格境外机构投资者境内证券投资的相关监管规定★

合格境外机构投资者境内证券投资的相关监管规定,如表3-50所示。

表3-50 合格境外机构投资者境内证券投资的相关监管规定

<table>
<tr><th>项目</th><th colspan="2">主要内容</th></tr>
<tr><td>定义</td><td colspan="2">合格境外机构投资者,简称“合格境外投资者”,是指符合《合格境外机构投资者境内证券投资管理办法》的规定,经中国证监会批准投资于中国证券市场,并取得国家外汇管理局额度批准的中国境外基金管理机构、保险公司、证券公司以及其他资产管理机构
合格境外投资者应当委托境内商业银行作为托管人托管资产,委托境内证券公司办理在境内的证券交易活动。中国证监会依法对合格境外投资者的境内证券投资实施监督管理,国家外汇管理局依法对合格境外投资者境内证券投资有关的投资额度、资金汇出入等实施外汇管理</td></tr>
<tr><td>资格条件</td><td colspan="2">合格境外投资者业务资格应经中国证监会审批,其应当具备下列条件:
①申请人的财务稳健,资信良好,达到中国证监会规定的资产规模等条件
②申请人的从业人员符合所在国家或者地区的有关从业资格的要求
③申请人有健全的治理结构和完善的内控制度,经营行为规范,近3年未受到监管机构的重大处罚
④申请人所在国家或者地区有完善的法律和监管制度,其证券监管机构已与中国证监会签订监管合作谅解备忘录,并保持着有效的监管合作关系
⑤中国证监会根据审慎监管原则规定的其他条件</td></tr>
<tr><td rowspan="2">投资运作</td><td>合格境外投资者</td><td>合格境外投资者在经批准的投资额度内,可以投资于交易所交易或者转让的证券品种如下:股票,包括普通股、优先股和交易所认可的其他股票;债券,包括国债、国债预发行、地方政府债、公司债券、企业债券、可转换公司债券、分离交易可转换公司债券、可交换公司债券、中小企业私募债、政策性金融债、次级债和交易所认可的其他债券品种;基金,包括各类交易型开放式指数基金(ETF)、封闭式基金、开放式基金、货币市场基金和交易所认可的其他基金品种;权证;资产支持证券;中国证监会允许的其他证券品种。合格境外投资者可以参与新股发行、债券发行、股票增发和配股的申购</td></tr>
<tr><td>合格境外投资者境内证券投资,应当遵循的持股比例限制</td><td>①单个合格境外投资者对单个上市公司的持股比例不得超过该公司股份总数的10%
②所有合格境外投资者对单个上市公司A股的持股比例总和,不超过该上市公司股份总数的30%
③所有合格境外投资者持有同一上市公司A股数额合计达到或超过该公司股份总数的26%时,交易所于次一交易日开市前通过交易所网站公布境外投资者已持有该公司A股的总数及其占公司股份总数的比例</td></tr>
</table>

续表

项目	主要内容	
托管	托管人应当具备的条件	①设有专门的资产托管部 ②实收资本不少于 80 亿元人民币 ③有足够的熟悉托管业务的专职人员 ④具备安全保管合格投资者资产的条件 ⑤具备安全、高效的清算、交割能力 ⑥具备外汇指定银行资格和经营人民币业务资格 ⑦最近 3 年没有重大违反外汇管理规定的纪录 外资商业银行境内分行在境内持续经营 3 年以上的，可申请成为托管人，其实收资本数额条件按其境外总行的计算
	托管人应当履行的职责	①保管合格境外投资者托管的全部资产 ②办理合格境外投资者的有关结汇、售汇、收汇、付汇和人民币资金结算业务 ③监督合格境外投资者的投资运作，发现其投资指令违法、违规的，及时向中国证监会和国家外汇管理局报告 ④在合格境外投资者汇入本金、汇出本金或者收益 2 个工作日内，向国家外汇管理局报告合格境外投资者的资金汇入、汇出及结售汇情况 ⑤每月结束后 8 个工作日内，向国家外汇管理局报告合格境外投资者的外汇账户和人民币特殊账户的收支和资产配置情况，向中国证监会报告证券账户的投资和交易情况 ⑥每个会计年度结束后 3 个月内，编制关于合格境外投资者上一年度境内证券投资情况的年度财务报告，并报送中国证监会和国家外汇管理局 ⑦保存合格境外投资者的资金汇入、汇出、兑换、收汇、付汇和资金往来记录等相关资料，其保存的时间应当不少于 20 年 ⑧根据国家外汇管理规定进行国际收支统计申报 ⑨中国证监会、国家外汇管理局根据审慎监管原则规定的其他职责
	分账托管	托管人必须将其自有资产和受托管理的资产严格分开，对受托管理的资产实行分账托管。每个合格境外投资者只能委托 1 个托管人，并可以更换托管人
登记和结算	登记	合格境外投资者可以在证券登记结算机构申请开立证券账户。该证券账户可以是实名账户，也可以是名义持有人账户。名义持有人应当将其代理的实际投资者或基金的名称、注册地、资产配置、证券投资情况于每个季度结束后的 8 个工作日内，报告中国证监会和证券交易所
	结算	合格境外投资者应当委托获得证券登记结算机构结算参与人资格的机构进行资金结算。该机构应在开立人民币结算资金账户 5 个工作日内将开户情况向国家外汇管理局备案
资金管理	合格境外投资者经国家外汇管理局批准，应当在托管人处开立外汇账户和人民币特殊账户，其收支范围应当符合国家外汇管理局的有关规定	

八、合格境内机构投资者境外证券投资的相关监管规定★

合格境内机构投资者境外证券投资的相关监管规定，如表 3-51 所示。

表 3-51 合格境内机构投资者境外证券投资的相关监管规定

项目	主要内容
定义	合格境内机构投资者，简称“合格境内投资者”，是指符合《合格境内机构投资者境外证券投资管理试行办法》规定的条件，经中国证监会批准在中华人民共和国境内募集资金，运用所募集的部分或者全部资金以资产组合方式进行境外证券投资管理的境内基金管理公司和证券公司等证券经营机构 合格境内投资者开展境外证券投资业务，应当由境内商业银行负责资产托管业务，可以委托境外证券服务机构代理买卖证券 中国证监会和国家外汇管理局依法按照各自职能对合格境内投资者境外证券投资实施监督管理
资格条件	境内机构投资者资格应经中国证监会审批，其应当具备下列条件： ①申请人的财务稳健，资信良好，资产管理规模、经营年限等符合中国证监会的规定 ②拥有符合规定的具有境外投资管理相关经验的人员 ③具有健全的治理结构和完善的内控制度，经营行为规范 ④最近 3 年没有受到监管机构的重大处罚，没有重大事项正在接受司法部门、监管机构的立案调查 ⑤中国证监会根据审慎监管原则规定的其他条件
审批程序	合格境内投资者应当依照有关规定向国家外汇管理局申请经营外汇业务资格
境外投资顾问	合格境内投资者可以委托符合下列条件的投资顾问进行境外证券投资： ①在境外设立，经所在国家或地区监管机构批准从事投资管理业务 ②所在国家或地区证券监管机构已与中国证监会签订双边监管合作谅解备忘录，并保持着有效的监管合作关系 ③经营投资管理业务达 5 年以上，最近一个会计年度管理的证券资产不少于 100 亿美元或等值货币 ④有健全的治理结构和完善的内控制度，经营行为规范，最近 5 年没有受到所在国家或地区监管机构的重大处罚，没有重大事项正在接受司法部门、监管机构的立案调查
资金募集	取得合格境内投资者资格的证券公司可以通过设立集合计划等方式募集资金，运用所募集的资金投资于境外证券市场。集合计划应当投资于中国证监会规定的金融产品或工具
投资运作	合格境内投资者、投资顾问挑选、委托境外证券服务机构代理买卖证券的，应当严格履行受信责任，并按照有关规定对投资交易的流程、信息披露、记录保存进行管理
额度和资金管理	①合格境内投资者应当根据市场情况、产品特性等在募集方案中设定合理的额度规模上限，向国家外汇管理局备案，并按照有关规定到国家外汇管理局办理相关手续 ②国家外汇管理局依法批准单个合格境内投资者境外投资额度。国家外汇管理局对投资额度实行余额管理，合格境内投资者境外投资净汇出额（含外汇及人民币资金）不得超过经批准的投资额度。合格境内投资者不得转让或转卖投资额度

续表

项目	主要内容
资产托管	托管人可以委托符合下列条件的境外资产托管人负责境外资产托管业务： ①在中国境外的国家或地区设立，受当地政府、金融或证券监管机构的监管 ②最近一个会计年度实收资本不少于 10 亿美元或等值货币或托管资产规模不少于 1000 亿美元或等值货币 ③有足够的熟悉境外托管业务的专职人员；具备安全保管资产的条件 ④具备安全、高效的清算、交割能力 ⑤最近 3 年没有受到监管机构的重大处罚，没有重大事项正在接受司法部门、监管机构的立案调查

九、资产管理业务的监管措施及法律责任★★★

资产管理业务的监管措施及法律责任见图 3–21 所示。

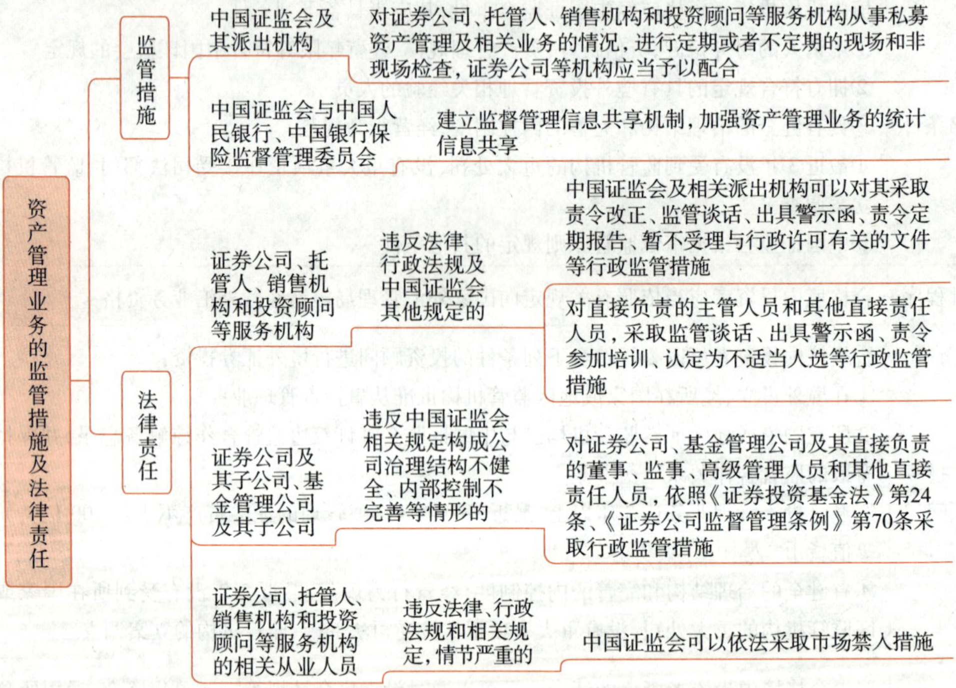

图 3–21　资产管理业务的监管措施及法律责任

真题实练

1. 下列关于证券公司客户资产管理业务的说法，错误的是（　　）。
   A. 为客户提供证券及其他金融产品的投资管理服务
   B. 证券公司对客户委托的资产进行经营运作
   C. 证券公司应与客户签订资产管理合同
   D. 证券公司须确保客户资产的稳定增值

2. 根据《证券公司及基金管理公司子公司资产证券化业务尽职调查工作指引》，下列关于尽职调查报告的说法，错误的是(　　)。

A. 尽职调查报告应当对资产证券化项目是否符合相关法律法规、部门规章以及规范性文件的相关规定发表明确意见

B. 公司分管高级管理人员及尽职调查工作组全体成员应当在尽职调查报告上签字

C. 尽职调查报告应当说明调查的基准日、调查内容、调查程序等事项

D. 尽职调查报告应加盖管理人公司公章和注册报告日期

3. 根据《证券公司及基金管理公司子公司资产证券化业务管理规定》，资产支持证券可按照规定在(　　)进行挂牌、转让。

Ⅰ. 证券交易所　　Ⅱ. 全国中小企业股份转让系统

Ⅲ. 机构间私募产品报价与服务系统　　Ⅳ. 证券公司柜台市场

A. Ⅰ、Ⅲ、Ⅳ　　B. Ⅰ、Ⅱ、Ⅳ

C. Ⅰ、Ⅱ、Ⅲ、Ⅳ　　D. Ⅱ、Ⅲ

4. 为鼓励中长期投资，合格境外投资者业务对于符合办法规定的(　　)等长期资金管理机构，予以优先考虑。

Ⅰ. 养老基金　　Ⅱ. 保险基金

Ⅲ. 共同基金　　Ⅳ. 慈善基金

A. Ⅰ、Ⅱ、Ⅳ　　B. Ⅰ、Ⅱ、Ⅲ

C. Ⅰ、Ⅲ、Ⅳ　　D. Ⅰ、Ⅱ、Ⅲ、Ⅳ

【答案及解析】

1. D　**【解析】**证券公司从事客户资产管理业务，应当与客户签订资产管理合同，根据资产管理合同约定的方式、条件、要求及限制，对客户资产进行经营运作，为客户提供证券及其他金融产品的投资管理服务。证券公司从事客户资产管理业务，应当实行集中运营管理，对外统一签订资产管理合同。

2. B　**【解析】**尽职调查报告应当说明调查的基准日、调查内容、调查程序等事项。尽职调查报告应当对资产证券化项目是否符合相关法律法规、部门规章以及规范性文件的相关规定发表明确意见。尽职调查工作组全体成员应当在尽职调查报告上签字，并加盖管理人公司公章和注明报告日期。

3. C　**【解析】**资产支持证券可以按照规定在证券交易所、全国中小企业股份转让系统、机构间私募产品报价与服务系统、证券公司柜台市场以及中国证监会认可的其他证券交易场所进行挂牌、转让。资产支持证券仅限于在合格投资者范围内转让。转让后，持有资产支持证券的合格投资者合计不得超过200人。资产支持证券初始挂牌交易单位所对应的发行面值或等值份额应不少于100万元人民币。

4. D　**【解析】**为鼓励中长期投资，合格境外投资者对于符合办法规定的养老基金、保险基金、共同基金、慈善基金等长期资金管理机构，予以优先考虑。

第八节 证券公司全国股份转让系统业务及柜台市场业务

考纲要求

本节考纲要求见表 3-52 所示。

表 3-52 第三章第八节考纲要求

考纲要求	星级	具体内容
了解	★	①全国股份转让系统业务的主要法律法规 ②证券公司柜台交易、柜台市场的概念、基本要求 ③柜台市场发行、销售与转让产品可采取的方式 ④证券公司柜台市场业务的自律管理要求
熟悉	★★	①全国股份转让系统业务的一般规定 ②监管部门对全国股份转让系统业务的监管措施 ③证券公司可以在柜台市场发行、销售与转让的产品种类 ④柜台交易合同签订、财产担保的有关要求 ⑤柜台市场账户、登记、托管、结算的有关要求 ⑥柜台市场内控制度建设、投资者适当性管理、信息披露的有关要求
掌握	★★★	①掌握全国股份转让系统主要业务的有关规定 ②掌握违反全国股份转让系统业务有关规定的法律责任

考点梳理

一、法律法规概述★

证券公司在全国中小企业股份转让系统（本节简称“全国股份转让系统”）开展业务涉及的主要规定包括《非上市公众公司监督管理办法》《全国中小企业股份转让系统有限责任公司管理暂行办法》《全国中小企业股份转让系统业务规则（试行）》（本节简称《业务规则》）、《全国中小企业股份转让系统主办券商管理细则（试行）》（本节简称《管理细则》）等。证券公司柜台市场业务涉及的主要规定包括《证券公司柜台交易业务规范》《证券公司柜台市场管理办法（试行）》等。

二、证券公司全国股份转让系统业务

（一）全国股份转让系统业务的一般规定★★

1. 全国股份转让系统的定位和功能

全国股份转让系统是经国务院批准，依据证券法设立的全国性证券交易场所，主要为

创新型、创业型、成长型中小微企业发展服务。境内符合条件的股份公司均可通过主办券商申请在全国股份转让系统挂牌，公开转让股份，进行股权融资、债权融资、资产重组等。申请挂牌的公司应当业务明确、产权清晰、依法规范经营、公司治理健全，可以尚未盈利，但须履行信息披露义务，所披露的信息应当真实、准确、完整。

2. 全国中小企业股份转让系统业务规则

（1）全国股份转让系统的证券公开转让及相关活动，实行公开、公平、公正的原则，禁止证券欺诈、内幕交易、操纵市场等违法违规行为。市场参与人应当遵循自愿、有偿、诚实信用的原则。

（2）申请挂牌公司、挂牌公司及其他信息披露义务人、主办券商应当真实、准确、完整、及时地披露信息，不得有虚假记载、误导性陈述或者重大遗漏。

申请挂牌公司、挂牌公司的董事、监事、高级管理人员应当忠实、勤勉地履行职责，保证公司披露信息的真实、准确、完整、及时、公平。

申请挂牌公司、挂牌公司及其他信息披露义务人、主办券商依法披露的信息，应当第一时间在全国股份转让系统指定信息披露平台公布。

（3）全国股份转让系统实行主办券商制度。主办券商应当对所推荐的挂牌公司履行持续督导义务。

（4）全国股份转让系统实行投资者适当性管理制度。投资者应当具备一定的证券投资经验和相应的风险识别和承担能力，知悉相关业务规则，自行承担投资风险。

3. 全国股份转让系统分层管理办法

（1）全国股份转让系统设置基础层、创新层和精选层，符合不同条件的挂牌公司分别纳入不同市场层级管理。

（2）全国股份转让系统制定客观、差异化的各层级进入和调整条件，并据此调整挂牌公司所属市场层级。

（3）全国股份转让系统公司对挂牌公司所属市场层级实行定期和即时调整机制。可以根据挂牌公司层级进入和调整的需要，要求挂牌公司、主办券商或保荐机构等中介机构提供相关材料。

（4）挂牌公司的层级进入和调整由全国股份转让系统公司挂牌委员会审议，并形成审议意见。全国股份转让系统公司结合挂牌委员会的审议意见，作出决定。按规定免于挂牌委员会审议的事项除外。挂牌公司对全国股份转让系统公司作出的层级进入和调整决定存在异议的，可以按照全国股份转让系统公司有关规定申请复核。

（5）符合中国证监会、证券交易所和全国股份转让系统公司有关规定的精选层挂牌公司，可以直接向证券交易所申请上市交易。

4. 主办券商管理的相关规定

（1）证券公司在全国股份转让系统开展相关业务前，应当向全国股份转让系统公司申请备案，成为主办券商。未经备案的证券公司不得在全国股份转让系统开展相关业务。

(2)主办券商及其董事、监事、高级管理人员和相关业务人员，应当遵守法律法规和全国股份转让系统相关规定，勤勉尽责、诚实守信，接受全国股份转让系统公司的自律管理。

(3)主办券商可在全国股份转让系统从事以下部分或全部业务：推荐业务、经纪业务、做市业务，以及全国股份转让系统公司规定的其他业务。

(4)主办券商及其业务人员应当对开展全国股份转让系统业务中获取的非公开信息履行保密义务，不得利用该信息谋取不正当利益。

(5)主办券商应当加强业务人员的职业道德和诚信教育，强化业务人员勤勉尽责意识、合规操作意识、风险控制意识和保密意识。

(6)主办券商应当根据全国股份转让系统公司要求，调查或协助调查指定事项，并将调查结果及时报告全国股份转让系统公司。

(7)主办券商应按要求组织相关人员参加全国股份转让系统公司举办的业务和技术培训。未按规定参加培训的，全国股份转让系统公司可暂不受理主办券商及其相关人员出具的文件。主办券商首次推荐公司挂牌前，应接受全国股份转让系统公司的业务培训。

(8)主办券商应当按照全国股份转让系统公司要求建立开展相关业务所需的技术系统，包括交易系统、做市报价系统、行情系统和通信系统及其备份系统等，并制定相应的安全运行管理制度。

(9)主办券商应遵守全国股份转让系统公司有关转让信息管理的规定，按要求使用全国股份转让系统转让信息。未经全国股份转让系统公司许可，主办券商不得将转让信息提供给客户从事自身股票转让以外的其他活动，不得将转让信息提供给客户以外的其他机构和个人，不得在营业场所外使用转让信息。

(二)全国股份转让系统主要业务的有关规定★★★

1.股票挂牌业务

(1)股份有限公司申请股票在全国股份转让系统挂牌，不受股东所有制性质的限制，不限于高新技术企业，应当符合下列条件：①依法设立且存续满2年。有限责任公司按原账面净资产值折股整体变更为股份有限公司的，存续时间可以从有限责任公司成立之日起计算；②业务明确，具有持续经营能力；③公司治理机制健全，合法规范经营；④股权明晰，股票发行和转让行为合法合规；⑤主办券商推荐并持续督导；⑥全国股份转让系统公司要求的其他条件。

(2)申请挂牌公司应当与主办券商签订推荐挂牌并持续督导协议，按照全国股份转让系统公司的有关规定编制申请文件，并向全国股份转让系统公司申报。

(3)全国股份转让系统公司对挂牌申请文件审查后，出具是否同意挂牌的审查意见。

(4)申请挂牌公司取得全国股份转让系统公司同意挂牌的审查意见后，按照全国股份转让系统公司规定的有关程序办理挂牌手续。申请挂牌公司应当在其股票挂牌前与全国股份转让系统公司签署挂牌协议，明确双方的权利、义务和有关事项。

(5)股东人数超过200人的公司申请其股票挂牌公开转让，应当按照中国证监会有关规定制作公开转让的申请文件，申请文件应当包括但不限于：公开转让说明书、律师事务所出具的法律意见书、符合《证券法》规定的会计师事务所出具的审计报告、证券公司出具的推荐文件、全国股份转让系统的自律监管意见。公司持申请文件向中国证监会申请核准。

(6)申请挂牌公司应当在其股票挂牌前依照全国股份转让系统公司的规定披露公开转让说明书等文件。

(7)申请挂牌公司在其股票挂牌前实施限制性股票或股票期权等股权激励计划且尚未行权完毕的，应当在公开转让说明书中披露股权激励计划等情况。

(8)申请挂牌公司在其股票挂牌前，应当与中国证券登记结算有限责任公司(以下简称“中国结算”)签订证券登记及服务协议，办理全部股票的集中登记。

(9)挂牌公司控股股东及实际控制人在挂牌前直接或间接持有的股票分三批解除转让限制，每批解除转让限制的数量均为其挂牌前所持股票的1/3，解除转让限制的时间分别为挂牌之日、挂牌期满1年和2年。

挂牌前12个月以内控股股东及实际控制人直接或间接持有的股票进行过转让的，该股票的管理按照前款规定执行，主办券商为开展做市业务取得的做市初始库存股票除外。

因司法裁决、继承等原因导致有限售期的股票持有人发生变更的，后续持有人应继续执行股票限售规定。

(10)股票解除转让限制，应由挂牌公司向主办券商提出，由主办券商报全国股份转让系统公司备案。全国股份转让系统公司备案确认后，通知中国结算办理解除限售登记。

(11)主办券商推荐股份公司股票挂牌，应与申请挂牌公司签订推荐挂牌并持续督导协议，约定双方权利和义务，并对申请挂牌公司董事、监事、高级管理人员及其他信息披露义务人进行培训，使其了解相关法律、法规、规则、协议所规定的权利和义务。

(12)主办券商应对申请挂牌公司进行尽职调查，并在全面、真实、客观、准确调查的基础上出具尽职调查报告。

(13)主办券商应设立内核机构，负责审核股份公司股票挂牌申请，并在审核基础上出具内核意见。

(14)主办券商应根据内核意见决定是否推荐股份公司股票挂牌。同意推荐的，出具推荐报告。主办券商可以根据申请挂牌公司委托，组织编制申请文件。

(15)主办券商应持续督导所推荐挂牌公司诚实守信、规范履行信息披露义务、完善公司治理机制。主办券商应配备合格专业人员，建立健全持续督导工作制度，勤勉履行审查挂牌公司拟披露的信息披露文件、对挂牌公司进行现场检查、发布风险警示公告等督导职责。

2. 向不特定合格投资者公开发行业务

(1)股票公开转让的公众公司可以向全国股份转让系统不特定合格投资者公开发行股票(以下简称“公开发行”)。不特定合格投资者应当符合投资者适当性管理规定。

(2)发行人应当为在全国股份转让系统连续挂牌满12个月的创新层挂牌公司。

(3)发行人申请股票公开发行并在精选层挂牌应当符合《公众公司办法》规定的公开发行股票的相关要求和《分层管理办法》规定的精选层市值、财务条件等要求,且不存在《分层管理办法》规定的不得进入精选层的情形。

发行人存在违规对外担保、资金占用或者其他权益被控股股东、实际控制人严重损害情形的,应当在相关情形已经解除或者消除影响后申请股票公开发行并在精选层挂牌。

发行人具有表决权差异安排的,该安排应当平稳运行至少一个完整会计年度,且相关信息披露和公司治理符合有关规定。

(4)发行对象应当为已开通全国股份转让系统精选层股票交易权限的合格投资者。

(5)发行人应当聘请其主办券商担任保荐机构。主办券商不具有保荐机构资格的,发行人应当聘请其具有保荐机构资格的子公司担任保荐机构。

(6)发行人应当聘请具有证券承销业务资格的主办券商或其子公司作为承销机构。主承销商可以由发行人保荐机构担任,也可以由发行人保荐机构与其他承销机构共同担任。

(7)发行人股票停复牌、内幕信息知情人登记与报备等事项,应当按照全国股份转让系统公司有关规定办理。

(8)发行人控股股东、实际控制人及其亲属以及本次发行前直接持有10%以上股份的股东或虽未直接持有但可实际支配10%以上股份表决权的相关主体持有或控制的股票,自在精选层挂牌之日起12个月内不得转让或委托他人代为管理。法律法规、部门规章、规范性文件和全国股份转让系统公司有关规定对前述股票的限售期另有规定的,同时还应遵守相关规定。

发行人高级管理人员、核心员工参与战略配售取得的股票,自在精选层挂牌之日起12个月内不得转让或委托他人代为管理。其他投资者参与战略配售取得的股票,自在精选层挂牌之日起6个月内不得转让或委托他人代为管理。

(9)发行人及相关主体在中国证监会作出核准决定及按照全国股份转让系统公司有关规定披露招股文件前,不得采取任何公开或变相公开方式进行股票推介活动,也不得通过其他利益关联方或委托他人进行相关活动。

(10)公司董事会应当依法就本次股票发行的具体方案、本次募集资金使用的可行性及其他必须明确的事项作出决议,并提请股东大会批准。

(11)股东大会就公开发行股票事项作出决议,必须经出席会议的股东所持表决权的2/3以上通过。公司股东人数超过200人的,应当对出席会议的持股比例在10%以下的股东表决情况单独计票并予以披露。公司就公开发行股票事项召开股东大会,应当提供网络投票的方式,公司还可以通过其他方式为股东参加股东大会提供便利。

(12)公司应当按照中国证监会有关规定制作公开发行的申请文件,申请文件应当包括但不限于:公开发行说明书、律师事务所出具的法律意见书、符合《证券法》规定的会计师事务所出具的审计报告、保荐人出具的股票发行保荐书、全国股份转让系统的自律监管意见。公司持申请文件向中国证监会申请核准。

（13）公开发行股票，应当聘请具有保荐资格的机构担任保荐人，其保荐业务适用《保荐办法》相关规定，《公众公司办法》另有规定的除外。

（14）尚未盈利或者已在股票发行申请文件中充分分析并揭示相关风险的公司申请公开发行股票，在公开发行股票当年即亏损的，其保荐人不适用《保荐办法》第 67 条相关责任。

（15）保荐人应当按照中国证监会和全国股份转让系统的规定制作、报送和披露发行保荐书、回复意见等相关文件，遵守中国证监会和全国股份转让系统的规定，配合中国证监会和全国股份转让系统工作，自提交保荐文件之日起，保荐机构及其保荐代表人应承担相应的责任。全国股份转让系统应当根据《保荐办法》和《公众公司办法》制定全国股份转让系统股票发行保荐业务规则，并报中国证监会批准。

（16）保荐人持续督导期间为公开发行完成后当年剩余时间及其后 2 个完整会计年度。

（17）公司公开发行股票，应当聘请具有证券承销业务资格的证券公司承销，按照《证券法》有关规定签订承销协议，确定采取代销或包销方式。申请公开发行股票公司的高级管理人员、核心员工可以参与战略配售。公司在全国股份转让系统公开发行股票、证券公司承销在全国股份转让系统公开发行的股票以及投资者认购在全国股份转让系统公开发行的股票，适用《公众公司办法》。

（18）公司公开发行股票，可以与主承销商自主协商直接定价，也可以通过合格投资者网上竞价，或者网下询价等方式确定股票发行价格和发行对象。公司和主承销商应当在公开发行说明书和发行公告中披露本次发行股票采用的定价方式。

发行价格可以参考公司股票的市场价格（如有）、同行业可比公司的市盈率或市净率等。如果发行价格明显偏离股票市场价格，公司应当对定价依据及定价方式、定价的合理性作出充分说明并披露，主承销商应当对本次发行价格的合理性、相关定价依据和定价方法的合理性，是否损害现有股东利益等发表意见。

（19）公司通过网下询价方式确定股票发行价格和发行对象的，询价对象应当是经中国证券业协会注册的网下投资者。公司和主承销商可以根据全国股份转让系统和中国证券业协会相关自律规则的规定，设置网下投资者的具体条件，并在发行公告中预先披露。

（20）全国股份转让系统应当根据《公众公司办法》制定全国股份转让系统股票发行承销业务规则，并报中国证监会批准。

（21）发行人应当建立募集资金存储、使用、监管和责任追究的内部制度，明确募集资金使用的分级审批权限、决策程序、风险防控措施和信息披露要求。

（22）发行人募集资金应当存放于募集资金专项账户，该账户不得存放非募集资金或用作其他用途。发行人应当与保荐机构、存放募集资金的商业银行签订三方监管协议。

（23）发行人募集资金应当用于主营业务及相关业务领域，暂时闲置的募集资金可以投资于安全性高、流动性好、可以保障投资本金安全的理财产品。除金融类企业外，募集资金不得用于持有交易性金融资产、其他权益工具投资、其他债权投资或借予他人、委托理财等财务性投资,不得直接或间接投资于以买卖有价证券为主营业务的公司,不得用于股票及其他衍生品种、可转换公司债券的交易,不得通过质押、委托贷款或其他方式变相改变募集资金用途。

(24)发行人应当按照公开发行说明书披露的用途使用募集资金;改变募集资金用途的,应当经公司董事会、股东大会审议通过,并经保荐机构同意。

(25)发行人以自筹资金预先投入公开发行说明书披露的募集资金用途后,以募集资金置换自筹资金的,应当经公司董事会审议通过,并经保荐机构同意。发行人应当及时披露募集资金置换公告以及保荐机构关于发行人前期资金投入具体情况或安排的专项意见。

(26)发行人董事会应当每半年度对募集资金使用情况进行自查,出具自查报告,并在披露年度报告及中期报告时一并披露。发行人董事会应当聘请会计师事务所对募集资金存放和使用情况出具鉴证报告,并在发行人披露年度报告时一并披露。保荐机构应当在保荐督导期内、持续督导主办券商应当在保荐督导期届满后每年就发行人募集资金存放及使用情况至少进行一次现场检查,出具检查报告,并在发行人披露年度报告时一并披露。

3. 股票定向发行业务

(1)定向发行的一般规定。

①股票定向发行是指发行人向符合《公众公司办法》规定的特定对象发行股票的行为。发行过程中,发行人可以向特定对象推介股票。

②发行人定向发行后股东累计不超过200人的,由全国股份转让系统公司自律审查。发行人定向发行后股东累计超过200人的,应当在取得全国股份转让系统公司出具的自律监管意见后,报中国证监会核准。

③发行人定向发行所披露的信息应当真实、准确、完整,不得有虚假记载、误导性陈述或者重大遗漏。发行人的董事、监事、高级管理人员应当忠实、勤勉地履行职责,保证发行人及时、公平地披露信息,所披露的信息真实、准确、完整。

发行人及其控股股东、实际控制人、董事、监事、高级管理人员应当向主办券商、律师事务所、会计师事务所及其他证券服务机构及时提供真实准确、完整的资料,全面配合相关机构开展尽职调查和其他相关工作。

发行人的控股股东、实际控制人、董事、监事、高级管理人员、发行对象及其他信息披露义务人,应当按照相关规定及时向发行人提供真实、准确、完整的信息,全面配合发行人履行信息披露义务,不得要求或者协助发行人隐瞒应当披露的信息。

④主办券商应当对发行人的信息披露文件和申请文件进行全面核查,独立作出专业判断,并对定向发行说明书及其所出具文件的真实性、准确性、完整性负责。律师事务所、会计师事务所及其他证券服务机构应当审慎履行职责,作出专业判断,并对定向发行说明书中与其专业职责有关的内容及其所出具文件的真实性、准确性、完整性负责。

⑤发行人的控股股东、实际控制人、董事、监事、高级管理人员,主办券商、律师事务所、会计师事务所、其他证券服务机构及其相关人员,应当遵守有关法律法规、部门规章、规范

性文件和全国中小企业股份转让系统业务规则，勤勉尽责，不得利用定向发行谋取不正当利益，禁止泄露内幕信息、利用内幕信息进行股票交易或者操纵股票交易价格。

⑥全国股份转让系统公司对定向发行相关文件进行自律审查，通过反馈、问询等方式要求发行人及相关主体对有关事项进行解释、说明或者补充披露。

⑦全国股份转让系统公司对定向发行事项出具的自律审查意见不表明对申请文件及信息披露内容的真实性、准确性、完整性作出保证，也不表明对发行人股票投资价值或者投资收益作出实质性判断或保证。

⑧发行人定向发行应当符合《公众公司办法》关于合法规范经营、公司治理、信息披露、发行对象等方面的规定。发行人存在违规对外担保、资金占用或者其他权益被控股股东、实际控制人严重损害情形的，应当在相关情形已经解除或者消除影响后进行定向发行。

⑨发行人、主办券商选择发行对象、确定发行价格或者发行价格区间，应当遵循公平、公正原则，维护发行人及其股东的合法权益。

⑩发行对象可以用现金或者非现金资产认购定向发行的股票。以非现金资产认购的，所涉及的资产应当权属清晰、定价公允，且本次交易应当有利于提升发行人资产质量和持续经营能力。

⑪发行人应当按照《公众公司办法》的规定，在股东大会决议中明确现有股东优先认购安排。

⑫发行对象承诺对其认购股票进行限售的，应当按照其承诺办理自愿限售，并予以披露。

⑬发行人董事会审议定向发行有关事项时，应当不存在尚未完成的股票发行、可转换公司债券发行、重大资产重组和股份回购事宜。

⑭发行人按照《公众公司办法》第 47 条规定发行股票的，应当严格按照中国证监会和全国股份转让系统公司的相关规定，履行内部决议程序和信息披露义务，无需提供主办券商出具的推荐文件以及律师事务所出具的法律意见书。

发行人对定向发行文件内容的真实性、准确性、完整性负责，发行人的持续督导券商负责协助披露发行相关公告，并对募集资金存管与使用的规范性履行持续督导职责。

⑮全国股份转让系统公司受理发行人申请文件至新增股票挂牌交易前，出现不符合⑧规定或者其他影响本次发行的重大事项时，发行人及主办券商应当及时向全国股份转让系统公司报告；主办券商及其他证券服务机构应当持续履行尽职调查职责，提交书面核查意见。

⑯发行人在定向发行前存在表决权差异安排的，应当在定向发行说明书等文件中充分披露并特别提示表决权差异安排的具体设置和运行情况。

⑰由于国家秘密、商业秘密等特殊原因导致定向发行相关信息确实不便披露的，发行人可以不予披露，但应当在发行相关公告中说明未按照规定进行披露的原因。中国证监会、全国股份转让系统公司认为需要披露的，发行人应当披露。

(2)募集资金管理。

①发行人应当建立募集资金存储、使用、监管和责任追究的内部控制制度,明确募集资金使用的分级审批权限、决策程序、风险防控措施及信息披露要求。

②发行人募集资金应当存放于募集资金专项账户,该账户不得存放非募集资金或用作其他用途。

③发行人募集资金应当用于主营业务及相关业务领域,暂时闲置的募集资金可以投资于安全性高、流动性好、可以保障投资本金安全的理财产品。除金融类企业外,募集资金不得用于持有交易性金融资产、其他权益工具投资、其他债权投资或借予他人、委托理财等财务性投资,不得直接或间接投资于以买卖有价证券为主营业务的公司,不得用于股票及其他衍生品种、可转换公司债券等的交易,不得通过质押、委托贷款或其他方式变相改变募集资金用途。

④发行人在验资完成且签订募集资金专户三方监管协议后可以使用募集资金;存在下列情形之一的,在新增股票完成登记前不得使用募集资金:发行人未在规定期限或者预计不能在规定期限内披露最近一期定期报告;最近12个月内,发行人或其控股股东、实际控制人被中国证监会及其派出机构采取行政监管措施、行政处罚,被全国股份转让系统公司采取书面形式自律监管措施、纪律处分,被中国证监会立案调查,或者因违法行为被司法机关立案侦查等;全国股份转让系统公司认定的其他情形。

⑤发行人应当按照定向发行说明书中披露的资金用途使用募集资金;变更资金用途的,应当经发行人董事会、股东大会审议通过,并及时披露募集资金用途变更公告。

⑥发行人以自筹资金预先投入定向发行说明书披露的募集资金用途的,可以在募集资金能够使用后,以募集资金置换自筹资金。置换事项应当经发行人董事会审议通过,主办券商应当就发行人前期资金投入的具体情况或安排进行核查并出具专项意见。发行人应当及时披露募集资金置换公告及主办券商专项意见。

⑦发行人董事会应当每半年度对募集资金使用情况进行专项核查,出具核查报告,并在披露年度报告和中期报告时一并披露。主办券商应当每年对募集资金存放和使用情况至少进行一次现场核查,出具核查报告,并在发行人披露年度报告时一并披露。

(3)挂牌公司定向发行后股东累计不超过200人的发行。

①发行人董事会应当就定向发行有关事项作出决议,并及时披露董事会决议公告和董事会批准的定向发行说明书。

董事会作出定向发行决议应当符合下列规定:发行对象确定的,董事会决议应当明确具体发行对象(是否为关联方)及其认购价格、认购数量或数量上限、现有股东优先认购安排等事项;发行对象未确定的,董事会决议应当明确发行对象的范围、发行价格或发行价格区间、发行对象及发行价格确定办法、发行数量上限和现有股东优先认购安排等事项;发行对象以非现金资产认购发行股票的,董事会决议应当明确交易对手(是否为关联方)、标的资产、作价原则及审计、评估等事项;董事会应当说明本次定向发行募集资金的用途,并对报告期内募集资金的使用情况进行说明。

②发行人应当与发行对象签订股票认购合同。认购合同应当载明该发行对象拟认购股票的数量或数量区间、认购价格、限售期、发行终止后的退款及补偿安排、纠纷解决机制等。董事会决议时发行对象确定的，应当在认购合同中约定，本合同在本次定向发行经发行人董事会、股东大会批准并履行相关审批程序后生效。

③发行对象以非现金资产认购定向发行股票的，资产涉及的审计报告或评估报告最晚应当于股东大会通知公告时一并披露。

④发行人股东大会就定向发行事项作出决议，应当经出席会议的有表决权股东所持表决权的2/3以上审议通过。股东大会审议通过后，发行人应当及时披露股东大会决议公告。股东大会决议应当明确授权董事会办理定向发行有关事项的有效期。有效期最长不超过12个月，期满后发行人决定继续发行股票的，应当重新提请股东大会审议。

⑤发行人董事会决议时发行对象确定的，董事、股东参与认购或者与发行对象存在关联关系的，发行人董事会、股东大会就定向发行事项表决时，关联董事或者关联股东应当回避。

发行人董事会决议时发行对象未确定的，最终认购对象为发行人的控股股东、实际控制人、董事、持有发行人股票比例在5%以上的股东或者与前述主体存在关联关系的，且董事会、股东大会审议时相关董事、股东未回避表决的，发行人应当按照回避表决要求重新召开董事会或股东大会进行审议。

发行人股东大会审议定向发行有关事项时，出席股东大会的全体股东均拟参与认购或者与拟发行对象均存在关联关系的，可以不再执行表决权回避制度。

⑥发行人股东大会审议通过定向发行说明书后，董事会决议作出重大调整的，发行人应当重新召开股东大会并按照④、⑤的规定进行审议。

⑦发行人年度股东大会可以根据公司章程的规定，授权董事会在规定的融资总额范围内定向发行股票，该项授权至下一年度股东大会召开日失效。

⑧主办券商和律师事务所应当在发行人股东大会审议通过定向发行事项后，按照相关规定出具书面意见，发行人及时予以披露。

⑨发行人应当在披露主办券商和律师事务所出具的书面意见后，按照相关规定向全国股份转让系统公司报送定向发行申请材料。全国股份转让系统公司对报送材料进行自律审查，并在20个交易日内根据审查结果出具无异议函或者作出终止自律审查决定。

⑩发行人董事会决议时发行对象确定的，发行人应当在取得全国股份转让系统公司出具的无异议函后，披露认购公告，并依据认购公告安排发行对象缴款。

发行人董事会决议时发行对象未确定的，发行人可以在取得全国股份转让系统公司出具的无异议函后确定具体发行对象。发行对象确定后，主办券商和律师事务所应当对发行对象、认购合同等法律文件的合法合规性出具专项核查意见。发行人应当将更新后的定向发行说明书和中介机构专项核查意见一并披露，经全国股份转让系统公司审查后，发行人披露认购公告，并依据认购公告安排发行对象缴款。认购结束后，发行人应当及时披露认购结果公告。

⑪发行人应当在认购结束后及时办理验资手续，验资报告应当由符合《证券法》规定的会计师事务所出具。发行人应当与主办券商、存放募集资金的商业银行签订募集资金专户三方监管协议。

⑫发行人应当按照相关规定办理新增股票挂牌手续，并披露发行情况报告书等文件。

(4)挂牌公司发行后股东累计超过200人的发行。

①发行人应当参照(3)⑦之外的相关规定召开董事会、股东大会就定向发行有关事项作出决议，并聘请主办券商、律师事务所分别对本次定向发行的合法合规性出具书面意见。

②中介机构书面意见披露后，发行人及其主办券商应当按照中国证监会和全国股份转让系统公司的相关规定，向全国股份转让系统公司申请出具自律监管意见，并及时披露相关文件和进展公告。

③全国股份转让系统公司在收到发行人申请出具自律监管意见的相关文件后，于20个交易日内出具自律监管意见，并依据发行人的委托向中国证监会报送发行申请文件。

④发行人董事会决议时发行对象确定的，发行人应当在中国证监会作出核准决定后，参照(3)的相关规定安排缴款认购。发行人董事会决议时发行对象未确定的，发行人可以在中国证监会作出核准决定后确定具体发行对象。发行对象确定后，发行人、主办券商和律师事务所应当参照(3)的相关规定，履行相应程序。

(5)申请挂牌公司定向发行。

①发行人在申请其股票挂牌的同时，可以申请定向发行股票。发行人取得中国证监会核准文件或全国股份转让系统公司同意挂牌及发行的函后，履行缴款验资程序，并将本次发行前后的股票一并登记、挂牌。

②发行人申请挂牌同时定向发行、应当符合全国股份转让系统股票挂牌条件和(1)⑧的规定，且不得导致发行人控制权变动。发行对象应当以现金认购申请挂牌公司定向发行的股票。

③发行人应当在申请挂牌前完成定向发行事项的董事会、股东大会审议程序，并将挂牌同时定向发行的申请文件在符合《证券法》规定的信息披露平台披露。

④发行人申请挂牌同时定向发行，应当披露无法挂牌对本次定向发行的影响及后续安排。

⑤股票定向发行后股东累计不超过200人的，全国股份转让系统公司对发行人挂牌与发行相关文件一并进行自律审查，审查无异议的，出具同意挂牌及发行的函。发行人应当在取得同意挂牌及发行的函后，按照(3)⑩的规定履行相应程序。

股票定向发行后股东累计超过200人的，发行人应当按照中国证监会和全国股份转让系统公司的规定，向全国股份转让系统公司申请出具挂牌及定向发行的自律监管意见。全国股份转让系统公司出具自律监管意见后，根据发行人的委托，将自律监管意见、发行人申请文件及相关审查资料报中国证监会核准。发行人取得中国证监会核准文件后，按照(3)⑩的规定履行相应程序。

⑥发行人申请挂牌同时定向发行的，发行人控股股东、实际控制人及其控制的其他主体在本次发行中认购的股票应当参照执行全国股份转让系统公司对于控股股东、实际控制人挂牌前持有股票限售的规定。

⑦发行人申请挂牌同时定向发行的，不得在股票挂牌前使用募集资金。

⑧发行人申请挂牌同时定向发行并进入创新层的，发行对象应当为《公众公司办法》第42条第2款第1项、第2项的投资者以及符合基础层投资者适当性管理规定的投资者。发行人按照前款规定完成发行后不符合创新层进入条件的，应当按照认购合同的约定终止发行或作出其他安排。

⑨申请挂牌公司就定向发行事项未取得中国证监会核准文件或全国股份转让系统公司同意的自律审查意见，但符合挂牌条件的，其股票可以在全国股份转让系统挂牌。

4. 重大资产重组业务

(1)重大资产重组业务的一般规定。

①重大资产重组是指公众公司及其控股或者控制的公司在日常经营活动之外购买、出售资产或者通过其他方式进行资产交易，导致公众公司的业务、资产发生重大变化的资产交易行为。

公众公司及其控股或者控制的公司购买、出售资产，达到下列标准之一的，构成重大资产重组：购买、出售的资产总额占公众公司最近一个会计年度经审计的合并财务会计报表期末资产总额的比例达到50%以上；购买、出售的资产净额占公众公司最近一个会计年度经审计的合并财务会计报表期末净资产额的比例达到50%以上，且购买、出售的资产总额占公众公司最近一个会计年度经审计的合并财务会计报表期末资产总额的比例达到30%以上。公众公司发行股份购买资产触及本条所列指标的，应当按照《重组管理办法》的相关要求办理。

②公众公司实施重大资产重组，应当符合下列要求：重大资产重组所涉及的资产定价公允，不存在损害公众公司和股东合法权益的情形；重大资产重组所涉及的资产权属清晰，资产过户或者转移不存在法律障碍，相关债权债务处理合法；所购买的资产，应当为权属清晰的经营性资产；实施重大资产重组后有利于提高公众公司资产质量和增强持续经营能力，不存在可能导致公众公司重组后主要资产为现金或者无具体经营业务的情形；实施重大资产重组后有利于公众公司形成或者保持健全有效的法人治理结构。

③公众公司实施重大资产重组，有关各方应当及时、公平地披露或者提供信息，保证所披露或者提供信息的真实、准确、完整，不得有虚假记载、误导性陈述或者重大遗漏。

④公众公司的董事、监事和高级管理人员在重大资产重组中，应当诚实守信、勤勉尽责，维护公众公司资产的安全，保护公众公司和全体股东的合法权益。

⑤公众公司实施重大资产重组，应当聘请符合《证券法》规定的独立财务顾问、律师事

务所以及会计师事务所等证券服务机构出具相关意见。公众公司应当聘请为其提供督导服务的主办券商为独立财务顾问,但存在影响独立性、财务顾问业务受到限制等不宜担任独立财务顾问情形的除外。公众公司也可以同时聘请其他机构为其重大资产重组提供顾问服务。

为公众公司重大资产重组提供服务的证券服务机构及人员,应当遵守法律、行政法规和中国证监会的有关规定,遵循本行业公认的业务标准和道德规范,严格履行职责,不得谋取不正当利益,并应当对其所制作、出具文件的真实性、准确性和完整性承担责任。

⑥任何单位和个人对知悉的公众公司重大资产重组信息在依法披露前负有保密义务,不得利用公众公司重大资产重组信息从事内幕交易、操纵证券市场等违法活动。

(2)重大资产重组的信息管理。

①公众公司与交易对方就重大资产重组进行初步磋商时,应当采取有效的保密措施,限定相关敏感信息的知悉范围,并与参与或知悉本次重大资产重组信息的相关主体签订保密协议。

②公众公司及其控股股东、实际控制人等相关主体研究、筹划、决策重大资产重组事项,原则上应当在相关股票暂停转让后或者非转让时间进行,并尽量简化决策流程、提高决策效率、缩短决策时限,尽可能缩小内幕信息知情人范围。如需要向有关部门进行政策咨询、方案论证的,应当在相关股票暂停转让后进行。

③公众公司筹划重大资产重组事项,应当详细记载筹划过程中每一具体环节的进展情况,包括商议相关方案、形成相关意向、签署相关协议或者意向书的具体时间、地点、参与机构和人员、商议和决议内容等,制作书面的交易进程备忘录并予以妥当保存。参与每一具体环节的所有人员应当即时在备忘录上签名确认。公众公司应当按照全国股份转让系统的规定及时做好内幕信息知情人登记工作。

④在筹划公众公司重大资产重组的阶段,交易双方初步达成实质性意向或虽未达成实质性意向,但相关信息已在媒体上传播或者预计该信息难以保密或者公司股票转让出现异常波动的,公众公司应当及时向全国股份转让系统申请股票暂停转让。

⑤筹划、实施公众公司重大资产重组,相关信息披露义务人应当公平地向所有投资者披露可能对公众公司股票转让价格产生较大影响的相关信息,不得有选择性地向特定对象提前泄露。公众公司的股东、实际控制人以及参与重大资产重组筹划、论证、决策等环节的其他相关机构和人员,应当及时、准确地向公众公司通报有关信息,并配合公众公司及时、准确、完整地进行披露。

(3)重大资产重组的程序。

①公众公司进行重大资产重组,应当由董事会依法作出决议,并提交股东大会审议。

②公众公司召开董事会决议重大资产重组事项,应当在披露决议的同时披露本次重大资产重组报告书、独立财务顾问报告、法律意见书以及重组涉及的审计报告、资产评估报告(或资产估值报告)。董事会还应当就召开股东大会事项作出安排并披露。

如公众公司就本次重大资产重组首次召开董事会前，相关资产尚未完成审计等工作的，在披露首次董事会决议的同时应当披露重大资产重组预案及独立财务顾问对预案的核查意见。公众公司应在披露重大资产重组预案后6个月内完成审计等工作，并再次召开董事会，在披露董事会决议时一并披露重大资产重组报告书、独立财务顾问报告、法律意见书以及本次重大资产重组涉及的审计报告、资产评估报告（或资产估值报告）等。董事会还应当就召开股东大会事项作出安排并披露。

③股东大会就重大资产重组事项作出的决议，必须经出席会议的股东所持表决权的2/3以上通过。公众公司股东人数超过200人的，应当对出席会议的持股比例在10%以下的股东表决情况实施单独计票。公众公司应当在决议后及时披露表决情况。

前款所称持股比例在10%以下的股东，不包括公众公司董事、监事、高级管理人员及其关联人以及持股比例在10%以上股东的关联人。

公众公司重大资产重组事项与本公司股东或者其关联人存在关联关系的，股东大会就重大资产重组事项进行表决时，关联股东应当回避表决。

④公众公司可视自身情况在公司章程中约定是否提供网络投票方式以便于股东参加股东大会；退市公司应当采用安全、便捷的网络投票方式为股东参加股东大会提供便利。

⑤公众公司重大资产重组可以使用现金、股份、可转换债券、优先股等支付手段购买资产。使用股份、可转换债券、优先股等支付手段购买资产的，其支付手段的价格由交易双方自行协商确定，定价可以参考董事会召开前一定期间内公众公司股票的市场价格、同行业可比公司的市盈率或市净率等。董事会应当对定价方法和依据进行充分披露。

⑥公众公司重大资产重组不涉及发行股份或者公众公司向特定对象发行股份购买资产后股东累计不超过200人的，经股东大会决议后，应当在2个工作日内将重大资产重组报告书、独立财务顾问报告、法律意见书以及重组涉及的审计报告、资产评估报告（或资产估值报告）等信息披露文件报送全国股份转让系统。全国股份转让系统应当对上述信息披露文件的完备性进行审查。

⑦公众公司向特定对象发行股份购买资产后股东累计超过200人的重大资产重组，经股东大会决议后，应当按照中国证监会的有关规定编制申请文件并申请核准。中国证监会受理申请文件后，依法进行审核，在20个工作日内作出核准、中止审核、终止审核、不予核准的决定。

⑧股东大会作出重大资产重组的决议后，公众公司拟对交易对象、交易标的、交易价格等作出变更，构成对原重组方案重大调整的，应当在董事会表决通过后重新提交股东大会审议，并按照《重组管理办法》的规定向全国股份转让系统重新报送信息披露文件或者向中国证监会重新提出核准申请。

股东大会作出重大资产重组的决议后，公众公司董事会决议终止本次交易或者撤回有关申请的，应当说明原因并披露，并提交股东大会审议。

⑨公众公司收到中国证监会就其发行股份购买资产的重大资产重组申请作出的核准、

中止审核、终止审核、不予核准的决定后，应当在2个工作日内披露。中国证监会不予核准的，自中国证监会作出不予核准的决定之日起3个月内，中国证监会不受理该公众公司发行股份购买资产的重大资产重组申请。

⑩公众公司实施重大资产重组，相关当事人作出公开承诺事项的，应当同时提出未能履行承诺时的约束措施并披露。全国股份转让系统应当加强对相关当事人履行公开承诺行为的监督和约束，对不履行承诺的行为及时采取自律监管措施。

⑪公众公司重大资产重组完成相关批准程序后，应当及时实施重组方案，并在本次重大资产重组实施完毕之日起2个工作日内，编制并披露实施情况报告书及独立财务顾问、律师的专业意见。退市公司重大资产重组涉及发行股份的，自收到中国证监会核准文件之日起60日内，本次重大资产重组未实施完毕的，退市公司应当于期满后2个工作日内披露实施进展情况；此后每30日应当披露一次，直至实施完毕。

⑫独立财务顾问应当按照中国证监会的相关规定，对实施重大资产重组的公众公司履行持续督导职责。持续督导的期限自公众公司完成本次重大资产重组之日起，应当不少于一个完整会计年度。

⑬独立财务顾问应当结合公众公司重大资产重组实施当年和实施完毕后的第一个完整会计年度的年报，自年报披露之日起15日内，对重大资产重组实施的下列事项出具持续督导意见，报送全国股份转让系统，并披露：交易资产的交付或者过户情况；交易各方当事人承诺的履行情况及未能履行承诺时相关约束措施的执行情况；公司治理结构与运行情况；本次重大资产重组对公司运营、经营业绩影响的状况；盈利预测的实现情况（如有）；与已公布的重组方案存在差异的其他事项。

⑭本次重大资产重组涉及发行股份的，特定对象以资产认购而取得的公众公司股份，自股份发行结束之日起6个月内不得转让；属于下列情形之一的，12个月内不得转让：特定对象为公众公司控股股东、实际控制人或者其控制的关联人；特定对象通过认购本次发行的股份取得公众公司的实际控制权；特定对象取得本次发行的股份时，对其用于认购股份的资产持续拥有权益的时间不足12个月。

5. 公司收购业务

（1）公司收购业务的一般规定。

①公众公司的收购及相关股份权益变动活动，必须遵守法律、行政法规及中国证监会的规定，遵循公开、公平、公正的原则。当事人应当诚实守信，遵守社会公德、商业道德，自觉维护证券市场秩序，接受政府、社会公众的监督。

②公众公司的收购及相关股份权益变动活动涉及国家产业政策、行业准入、国有股份转让、外商投资等事项，需要取得国家相关部门批准的，应当在取得批准后进行。

③收购人可以通过取得股份的方式成为公众公司的控股股东，可以通过投资关系、协议、其他安排的途径成为公众公司的实际控制人，也可以同时采取上述方式和途径取得公众公司控制权。收购人包括投资者及其一致行动人。

④进行公众公司收购，收购人及其实际控制人应当具有良好的诚信记录，收购人及其实际控制人为法人的，应当具有健全的公司治理机制。任何人不得利用公众公司收购损害被收购公司及其股东的合法权益。

有下列情形之一的，不得收购公众公司：收购人负有数额较大债务，到期未清偿，且处于持续状态；收购人最近 2 年有重大违法行为或者涉嫌有重大违法行为；收购人最近 2 年有严重的证券市场失信行为；收购人为自然人的，存在《公司法》第 146 条规定的情形；法律、行政法规规定以及中国证监会认定的不得收购公众公司的其他情形。

⑤被收购公司的控股股东或者实际控制人不得滥用股东权利损害被收购公司或者其他股东的合法权益。被收购公司的控股股东、实际控制人及其关联方有损害被收购公司及其他股东合法权益的，上述控股股东、实际控制人在转让被收购公司控制权之前，应当主动消除损害；未能消除损害的，应当就其出让相关股份所得收入用于消除全部损害作出安排，对不足以消除损害的部分应当提供充分有效的履约担保或安排，并提交被收购公司股东大会审议通过，被收购公司的控股股东、实际控制人及其关联方应当回避表决。

⑥被收购公司的董事、监事、高级管理人员对公司负有忠实义务和勤勉义务，应当公平对待收购本公司的所有收购人。被收购公司董事会针对收购所作出的决策及采取的措施，应当有利于维护公司及其股东的利益，不得滥用职权对收购设置不适当的障碍，不得利用公司资源向收购人提供任何形式的财务资助。

⑦收购人按照《收购管理办法》第 3 章、第 4 章的规定进行公众公司收购的，应当聘请具有财务顾问业务资格的专业机构担任财务顾问，但通过国有股行政划转或者变更、因继承取得股份、股份在同一实际控制人控制的不同主体之间进行转让、取得公众公司向其发行的新股、司法判决导致收购人成为或拟成为公众公司第一大股东或者实际控制人的情形除外。

收购人聘请的财务顾问应当勤勉尽责，遵守行业规范和职业道德，保持独立性，对收购人进行辅导，帮助收购人全面评估被收购公司的财务和经营状况；对收购人的相关情况进行尽职调查，对收购人披露的文件进行充分核查和验证；对收购事项客观、公正地发表专业意见，并保证其所制作、出具文件的真实性、准确性和完整性。在收购人公告被收购公司收购报告书至收购完成后 12 个月内，财务顾问应当持续督导收购人遵守法律、行政法规、中国证监会的规定、全国股份转让系统相关规则以及公司章程，依法行使股东权利，切实履行承诺或者相关约定。财务顾问认为收购人利用收购损害被收购公司及其股东合法权益的，应当拒绝为收购人提供财务顾问服务。

⑧公众公司的收购及相关股份权益变动活动中的信息披露义务人，应当依法严格履行信息披露和其他法定义务，并保证所披露的信息及时、真实、准确、完整，不得有虚假记载、误导性陈述或者重大遗漏。

信息披露义务人应当在全国股份转让系统指定的信息披露平台和符合中国证监会规定条件的媒体上依法披露信息；在其他媒体上进行披露的，披露内容应当一致、披露时间不得早于前述披露时间。在相关信息披露前，信息披露义务人及知悉相关信息的人员负有保密义务，禁止利用该信息进行内幕交易和从事证券市场操纵行为。

信息披露义务人依法披露前，相关信息已在媒体上传播或者公司股票转让出现异常的，公众公司应当立即向当事人进行查询，当事人应当及时予以书面答复，公众公司应当及时披露。

⑨中国证监会依法对公众公司的收购及相关股份权益变动活动进行监督管理。全国股份转让系统应当制定业务规则，为公众公司的收购及相关股份权益变动活动提供服务，对相关证券转让活动进行实时监控，监督公众公司的收购及相关股份权益变动活动的信息披露义务人切实履行信息披露义务。中国证券登记结算有限责任公司应当制定业务规则，为公众公司的收购及相关股份权益变动活动所涉及的证券登记、存管、结算等事宜提供服务。

(2)权益披露。

①投资者在公众公司中拥有的权益，包括登记在其名下的股份和虽未登记在其名下但该投资者可以实际支配表决权的股份。投资者及其一致行动人在公众公司中拥有的权益应当合并计算。

②有下列情形之一的，投资者及其一致行动人应当在该事实发生之日起2日内编制并披露权益变动报告书，报送全国股份转让系统，同时通知该公众公司；自该事实发生之日起至披露后2日内，不得再行买卖该公众公司的股票。通过全国股份转让系统的做市方式、竞价方式进行证券转让，投资者及其一致行动人拥有权益的股份达到公众公司已发行股份的10%；通过协议方式，投资者及其一致行动人在公众公司中拥有权益的股份拟达到或者超过公众公司已发行股份的10%。

投资者及其一致行动人拥有权益的股份达到公众公司已发行股份的10%后，其拥有权益的股份占该公众公司已发行股份的比例每增加或者减少5%(即其拥有权益的股份每达到5%的整数倍时)，应当依照前款规定进行披露。自该事实发生之日起至披露后2日内，不得再行买卖该公众公司的股票。

③投资者及其一致行动人通过行政划转或者变更、执行法院裁定、继承、赠与等方式导致其直接拥有权益的股份变动达到前条规定比例的，应当按照前条规定履行披露义务。投资者虽不是公众公司的股东，但通过投资关系、协议、其他安排等方式进行收购导致其间接拥有权益的股份变动达到前条规定比例的，应当按照前条规定履行披露义务。

④因公众公司向其他投资者发行股份、减少股本导致投资者及其一致行动人拥有权益的股份变动出现"(2)权益披露"规定情形的，投资者及其一致行动人免于履行披露义务。公众公司应当自完成增加股本、减少股本的变更登记之日起2日内，就因此导致的公司股东拥有权益的股份变动情况进行披露。

(3)控制权变动披露。

①通过全国股份转让系统的证券转让，投资者及其一致行动人拥有权益的股份变动导

致其成为公众公司第一大股东或者实际控制人，或者通过投资关系、协议转让、行政划转或者变更、执行法院裁定、继承、赠与、其他安排等方式拥有权益的股份变动导致其成为或拟成为公众公司第一大股东或者实际控制人且拥有权益的股份超过公众公司已发行股份10%的，应当在该事实发生之日起2日内编制收购报告书，连同财务顾问专业意见和律师出具的法律意见书一并披露，报送全国股份转让系统，同时通知该公众公司。

收购公众公司股份需要取得国家相关部门批准的，收购人应当在收购报告书中进行明确说明，并持续披露批准程序进展情况。

②以协议方式进行公众公司收购的，自签订收购协议起至相关股份完成过户的期间为公众公司收购过渡期（以下简称“过渡期”）。在过渡期内，收购人不得通过控股股东提议改选公众公司董事会，确有充分理由改选董事会的，来自收购人的董事不得超过董事会成员总数的1/3；被收购公司不得为收购人及其关联方提供担保；被收购公司不得发行股份募集资金。

在过渡期内，被收购公司除继续从事正常的经营活动或者执行股东大会已经作出的决议外，被收购公司董事会提出拟处置公司资产、调整公司主要业务、担保、贷款等议案，可能对公司的资产、负债、权益或者经营成果造成重大影响的，应当提交股东大会审议通过。

③进行公众公司收购后，收购人成为公司第一大股东或者实际控制人的，收购人持有的被收购公司股份，在收购完成后12个月内不得转让。收购人在被收购公司中拥有权益的股份在同一实际控制人控制的不同主体之间进行转让不受前述12个月的限制。

④在公众公司收购中，收购人作出公开承诺事项的，应同时提出所承诺事项未能履行时的约束措施，并公开披露。全国股份转让系统应当对收购人履行公开承诺行为进行监督和约束，对未能履行承诺的收购人及时采取自律监管措施。

⑤公众公司控股股东、实际控制人向收购人协议转让其所持有的公众公司股份的，应当对收购人的主体资格、诚信情况及收购意图进行调查，并在其权益变动报告书中披露有关调查情况。被收购公司控股股东、实际控制人及其关联方未清偿其对公司的负债，未解除公司为其负债提供的担保，或者存在损害公司利益的其他情形的，被收购公司董事会应当对前述情形及时披露，并采取有效措施维护公司利益。

（4）要约收购。

①投资者自愿选择以要约方式收购公众公司股份的，可以向被收购公司所有股东发出收购其所持有的全部股份的要约（以下简称“全面要约”），也可以向被收购公司所有股东发出收购其所持有的部分股份的要约（以下简称“部分要约”）。

②收购人自愿以要约方式收购公众公司股份的，其预定收购的股份比例不得低于该公众公司已发行股份的5%。

③公众公司应当在公司章程中约定在公司被收购时收购人是否需要向公司全体股东发出全面要约收购，并明确全面要约收购的触发条件以及相应制度安排。收购人根据被收购公司章程规定需要向公司全体股东发出全面要约收购的，对同一种类股票的要约价格，

不得低于要约收购报告书披露日前6个月内取得该种股票所支付的最高价格。

④以要约方式进行公众公司收购的，收购人应当公平对待被收购公司的所有股东。

⑤以要约方式收购公众公司股份的，收购人应当聘请财务顾问，并编制要约收购报告书，连同财务顾问专业意见和律师出具的法律意见书一并披露，报送全国股份转让系统，同时通知该公众公司。要约收购需要取得国家相关部门批准的，收购人应当在要约收购报告书中进行明确说明，并持续披露批准程序进展情况。

⑥收购人可以采用现金、证券、现金与证券相结合等合法方式支付收购公众公司的价款。收购人聘请的财务顾问应当说明收购人具备要约收购的能力。收购人应当在披露要约收购报告书的同时，提供以下至少一项安排保证其具备履约能力：将不少于收购价款总额的20%作为履约保证金存入中国证券登记结算有限责任公司指定的银行等金融机构；收购人以在中国证券登记结算有限责任公司登记的证券支付收购价款的，在披露要约收购报告书的同时，将用于支付的全部证券向中国证券登记结算有限责任公司申请办理权属变更或锁定；银行等金融机构对于要约收购所需价款出具的保函；财务顾问出具承担连带担保责任的书面承诺。如要约期满，收购人不支付收购价款，财务顾问应当承担连带责任，并进行支付。

收购人以证券支付收购价款的，应当披露该证券的发行人最近2年经审计的财务会计报表、证券估值报告，并配合被收购公司或其聘请的独立财务顾问的尽职调查工作。收购人以未在中国证券登记结算有限责任公司登记的证券支付收购价款的，必须同时提供现金方式供被收购公司的股东选择，并详细披露相关证券的保管、送达被收购公司股东的方式和程序安排。

⑦被收购公司董事会应当对收购人的主体资格、资信情况及收购意图进行调查，对要约条件进行分析，对股东是否接受要约提出建议，并可以根据自身情况选择是否聘请独立财务顾问提供专业意见。被收购公司决定聘请独立财务顾问的，可以聘请为其提供督导服务的主办券商为独立财务顾问，但存在影响独立性、财务顾问业务受到限制等不宜担任独立财务顾问的情形除外。被收购公司也可以同时聘请其他机构为其提供顾问服务。

⑧收购要约约定的收购期限不得少于30日，并不得超过60日；但是出现竞争要约的除外。收购期限自要约收购报告书披露之日起开始计算。要约收购需要取得国家相关部门批准的，收购人应将取得的本次收购的批准情况连同律师出具的专项核查意见一并在取得全部批准后2日内披露，收购期限自披露之日起开始计算。在收购要约约定的承诺期限内，收购人不得撤销其收购要约。

⑨采取要约收购方式的，收购人披露后至收购期限届满前，不得卖出被收购公司的股票，也不得采取要约规定以外的形式和超出要约的条件买入被收购公司的股票。

⑩收购人需要变更收购要约的，应当重新编制并披露要约收购报告书，报全国股份转让系统，同时通知被收购公司。变更后的要约收购价格不得低于变更前的要约收购价格。收购要约期限届满前15日内，收购人不得变更收购要约；但是出现竞争要约的除外。

出现竞争要约时，发出初始要约的收购人变更收购要约距初始要约收购期限届满不足15日的，应当延长收购期限，延长后的要约期应当不少于15日，不得超过最后一个竞争要约的期满日，并按规定比例追加履约保证能力。发出竞争要约的收购人最迟不得晚于初始要约收购期限届满前15日披露要约收购报告书，并应当根据《收购管理办法》的规定履行披露义务。

⑪在要约收购期间，被收购公司董事不得辞职。

⑫同意接受收购要约的股东（以下简称“预受股东”），应当委托证券公司办理预受要约的相关手续。在要约收购期限届满前2日内，预受股东不得撤回其对要约的接受。在要约收购期限内，收购人应当每日披露已预受收购要约的股份数量。在要约收购期限届满后2日内，收购人应当披露本次要约收购的结果。

⑬收购期限届满，发出部分要约的收购人应当按照收购要约约定的条件购买被收购公司股东预受的股份，预受要约股份的数量超过预定收购数量时，收购人应当按照同等比例收购预受要约的股份；发出全面要约的收购人应当购买被收公司股东预受的全部股份。

6. 做市业务

（1）基础层、创新层股票可以采取做市交易方式或集合竞价交易方式进行交易。采取做市交易方式的股票，应当有2家以上做市商为其提供做市报价服务。采取集合竞价交易方式的股票，全国股份转让系统根据挂牌公司所属市场层级为其提供相应的撮合频次。挂牌公司提出申请并经全国股份转让系统公司同意，可以变更股票交易方式。采取做市交易方式的股票拟变更为集合竞价交易方式的，挂牌公司应事前征得该股票所有做市商同意。

（2）申请挂牌公司股票拟采取做市交易方式的，其中一家做市商应为推荐其股票挂牌的主办券商或该主办券商的母（子）公司。

（3）做市商是指经全国股份转让系统公司同意，在全国股份转让系统发布买卖双向报价，并在其报价数量范围内按其报价履行与投资者成交义务的证券公司。

（4）做市商及其做市业务人员应当遵守法律法规和全国股份转让系统相关规定，勤勉尽责、诚实守信，接受全国股份转让系统公司的自律管理。

（5）证券公司在全国股份转让系统开展做市业务前，应当向全国股份转让系统公司申请备案。其他机构在全国股份转让系统开展做市业务的具体规定，由全国股份转让系统公司另行制定。

（6）全国股份转让系统公司根据审慎原则，可对做市商做市业务专用技术系统、业务实施情况等进行现场检查。

（7）做市商应当对做市业务进行集中统一管理，建立做市业务相关决策、授权与执行体系。明确做市业务决策机构与决策机制，合理确定做市业务规模和可承受的风险限额。

（8）做市商应设立做市业务部门，专职负责做市业务的具体管理和运作。做市业务部门应制定规范的做市业务操作规程，明确部门内部岗位设置及职责分工。

(三)监管部门对全国股份转让系统业务的监管措施★★

1. 监管部门对全国股份转让系统业务的监管措施

(1)全国股份转让系统应当发挥自律管理作用,对股票公开转让的公众公司及相关信息披露义务人披露信息进行监督,督促其依法及时、准确地披露信息。发现股票公开转让的公众公司及相关信息披露义务人有违反法律、行政法规和中国证监会相关规定的行为,应当向中国证监会报告,并采取自律管理措施。

全国股份转让系统对股票发行承销过程实施自律管理。发现异常情形或者涉嫌违法违规的,中国证监会可以要求全国股份转让系统对相关事项进行调查处理,或者直接责令公司、证券公司暂停或中止发行。全国股份转让系统可以依据相关规则对股票公开转让的公众公司进行检查。

(2)中国证券业协会应当发挥自律管理作用,对从事公司股票转让和股票发行业务的证券公司进行监督,督促其勤勉尽责地履行尽职调查和督导职责。发现证券公司有违反法律、行政法规和中国证监会相关规定的行为,应当向中国证监会报告,并采取自律管理措施。中国证券业协会应当建立对承销商询价、定价、配售行为和询价投资者报价行为的自律管理制度,并加强相关行为的监督检查,发现违规情形的,应当及时采取自律管理措施。

(3)中国证监会可以要求公司及其他信息披露义务人或者其董事、监事、高级管理人员对有关信息披露问题作出解释、说明或者提供相关资料,并要求公司提供证券公司或者证券服务机构的专业意见。中国证监会对证券公司和证券服务机构出具文件的真实性、准确性、完整性有疑义的,可以要求相关机构作出解释、补充,并调阅其工作底稿。

(4)证券公司在从事股票转让、股票发行等业务活动中、应当按照中国证监会的有关规定勤勉尽责地进行尽职调查,规范履行内核程序,认真编制相关文件,并持续督导所推荐公司及时履行信息披露义务、完善公司治理。

证券公司承销公众公司股票,应当依据《公众公司办法》以及中国证监会、中国证券登记结算公司和中国证券业协会有关风险控制和内部控制等相关规定,制定严格的风险管理制度和内部控制制度,加强定价和配售过程管理,落实承销责任。为股票发行出具相关文件的证券服务机构和人员,应当按照行业公认的业务标准和道德规范,严格履行法定职责,对其所出具文件的真实性、准确性和完整性承担责任。

(5)证券服务机构为公司的股票转让、股票发行等活动出具审计报告、资产评估报告或者法律意见书等文件的,应当严格履行法定职责,遵循勤勉尽责和诚实信用原则,对公司的主体资格、股本情况、规范运作、财务状况、公司治理、信息披露等内容的真实性、准确性、完整性进行充分的核查和验证,并保证其出具的文件不存在虚假记载、误导性陈述或者重大遗漏。

(6)中国证监会依法对公司及其他信息披露义务人、证券公司、证券服务机构进行监督检查或者调查,被检查或者调查对象有义务提供相关文件资料。对于发现问题的单位和个人,中国证监会可以采取责令改正、监管谈话、责令公开说明、出具警示函等监管措施,并记入诚信档案；涉嫌违法、犯罪的，应当立案调查或者移送司法机关。

（7）全国股份转让系统公司可以采取下列监管措施：①要求申请挂牌公司、挂牌公司及其他信息披露义务人或者其董事（会）、监事（会）和高级管理人员、主办券商、证券服务机构及其相关人员对有关问题作出解释、说明和披露；②要求申请挂牌公司、挂牌公司聘请中介机构对公司存在的问题进行核查并发表意见；③约见谈话；④要求提交书面承诺；⑤出具警示函；⑥责令改正；⑦暂不受理相关主办券商、证券服务机构或其相关人员出具的文件；⑧暂停解除挂牌公司控股股东、实际控制人的股票限售；⑨限制证券账户交易；⑩向中国证监会报告有关违法违规行为；⑪其他自律监管措施。

监管对象应当积极配合全国股份转让系统公司的日常监管，在规定期限内回答问询，按照全国股份转让系统公司的要求提交说明，或者披露相应的更正或补充公告。

（8）申请挂牌公司、挂牌公司、相关信息披露义务人违反《全国中小企业股份转让系统业务规则》、全国股份转让系统公司其他相关业务规定的，全国股份转让系统公司视情节轻重给予以下处分，并记入证券期货市场诚信档案数据库（以下简称“诚信档案”）：①通报批评；②公开谴责。

（9）申请挂牌公司、挂牌公司的董事、监事、高级管理人员违反《全国中小企业股份转让系统业务规则》、全国股份转让系统公司其他相关业务规定的，全国股份转让系统公司视情节轻重给予以下处分，并记入诚信档案：①通报批评；②公开谴责；③认定其不适合担任公司董事、监事、高级管理人员。

（10）主办券商违反《全国中小企业股份转让系统业务规则》、全国股份转让系统公司其他相关业务规定的，全国股份转让系统公司视情节轻重给予以下处分，并记入诚信档案：①通报批评；②公开谴责；③限制、暂停直至终止其从事相关业务。

（11）主办券商的相关业务人员违反《全国中小企业股份转让系统业务规则》、全国股份转让系统公司其他相关业务规定的，全国股份转让系统公司视情节轻重给予以下处分，并记入诚信档案：①通报批评；②公开谴责。

（12）会计师事务所、律师事务所、其他证券服务机构及其工作人员违反《全国中小企业股份转让系统业务规则》、全国股份转让系统公司其他相关业务规定的，全国股份转让系统公司视情节轻重给予以下处分，记入诚信档案并向相关行业自律组织通报：①通报批评；②公开谴责。

（13）全国股份转让系统公司设立纪律处分委员会对《全国中小企业股份转让系统业务规则》规定的纪律处分事项进行审核，作出独立的专业判断并形成审核意见。全国股份转让系统公司根据纪律处分委员会的审核意见，作出是否给予纪律处分的决定。

监管对象不服全国股份转让系统公司作出的纪律处分决定的，可自收到处分通知之日起 15 个工作日内向全国股份转让系统公司申请复核，复核期间该处分决定不停止执行。

2. 公开发行保荐业务监管措施和违规处分

（1）全国股份转让系统公司可以对保荐机构及其保荐代表人从事全国股份转让系统保

荐业务的情况进行检查,保荐机构及其保荐代表人应当积极配合检查,如实提供有关资料,不得拒绝、阻挠、逃避检查,不得谎报、隐匿、销毁相关证据材料。

(2)保荐机构存在下列情形之一的,全国股份转让系统公司可以视情节轻重采取自律监管措施或纪律处分:①未按规定向全国股份转让系统公司提交文件;②未及时报告或履行信息披露义务;③向全国股份转让系统公司出具的与保荐工作相关的文件或信息披露文件存在虚假记载、误导性陈述或者重大遗漏;④发行保荐书、股票在精选层挂牌推荐书等申请文件与信息披露资料存在矛盾,或者就同一事实表述不一致且存在实质差异;⑤未有效执行内部控制、尽职调查、辅导、内部核查、持续督导和工作底稿管理等制度;⑥保荐工作底稿存在虚假记载、误导性陈述或者重大遗漏;⑦唆使、协助或者参与发行人、证券服务机构提供存在虚假记载、误导性陈述或者重大遗漏的文件;⑧唆使、协助或者参与发行人干扰审核工作;⑨通过从事保荐业务谋取不正当利益:⑩其他严重违反诚实守信、勤勉尽责义务的情形。

(3)保荐代表人存在下列情形之一的,全国股份转让系统公司可以视情节轻重采取自律监管措施或纪律处分:①尽职调查工作日志、持续督导工作底稿缺失或者遗漏、隐瞒重要问题;②未完成或者未参加辅导工作;③未参加持续督导工作,或者持续督导工作未勤勉尽责;④其具体负责保荐工作的发行人在保荐期间被中国证监会采取行政处罚、行政监管措施或被全国股份转让系统公司采取纪律处分;⑤唆使、协助或者参与发行人干扰审核工作;⑥通过从事保荐业务谋取不正当利益;⑦不配合全国股份转让系统公司自律管理工作,或存在其他严重违反诚实守信、勤勉尽责义务的情形。

(4)保荐机构、保荐代表人因保荐业务涉嫌违法违规被中国证监会立案调查的,全国股份转让系统公司暂不受理该保荐机构的保荐;暂不受理相关保荐代表人具体负责的保荐。

(5)发行人出现下列情形之一的,全国股份转让系统公司可以视情节轻重,对保荐机构、保荐代表人采取自律监管措施或纪律处分:①股票发行募集文件等申请文件存在虚假记载、误导性陈述或者重大遗漏;②保荐机构持续督导期间信息披露文件存在虚假记载、误导性陈述或者重大遗漏。

(6)发行人存在下列情形之一,保荐代表人未能诚实守信、勤勉尽责的,全国股份转让系统公司可以视情节轻重,对保荐代表人采取自律监管措施或纪律处分:①股票公开发行并在精选层挂牌之日起 12 个月内,控股股东或者实际控制人发生变更;②股票公开发行当年累计 50% 以上募集资金的用途与承诺不符;③股票公开发行之日起 12 个月内,累计 50% 以上资产或者主营业务发生重组,且未在股票发行募集文件中披露;④实际盈利低于盈利预测达 20% 以上;⑤关联交易显失公允或者程序违规,涉及金额较大;⑥控股股东、实际控制人或其他关联方违规占用或转移发行人的资金、资产及其他资源,涉及金额较大;⑦违规为他人提供担保,涉及金额较大;⑧违规购买或出售资产、借款、委托资产管理等,涉及金额较大;⑨董事、监事、高级管理人员侵占发行人资金、资产及其他资源,受到行政处罚或者被追究刑事责任;⑩违反精选层挂牌公司规范运作和信息披露等有关规定,情节较为严重的;⑪全国股份转让系统公司规定的其他情形。

(7)发行人及其控股股东、实际控制人、董事、监事和高级管理人员存在下列情形之一的,全国股份转让系统公司可以视情节轻重采取自律监管措施或纪律处分:①终止保荐协议后未另行聘请保荐机构;②持续督导期间违法违规且拒不纠正;③发生重大事项未及时通知保荐机构;④发生其他严重不配合保荐工作情形的。

(8)证券服务机构及其签字人员存在下列情形之一的,全国股份转让系统公司可以视情节轻重采取自律监管措施或纪律处分:①出具的专业意见存在虚假记载、误导性陈述或重大遗漏;②因不配合保荐工作而导致严重后果;③全国股份转让系统公司规定的其他情形。

(9)全国股份转让系统公司发现相关主体涉嫌违反法律法规和中国证监会相关规定的,应当向中国证监会报告。

(四)违反全国中小企业股份转让系统业务有关规定的法律责任★★★

(1)公司在其公告的股票挂牌公开转让、股票发行文件中隐瞒重要事实或者编造重要虚假内容的,除依照《证券法》有关规定进行处罚外,中国证监会可以采取终止审核并自确认之日起在36个月内不受理公司的股票转让和股票发行申请的监管措施。公司擅自改动已提交的股票转让、股票发行申请文件的,或发生重大事项未及时报告或者未及时披露的,中国证监会可视情节轻重,采取责令改正、监管谈话、出具警示函、终止审核并自确认之日起在12个月内不受理公司的股票转让和股票发行申请的监管措施。

(2)公司向不符合《公众公司办法》规定条件的投资者发行股票的,中国证监会可以责令改正,并可以自确认之日起在36个月内不受理其申请。

(3)公司未依照《公众公司办法》第34条、第36条、第48条、第58条规定,擅自转让或者发行股票的,依照《证券法》有关规定进行处罚。

(4)公司及其他信息披露义务人未按照规定披露信息,或者所披露的信息有虚假记载、误导性陈述或者重大遗漏的,依照《证券法》有关规定进行处罚。

(5)信息披露义务人及其董事、监事、高级管理人员,公司控股股东、实际控制人,为信息披露义务人出具专项文件的证券公司、证券服务机构及其工作人员,违反《证券法》、行政法规和中国证监会相关规定的,中国证监会可以采取责令改正、监管谈话、出具警示函、认定为不适当人选等监管措施,并记入诚信档案;情节严重的,中国证监会可以对有关责任人员采取证券市场禁入的措施。

(6)公众公司违反《公众公司办法》第13条、第14条规定的,中国证监会可以责令改正,对相关责任主体给予警告,单处或者并处3万元以下的罚款。

(7)公众公司内幕信息知情人或非法获取内幕信息的人,在对公众公司股票价格有重大影响的信息公开前,泄露该信息、买卖或者建议他人买卖该股票的,依照《证券法》有关规定进行处罚。

(8)股票公开转让的公众公司及其股东、实际控制人未按规定配合证券公司、证券服务机构尽职调查、持续督导等工作的，中国证监会可以采取责令改正、监管谈话、出具警示函等监管措施，并记入诚信档案。

（9）证券公司及其工作人员未按《公众公司办法》规定履行持续督导责任，情节严重的，中国证监会可以采取责令改正、监管谈话、出具警示函等监管措施。

（10）证券公司、证券服务机构出具的文件有虚假记载、误导性陈述或者重大遗漏的，除依照《证券法》及相关法律法规的规定处罚外，中国证监会可视情节轻重，自确认之日起采取3个月至12个月内不接受该机构出具的相关专项文件，36个月内不接受相关签字人员出具的专项文件的监管措施。

（11）证券公司、证券服务机构擅自改动已提交的股票转让、股票发行申请文件的，或发生重大事项未及时报告或者未及时披露的，中国证监会可视情节轻重，采取责令改正、监管谈话、出具警示函、12个月内不接受相关单位及其负责人员出具的与公众公司股票转让、股票发行有关的文件等监管措施。

（12）证券公司及其直接负责的主管人员和其他责任人员在承销证券过程中，违反《公众公司办法》第65条规定的，中国证监会可以视情节轻重采取责令改正、监管谈话、出具警示函、责令公开说明、认定为不适当人选等监管措施，或者采取市场禁入措施，并记入诚信档案；情节严重的，还可以采取3个月至12个月暂不受理其证券承销业务有关文件的监管措施；依法应予行政处罚的，依照《证券法》有关规定予以处罚。

三、证券公司柜台市场业务

（一）证券公司柜台交易、柜台市场概念★

证券公司柜台交易和柜台市场的概念如表3-53所示。

表3-53　证券公司柜台交易和柜台市场的概念

概念名称	具体内容
证券公司柜台交易	是指证券公司与特定交易对手方在集中交易场所之外进行的交易或为投资者在集中交易场所之外进行交易提供服务的行为
证券公司柜台市场	是指证券公司为与特定交易对手方在集中交易场所之外进行交易或为投资者在集中交易场所之外进行交易提供服务的场所或平台

（二）证券公司开展柜台市场业务的总体要求★

根据中国证券业协会《证券公司柜台交易业务规范》《证券公司柜台市场管理办法（试行）》，证券公司开展柜台市场业务，应当遵守以下要求：

1. 具备从业资格

证券公司进行柜台交易，应当具备中国证监会批准的与所开展业务相适应的资格条件，即证券公司为投资者交易提供服务的，应经证监会批准可从事证券经纪业务；证券公司与特定交易对手方进行柜台交易的，应经证监会批准可从事证券自营业务。

2. 遵守法律法规，遵循诚实信用、公平自愿原则

证券公司在柜台市场开展业务，应当遵守有关法律法规，遵循诚实信用、公平自愿的原则，不得欺诈、误导投资者，不得侵害投资者合法权益，不得挪用客户资产，不得利用非公开信息谋取不正当利益。

（三）柜台市场发行、销售与转让★

柜台市场发行、销售与转让的产品种类，发行人资料审核及保存，柜台市场发行、销售与转让产品可采取的方式，告知投资者事项，收费管理的具体内容如图 3-22 所示。

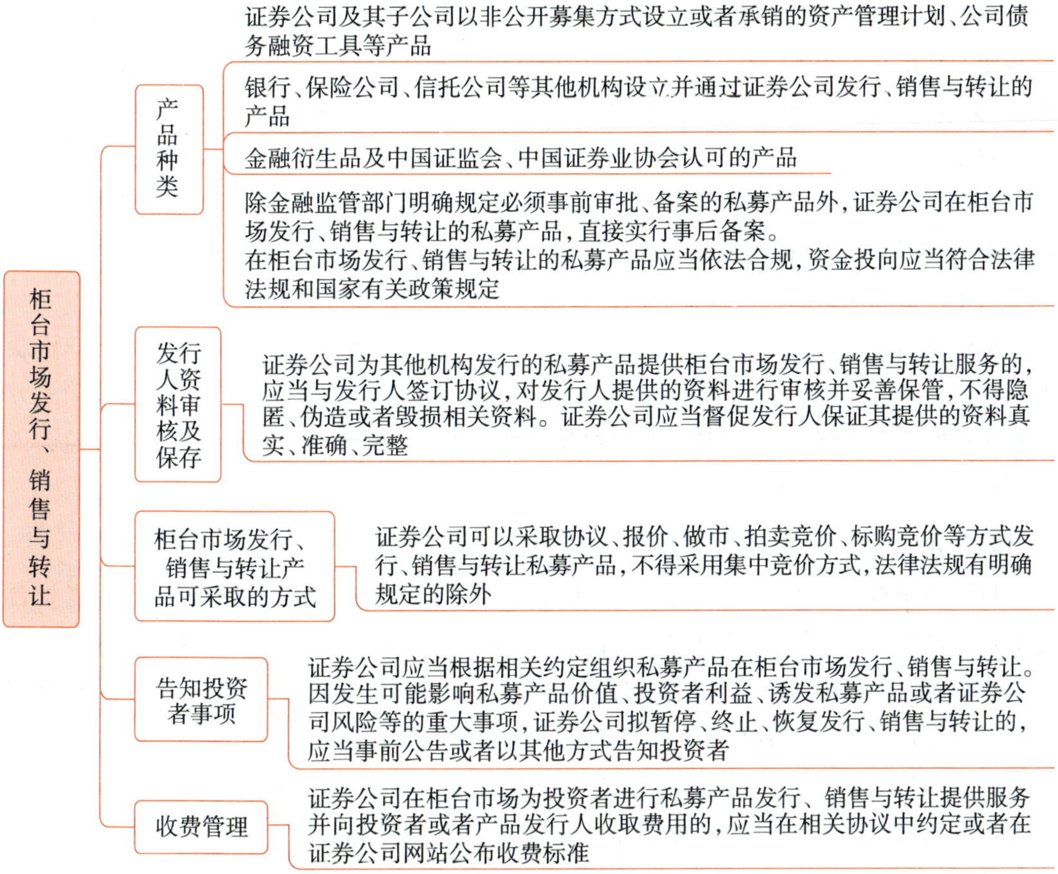

图 3-22　柜台市场发行、销售与转让

（四）柜台交易合同签订、财产担保★★

（1）合同签订。证券公司进行柜台交易，应当与特定交易对手方或投资者以书面或电子方式签订柜台交易合同，约定双方的权利义务。金融衍生产品的柜台交易合同应符合协会对金融衍生产品主协议及配套文件的相关规定。

（2）财产担保。证券公司与投资者约定抵押、质押等财产担保的，应当依法办理担保设定手续；向投资者收取履约保证金的，应当在双方约定的金融机构开立专门账户存放，不得违约动用。

(五)账户、登记、托管与结算★★

开展柜台市场业务的证券公司可以为在其柜台市场发行、销售与转让的私募产品提供登记、托管与结算服务。

1. 产品账户

产品账户开立。投资者在柜台市场交易私募产品,证券公司应当为其开立产品账户。证券公司代理投资者在柜台市场交易由其他合法登记机构登记的私募产品时,可以采取名义持有模式,以证券公司名义在该产品登记机构开立产品账户,享有产品持有人权利。证券公司与投资者应当签署名义持有协议,明确双方的权利义务关系;证券公司应当根据约定行使产品持有人相关权利,不得损害投资者权益。证券公司应当为每个投资者开立产品账户,分别记录每个投资者拥有的权益数据,并向该产品登记机构报送投资者权益明细数据等资料。

柜台市场自有产品专用账户。证券公司应当在产品登记机构开立柜台市场自有产品专用账户,并与其他自有产品账户相互隔离。证券公司应当将柜台市场自有产品专用账户和参与柜台市场交易的自有资金专用存款账户向中国证券业协会报备。

柜台市场客户资金专用存款账户。证券公司应当在商业银行开立柜台市场客户资金专用存款账户,用于存放柜台市场客户的非第三方存管资金、第三方存管客户与非第三方存管客户的待交收资金,并与其他账户相互隔离。证券公司应当将该账户向中国证监会证券市场交易结算资金监控系统报备。

2. 登记

投资者柜台交易产品的登记管理。证券公司进行柜台交易的,应当记录投资者柜台交易产品的持有及变动状况,及时、准确、完整地记载与柜台交易有关的信息,并按照我国《证券法》的规定予以妥善保存。证券公司为在柜台市场发行、销售与转让的私募产品提供登记服务的,应当保证产品持有人名册和登记过户记录真实、准确、完整,不得隐匿、伪造或者毁损相关资料。同时,证券公司应当采取有效措施,确保投资者可以在营业时间内查询其与证券公司签订的柜台交易合同的内容、持有基础金融产品和金融衍生产品的状况。

为其他发行人发行的私募产品提供登记服务。证券公司为其他发行人发行的私募产品提供登记服务的,应当与私募产品发行人签订协议。

其他登记机构提供登记服务。中国证监会认可的其他登记机构接受发行人委托,为在柜台市场发行、销售与转让的私募产品提供登记服务的,证券公司应当与其签订协议,对相关事项进行约定。

柜台市场产品账户代码管理。证券公司柜台市场产品账户代码由12位字符组成,前3位为机构代码,由报价系统自动分配;后9位由阿拉伯数字和英文字母组成,优先使用阿拉伯数字,由报价系统、证券公司或者中国证监会认可的其他登记机构分配并管理。

3. 托管

证券公司可以接受委托，为客户依法持有或者管理的在其柜台市场发行、销售与转让的私募产品提供保管、清算交割、估值核算、投资监督、风险监控、出具托管报告等服务。

证券公司开展托管业务，应当采取有效措施，保证其托管的私募产品的安全，禁止挪用客户资产。

4. 结算

(1)自主约定结算模式。

为柜台市场提供结算服务的机构应当按照约定为投资者办理交易结算；柜台市场私募产品的登记、结算可以由证券公司自行办理，也可以由中国证监会认可的其他机构办理。

(2)结算管理。

收付双方的结算账户都是同一证券公司第三方存管账户的，证券公司可以根据结算需要在收付双方资金账户之间进行资金划转；收付双方的结算账户均不是第三方存管账户的，开展结算业务的机构可以通过报价系统或者中国证监会认可的其他机构为收付双方办理资金结算业务；付款方或者收款方的结算账户是证券公司第三方存管账户、对方结算账户不是该证券公司第三方存管账户的，证券公司应当将柜台市场客户资金专用存款账户作为过渡账户，进行客户交易结算资金专用存款账户与对方结算账户资金划付；证券公司与其第三方存管客户发生交易的，应当通过参与柜台市场的自有资金专用存款账户与柜台市场客户资金专用存款账户进行资金结算，相关资金划转应当符合客户交易结算资金存管的规定。

5. 登记、结算服务的自律管理措施

(1)为柜台市场提供登记、结算服务的机构应当按照中国证券业协会规定报送柜台市场交易、登记、结算数据。

(2)中国证券业协会与中国结算应当建立交易、登记、结算数据集中存储和共享机制。

(3)柜台市场产品账户应当与中国结算统一的全国投资者证券账户建立关联关系。

(4)柜台市场交易、登记、结算应当遵守或者优先采用中国证监会、中国证券业协会、证券交易所、中国结算及其他有权机构制定的业务技术规范。

(六)柜台市场内控制度建设★★

证券公司在柜台市场开展业务，应当建立健全柜台市场产品管理、业务管理、合规管理和风险管理等制度，保障柜台市场安全、有序运行。

(1)建立健全柜台市场产品管理制度。证券公司应当建立健全柜台市场产品管理制度，对产品进行集中管理，并对产品合规性和风险等级进行内部审查。

(2)建立健全柜台交易管理制度。证券公司进行柜台交易，应当建立柜台交易管理制度，对交易产品和投资者的选择、交易的决策与执行、与交易有关的登记结算、交易的记录与信息披露等事项作出明确规定。

(3)健全柜台交易合规管理制度。证券公司应当健全合规管理制度，对柜台交易实施有效的合规管理，保障柜台交易依法合规进行，切实防范不当利用非公开信息进行交易的行为以及柜台交易与公司其他业务之间的利益冲突。

（4）健全柜台交易风险管理制度。证券公司应当健全风险管理制度，持续评估因柜台交易而持有的各类金融产品的市场风险和投资者的信用状况，采取有效的风险管理措施，将持有的风险敞口控制在可承受范围内。

（七）投资者适当性管理★★

证券公司在柜台市场开展业务，应当按照法律、行政法规、中国证监会规定、行业自律规则等建立投资者适当性管理制度，做好投资者准入、投资者教育等工作，不得诱导投资者参与与其风险承受能力不相适应的交易。具体内容如图 3-23 所示。

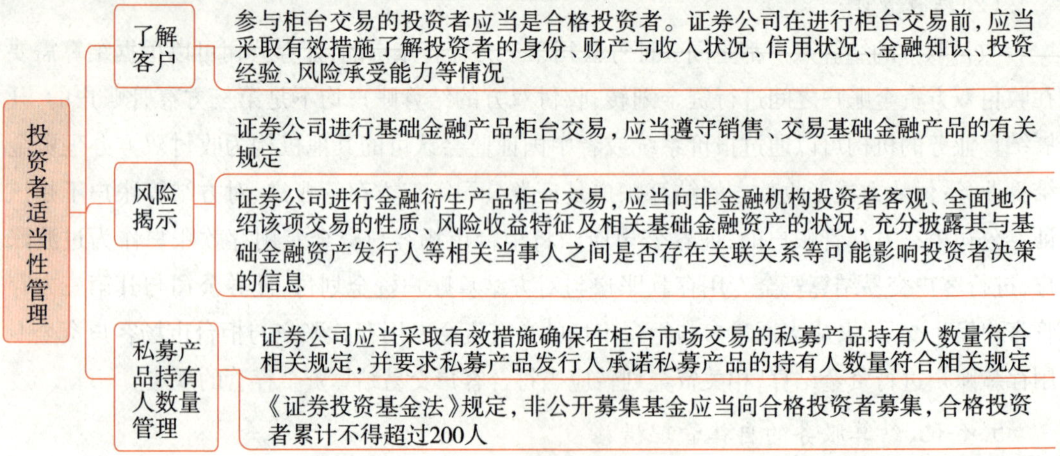

图 3-23　投资者适当性管理

（八）信息披露★★

证券公司应当制定明确的柜台市场信息披露规则，信息披露义务人应当对所披露信息的真实性、准确性、完整性负责。信息披露的类型、不得向公众披露的私募业务信息、信息披露的途径如表 3-54 所示。

表 3-54　信息披露规则

项目	具体内容
信息披露的类型	①证券公司应当督促信息披露义务人按照约定向投资者披露信息，并根据信息性质及私募业务相关规定分类披露，包括公开披露和向特定对象披露；②法律法规、自律规则要求公开披露的信息，应当面向公众进行披露；法律法规、自律规则或者合同约定定向披露的信息，应当向特定对象披露
不得向公众披露的私募业务信息	①涉及证券公司客户隐私的信息；②涉及第三方商业秘密的信息；③合同约定不得向公众公开的信息；④法律法规和自律规则禁止向公众公开的信息
信息披露的途径	证券公司应当通过本公司网站、机构间私募产品报价与服务系统或者中国证券业协会认可的其他信息披露平台，披露私募产品相关信息

（九）自律管理★

根据《证券公司柜台交易业务规范》《证券公司柜台市场管理办法（试行）》，中国证券业协会对证券公司柜台交易活动进行自律管理和日常监控。同时，中国证券业协会委托中证机构间报价系统股份有限公司建立机构间私募产品报价与服务系统（本节简称“报价系统”），为柜台市场提供互联互通服务。自律管理的具体内容如表 3–55 所示。

表 3–55　　自律管理的具体内容

自律管理项目	具体内容
协会备案	证券公司进行柜台交易，应当报中国证券业协会备案，其柜台交易管理制度和实施方案应当通过中国证券业协会组织的专业评价
定期报告及重大事项报告	证券公司应当向中国证券业协会报送柜台市场业务年度报告以及重大事项报告：①定期报告。证券公司应于每月结束后 5 个工作日内按要求向中国证券业协会报送柜台交易月度报表；每年结束后规定时间报送柜台市场业务年度报告，内容包括但不限于柜台市场业务总体情况、交易、登记结算、投资者适当性管理、风险及合规管理等。②重大事项报告。柜台市场发生对业务开展、客户权益、证券公司风险等产生重大影响的事项，或者可能影响柜台交易顺利进行、投资者利益或可能诱发证券公司风险的重大事件时，证券公司应当在该事项发生后 1 个交易日内向中国证券业协会报告，并于 3 个交易日内提交重大事项报告，内容包括事项基本情况、产生原因、影响、应对措施等
业务信息互联互通	证券公司应当通过与报价系统联网的方式实现业务信息的互联互通，信息范围包括但不限于私募产品基本情况、交易信息和登记结算信息等
现场或非现场检查	中国证券业协会可以对证券公司柜台市场进行现场检查或者非现场检查；证券公司及其相关人员应当予以配合，并按照要求提供有关文件和资料、接受问询
自律惩戒	证券公司及其相关业务人员违反《证券公司柜台交易业务规范》《证券公司柜台市场管理办法（试行）》的，中国证券业协会将视情节轻重采取相关自律惩戒措施，并记入诚信信息管理系统；存在违反法律、法规行为的，将移交证监会或其他有权机关依法查处

真题实练

1. 全国股份转让系统是经国务院批准，依据证券法设立的全国性证券交易所，主要为（　　）发展服务。

Ⅰ. 创新型企业　　Ⅱ. 创业型企业

Ⅲ. 成长型中小微企业　　Ⅳ. 成熟型企业

A. Ⅰ、Ⅱ、Ⅳ　　B. Ⅰ、Ⅲ、Ⅳ

C. Ⅰ、Ⅱ、Ⅲ、Ⅳ　　D. Ⅰ、Ⅱ、Ⅲ

2. 以下关于全国股份转让系统分层设置的说法，正确的是（　　）。

Ⅰ. 基础层　　Ⅱ. 创业层

Ⅲ. 创新层　　Ⅳ. 精选层

A. Ⅰ、Ⅱ、Ⅲ、Ⅳ　　B. Ⅰ、Ⅱ、Ⅲ

C. Ⅰ、Ⅲ、Ⅳ　　D. Ⅱ、Ⅲ、Ⅳ

3. 柜台市场内部控制制度建设的内容包括(　　)。

Ⅰ. 建立健全柜台市场产品管理制度

Ⅱ. 建立健全柜台交易管理制度

Ⅲ. 健全柜台交易合规管理制度

Ⅳ. 健全柜台交易风险管理制度

A. Ⅰ、Ⅱ、Ⅳ　　B. Ⅰ、Ⅲ、Ⅳ

C. Ⅰ、Ⅱ、Ⅲ、Ⅳ　　D. Ⅰ、Ⅱ、Ⅲ

【答案及解析】

1. D　【解析】全国股份转让系统是经国务院批准，依据证券法设立的全国性证券交易场所，主要为创新型、创业型、成长型中小微企业发展服务。

2. C　【解析】全国股份转让系统设置基础层、创新层和精选层，符合不同条件的挂牌公司分别纳入不同市场层级管理。

3. C　【解析】证券公司在柜台市场开展业务，应当建立健全柜台市场产品管理、业务管理、合规管理和风险管理等制度，保障柜台市场安全、有序运行。具体内容有：①建立健全柜台市场产品管理制度：证券公司应当建立健全柜台市场产品管理制度，对产品进行集中管理，并对产品合规性和风险等级进行内部审查。②建立健全柜台交易管理制度：证券公司进行柜台交易，应当建立柜台交易管理制度，对交易产品和投资者的选择、交易的决策与执行、与交易有关的登记结算、交易的记录与信息披露等事项作出明确规定。③健全柜台交易合规管理制度：证券公司应当健全合规管理制度，对柜台交易实施有效的合规管理，保障柜台交易依法合规进行，切实防范不当利用非公开信息进行交易的行为以及柜台交易与公司其他业务之间的利益冲突。④健全柜台交易风险管理制度：证券公司应当健全风险管理制度，持续评估因柜台交易而持有的各类金融产品的市场风险和投资者的信用状况，采取有效的风险管理措施，将持有的风险敞口控制在可承受范围内。

第九节　其他业务

考纲要求

本节考纲要求见表3-56所示。

表3-56　第三章第九节考纲要求

考纲要求	星级	具体内容
了解	★	①证券公司另类投资业务的概念及投资范围 ②证券公司设立子公司开展另类投资业务的相关规定 ③股票期权交易的主要制度安排 ④证券公司参与区域性股权交易市场的业务范围 ⑤证券公司参与区域性股权交易市场的自律管理要求

续表

考纲要求	星级	具体内容
熟悉	★★	①代销金融产品的规范和禁止性行为 ②证券公司中间介绍业务的业务范围 ③对中间介绍业务的监管措施 ④证券公司另类投资业务的主要业务规则 ⑤证券公司私募投资基金子公司业务的相关规定 ⑥证券公司开展股票期权业务的条件与主要业务规则 ⑦证券公司金融衍生品的交易范围、种类及其备案管理 ⑧证券公司在区域性股权交易市场提供业务服务的相关规定
掌握	★★★	①证券公司开展中间介绍业务的业务规则与禁止行为 ②非银行金融机构开展证券投资基金托管业务的条件与管理要求

考点梳理

一、代销金融产品业务

（一）法规概述

《证券公司监督管理条例》在第一章“总则”中规定“证券公司按照国家规定，可以发行、交易、销售证券类金融产品”，上述行政法规是中国证监会等监管机构制定金融产品代销业务相关监管政策、实施监督管理的重要法律依据。

除上述法律及行政法规外，证券公司代销业务涉及的主要部门规章及规范性文件包括《证券投资基金销售管理办法》《证券公司代销金融产品管理规定》《证券投资基金销售适用性指导意见》《证券投资基金销售机构内部控制指导意见》《证券期货经营机构私募资产管理业务运作管理暂行规定》等。

（二）代销金融产品的禁止性规定★★

1. 一般禁止性规定

根据《证券公司代销金融产品管理规定》，证券公司及其从事金融产品代销业务的人员在代销金融产品过程中不得有下列行为：

①采取夸大宣传、虚假宣传等方式误导客户购买金融产品。

②采取抽奖、回扣、赠送实物等方式诱导客户购买金融产品。

③与客户分享投资收益、分担投资损失。

④使用除证券公司客户交易结算资金专用存款账户外的其他账户，代委托人接收客户购买金融产品的资金。

⑤证券公司从事代销金融产品活动的人员不得接受委托人给予的财物或其他利益。

⑥其他可能损害客户合法权益的行为。

2. 公募基金的禁止性规定

根据《证券投资基金销售管理办法》的规定，证券公司代销公募基金时不得存在如下情形：

①以排挤竞争对手为目的，压低基金的收费水平。

②采取抽奖、回扣或者送实物、保险、基金份额等方式销售基金。

③以低于成本的销售费用销售基金。

④承诺利用基金资产进行利益输送。

⑤进行预约认购或者预约申购（基金定期定额投资业务除外），未按规定公告擅自变更基金的发售日期。

⑥挪用基金销售结算资金。

3. 私募类产品的禁止性规定

根据《证券期货经营机构私募资产管理业务运作管理暂行规定》，证券经营机构在销售中不得存在如下行为：

①资产管理合同及销售材料中存在包含保本保收益内涵的表述，如零风险、收益有保障、本金无忧等。

②资产管理计划名称中含有"保本"字样。

③与投资者私下签订回购协议或承诺函等文件，直接或间接承诺保本保收益；向投资者口头或者通过短信、微信等各种方式承诺保本保收益。

④向非合格投资者销售资产管理计划，明知投资者实质不符合合格投资者标准，仍予以销售确认，或者通过拆分转让资产管理计划份额或其收益权、为投资者直接或间接提供短期借贷等方式，变相突破合格投资者标准。

⑤单一资产管理计划的投资者人数超过 200 人，或者同一资产管理人为单一融资项目设立多个资产管理计划，变相突破投资者人数限制。

⑥通过报刊、电台、电视、互联网等公众传播媒体，讲座、报告会、分析会等方式，布告、传单、短信、微信、博客和电子邮件等载体，向不特定对象宣传具体产品，但证券期货经营机构和销售机构通过设置特定对象确定程序的官网、客户端等互联网媒介向已注册特定对象进行宣传推介的除外。

⑦向投资者宣传资产管理计划预期收益率。

⑧夸大或者片面宣传产品，夸大或者片面宣传资产管理计划管理人及其管理的产品、投资经理等的过往业绩，未充分揭示产品风险，投资者认购资产管理计划时未签订风险揭示书和资产管理合同。

二、证券公司中间介绍业务

证券公司中间业务介绍，是指证券公司接受期货公司委托，为期货公司介绍客户参与期货交易并提供其他相关服务的业务活动。

（一）法规概述

证券公司中间业务介绍主要涉及的部门规章有《证券公司为期货公司提供中间介绍业务试行办法》和《关于进一步加强证券公司为期货公司提供中间介绍业务管理的通知》。

（二）证券公司中间介绍业务的业务范围★★

证券公司中间介绍业务的业务范围如图 3-24 所示。

- 证券公司中间介绍业务的业务范围
  - 受期货公司委托从事介绍业务
    - 根据《证券公司为期货公司提供中间介绍业务试行办法》第9条的规定，证券公司受期货公司委托从事介绍业务，应当提供的服务包括
      - 协助办理开户手续
      - 提供期货行情信息、交易设施
      - 中国证监会规定的其他服务
    - 证券公司不得代理客户进行期货交易、结算或者交割，不得代期货公司、客户收付期货保证金，不得利用证券资金账户为客户存取、划转期货保证金
  - 与期货公司签订书面委托协议
    - 根据《证券公司为期货公司提供中间介绍业务试行办法》第10条的规定，证券公司从事介绍业务，应当与期货公司签订书面委托协议。委托协议应当载明的事项包括
      - 介绍业务的范围
      - 执行期货保证金安全存管制度的措施
      - 介绍业务对接规则
      - 客户投诉的接待处理方式
      - 报酬支付及相关费用的分担方式
      - 违约责任
      - 中国证监会规定的其他事项
    - 双方可以在委托协议中约定前款规定以外的其他事项，但不得违反法律、行政法规和办法的规定，不得损害客户的合法权益。证券公司按照委托协议对期货公司承担介绍业务受托责任。基于期货经纪合同的责任由期货公司直接对客户承担
  - 备案义务
    - 证券公司与期货公司签订、变更或者终止委托协议的，双方应当在5个工作日内报各自所在地的中国证监会派出机构备案

图 3-24 证券公司中间介绍业务的业务范围

（三）证券公司开展中间介绍业务的业务规则与禁止行为★★★

1. 限定委托中间介绍业务的期货公司

证券公司只能接受其全资拥有或者控股的，或者被同一机构控制的期货公司的委托从事介绍业务，不能接受其他期货公司的委托从事介绍业务。

2. 建立并执行相关制度

（1）证券公司应当按照合规、审慎经营的原则，制定并有效执行介绍业务规则、内部控制、合规检查等制度，确保有效防范和隔离介绍业务与其他业务的风险。

（2）期货公司与证券公司应当建立介绍业务的对接规则，明确办理开户、行情和交易系统的安装维护、客户投诉的接待处理等业务的协作程序和规则。

（3）证券公司应当建立并有效执行介绍业务的合规检查制度。

（4）证券公司应当定期对介绍业务规则、内部控制、风险隔离等制度的执行情况和营业部介绍业务的开展情况进行检查，每半年向中国证监会派出机构报送合规检查报告。

(5)发生重大事项的,证券公司应当在2个工作日内向所在地中国证监会派出机构报告。

3. 隔离

(1)证券公司与期货公司应当独立经营,保持财务、人员、经营场所等分开隔离。

(2)证券公司应当配备足够的具有期货从业人员资格的业务人员,不得任用不具有期货从业人员资格的业务人员从事介绍业务。

(3)证券公司从事介绍业务的工作人员不得进行期货交易。

4. 信息公开

证券公司应当在其经营场所显著位置或者其网站,公开的信息包括:受托从事的介绍业务范围;从事介绍业务的管理人员和业务人员的名单和照片;期货公司期货保证金账户信息、期货保证金安全存管方式;客户开户和交易流程、出入金流程;交易结算结果查询方式;中国证监会规定的其他信息。

5. 中间介绍业务中证券公司的协助及禁止事项

(1)证券公司的协助事项。

证券公司应当建立完备的协助开户制度,对客户的开户资料和身份真实性等进行审查,向客户充分揭示期货交易风险,解释期货公司、客户、证券公司三者之间的权利义务关系,告知期货保证金安全存管要求。

证券公司应当及时将客户开户资料提交期货公司,期货公司应当复核后与客户签订期货经纪合同,办理开户手续。

期货、现货市场行情发生重大变化或者客户可能出现风险时,证券公司及其营业部可以协助期货公司向客户提示风险。

证券公司应当协助维护期货交易系统的稳定运行,保证期货交易数据传送的安全和独立。

(2)证券公司的禁止事项。

证券公司为期货公司介绍客户时,应当向客户明示其与期货公司的介绍业务委托关系,解释期货交易的方式、流程及风险,不得作获利保证、共担风险等承诺,不得虚假宣传,误导客户。

证券公司不得代客户下达交易指令,不得利用客户的交易编码、资金账号或者期货结算账户进行期货交易,不得代客户接收、保管或者修改交易密码。

证券公司不得直接或者间接为客户从事期货交易提供融资或者担保。

6. 资料保存

证券公司应当在营业场所妥善保存有关介绍业务的凭证、单据、账簿、报表、合同、数据信息等资料;证券公司保存上述文件资料的期限不得少于5年。

(四)对中间介绍业务监管措施★★

《证券公司为期货公司提供中间介绍业务试行办法》第27条至第32条对证券公司开展中间介绍业务的监管措施进行了说明:

(1)中国证监会及其派出机构按照审慎监管原则,对证券公司从事的介绍业务进行现场检查和非现场检查。

(2)证券公司应当按照中国证监会的规定披露介绍业务的相关信息,报送介绍业务的相关文件、资料及数据信息。

(3)证券公司取得介绍业务资格后不符合《证券公司为期货公司提供中间介绍业务试行办法》第5条、第6条规定条件的,中国证监会及其派出机构责令其限期整改;经限期整改仍不符合条件的,中国证监会依法撤销其介绍业务资格。

(4)证券公司违反《证券公司为期货公司提供中间介绍业务试行办法》第3章业务规则的,中国证监会及其派出机构可以采取责令限期整改、监管谈话、出具警示函等监管措施;逾期未改正,其行为可能危及期货公司的稳健运行、损害客户合法权益的,中国证监会可以责令期货公司终止与该证券公司的介绍业务关系。

(5)证券公司因其他业务涉嫌违法违规或者出现重大风险被暂停、限制业务或者撤销业务资格的,中国证监会可以责令期货公司终止与该证券公司的介绍业务关系。

(6)证券公司有下列行为之一的,按照《期货交易管理条例》第70条进行处罚:

①未经许可擅自开展介绍业务。

②对客户未充分揭示期货交易风险,进行虚假宣传,误导客户。

③代理客户进行期货交易、结算或者交割。

④收付、存取或者划转期货保证金。

⑤为客户从事期货交易提供融资或者担保。

⑥未按规定审查客户的开户资料和身份真实性。

⑦代客户下达交易指令。

⑧利用客户的交易编码、资金账号或者期货结算账户进行期货交易。

⑨未将介绍业务与其他经营业务分开或者有效隔离。

⑩未将财务、人员、经营场所与期货公司分开隔离。

⑪拒绝、阻碍中国证监会及其派出机构依法履行职责。

三、另类投资业务

(一)法规概述

另类投资业务涉及的规范性文件主要为《证券公司另类投资子公司管理规范》(本节简称《管理规范》)。

(二)另类投资业务的概念及范围★

1. 另类投资业务的概念

另类投资业务,是指证券公司设立另类投资子公司(本节简称"另类子公司"),按照法律法规、监管要求和《管理规范》规定，从事《证券公司证券自营投资品种清单》所列品种以外的金融产品、股权等投资业务。

2. 另类子公司的业务范围

《管理规范》第2条规定了另类子公司的业务范围，即“证券公司另类子公司从事《证券公司证券自营投资品种清单》所列品种以外的金融产品、股权等另类投资业务，应当符合法律法规、监管要求和规范规定。另类子公司不得从事投资业务之外的业务。”

(三)另类投资子公司的设立

1. 另类子公司的设立要求

证券公司设立另类子公司，应当符合以下要求：

①具有健全的公司治理结构，完善有效的内部控制机制、风险管理制度和合规管理制度，防范与另类子公司之间出现风险传递和利益冲突。

②具备中国证监会核准的证券自营业务资格。

③最近6个月内各项风险控制指标符合中国证监会及中国证券业协会的相关要求，且设立另类子公司后，各项风险控制指标仍持续符合规定。

④最近1年未因重大违法违规行为受到刑事或行政处罚，且不存在因涉嫌重大违法违规正受到监管部门和有关机关调查的情形。

⑤公司章程有关条款中明确规定公司可以设立另类子公司，并经注册地中国证监会派出机构审批。

⑥以自有资金全资设立另类子公司，不得采用股份代持等其他方式变相与其他投资者共同出资设立另类子公司。

⑦中国证监会及中国证券业协会规定的其他条件。证券公司未能做到突出主业、稳健经营、诚实守信、勤勉尽责、资本约束或内控有力的，不得设立另类子公司。

2. 信息披露

另类子公司应当在完成工商登记后5个工作日内在本公司及证券公司网站上披露另类子公司的名称、注册地、注册资本、业务范围、法定代表人、高级管理人员以及防范风险传递、利益冲突的制度安排等事项，并及时更新。

(四)另类子公司的业务规则★★

1. 合理运作

另类子公司应该审慎考虑偿付能力和流动性要求，根据业务特点、资金结构、负债匹配管理需要及有关监管规定，合理运用资金，多元配置资产，分散投资风险。

2. 证券投资特别规定

另类子公司投资境内证券交易所上市交易和转让的证券的，应当将另类子公司与母公司自营持有同一只证券的市值合并计算，合并计算后的市值应当符合《证券公司风险控制指标管理办法》的规定。

3. 投资管理制度和流程

另类子公司应当建立投资管理制度，设立专门的投资决策机构，明确决策权限和决策程序；健全公司组织架构，明确各组织机构职责和权限；完善投资论证、立项、尽职调查、投后管理等业务流程，有效防范投资风险。

4. 融资及对外担保禁止

另类子公司不得融资，不得对外提供担保和贷款，不得成为对所投资企业的债务承担连带责任的出资人。

5. 保荐与投资互斥

证券公司担任拟上市企业首次公开发行股票的辅导机构、财务顾问、保荐机构、主承销商或担任拟挂牌企业股票挂牌并公开转让的主办券商的，应当按照签订有关协议或者实质开展相关业务两个时点孰早的原则，在该时点后另类子公司不得对该企业进行投资。

前款所称“有关协议”，是指证券公司与拟上市企业签订含有确定证券公司担任拟上市企业首次公开发行股票的辅导机构、财务顾问、保荐机构、主承销商或担任拟挂牌企业股票挂牌并公开转让的主办券商条款的协议，包括辅导协议、财务顾问协议、保荐及承销协议、推荐挂牌并持续督导协议等。

6. 业务底线

为了防范另类子公司变相或绕道开展有关业务，避免风险传递，另类子公司不得存在的行为：①向投资者募集资金开展基金业务；②从事或变相从事实体业务，财务投资的除外；③下设任何机构；④投资违背国家宏观政策和产业政策；⑤以商业贿赂等非法手段获得投资机会，或者违法违规进行交易；⑥以拟投资企业聘请母公司或母公司的承销保荐子公司担任保荐机构或主办券商作为对企业进行投资的前提；⑦为他人从事场外配资活动或非法证券活动提供便利；⑧从事融资类收益互换业务；⑨投资于高杠杆的结构化资产管理产品；⑩违反法律法规规定或合同约定的保密义务；⑪中国证监会和协会禁止的其他行为。

（五）另类子公司的内部控制★

1. 统一管理

证券公司应当将另类子公司纳入统一管理。证券公司应当对自营、另类投资等自有资金投资的业务实施统一管理，管理的尺度和标准应当基本一致。

2. 确保管理控制力

证券公司应当通过任命或者委派董事、监事，推荐高级管理人员或者关键岗位人选，确保对另类子公司的管理控制力，维护投资决策和经营管理的有效性。

3. 合规与风险管理

证券公司应当将另类子公司的合规与风险管理纳入公司全面风险管理体系，防范另类子公司相关业务的合规风险、流动性风险、市场风险、信用风险、操作风险等各项风险。

4. 内控制度、合规风控制度的有效性评估机制和内部责任追究机制

证券公司应当督促另类子公司建立健全内部控制制度、风险管理制度和合规管理制度，建立并落实对上述制度的有效性评估机制和内部责任追究机制，构建对另类子公司业务风险的监测模型、压力测试制度和风险处置制度。

5. 利益冲突识别和管理

(1) 利益冲突识别管理机制。

证券公司应当建立健全利益冲突识别和管理机制，及时、准确地识别证券公司的投资银行、自营、资产管理、投资咨询、私募基金等业务与另类投资业务之间可能存在的利益冲突，评估其影响范围和程度，并采取有效措施管理利益冲突风险。

(2) 人员岗位的利益冲突防范。

①证券公司及其他子公司与另类子公司存在利益冲突的人员不得兼任另类子公司的董事、监事、高级管理人员、投资决策机构成员；其他人员兼任上述职务的，证券公司应当建立严格有效的内部控制机制，防范可能产生的利益冲突和道德风险。

②证券公司从业人员不得在另类子公司兼任除前款规定外的职务。

③证券公司同一高级管理人员不得同时分管投资银行业务和另类投资业务。另类子公司同一高级管理人员不得同时分管股权投资业务和上市证券投资业务；同一人不得兼任上述两类业务的部门负责人；同一投资管理团队不得同时从事上述两类业务。

6. 信息隔离

另类子公司与证券公司其他子公司之间，应当在人员、机构、资产、经营管理、业务运作、办公场所等方面相互独立、有效隔离。

7. 人员、岗位管理

(1) 忠实义务。

证券公司及另类子公司应当加强人员管理，防范道德风险。另类子公司的工作人员应当遵守所在机构的规章制度以及行业公认的职业道德和行为规范，勤勉尽责，忠于职守。

(2) 禁止行为。

另类子公司的工作人员开展业务不得从事以下行为：①单独或协同他人从事欺诈、内幕交易等违法违规行为，或从事与其履行职责有利益冲突的业务；②贬损同行或以其他不正当竞争手段争揽业务；③接受利益相关方的贿赂或对其进行贿赂；④违规向客户提供资金；⑤私自泄漏投资信息，或利用客户的相关信息为本人或者他人谋取不当利益；⑥隐匿、伪造、篡改或者毁损投资信息；⑦从事损害所在公司利益的不当交易行为；⑧进行不当利益输送；⑨中国证监会和协会禁止的其他行为。

(3)前中后台相互制衡。

另类子公司负责投资决策、投资操作和风险监控机构及其职能应当互相独立，账户管理、资金清算、合规风控等应当由区别于投资运作部门的独立部门负责，形成前中后台相互制衡的机制。

8. 风险监控

(1)投资风险监控。

另类子公司应当建立投资风险监控机制。保证风险监控部门能够正常履职，确保风险监控部门可以获得投资业务的信息和有关数据。

另类子公司应当采用信息系统等手段，监控投出资金的使用和盈亏情况，并建立有效的风险监控报告机制；发现业务运作或资金使用不合规或出现重大风险时，应当及时处理并报告证券公司。

(2)交易行为日常监控。

证券公司应当对另类子公司的交易行为进行日常监控，对另类子公司、证券公司及其他子公司各账户之间依法开展的相互交易、同向交易、反向交易及关联交易进行监控，防范内幕交易、操纵市场和利益输送。

(3)风险监控指标。

证券公司及其另类子公司应当健全风险监控指标的监控机制，对另类子公司的各类投资的风险敞口和公司整体损益情况进行联动分析和监控，并定期进行压力测试。

9. 文档管理

另类子公司应当建立健全文档管理制度，妥善保管尽职调查报告、投资项目评估材料、投资决策记录等重要投资文件。

10. 考核激励

另类子公司应当建立合理有效的业绩考核和薪酬激励机制。

11. 后台支持

证券公司可以根据合同约定，为另类子公司的合规管理、风险控制、稽核审计、人力资源管理、财务管理、信息技术、研究和运营等方面提供支持和服务。

12. 风险处置

证券公司应当承担对另类子公司风险处置的责任，督促另类子公司建立舆论监测及市场质疑快速反应机制，及时分析判断与另类投资业务相关的舆论反映和市场质疑，并进行自我检查。

(六)自律管理措施

自律管理措施的具体内容如表3-57所示。

表 3-57　　自律管理措施的具体内容

项目	具体内容
定期报告	另类子公司应当于每月结束后 10 个工作日内编制并向中国证券业协会报送另类投资业务月度报表;在每年结束之日起 4 个月内,编制并向协会报送另类投资业务年度报告
工作人员基本信息报送	另类子公司应当向中国证券业协会报送工作人员的基本信息。工作人员发生离职等情况的,应当及时报送协会
定期评估	证券公司应当每年对其股东责任履行情况和另类子公司的公司治理、内部控制、业务情况、风险状况、工作人员活动等进行评估,形成报告并归档备查。评估发现存在问题或者不足的,证券公司应当及时采取有效措施予以纠正、整改
执业检查	中国证券业协会依据《管理规范》对证券公司的股东责任履行情况、另类子公司的公司治理、内部控制、业务情况、风险状况等进行执业检查
自律惩戒	证券公司及其另类子公司违反《管理规范》的,中国证券业协会视情况对证券公司、另类子公司采取谈话提醒、警示、责令整改、行业内通报批评、公开谴责等自律管理措施或纪律处分并记入诚信档案。情节严重的,移交并建议中国证监会责令证券公司撤销或关闭另类子公司

四、私募投资基金子公司业务规范★★

(一)法规概述

证券公司私募投资基金子公司业务涉及的主要规范性文件为《证券公司私募投资基金子公司管理规范》等。

(二)私募基金子公司的设立

1. 私募基金子公司的设立要求

证券公司设立私募基金子公司,应当符合以下要求:

(1)具有健全的公司治理结构,完善有效的内部控制机制、风险管理制度和合规管理制度,防范与私募基金子公司之间出现风险传递和利益冲突。

(2)最近 6 个月各项风险控制指标符合中国证监会及中国证券业协会的相关要求,且设立私募基金子公司后,各项风险控制指标仍持续符合规定。

(3)最近 1 年未因重大违法违规行为受到刑事或行政处罚,且不存在因涉嫌重大违法违规正受到监管部门和有关机关调查的情形。

(4)公司章程有关对外投资条款中明确规定公司可以设立私募基金子公司,并经注册地中国证监会派出机构审批。

(5)证券公司应当以自有资金全资设立私募基金子公司,不得采用股份代持等其他方式变相与其他投资者共同出资设立私募基金子公司。

(6)中国证监会及中国证券业协会规定的其他条件。证券公司未能做到突出主业、稳健经营、诚实守信、勤勉尽责、资本约束或内控有力的,不得设立私募基金子公司。

2. 信息披露

私募基金子公司应当在完成工商登记后 5 个工作日内在本公司及证券公司网站上披露私募基金子公司的名称、注册地、注册资本、业务范围、法定代表人、高级管理人员以及防范风险传递、利益冲突的制度安排等事项，并及时更新。

（三）私募基金子公司的业务规则

1. 基金管理机构

私募基金子公司根据税收、政策、监管、合作方需求等需要下设基金管理机构等特殊目的机构的，应当持有该机构 35% 以上的股权或出资，且拥有管理控制权。私募基金子公司下设的基金管理机构只能管理与本机构设立目的一致的私募股权基金，各下设基金管理机构的业务范围应当清晰明确，不得交叉重复。

2. 自有资金投资要求

私募基金子公司及其下设基金管理机构将自有资金投资于本机构设立的私募基金的，对单只基金的投资金额不得超过该只基金总额的 20%。

3. 闲置资金使用

私募基金子公司及其下设特殊目的机构可以以现金管理为目的管理闲置资金，但应当坚持有效控制风险、保持流动性的原则，且只能投资于依法公开发行的国债、央行票据、短期融资券、投资级公司债、货币市场基金及保本型银行理财产品等风险较低、流动性较强的证券。

4. 对外担保禁止

私募基金子公司及其下设特殊目的机构不得对外提供担保和贷款，不得成为对所投资企业的债务承担连带责任的出资人。

5. 保荐与投资互斥

证券公司担任拟上市企业首次公开发行股票的辅导机构、财务顾问、保荐机构、主承销商或担任拟挂牌企业股票挂牌并公开转让的主办券商的，应当按照签订有关协议或者实质开展相关业务两个时点孰早的原则，在该时点后私募基金子公司及其下设基金管理机构管理的私募基金不得对该企业进行投资。

6. 禁止行为

（1）以自有资金投资于除本机构设立的私募基金、依法公开发行的国债、央行票据、短期融资券、投资级公司债、货币市场基金及保本型银行理财产品等风险较低、流动性较强的证券以外的投资标的。

（2）从事或变相从事实体业务，财务投资的除外。

（3）在下设的基金管理机构等特殊目的机构之外设立其他机构。

（4）以拟投资企业聘请母公司或母公司的承销保荐子公司担任保荐机构或主办券商作

为对企业进行投资的前提。

(5)中国证监会和协会禁止的其他行为。

(6)私募基金子公司下设的特殊目的机构原则上不得再下设任何机构。

7. 人员条件

私募基金子公司应当具备一定数量的高级管理人员和投资管理人员,具有5年以上投资管理或资产管理经验的高级管理人员不得少于2人;具有2年以上投资管理或资产管理经验的投资管理人员不得少于3人。

前款所称高级管理人员和投资管理人员最近1年应当无不良诚信记录,未受到行政、刑事处罚、被采取监管措施或自律处分,且不存在因涉嫌违法违规正在被有权机关调查的情形。

(四)私募基金子公司的内部控制

1. 统一管理

证券公司应当将私募基金子公司及其下设特殊目的机构纳入公司统一管理。

2. 确保管理控制力

证券公司应当通过任命或者委派董事、监事,推荐高级管理人员或者关键岗位人选,确保对私募基金子公司的管理控制力,维护投资决策和经营管理的有效性。

3. 合规与风险管理

证券公司应当将私募基金子公司的合规与风险管理纳入公司全面风险管理体系,防范私募基金子公司相关业务的合规风险、流动性风险、市场风险、信用风险、操作风险等各类风险。

4. 内控制度、合规风控制度的有效性评估机制和内部责任追究机制

证券公司应当督促私募基金子公司及其下设的特殊目的机构建立健全内部控制制度、风险管理制度和合规管理制度,建立并落实对上述制度的有效性评估机制和内部责任追究机制,构建对私募基金子公司业务风险的监测模型、压力测试制度和风险处置机制。

5. 利益冲突识别和管理

(1)利益冲突识别管理机制。

证券公司应当建立健全利益冲突识别和管理机制,及时、准确地识别证券公司的投资银行、自营、资产管理、投资咨询、另类投资等业务与私募基金业务之间可能存在的利益冲突,评估其影响范围和程度,并采取有效措施管理利益冲突风险。

(2)人员岗位的利益冲突防范。

证券公司应当加强人员管理,防范道德风险。

证券公司及其他子公司与私募基金子公司存在利益冲突的人员不得在私募基金子公司、下设的特殊目的机构和私募基金兼任董事、监事、高级管理人员、投资决策机构成员;其他人员兼任上述职务的,证券公司应当建立严格有效的内部控制机制,防范可能产生的利

益冲突和道德风险。

证券公司从业人员不得在私募基金子公司、下设的特殊目的机构和私募基金兼任除前款规定外的职务，不得违规从事私募基金业务。

证券公司同一高级管理人员不得同时分管投资银行业务和私募基金业务。私募基金子公司同一高级管理人员不得同时分管私募股权投资基金业务和其他私募基金业务；同一人员不得兼任上述两类业务的部门负责人；同一投资管理团队不得同时从事上述两类业务。

(3)利益冲突处理原则。

私募基金子公司、下设的特殊目的机构及其从业人员在处理与客户之间的利益冲突时，应当遵循客户利益优先的原则；在处理不同客户之间的利益冲突时，应当遵循公平对待客户的原则。

6. 信息隔离

私募基金子公司及其下设的基金管理机构与证券公司其他子公司之间，应当在人员、机构、资产、经营管理、业务运作、办公场所等方面相互独立、有效隔离。

7. 交易行为日常监控

证券公司应当对私募基金子公司的交易行为进行日常监控，对私募基金子公司、证券公司及其他子公司各账户之间依法开展的相互交易、同向交易、反向交易及关联交易进行监控，防范内幕交易、操纵市场、利益输送和损害客户利益。

8. 证券投资行为管理

证券公司应当建立对私募基金子公司及其下设基金管理机构、私募基金董事、监事、高级管理人员及其他从业人员（统称“从业人员”）本人、配偶和利害关系人进行证券投资的申报、登记、审查、处置等管理制度，防范从业人员本人、配偶和利害关系人违规从事证券投资或者利用敏感信息谋取不当利益。

证券公司应当按照防范内幕交易和利益冲突的需要，根据法律法规的规定，明确前述从业人员本人、配偶和利害关系人可以买卖或者禁止买卖的证券和投资品种。

证券公司应当加强前述从业人员本人、配偶和利害关系人证券账户管理。从业人员本人、配偶和利害关系人开立证券账户的，应当要求其在本公司指定交易或托管，申报证券账户并定期提供交易记录。

证券公司应当对前述从业人员本人、配偶和利害关系人证券账户的交易情况进行监控，或对其提交的交易记录进行审查。发现涉嫌违规交易行为的，应及时调查处理。

9. 后台支持

证券公司可以根据合同约定，为私募基金子公司及其下设的特殊目的机构、私募基金的合规管理、风险管理、稽核审计、人力资源管理、财务管理、信息技术、研究、产品销售和运营服务等方面提供支持和服务。

10. 风险处置

证券公司应当承担对私募基金子公司风险处置的责任，督促私募基金子公司建立舆论监测及市场质疑快速反应机制，及时分析判断与私募基金业务相关的舆论反映和市场质疑，并进行自我检查。

（五）私募基金子公司自律管理措施

私募基金子公司应当加入中国证券业协会，成为协会会员，接受协会的自律管理。自律管理措施具体内容如表 3-58 所示。

表 3-58　　私募基金子公司自律管理措施

项目	具体内容
设立报告	私募基金子公司应当在设立下列私募基金后 10 个工作日内向协会报告： ①将自有资金投资于本机构设立的私募基金 ②通过下设基金管理机构管理的私募股权基金 ③中国证监会或协会规定的其他情形
定期报告	①私募基金子公司应当于每月结束后 10 个工作日内编制并向协会报送私募基金业务月度报表 ②在每年结束之日起 4 个月内，编制并向协会报送私募基金业务年度报告
合规风险管理评估	①证券公司应当每年对其股东责任履行情况和私募基金子公司及下设特殊目的机构的公司治理、内部控制、业务运行的合规及风险管理情况等进行评估，形成报告后归档备查 ②评估发现存在问题或者不足的，证券公司应当及时采取有效措施予以纠正、整改
执业检查	中国证券业协会依据《证券公司私募投资基金子公司管理规范》对证券公司的股东责任履行情况、私募基金子公司及下设特殊目的机构的公司治理、内部控制、业务情况、风险状况等进行执业检查
自律惩戒	①证券公司、私募基金子公司及下设特殊目的机构违反《证券公司私募投资基金子公司管理规范》的，中国证券业协会视情况对证券公司、私募基金子公司及其特殊目的机构采取谈话提醒、警示、责令整改、行业内通报批评、公开谴责等自律管理措施或纪律处分并记入诚信档案 ②情节严重的，移交并建议中国证监会责令证券公司撤销或关闭私募基金子公司

五、托管业务

（一）法规概述

《证券投资基金法》和《证券公司监督管理条例》是中国证券监督管理委员会等监管机构制定证券经纪业务相关监管政策、实施监督管理的重要法律依据。除上述法律及行政法规外，证券公司托管业务涉及的主要部门规章及规范性文件还包括《证券投资基金托管业务管理办法》《非银行金融机构开展证券投资基金托管业务暂行规定》等。

（二）非银行金融机构开展基金托管业务的条件★★★

我国的基金强制托管制度于 1998 年建立，早期基金托管人限定于境内商业银行。

随着基金行业的创新与发展，商业银行以外的其他金融机构开展极具托管业务可行性日益明朗。因此，在保护基金持有人、防范重大利益冲突的前提下，允许商业银行以外的其他金融机构开展基金托管业务（见图 3-25 所示），2013 年实施的《证券投资基金法》为非银行金融机构从事基金托管业务预留了法律空间，同年中国证监会颁布的《非银行金融机构开展证券投资基金托管业务暂行规定》正式打破了此前只有商业银行担任托管人的市场格局。

- 非银行金融机构开展基金托管业务的条件
  - 准入条件
    - 净资产指标：需满足最近3个会计年度的年末净资产均不低于20亿元人民币
    - 风控指标：要求其风险指标应持续符合监管规定
    - 部门设置：需设有专门的基金托管部门
    - 系统配备：部门有满足营业需要的固定场所，及具备安全高效的清算、交割系统
    - 独立性要求与利益冲突防范：具备安全保管基金财产、确保基金财产完整与独立的条件，不从事与托管业务潜在重大利益冲突的其他业务
  - 从业人员方面
    - 基金托管部门拟任高级管理人员符合法定条件，基金托管部门取得基金从业资格的人员不低于部门员工人数的1/2
    - 拟从事基金清算、核算、投资监督、信息披露、内部稽核监控等业务的执业人员不少于8人，并具有基金从业资格。其中核算、监督等核心业务岗位人员应当具备2年以上托管业务从业经验
  - 制度建设方面
    - 需具备完善的内部稽核监控制度和风险控制制度
  - 无违法违规记录
    - 非银行金融机构需满足最近3年无重大违法违规记录，并符合其他法律、行政法规以及中国证监会规定的其他条件
  - 审核程序
    - 非银行金融机构申请开展基金托管业务，应当按照《证券投资基金法》的规定向中国证监会报送申请材料，中国证监会自收到申请材料之日起5个工作日内作出是否受理的决定，并自受理申请材料之日起20个工作日内作出批准或不予批准的决定

图 3-25　非银行金融机构开展基金托管业务的条件

（三）托管职责的履行和基金托管业务基本规范★★★

1. 托管职责的履行

基金托管人应当安全保管基金财产，按照相关规定和基金托管协议约定履行下列职责：

（1）为所托管的不同基金财产分别设置资金账户、证券账户等投资交易必需的相关账户，确保基金财产的独立与完整。

（2）建立与基金管理人的对账机制，定期核对资金头寸、证券账目、资产净值等数据。

（3）对基金财产投资信息和相关资料负保密义务。

2. 基金托管业务基本规范

基金托管业务基本规范的具体内容如表 3-59 所示。

表 3-59　基金托管业务基本规范的具体内容

项目	具体内容
资产独立	非银行金融机构开展基金托管业务，应当将所托管的基金财产与其固有财产及其受托管理的各类财产严格分开保管，不得将所托管的基金财产归入其固有财产或其受托管理的各类财产
业务隔离	非银行金融机构开展基金托管业务，应当与本机构其他业务运作保持独立，建立严格的防火墙制度，隔离业务风险，有效执行信息隔离等内部控制制度，切实防范利益冲突和利益输送
信息保密	非银行金融机构开展基金托管业务，应当对所托管基金财产投资运作的相关信息严格履行保密义务，不得向任何机构或个人泄露相关信息和资料，法律、行政法规和中国证监会另有规定或者基金合同另有约定的除外
资金存管	非银行金融机构开展基金托管业务，应当为其托管的基金选定具有基金托管资格的商业银行作为资金存管银行，并开立托管资金专门账户，用于托管基金现金资产的归集、存放与支付，该账户不得存放其他性质资金
结算职责	非银行金融机构开展基金托管业务，应当依法承担作为市场结算参与人的相关职责，为基金办理证券与资金的清算与交割
风险准备金计提	非银行金融机构开展公开募集基金托管业务，应当从托管费收入中计提风险准备金，用于弥补因其违法违规、违反基金合同、技术故障、操作错误等原因给基金财产或基金份额持有人造成的损失
估值复核	基金托管人与基金管理人应当按照《企业会计准则》及有关规定进行估值核算，对各类金融工具的估值方法予以定期评估。基金托管人发现基金份额净值计价出现错误的，应当提示基金管理人立即纠正，并采取合理措施防止损失进一步扩大；基金托管人发现基金份额净值计价出现重大错误或者估值出现重大偏离的，应当提示基金管理人依法履行披露和报告义务
投资监督	基金托管人应当根据基金合同及托管协议约定，制定基金投资监督标准与监督流程，对基金合同生效之后所托管基金的投资范围、投资比例、投资风格、投资限制、关联方交易等进行严格监督，及时提示基金管理人违规风险
配合管理人召集基金委托人大会	对于转换基金运作方式、更换基金管理人等需召开基金份额持有人大会审议的事项，基金托管人应当积极配合基金管理人召集基金份额持有人大会；基金管理人未按规定召集或者不能召集的，基金托管人应当按照规定召集基金份额持有人大会

(四)监督管理和法律责任

1. 监督管理

(1)根据《证券投资基金托管业务管理办法》的相关规定：①申请人在申请基金托管资格时，隐瞒有关情况或者提供虚假申请材料的，中国证监会、原中国银监会不予受理或者不予核准，并给予警告；申请人在3年内不得再次申请基金托管资格。②基金托管人应当根据中国证监会的要求，履行基金投资运作监督报告、基金托管业务运营情况报告、基金托管业务内部控制年度评估报告等材料的信息报送义务。③当基金托管人发生重大下列情形的，应当自发生之日起5日内向中国证监报告。④中国证监会可以根据日常监管情况，对基金托管人的基金托管部门进行现场检查。

(2)根据《非银行金融机构开展证券投资基金托管业务暂行规定》的相关规定：①中国证监会依法对非银行金融机构开展基金托管业务情况进行非现场检查和现场检查。②非银行金融机构开展基金托管业务违反相关法律法规以及中国证监会规定的，中国证监会依法对非银行金融机构及其直接负责的主管人员和其他直接责任人员采取行政监管措施；依法应予行政处罚的，依照有关规定进行行政处罚；涉嫌犯罪的，依法移送司法机关，追究刑事责任。

2. 法律责任

根据《证券投资基金法》的相关规定，国务院证券监督管理机构依法对基金托管人从事证券投资基金活动履行监督管理职责：有权对违反基金法的基金托管人采取责令改正、罚款、没收违法所得、撤销基金从业资格、警告等处罚。具体内容详见第一章“证券市场基本法律法规”和第五节“证券投资基金法”中的相关法律责任。

六、股票期权业务

股票期权交易，是指采用公开的集中交易方式或者中国证监会批准的其他方式进行的以股票期权合约为交易标的的交易活动。期权的买方在支付权利金后，有按照特定价格(行权价格)执行和不执行的权利而非义务；期权的卖方在收到权利金后，无论市场情况如何不利，一旦买方提出执行，则负有履行期权合约规定的义务而无权利。

作为股票期权的首个试点品种，上证50ETF期权于2015年2月9日在上海证券交易所上市交易。

(一)法规概述

股票期权业务主要涉及的部门规章有《股票期权交易试点管理办法》《证券期货经营机构参与股票期权交易试点指引》，涉及的规范性文件有《上海证券交易股票期权试点规则》等。

(二)股票期权交易的主要制度安排★

证券公司可以从事股票期权经纪业务、自营业务、做市业务，期货公司可以从事股票期权经纪业务、与股票期权备兑开仓以及行权相关的证券现货经纪业务。中国证监会对股票期权市场实行集中统一的监督管理。证券交易所、证券登记结算机构、相关行业协会按照章程及业务规则，分别对股票期权交易活动及经营机构实行自律管理。

根据《股票期权交易试点管理办法》第28条的规定，股票期权交易相关用语含义如表

3-60 所示。

表 3-60 股票期权交易相关用语含义

股票期权交易相关用语	具体含义
保证金安全存管监控机构	是指中国证券投资者保护基金有限责任公司、中国期货保证金监控中心或者中国证监会批准的其他保证金安全存管监控机构
股票期权经营机构	是指经中国证监会批准经营股票期权业务的证券公司、期货公司等金融机构
股票期权结算参与人	是指具有证券登记结算机构股票期权结算业务结算参与人资格的机构
做市商	是指经证券交易所认可、为其上市交易的股票期权合约提供双边持续报价或者双边回应报价等服务的机构
权利金	是指股票期权买方向卖方支付的用于购买股票期权合约的资金
保证金	是指用于结算和保证股票期权合约履行的现金或者证券
衍生品合约账户	是指经营机构按照证券登记结算机构业务规则，为投资者开立的用于股票期权合约交易、行权申报及记录投资者持有的股票期权合约及其变动情况的账户
股票期权买方	是指持有股票期权合约权利仓的投资者。权利仓指股票期权合约买入开仓形成的持仓头寸
股票期权卖方	是指持有股票期权合约义务仓的投资者。义务仓指股票期权合约卖出开仓形成的持仓头寸
行权	是指股票期权合约买方按照规定行使权利，以行权价格买入或者卖出约定标的证券，或者按照规定结算价格进行现金差价结算
协议行权	是指经营机构根据合同约定为投资者提供的行权申报及相关服务，具体服务内容和各自权利义务由经营机构与投资者在经纪合同中进行约定
行权价格	是指股票期权合约中约定的在行权时买入、卖出约定标的证券或者用于计算行权价差的价格
备兑开仓	是指投资者事先交存足额合约标的作为将来行权结算所应交付的证券，并据此卖出相应数量的认购期权
认购期权（又称看涨期权）	是指买方有权在将来特定时间以特定价格买入约定数量合约标的的期权合约
认沽期权（又称看跌期权）	是指买方有权在将来特定时间以特定价格卖出约定数量合约标的的期权合约

（三）证券公司开展股票期权业务的条件★★

1. 基本条件

（1）具有证券经纪业务资格。

（2）股票期权经纪业务制度健全，拟负责股票期权经纪业务的高级管理人员具备股票期权业务知识和相应的专业能力，配备3名同时取得证券和期货从业人员资格的专业人员。

（3）具有满足从事股票期权经纪业务相关要求的营业场所、经营设备、技术系统等软硬件设施；业务设施和技术系统符合相关技术规范且运行状况良好，股票期权经纪业务技术系统已通过相关证券交易所、中国证券登记结算有限责任公司（以下简称“登记结算公司”）组织的测试。

（4）公司及其董事、监事、高级管理人员最近1年内未因重大违法违规行为受到行政处罚或刑事处罚。

具有金融期货经纪业务资格的期货公司可以从事股票期权经纪业务，并开展与股票期权备兑开仓以及行权相关的证券现货经纪业务。

2. 备案义务

根据《证券期货经营机构参与股票期权交易试点指引》第4条的规定，证券公司从事股票期权经纪业务试点，应于实际开展业务后5个工作日内报公司住所地中国证监会派出机构备案，并提交备案材料。

3. 指定专门部门和人员

证券公司、期货公司应当指定专门部门、专人开展股票期权经纪业务，拟开展股票期权经纪业务的分支机构应当至少有1名同时具有证券和期货从业人员资格的业务人员。

4. 申请做市业务资格的材料要求

证券公司申请股票期权做市业务资格，应当向中国证监会提交的申请材料：①申请书；②股东会（股东大会）或董事会关于开展股票期权做市业务的决议文件；③股票期权做市业务方案、内部管理制度文本；④负责股票期权做市业务的高级管理人员与业务人员的名册及资质证明文件；⑤证券交易所出具的股票期权做市业务技术系统验收报告；⑥中国证监会规定的其他申请材料。

（四）证券公司开展股票期权业务的主要业务规则★★

证券公司开展股票期权业务的主要业务规则如表3-61所示。

表 3-61　　证券公司开展股票期权业务的主要业务规则

业务规则	具体内容
与投资者相关的注意事项	①证券公司、期货公司从事股票期权经纪业务，应当制定并严格执行股票期权经纪业务投资者适当性管理制度，全面介绍股票期权产品特征，充分揭示股票期权交易风险，准确评估投资者的风险承受能力，不得向客户作获利保证，不得在经纪业务中与客户约定分享利益或者共担风险，不得虚假宣传、误导客户 ②投资者应当在证券公司、期货公司营业场所现场办理股票期权交易开户手续，并书面签署风险揭示书
以自有资金参与股票期权业务	①证券公司以自有资金参与股票期权交易试点的，应当具备证券自营业务资格 ②不具备证券自营业务资格的证券公司，其自有资金只能以套期保值为目的，参与股票期权交易 ③除法律法规另有规定外，期货公司不得以自有资金参与股票期权交易试点
强化内控制度	证券期货经营机构从事股票期权相关业务的，应当强化内部控制制度，对股票期权相关业务制定严格的授权管理制度和投资决策流程，建立有效的岗位分工和制衡机制，确保研究分析、投资决策、交易执行等相关环节的独立运作
信息隔离	证券期货经营机构从事股票期权相关业务的，应当建立健全并有效执行信息隔离制度，对经纪、自营、做市、资产管理等业务进行有效隔离，防止敏感信息的不当流动和使用，严格防范利益冲突
风险管理制度	证券期货经营机构从事股票期权相关业务的，应当建立健全并有效执行风险管理制度，完善相应的风险管理系统，加强对市场风险、流动性风险、操作风险等的识别、监测和控制
交易规则概要	根据《股票期权交易试点管理办法》的规定，有关主要交易规则包括： ①证券公司、期货公司等股票期权经营机构从事股票期权经纪业务，接受投资者委托，以自己的名义为投资者进行股票期权交易，交易结果由投资者承担 ②证券登记结算机构负责投资者衍生品合约账户的统一管理。证券公司、期货公司等股票期权经营机构应当根据投资者的申请，按照证券登记结算机构业务规则为投资者开立衍生品合约账户 ③股票期权买方应当支付权利金。股票期权卖方收取权利金，并应当根据证券交易所、证券登记结算机构的规定交纳保证金。保证金以现金、证券交易所及证券登记结算机构认可的证券方式交纳 ④证券公司应当在存管银行开设投资者股票期权保证金账户，用于存放投资者股票期权交易的权利金、行权资金、以现金形式提交的保证金

续表

业务规则	具体内容
交易规则概要	⑤股票期权买方有权决定在合约规定期间内是否行权。股票期权买方提出行权时，股票期权卖方应当按照有关规定履行相应义务。证券公司、期货公司等股票期权经营机构可以在经纪合同中与投资者约定为其提供协议行权服务 ⑥股票期权交易实行当日无负债结算制度。证券登记结算机构应当在当日及时将结算结果通知结算参与人，结算参与人据此对投资者进行结算，并应当将结算结果按照与投资者约定的方式及时通知投资者。投资者应当及时查询并妥善处理自己的交易持仓

七、场外衍生品

（一）法规概述

《证券法》第二条第三款规定“资产支持证券、资产管理产品发行、交易的管理办法，由国务院依照本法的原则规定”。除上述规定外，证券公司场外衍生品业务涉及的主要部门规章及规范性文件包括《关于证券公司证券自营业务投资范围及有关事项的规定》《证券公司柜台交易业务规范》《证券公司金融衍生品柜台交易业务规范》《证券公司金融衍生品柜台交易风险管理指引》《证券公司金融衍生品备案指引（试行）》《证券公司柜台市场管理办法》《场外证券业务备案管理办法》以及中国证券业协会颁布的《中国证券市场金融衍生品交易主协议》及补充协议，银行间市场交易商协会《NAFMII 主协议》。

（二）证券公司金融衍生品的交易范围、种类及其备案管理★★

1. 金融衍生品的定义、交易范围和种类（见图 3-26 所示）

- 金融衍生品
  - 定义
    - 是指远期、互换、期权等价值取决于股权、债权、信用、基金、利率、汇率、指数、期货等标的物的金融协议，以及其中一种或多种产品的组合。本文衍生品交易指证券公司在集中交易场所以外，根据与交易对手方达成的协议，与交易对手方直接开展的交易
  - 交易范围
    - 根据《关于证券公司自营投资范围及有关事项的规定》，具备证券自营业务资格的证券公司可以从事金融衍生产品交易；不具备证券自营业务资格的证券公司只能以对冲风险为目的，从事金融衍生产品交易
    - 不具备证券自营业务资格的证券公司只能以对冲风险为目的，从事金融衍生产品交易
  - 种类
    - 通过签订《中国证券市场金融衍生品交易主协议》及补充协议开展的互换及场外期权交易
    - 通过签署《NAFMII主协议》及补充协议等开展的利率衍生品以及黄金衍生品等交易

图 3-26　金融衍生品的定义、交易范围和种类

2. 备案管理

证券公司在开展金融衍生品业务前应向中国证券业协会进行业务方案备案，并取得相应业务方案备案确认函。中证机构间报价系统股份有限公司（以下简称“报价系统”）负责对证券公司金融衍生品备案和后续监测管理。衍生品业务备案主要包括业务备案性质、备

案条件、备案程序、重大事项报告，具体内容如表3-62所示。

表3-62　业务备案的相关事项

事项	具体内容
业务备案性质	中国证券业协会根据公平、公正、简便、高效的原则开展场外证券业务备案工作。接受备案不代表协会对所备案场外证券业务的投资价值及投资风险作出保证和判断，不能免除备案机构真实、合规、准确、完整、及时地披露场外证券业务信息的法律责任
备案条件	①备案机构开展场外衍生品业务应当符合下述要求：公司治理制度健全，决策与授权体系清晰，相关内部管理制度完整；具备与相关场外证券业务相适应的资本实力、专业人员和技术系统；具有能够有效防范利益输送、不公平交易、市场操纵等行为的风险控制机制；具有完善的投资者教育和投资者权益保护措施；中国证券业协会的其他要求 ②备案机构应当按照法律、法规、自律规则或者合同约定，督导信息披露义务人及时、充分、准确地披露场外证券业务信息与风险。严禁隐瞒相关信息，向投资者推介不适当的业务。备案机构及其从业人员应当严守职业道德，禁止以下行为：欺诈利益输送；操纵市场；不公平交易；不正当竞争；规避信息披露义务；其他违法违规行为
备案程序	①备案机构应当于首次开展业务之日起1个月内报送以下材料，完成该项业务首次备案：备案申请表和承诺函；场外衍生品业务说明书；场外衍生品业务相关内部管理制度，包括但不限于内部控制、风险控制、合规管理、投资者保护等制度；中国证券业协会要求的其他材料 ②备案材料应加盖备案机构公章或经备案机构法定代表人签字或签章。场外衍生品业务已在监管机构或其他自律组织完成备案的，备案机构仅需填报备案申请表中的基本信息。中国证券业协会规则对某项业务备案有特殊规定的，从其规定 ③备案信息变更的，备案机构应于变更事项发生后下一期月报中报送相关变更信息。中国证券业协会对备案材料齐备性、合规性进行审核。审核内容包括但不限于备案材料是否齐备；场外证券业务是否存在违反中国证监会、其他相关政府部门及协会规定的情形；备案机构开展场外衍生品业务是否符合《场外证券业务备案管理办法》及法律、法规、相关自律规则规定的业务开展条件 ④对首次业务备案，业务备案材料不完备的，中国证券业协会在接收备案材料5个工作日内一次性告知备案机构补正。协会未在5个工作日内提出材料补正要求或其他问题的，视为接受备案。协会对完成备案的备案机构场外证券业务在协会网站予以公布 ⑤备案机构开展场外衍生品业务期间应履行以下报告义务：备案机构应于每月10日前报送上一月场外衍生品业务开展规模、业务列表及基本信息，并应于每年4月30日前报送上一年场外证券业务年度报告，但相关内容已向监管机构或其他自律组织报送的除外。发生影响场外衍生品业务正常开展、可能造成投资者非正常重大损失事件的，备案机构应于事件发生后及时报送重大事项报告。场外衍生品业务发行、到期、到期日变更或展期的，应当于发生后5个工作日内，报送相关情况报告。进行变更或展期时，备案机构应当按有关规定作出合理安排，不得损害投资者合法权益 ⑥证券公司应在金融衍生品初始交易确认书签订后5个工作日内报送初始交易备案明细表，并提交以下材料：金融衍生品业务方案备案确认函、交易确认书、其他需要报送的材料 ⑦金融衍生品到期终止或非到期终止的，证券公司应在终止交易确认书或同等效力文件签订后10个工作日内报送终止交易备案明细表，同时提交终止交易确认书或同等效力文件，以及其他需要报送的材料

续表

事项	具体内容
重大事项报告	①金融衍生品存续期间发生重大业务风险,重大业务损失或影响持续运行等重大事件的,证券公司应立即采取有效措施,并于重大事件发生后2个工作日内向中证报价提交报告,说明重大事件的起因、处理措施和影响结果 ②重大事件包括但不限于以下情况:证券公司或交易对手方破产的;证券公司被取消金融衍生品交易业务资格的;一方拒不履行约定义务或丧失履行能力的;履约保证金或履约保障品价值低于预警阈值且未能在2个工作日内补足的;标的产品集中度、波动率达到预警阈值,或者标的产品因违反法律法规被相关监管机构采取终止上市等重大措施的;金融衍生品交易系统出现重大技术故障,导致交易暂停超过1个工作日的;其他影响金融衍生品交易的重大情况

八、区域性股权市场业务

为了探索拓展中小微企业股本融资渠道,各地陆续批设了一批区域性股权市场,区域性股权市场已成为多层次资本市场体系的“塔基”。2017年1月,国务院常务会议审议了规范发展区域性股权市场的政策措施,明确了规范发展区域性股权市场的总体原则,即处理好监管与发展的关系,按照既有利于规范、又有利于发展的要求,积极稳妥推进区域性股权市场规范发展,防范和化解金融风险,有序扩大和更加便利中小微企业融资。

(一)法规概述

证券公司参与区域性股权市场涉及的主要规定包括《区域性股权市场监督管理试行办法》《区域性股权市场自律管理与服务规范(试行)》等。

(二)证券公司参与区域性股权市场的业务范围★

根据《国务院办公厅关于规范发展区域性股权市场的通知》《区域性股权市场监督管理试行办法》《中国证券业协会章程》等规定,中国证券业协会制定了《区域性股权市场自律管理与服务规范(试行)》(本节简称《规范》)。根据《规范》相关规定,证券公司参与区域性股权市场的业务范围如下:

(1)证券公司可以参股、控股区域性股权市场运营机构。证券公司分支机构可以经证券公司批准并在授权范围内开展区域性股权市场相关业务。

(2)证券公司可以在区域性股权市场开展以下业务:

①推荐企业挂牌。

②承销可转换为股票的公司债券,推荐本公司承销的可转换为股票的公司债券在区域性股权市场挂牌转让。

③代理开立区域性股权市场证券账户。

④为在区域性股权市场开户的合格投资者买卖证券提供居间介绍服务。

⑤利用自有资金或依法管理的资产管理等产品投资区域性股权市场的证券。

⑥为证券的非公开发行组织合格投资者进行路演推介或其他促成投融资需求对接的活动。

⑦为合格投资者提供企业研究报告和尽职调查信息。

⑧与商业银行、小额贷款公司等开展业务合作,为企业提供融资服务。

⑨改制辅导、管理培训、管理咨询、财务顾问等相关服务。

⑩推荐企业展示。

⑪中国证监会或证券业协会规定的其他业务。

证券公司作为运营机构股东或者在区域性股权市场开展上述业务,应当遵守证券行业监管和自律规则以及区域性股权市场相关的管理规定。

(三)证券公司在区域性股权市场提供业务服务的相关规定★★

根据《规范》相关规定,证券公司在区域性股权市场提供业务服务的相关规定如图3–27所示。

证券公司在区域性股权市场提供业务服务的相关规定

- 建立健全相关风险管理制度,加强业务开展过程中的风险管理和防范
- 建立健全相关合规管理制度,明确内部职责分工,建立健全隔离制度,防范开展区域性股权市场业务过程中可能存在的内幕交易和利益冲突;证券公司入股区域性股权市场运营机构,应当采取必要措施与区域性股权市场运营机构保持业务独立,不得利用股东身份谋取不正当利益
- 证券公司及其从业人员应当勤勉尽责,严格遵守执业规范和职业道德,按规定和约定履行义务
- 证券公司应当于下列行为发生之日起1个月内将相关情况报送至中国证券业协会
  - 入股区域性股权市场运营机构
  - 取得区域性股权市场中介机构资格
  - 持股情况、中介机构资格发生变化
  - 中国证监会和中国证券业协会要求报送的其他信息
- 证券公司开展区域性股权市场业务,应当在每个月的前10个工作日内将上个月度业务开展情况报送至中国证券业协会;在每年4月30日前将上一年度参与区域性股权市场情况报送至中国证券业协会
- 证券公司子公司参照执行上述相关规定,以及"证券公司参与区域性股权市场的业务范围"章节相关内容

图3–27 证券公司在区域性股权市场提供业务服务的相关规定

(四)证券公司参与区域性股权市场的自律管理要求★

根据《规范》相关规定,证券公司参与区域性股权市场的自律管理要求如下:

(1)证券公司作为运营机构股东或者在区域性股权市场开展相关业务,应当遵守证券行业监管和自律规则以及区域性股权市场相关的管理规定。

(2)区域性股权市场运营机构、证券公司及其从业人员应当配合中国证券业协会对落

实《规范》及相关自律要求情况的监督检查。

（3）区域性股权市场运营机构、证券公司及其从业人员违反《规范》，中国证券业协会将视情节轻重采取相关自律惩戒措施；存在违反法律、法规行为的，将移交中国证监会及其派出机构或其他有权机关依法查处。

真题实练

1. 证券公司设立私募基金子公司，在风险控制指标方面应当满足最近（　　）个月各项风险指标符合中国证监会及协会的相关要求，且设立私募基金子公司后，各项风险控制指标仍持续符合规定。

A. 1　　　　B. 3

C. 4　　　　D. 6

2. 证券公司代销金融产品，不得有的行为包括（　　）。

Ⅰ. 夸大宣传

Ⅱ. 与客户分享投资收益

Ⅲ. 与客户分担投资损失

Ⅳ. 采取抽奖的方式诱导客户购买金融产品

A. Ⅰ、Ⅳ　　　　B. Ⅰ、Ⅱ、Ⅲ、Ⅳ

C. Ⅰ、Ⅱ、Ⅳ　　　　D. Ⅱ、Ⅲ

3. 证券公司从事中间介绍业务，应当与期货公司签订书面委托协议，委托协议应当载明的事项包括（　　）。

Ⅰ. 介绍业务的范围

Ⅱ. 从证券资金账户为客户划转期货保证金的规则

Ⅲ. 执行期货保证金安全存管制度的措施

Ⅳ. 代理客户进行期货交易的授权认证方式

A. Ⅰ、Ⅲ、Ⅳ　　　　B. Ⅰ、Ⅲ

C. Ⅱ、Ⅳ　　　　D. Ⅰ、Ⅱ

【答案及解析】

1. D　**【解析】**证券公司设立私募基金子公司，应当符合以下要求：①具有健全的公司治理结构，完善有效的内部控制机制、风险管理制度和合规管理制度，防范与私募基金子公司之间出现风险传递和利益冲突。②近6个月各项风险控制指标符合中国证监会及协会的相关要求，且设立私募基金子公司后，各项风险控制指标仍持续符合规定。③最近1年未因重大违法违规行为受到刑事或行政处罚，且不存在因涉嫌重大违法违规正受到监管部门和有关机关调查的情形。④公司章程有关对外投资条款中明确规定公司可以设立私募基金子公司，并经注册地中国证监会派出机构审批。⑤证券公司应当以自有资金全资设立私募基金子公司，不得采用股份代持等其他方式变相与其他投资者共同出资设立私募基金子公司。⑥中国证监会及协会规定的其他条件。证券公司未能做到突出主业,稳健经营、诚实守信、勤勉尽责、资本约束或内控有力的,不得设立私募基金子公司。

2. B 【解析】根据《证券公司代销金融产品管理规定》,证券公司代销金融产品,不得有下列行为:①采取夸大宣传、虚假宣传等方式误导客户购买金融产品;②采取抽奖、回扣、赠送实物等方式诱导客户购买金融产品;③与客户分享投资收益、分担投资损失;④使用除证券公司客户交易结算资金专用存款账户外的其他账户,代委托人接收客户购买金融产品的资金;⑤其他可能损害客户合法权益的行为。证券公司从事代销金融产品活动的人员不得接受委托人给予的财物或其他利益。

3. B 【解析】证券公司从事介绍业务,应当与期货公司签订书面委托协议。委托协议应当载明下列事项:①介绍业务的范围;②执行期货保证金安全存管制度的措施;③介绍业务对接规则;④客户投诉的接待处理方式;⑤报酬支付及相关费用的分担方式;⑥违约责任;⑦中国证监会规定的其他事项。

第四章　证券市场典型违法违规行为及法律责任

思维导图

本章思维导图见图 4-1 所示。

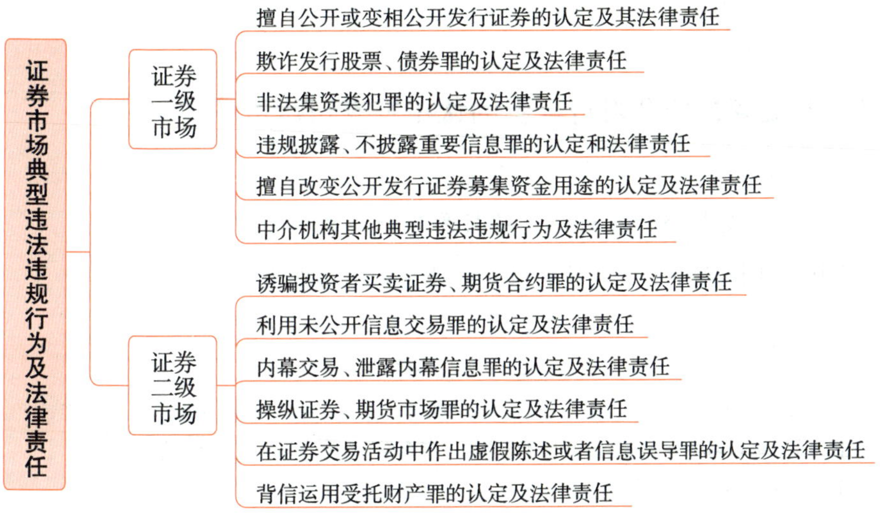

图 4-1　第四章思维导图

考情分析

本章旨在区分一级市场和二级市场的违法违规行为和法律责任（见表 4-1 所示）。

表 4-1　第四章考情分析

小节名称	题量①	页码②	性价比③
第一节　证券一级市场	1.5%	2.7%	0.6
第二节　证券二级市场	1.1%	2.2%	0.5

注：①题量是根据历年真题占比计算而来；

②页码是每个小节在整本书籍的占比；

③性价比是题量和页码的比值。性价比标志着本小节的重要性。

特别提示：查看本章节视频，请使用“海绵金融 APP”或“微信”扫描右侧二维码

第一节　证券一级市场

考纲要求

本节考纲要求见表 4-2 所示。

表 4-2　　第四章第一节考纲要求

考纲要求	星级	具体内容
了解	★	擅自改变公开发行证券募集资金用途的法律责任
熟悉	★★	①擅自公开或变相公开发行证券的特征及其法律责任。 ②欺诈发行股票、债券的犯罪构成、刑事立案追诉标准及其法律责任
掌握	★★★	①非法集资类犯罪的犯罪构成、立案追诉标准并熟悉其法律责任。 ②违规披露、不披露重要信息的行政责任、刑事责任的认定。 ③中介机构其他典型违法违规行为及法律责任

考点梳理

一、擅自公开或变相公开发行证券的认定及其法律责任

(一)擅自公开或变相公开发行证券的认定

1. 擅自公开或变相公开发行证券的行为特征★★

擅自公开或变相公开发行证券的行为特征主要内容如表 4-3 所示。

表 4-3　　擅自公开或变相公开发行证券的行为特征

项目	具体内容
公开发行	公开发行证券,必须符合法律、行政法规规定的条件,并依法报中国证监会核准;未经依法核准,任何单位和个人不得公开发行证券。有下列情形之一的,为公开发行: ①向不特定对象发行证券的 ②向特定对象发行证券累计超过 200 人,但依法实施员工持股计划的员工人数不计算在内 ③法律、行政法规规定的其他发行行为 非公开发行证券,不得采用广告、公开劝诱和变相公开方式。未经国家有关主管部门注册,向不特定对象发行证券或者向特定对象发行证券累计超过 200 人,但依法实施员工持股计划的员工人数不计算在内的为擅自公开发行证券
变相公开发行	变相公开发行包括但不限于以下几种情形: ①非公开发行股票及其股权转让,采用广告、公告、广播、电话、传真、信函、推介会、说明会、网络、短信、公开劝诱等公开方式或变相公开方式向社会公众发行 ②公司股东自行或委托他人以公开方式向社会公众转让股票,亦构成变相公开发行股票 ③向特定对象转让股票,未经中国证监会注册,转让后公司股东累计超过 200 人,但依法实施员工持股计划的员工人数不计算在内

2. 擅自发行股票、公司、企业债券罪的认定

根据《最高人民法院关于审理非法集资刑事案件具体应用法律若干问题的解释》第 6 条规定,未经国家有关主管部门批准,向社会不特定对象发行、以转让股权等方式变相发行股票或者公司、企业债券,或者向特定对象发行、变相发行股票或者公司、企业债券累计超过 200 人的,应当认定为《刑法》第 179 条规定的“擅自发行股票、公司、企业债券”。构成犯罪的,以擅自发行股票、公司、企业债券罪定罪处罚。

擅自发行股票、公司、企业债券罪的犯罪构成,如表 4-4 所示。

表 4-4 擅自发行股票、公司、企业债券罪的犯罪构成

构成要件	具体内容
主体	本罪的主体是一般主体，既可以是自然人，也可以是单位
主观方面	本罪的主观方面是故意
客体	本罪的客体是国家对发行股票或者公司、企业债券的管理秩序
客观方面	①未经国家有关部门批准，擅自发行股票或者公司、企业债券。包括未经批准，不具有发行资格而擅自发行股票或者公司、企业债券，和具有合法发行资格但违反《证券法》等法律法规的规定发行股票或公司、企业债券 ②数额巨大，后果严重或者有其他严重情节

（二）法律责任★★

擅自公开或变相公开发行证券的刑事责任和行政责任，具体内容如表 4-5 所示。

表 4-5 擅自公开或变相公开发行证券的刑事责任和行政责任

项目	具体内容
刑事责任	①根据《刑法》第 179 条规定，未经国家有关主管部门批准，擅自发行股票或者公司、企业债券，数额巨大、后果严重或者有其他严重情节的，处 5 年以下有期徒刑或者拘役，并处或者单处非法募集资金金额 1% 以上 5% 以下罚金 ②单位犯该罪的，对单位判处罚金，并对其直接负责的主管人员和其他直接责任人员，处 5 年以下有期徒刑或者拘役
行政责任	①根据《证券法》第 180 条规定，擅自公开或者变相公开发行证券的，责令停止发行，退还所募资金并加算银行同期存款利息，处以非法所募资金金额 5% 以上 50% 以下的罚款 ②对擅自公开或者变相公开发行证券设立的公司，由依法履行监督管理职责的机构或者部门会同县级以上地方人民政府予以取缔。对直接负责的主管人员和其他直接责任人员给予警告，并处以 50 万元以上 500 万元以下的罚款

二、欺诈发行股票、债券罪的认定及法律责任★★

（一）欺诈发行股票、债券罪的认定

欺诈发行股票、债券罪的概念、犯罪构成、刑事立案追诉标准如表 4-6 所示。

表 4-6 欺诈发行股票、债券罪的犯罪构成

<table>
<tr><th colspan="2">欺诈发行股票、债券罪</th><th>具体内容</th></tr>
<tr><td colspan="2">概念</td><td>指发行人不符合发行条件，以欺骗手段骗取发行注册的行为。情节严重构成犯罪的，以欺诈发行股票、债券罪定罪处罚</td></tr>
<tr><td rowspan="3">犯罪构成</td><td>主体</td><td>本罪的犯罪主体主要是单位，自然人在一定条件下也能成为犯罪主体</td></tr>
<tr><td>主观方面</td><td>本罪在主观上只能由故意构成，过失不构成本罪。即行为人明知自己所制作的招股说明书、认股书、债券募集办法等不是对本公司状况或本次股票、债券发行状况的真实、准确、完整反映，仍然积极为之。因而在本罪中行为人的罪过实质是欺诈募股或欺诈发行债券</td></tr>
<tr><td>客体</td><td>本罪侵犯的客体是复杂客体，即国家对证券市场的管理秩序以及投资者（即股东、债权人和公众）的合法权益</td></tr>
</table>

续表

欺诈发行股票、债券罪		具体内容
犯罪构成	客观方面	①行为人必须实施在招股说明书、认股书、公司、企业债券募集办法中能隐瞒重要事实或者编造重大虚假内容的行为 ②行为人必须实施了发行股票或公司、企业债券的行为。如果行为人仅是制作了虚假的招股说明书、认股书、公司、企业债券募集办法,而未实施发行股票或者公司、企业债券的行为,不构成本罪,必须是既制作了虚假的上述文件,且已经发行股票和公司、企业债券的才构成本罪 ③行为人制作虚假的招股说明书、认股书、公司、企业债券募集办法发行股票或者公司、企业债券的行为,必须达到一定的严重程度,即达到"数额巨大,后果严重或者有其他严重情节的",才构成犯罪
刑事立案追诉标准		根据《最高人民检察院、公安部关于公安机关管辖的刑事案件立案追诉标准的规定(二)》第5条规定,在招股说明书、认股书、公司、企业债券募集办法中隐瞒重要事实或者编造重大虚假内容,发行股票或者公司、企业债券,涉嫌下列情形之一的,应予立案追诉: ①发行数额在500万元以上的 ②伪造、变造国家机关公文、有效证明文件或者相关凭证、单据的 ③利用募集的资金进行违法活动的 ④转移或者隐瞒所募集资金的 ⑤其他后果严重或者有其他严重情节的情形

(二)法律责任

1. 刑事责任

根据《刑法》第160条规定,在招股说明书、认股书、公司、企业债券募集办法等发行文件中隐瞒重要事实或者编造重大虚假内容,发行股票或者公司、企业债券、存托凭证或者国务院依法认定的其他证券,数额巨大、后果严重或者有其他严重情节的,处5年以下有期徒刑或者拘役,并处或者单处罚金;数额特别巨大、后果特别严重或者有其他特别严重情节的,处5年以上有期徒刑,并处罚金。

控股股东、实际控制人组织、指使实施前款行为的,处5年以下有期徒刑或者拘役,并处或者单处非法募集资金金额20%以上1倍以下罚金;数额特别巨大、后果特别严重或者有其他特别严重情节的,处5年以上有期徒刑,并处非法募集资金金额20%以上1倍以下罚金。

单位犯前两款罪的,对单位判处非法募集资金金额20%以上1倍以下罚金,并对其直接负责的主管人员和其他直接责任人员,依照第1款的规定处罚。

2. 行政责任

根据《证券法》第181条规定,发行人在其公告的证券发行文件中隐瞒重要事实或者编造重大虚假内容,尚未发行证券的,处以200万元以上2000万元以下的罚款;已经发行证券的,处以非法所募资金金额10%以上1倍以下的罚款。对直接负责的主管人员和其他直接责任人员,处以100万元以上1000万元以下的罚款。

发行人的控股股东、实际控制人组织、指使从事前款违法行为的，没收违法所得，并处以违法所得10%以上1倍以下的罚款；没有违法所得或者违法所得不足2000万元的，处以200万元以上2000万元以下的罚款。对直接负责的主管人员和其他直接责任人员，处以100万元以上1000万元以下的罚款。

根据《证券法》第182条规定，保荐人出具有虚假记载、误导性陈述或者重大遗漏的保荐书，或者不履行其他法定职责的，责令改正，给予警告，没收业务收入，并处以业务收入1倍以上10倍以下的罚款；没有业务收入或者业务收入不足100万元的，处以100万元以上1000万元以下的罚款；情节严重的，并处暂停或者撤销保荐业务许可。对直接负责的主管人员和其他直接责任人员给予警告，并处以50万元以上500万元以下的罚款。

根据《证券法》第220条规定，违反本法规定，应当承担民事赔偿责任和缴纳罚款、罚金、违法所得，违法行为人的财产不足以支付的，优先用于承担民事赔偿责任。

根据《证券法》第222条规定，依照本法收缴的罚款和没收的违法所得，全部上缴国库。

三、非法集资类犯罪的认定及法律责任★★★

（一）非法吸收公众存款罪

1. 非法吸收公众存款罪的认定

非法吸收公众存款罪的概念、犯罪构成、刑事立案追诉标准如表4-7所示。

表4-7　非法吸收公众存款罪的犯罪构成

非法吸收公众存款罪		具体内容
概念		是指非法吸收公众存款或者变相吸收公众存款，扰乱金融秩序的行为
犯罪构成	主体	本罪的犯罪主体为一般主体，包括自然人和单位
	主观方面	本罪犯罪主观方面为故意
	客体	本罪侵犯的客体是国家金融管理秩序
	客观方面	本罪的客观方面表现为非法吸收或者变相吸收公众存款的行为
刑事立案追诉标准		根据《最高人民检察院、公安部关于公安机关管辖的刑事案件立案追诉标准的规定（二）》第28条规定，非法吸收公众存款或者变相吸收公众存款，扰乱金融秩序，涉嫌下列情形之一的，应予立案追诉： ①个人非法吸收或者变相吸收公众存款数额在20万元以上的，单位非法吸收或者变相吸收公众存款数额在100万元以上的 ②个人非法吸收或者变相吸收公众存款30户以上的，单位非法吸收或者变相吸收公众存款150户以上的 ③个人非法吸收或者变相吸收公众存款给存款人造成直接经济损失数额在10万元以上的，单位非法吸收或者变相吸收公众存款给存款人造成直接经济损失数额在50万元以上的 ④造成恶劣社会影响的 ⑤其他扰乱金融秩序情节严重的情形

2. 法律责任

根据《刑法》第176条规定，非法吸收公众存款或者变相吸收公众存款，扰乱金融秩序的，处3年以下有期徒刑或者拘役，并处或者单处罚金；数额巨大或者有其他严重情节的，处3年以上10年以下有期徒刑，并处罚金；数额特别巨大或者有其他特别严重情节的，处10年以上有期徒刑，并处罚金。

单位犯前款罪的，对单位判处罚金，并对其直接负责的主管人员和其他直接责任人员，依照前款的规定处罚。

有前两款行为，在提起公诉前积极退赃退赔，减少损害结果发生的，可以从轻或者减轻处罚。

(二)集资诈骗罪

1. 集资诈骗罪的认定

集资诈骗罪的概念、犯罪构成、刑事立案追诉标准如表4-8所示。

表4-8 集资诈骗罪的犯罪构成

集资诈骗罪		具体内容
概念		是指以非法占有为目的，使用诈骗方法非法集资的行为
犯罪构成	主体	该类罪的犯罪主体为一般主体，包括自然人和单位
	主观方面	本罪犯罪主观方面是故意，且以非法占有为目的
	客体	该罪犯罪客体是国家金融管理秩序及公私财产所有权
	客观方面	该类罪的犯罪客观方面为使用诈骗手段实施非法集资，且数额较大的行为
刑事立案追诉标准		根据《最高人民检察院、公安部关于公安机关管辖的刑事案件立案追诉标准的规定(二)》第49条规定，以非法占有为目的，使用诈骗方法非法集资，涉嫌下列情形之一的，应予立案追诉： ①个人集资诈骗，数额在10万元以上的 ②单位集资诈骗，数额在50万元以上的

2. 法律责任

根据《刑法》第192条规定，以非法占有为目的，使用诈骗方法非法集资，数额较大的，处3年以上7年以下有期徒刑，并处罚金；数额巨大或者有其他严重情节的，处7年以上有期徒刑或者无期徒刑，并处罚金或者没收财产。

单位犯前款罪的，对单位判处罚金，并对其直接负责的主管人员和其他直接责任人员，依照前款的规定处罚。

根据《刑法》第200条规定，单位犯本节第194条、第195条规定之罪的，对单位判处罚金，并对其直接负责的主管人员和其他直接责任人员，处5年以下有期徒刑或者拘役，可以并处罚金；数额巨大或者有其他严重情节的，处5年以上10年以下有期徒刑，并处罚金；数额特别巨大或者有其他特别严重情节的，处10年以上有期徒刑或者无期徒刑，并处罚金。

四、违规披露、不披露重要信息罪的认定和法律责任

（一）违规披露、不披露重要信息罪的认定

违规披露、不披露重要信息的概念、犯罪构成、刑事立案追诉标准如表4-9所示。

表4-9　　违规披露、不披露重要信息罪的犯罪构成及刑事立案追诉标准

违规披露、不披露重要信息罪		具体内容
概念		是指依法负有信息披露义务的公司、企业向股东和社会公众提供虚假的或者隐瞒重要事实的财务会计报告，或者对依法应当披露的其他重要信息不按照规定披露，严重损害股东或者其他人利益，或有其他严重情节的行为
犯罪构成	主体	本罪的犯罪主体为特殊主体，即依法负有信息披露义务的公司、企业及相关责任人员
	主观方面	本罪犯罪主观方面只能由故意构成，过失不构成本罪
	客体	本罪侵犯的客体是国家有关公司、企业的财会报告及其他重要信息的管理秩序和股东、社会公众和其他利害关系人的合法权益
	客观方面	本罪在客观方面表现为公司向股东和社会公众提供虚假的或者隐瞒重要事实的财务会计报告，严重损害股东或者其他人利益的行为
刑事立案追诉标准		根据《最高人民检察院、公安部关于公安机关管辖的刑事案件立案追诉标准的规定（二）》第6条规定，依法负有信息披露义务的公司、企业向股东和社会公众提供虚假的或者隐瞒重要事实的财务会计报告，或者对依法应当披露的其他重要信息不按照规定披露，涉嫌下列情形之一的，应予立案追诉： ①造成股东、债权人或者其他人直接经济损失数额累计在50万元以上的 ②虚增或者虚减资产达到当期披露的资产总额30%以上的 ③虚增或者虚减利润达到当期披露的利润总额30%以上的 ④未按照规定披露的重大诉讼、仲裁、担保、关联交易或者其他重大事项所涉及的数额或者连续12个月的累计数额占净资产50%以上的 ⑤致使公司发行的股票、公司债券或者国务院依法认定的其他证券被终止上市交易或者多次被暂停上市交易的 ⑥致使不符合发行条件的公司、企业骗取发行核准并且上市交易的 ⑦在公司财务会计报告中将亏损披露为盈利，或者将盈利披露为亏损的 ⑧多次提供虚假的或者隐瞒重要事实的财务会计报告，或者多次对依法应当披露的其他重要信息不按照规定披露的 ⑨其他严重损害股东、债权人或者其他人利益，或者有其他严重情节的情形

(二)法律责任★★★

1. 刑事责任

根据《刑法》第161条规定,依法负有信息披露义务的公司、企业向股东和社会公众提供虚假的或者隐瞒重要事实的财务会计报告,或者对依法应当披露的其他重要信息不按照规定披露,严重损害股东或者其他人利益,或者有其他严重情节的,对其直接负责的主管人员和其他直接责任人员,处5年以下有期徒刑或者拘役,并处或者单处罚金;情节特别严重的,处5年以上10年以下有期徒刑,并处罚金。

前款规定的公司、企业的控股股东、实际控制人实施或者组织、指使实施前款行为的,或者隐瞒相关事项导致前款规定的情形发生的,依照前款的规定处罚。

犯前款罪的控股股东、实际控制人是单位的,对单位判处罚金,并对其直接负责的主管人员和其他直接责任人员,依照第1款的规定处罚。

2. 行政责任

中国证监会《信息披露违法行为行政责任认定规则》关于违规披露、不披露重要信息行政责任认定的相关规定如下:

(1)行政责任认定的一般性规定。

根据第15条规定,发生信息披露违法行为的,依照法律、行政法规、规章规定,对负有保证信息披露真实、准确、完整、及时和公平义务的董事、监事、高级管理人员,应当视情形认定其为直接负责的主管人员或者其他直接责任人员承担行政责任,但其能够证明已尽忠实、勤勉义务,没有过错的除外。

根据第16条规定,信息披露违法行为的责任人员可以提交公司章程,载明职责分工和职责履行情况的材料,相关会议纪要或者会议记录以及其他证据来证明自身没有过错。

根据第17条规定,董事、监事、高级管理人员之外的其他人员,确有证据证明其行为与信息披露违法行为具有直接因果关系,包括实际承担或者履行董事、监事或者高级管理人员的职责,组织、参与、实施了公司信息披露违法行为或者直接导致信息披露违法的,应当视情形认定其为直接负责的主管人员或者其他直接责任人员。

根据第18条规定,有证据证明因信息披露义务人受控股股东、实际控制人指使,未按照规定披露信息,或者所披露的信息有虚假记载、误导性陈述或者重大遗漏的,在认定信息披露义务人责任的同时,应当认定信息披露义务人控股股东、实际控制人的信息披露违法责任。信息披露义务人的控股股东、实际控制人是法人的,其负责人应当认定为直接负责的主管人员。

控股股东、实际控制人直接授意、指挥从事信息披露违法行为,或者隐瞒应当披露信息、不告知应当披露信息的,应当认定控股股东、实际控制人指使从事信息披露违法行为。

根据第19条规定,一般情形下,信息披露违法责任人员的责任大小,可以从以下方面考虑责任人员与案件中认定的信息披露违法的事实、性质、情节、社会危害后果的关系综合分析认定(见表4-10所示)。

表 4-10　　影响信息披露违法责任人员责任大小的因素

影响因素	具体内容
在信息披露违法行为发生过程中所起的作用	对于认定的信息披露违法事项是起主要作用还是次要作用，是否组织、策划、参与、实施信息披露违法行为，是积极参加还是被动参加
知情程度和态度	对于信息披露违法事项及其内容是否知情，是否反映、报告，是否采取措施有效避免或者减少损害后果，是否放任违法行为发生
职务、具体职责及履行职责情况	认定的信息披露违法事项是否与责任人员的职务、具体职责存在直接关系，责任人员是否忠实、勤勉履行职责，有无懈怠、放弃履行职责，是否履行职责预防、发现和阻止信息披露违法行为发生
专业背景	是否存在责任人员有专业背景，对于信息披露中与其专业背景有关违法事项应当发现而未予指出的情况，如专业会计人士对于会计问题、专业技术人员对于技术问题等未予指出

(2)从轻或者减轻处罚情形、不予行政处罚情形、不予豁免处罚情形、从重处罚情形(见表 4-11 所示)。

表 4-11　从轻或者减轻处罚情形、不予行政处罚情形、不予豁免处罚情形、从重处罚情形

情形	具体内容
从轻或者减轻处罚情形	根据中国证监会《信息披露违法行为行政责任认定规则》第 20 条规定，认定从轻或者减轻处罚考虑的情形包括： ①未直接参与信息披露违法行为 ②在信息披露违法行为被发现前，及时主动要求公司采取纠正措施或者向证券监管机构报告 ③在获悉公司信息披露违法后，向公司有关主管人员或公司上级主管提出质疑并采取了适当措施 ④配合证券监管机构调查且有立功表现 ⑤受他人胁迫参与信息披露违法行为 ⑥其他需要考虑的情形
不予行政处罚情形	根据第 21 条规定，认定为不予行政处罚考虑的情形包括： ①当事人对认定的信息披露违法事项提出具体异议记载于董事会、监事会、公司办公会会议记录等，并在上述会议中投反对票的 ②当事人在信息披露违法事实所涉及期间，由于不可抗力、失去人身自由等无法正常履行职责的 ③对公司信息披露违法行为不负有主要责任的人员在公司信息披露违法行为发生后及时向公司和证券交易所、证券监管机构报告的 ④其他需要考虑的情形
不予豁免处罚情形	根据第 22 条规定，任何下列情形，不得单独作为不予处罚情形认定： ①不直接从事经营管理 ②能力不足、无相关职业背景 ③任职时间短、不了解情况 ④相信专业机构或者专业人员出具的意见和报告 ⑤受到股东、实际控制人控制或者其他外部干预

续表

情形	具体内容
从重处罚情形	根据第23条规定，下列情形认定为应当从重处罚的情形： ①不配合证券监管机构监管，或者拒绝、阻碍证券监管机构及其工作人员执法，甚至以暴力、威胁及其他手段干扰执法 ②在信息披露违法案件中变造、隐瞒、毁灭证据，或者提供伪证，妨碍调查 ③两次以上违反信息披露规定并受到行政处罚或者证券交易所纪律处分 ④在信息披露上有不良诚信记录并记入证券期货诚信档案 ⑤中国证监会认定的其他情形

(3)《证券法》关于违规披露、不披露重要信息行政责任的具体承担方式的规定。

根据《证券法》第197条规定，信息披露义务人未按照《证券法》规定报送有关报告或者履行信息披露义务的，责令改正，给予警告，并处以50万元以上500万元以下的罚款；对直接负责的主管人员和其他直接责任人员给予警告，并处以20万元以上200万元以下的罚款。发行人的控股股东、实际控制人组织、指使从事上述违法行为，或者隐瞒相关事项导致发生上述情形的，处以50万元以上500万元以下的罚款；对直接负责的主管人员和其他直接责任人员，处以20万元以上200万元以下的罚款。

信息披露义务人报送的报告或者披露的信息有虚假记载、误导性陈述或者重大遗漏的，责令改正，给予警告，并处以100万元以上1000万元以下的罚款；对直接负责的主管人员和其他直接责任人员给予警告，并处以50万元以上500万元以下的罚款。发行人的控股股东、实际控制人组织、指使从事上述违法行为，或者隐瞒相关事项导致发生上述情形的，处以100万元以上1000万元以下的罚款；对直接负责的主管人员和其他直接责任人员，处以50万元以上500万元以下的罚款。

根据《证券法》第196条规定，收购人未按照《证券法》规定履行上市公司收购的公告、发出收购要约义务的，责令改正，给予警告，并处以50万元以上500万元以下的罚款。对直接负责的主管人员和其他直接责任人员给予警告，并处以20万元以上200万元以下的罚款。

收购人及其控股股东、实际控制人利用上市公司收购，给被收购公司及其股东造成损失的，应当依法承担赔偿责任。

五、擅自改变公开发行证券募集资金用途的认定及法律责任

（一）擅自改变公开发行证券募集资金用途的认定

公司对公开发行股票所募集资金，必须按照招股说明书或者其他公开发行募集文件所列资金用途使用；改变资金用途，必须经股东大会作出决议。擅自改变用途，未作纠正的，或者未经股东大会认可的，不得公开发行新股。

公开发行公司债券筹集的资金，必须按照公司债券募集办法所列资金用途使用；改变资金用途，必须经债券持有人会议作出决议。公开发行公司债券筹集的资金，不得用于弥补亏损和非生产性支出。

(二)法律责任★

根据《证券法》第185条规定,发行人擅自改变公开发行证券所募集资金的用途的,责令改正,处以50万元以上500万元以下的罚款;对直接负责的主管人员和其他直接责任人员给予警告,并处以10万元以上100万元以下的罚款。

发行人的控股股东、实际控制人从事或者组织、指使从事前款违法行为的,给予警告,并处以50万元以上500万元以下的罚款;对直接负责的主管人员和其他直接责任人员,处以10万元以上100万元以下的罚款。

六、中介机构其他典型违法违规行为及法律责任★★★

(一)中介机构违反证券承销业务规定的行为认定

证券公司承销证券,应当对公开发行募集文件的真实性、准确性、完整性进行核查。发现有虚假记载、误导性陈述或者重大遗漏的,不得进行销售活动;已经销售的,必须立即停止销售活动,并采取纠正措施。

证券公司承销证券,不得有下列行为:

(1)进行虚假的或者误导投资者的广告宣传或者其他宣传推介活动;

(2)以不正当竞争手段招揽承销业务;

(3)其他违反证券承销业务规定的行为。

(二)中介机构违反证券承销业务规定的法律责任

1. 行政责任

根据《证券法》第184条的规定,证券公司承销证券违反《证券法》第29条规定的,责令改正,给予警告,没收违法所得,可以并处50万元以上500万元以下的罚款;情节严重的,暂停或者撤销相关业务许可。对直接负责的主管人员和其他直接责任人员给予警告,可以并处20万元以上200万元以下的罚款;情节严重的,并处以50万元以上500万元以下的罚款。

2. 民事责任

证券公司承销证券存在《证券法》第29条第2款所列行为,给其他证券承销机构或者投资者造成损失的,应当依法承担赔偿责任。

真题实练

1. 擅自公开或者变相公开发行证券的,关于该行为的法律后果,下列表述正确的是(　　)。

Ⅰ. 责令停止发行,退还所募集资金和加算银行同期存款利息,并处以非法所募集资金金额5%以上50%以下的罚款

Ⅱ. 对直接负责的主管人员和其他直接负责人员给予警告,并处以一定数额的罚款

Ⅲ. 应当承担民事赔偿责任和缴纳罚金,其财产不足以同时支付时,先承担罚款、罚金

Ⅳ. 对证券发行行为没收的违法所得和罚款，全部上缴国库

A. Ⅱ、Ⅲ、Ⅳ　　B. Ⅰ、Ⅲ、Ⅳ

C. Ⅰ、Ⅱ、Ⅳ　　D. Ⅰ、Ⅱ、Ⅲ

2. 以下关于欺诈发行股票、债券罪的构成要素表述正确的是(　　)。

Ⅰ. 本罪犯罪主体只能为单位

Ⅱ. 本罪主观上过失可构成

Ⅲ. 伪造、变造国家机关公文、有效证明文件或相关凭证、单据的应当予以追诉

Ⅳ. 犯罪客体为侵犯了公私财产所有权

A. Ⅲ、Ⅳ　　B. Ⅲ

C. Ⅰ、Ⅱ　　D. Ⅰ、Ⅲ

3. 关于违规披露、不披露重要信息罪的构成特征，下列表述正确的是(　　)。

Ⅰ. 本罪侵犯的客体只包含国家对证券市场的管理制度

Ⅱ. 本罪在客观方面表现为公司向股东和社会公众提供虚假的或者隐瞒重要事实的财务会计报告，严重损害股东或者其他人利益的行为

Ⅲ. 本罪在主观方面只能由故意构成，过失不构成本罪

Ⅳ. 本罪的主体是特殊主体，即依法负有信息披露义务的公司、企业

A. Ⅰ、Ⅲ、Ⅳ　　B. Ⅱ、Ⅲ、Ⅳ

C. Ⅰ、Ⅱ、Ⅲ　　D. Ⅰ、Ⅱ、Ⅳ

【答案及解析】

1. C　【解析】Ⅲ错误，欺诈发行股票、债券的犯罪应当承担民事赔偿责任和缴纳罚款、罚金，其财产不足以同时支付时，先承担民事赔偿责任。根据《证券法》，擅自公开或者变相公开发行证券的，责令停止发行，退还所募资金并加算银行同期存款利息，处以非法所募资金金额5%以上50%以下的罚款；对擅自公开或者变相公开发行证券设立的公司，由依法履行监督管理职责的机构或者部门会同县级以上地方人民政府予以取缔。对直接负责的主管人员和其他直接责任人员给予警告，并处以50万元以上500万元以下的罚款。

2. B　【解析】Ⅰ错误，欺诈发行股票、债券罪的主体主要是单位。自然人在一定条件下也能成为犯罪的主体。Ⅱ错误，欺诈发行股票、债券罪在主观上只能由故意构成，过失不构成本罪。Ⅳ错误，欺诈发行股票、债券罪侵犯的是股东、债权人及社会公众的利益和国家的证券市场管理制度。

3. B　【解析】违规披露、不披露重要信息罪具有以下构成特征：①本罪侵犯的客体是国家对公司、企业的信息公开披露制度和股东、社会公众和其他利害关系人的合法权益。②本罪在客观方面表现为公司向股东和社会公众提供虚假的或者隐瞒重要事实的财务会计报告、严重损害股东或者其他人利益的行为。③本罪在主观方面只能由故意构成，过失不构成本罪。④本罪的主体是特殊主体，即依法负有信息披露义务的公司、企业及相关责任人员。

第二节　证券二级市场

考纲要求

本节考纲要求见表 4-12 所示。

表 4-12　第四章第二节考纲要求

考纲要求	星级	具体内容
熟悉	★★	背信运用受托财产的犯罪构成、刑事追诉标准及其法律责任
掌握	★★★	①诱骗投资者买卖证券、期货合约的刑事责任的认定 ②利用未公开信息交易的刑事责任、民事责任及行政责任的认定 ③内幕交易、泄露内幕信息的刑事责任、民事责任及行政责任的认定 ④操纵证券期货市场的刑事责任、民事责任及行政责任的认定 ⑤在证券交易活动中作出虚假陈述或者信息误导的法律责任认定

考点梳理

一、诱骗投资者买卖证券、期货合约罪的认定及法律责任★★★

（一）诱骗投资者买卖证券、期货合约罪的认定

诱骗投资者买卖证券、期货合约罪的概念、犯罪构成、刑事立案追诉标准如表 4-13 所示。

表 4-13　诱骗投资者买卖证券、期货合约罪的概念、犯罪构成、刑事立案追诉标准

诱骗投资者买卖证券、期货合约罪		具体内容
概念		证券交易所、期货交易所、证券公司、期货经纪公司的从业人员，证券业协会、期货业协会或者证券期货监督管理部门的工作人员，故意提供虚假信息或者伪造、变造、销毁交易记录，诱骗投资者买卖证券、期货合约，造成严重后果的行为
犯罪构成	主体	该罪的主体是特殊主体，主要包括： ①证券交易所、期货交易所、证券公司、期货经纪公司的从业人员 ②证券业协会、期货业协会或者证券期货监督管理部门的工作人员
	主观方面	该罪的主观方面只能是故意，过失不构成本罪
	客体	该罪侵犯的客体是证券、期货交易市场的正常管理秩序和证券、期货投资人的合法利益
	客观方面	该罪的客观要件表现为行为人故意提供虚假信息或者伪造、变造、销毁交易记录，诱骗投资者买卖证券、期货合约，适成严重后果的行为

续表

诱骗投资者买卖证券、期货合约罪	具体内容
刑事立案追诉标准	根据《最高人民检察院、公安部关于公安机关管辖的刑事案件立案追诉标准的规定(二)》第38条规定,诱骗投资者买卖证券、期货合约案,涉嫌下列情形之一的,应予立案追诉: ①获利或者避免损失数额累计在5万元以上的 ②造成投资者直接经济损失数额在5万元以上的 ③致使交易价格和交易量异常波动的 ④其他造成严重后果的情形

(二)法律责任

1. 刑事责任

根据《刑法》第181条规定,证券交易所、期货交易所、证券公司、期货经纪公司的从业人员,证券业协会、期货业协会或者证券期货监督管理部门的工作人员,故意提供虚假信息或者伪造、变造、销毁交易记录,诱骗投资者买卖证券、期货合约,造成严重后果的,处5年以下有期徒刑或者拘役,并处或者单处1万元以上10万元以下罚金;情节特别恶劣的,处5年以上10年以下有期徒刑,并处2万元以上20万元以下罚金。单位犯前述罪的,对单位判处罚金,并对其直接负责的主管人员和其他直接责任人员,处5年以下有期徒刑或者拘役。

2. 行政责任

根据《证券法》第193条规定,证券交易所、证券公司、证券登记结算机构、证券服务机构的从业人员或者证券业协会的工作人员,故意提供虚假资料,隐匿、伪造、篡改或者毁损交易记录,诱骗投资者买卖证券的,撤销证券从业资格,并处以3万元以上10万元以下的罚款;属于国家工作人员的,还应当依法给予行政处分。

违反《证券法》规定,编造、传播虚假信息或者误导性信息,扰乱证券市场的,没收违法所得,并处以违法所得1倍以上10倍以下的罚款;没有违法所得或者违法所得不足20万元的,处以20万元以上200万元以下的罚款。

违反《证券法》规定,在证券交易活动中作出虚假陈述或者信息误导的,责令改正,处以20万元以上200万元以下的罚款;属于国家工作人员的,还应当依法给予处分。

传播媒介及其从事证券市场信息报道的工作人员违反《证券法》规定,从事与其工作职责发生利益冲突的证券买卖的,没收违法所得,并处以买卖证券等值以下的罚款。

根据《期货交易管理条例》第67条规定,期货公司有欺诈客户行为的,对其责令改正,给予警告,没收违法所得,并处违法所得1倍以上5倍以下的罚款;没有违法所得或者违法所得不满10万元的,并处10万元以上50万元以下的罚款;情节严重的,责令停业整顿或者吊销期货业务许可证;对直接负责的主管人员和其他直接责任人员给予警告,并处1万元以上10万元以下的罚款;情节严重的,暂停或者撤销期货从业人员资格。

任何单位或者个人编造并且传播有关期货交易的虚假信息,扰乱期货交易市场的,依照上述规定处罚。

3. 民事责任

根据《证券法》第220条规定，违反本法规定，应当承担民事赔偿责任和缴纳罚款、罚金、违法所得，违法行为人的财产不足以支付的，优先用于承担民事赔偿责任。

二、利用未公开信息交易罪的认定及法律责任★★★

（一）利用未公开信息交易罪的认定

利用未公开信息交易罪的概念、犯罪构成、刑事立案追诉标准如表4-14所示。

表4-14　　利用未公开信息交易罪的概念、犯罪构成、刑事立案追诉标准

利用未公开信息交易罪		具体内容
概念		是指证券交易所、期货交易所、证券公司、期货经纪公司、基金管理公司、商业银行、保险公司等金融机构的从业人员以及有关监管部门或者行业协会的工作人员，利用因职务便利获取的内幕信息以外的其他未公开的信息，违反规定，从事与该信息相关的证券、期货交易活动，或者明示、暗示他人从事相关交易活动，情节严重的行为
犯罪构成	主体	该罪的主体是特殊主体，主要包括两个方面： ①证券交易所、期货交易所、证券公司、期货经纪公司、基金管理公司、商业银行、保险公司等金融机构的从业人员 ②有关监管部门或者行业协会的工作人员
	主观方面	该罪的主观方面只能是故意，过失不构成本罪
	客体	该罪侵犯的客体是证券、期货交易市场的正常管理秩序和证券、期货投资人的合法利益
	客观方面	该罪的客观要件表现为利用因职务便利获取的内幕信息以外的其他未公开信息，违反规定，从事与该信息相关的证券、期货交易活动，或者明示、暗示他人从事相关交易活动，情节严重的行为
刑事立案追诉标准		根据《最高人民检察院、公安部关于公安机关管辖的刑事案件立案追诉标准的规定（二）》第36条规定，利用未公开信息交易行为，涉嫌下列情形之一的，应予立案追诉： ①证券交易成交额累计在50万元以上的 ②期货交易占用保证金数额累计在30万元以上的 ③获利或者避免损失数额累计在15万元以上的 ④多次利用内幕信息以外的其他未公开信息进行交易活动的 ⑤其他情节严重的情形

（二）法律责任

根据《刑法》第180条规定，证券交易所、期货交易所、证券公司、期货经纪公司、基金管理公司、商业银行、保险公司等金融机构的从业人员以及有关监管部门或者行业协会的工作人员，利用因职务便利获取的内幕信息以外的其他未公开的信息，违反规定，从事与该信

息相关的证券、期货交易活动，或者明示、暗示他人从事相关交易活动，情节严重的，处5年以下有期徒刑或者拘役，并处或者单处违法所得1倍以上5倍以下罚金；情节特别严重的，处5年以上10年以下有期徒刑，并处违法所得1倍以上5倍以下罚金。

单位犯前款罪的，对单位判处罚金，并对其直接负责的主管人员和其他直接责任人员，处5年以下有期徒刑或者拘役。

根据《证券法》第54条的规定，禁止证券交易场所、证券公司、证券登记结算机构、证券服务机构和其他金融机构的从业人员、有关监管部门或者行业协会的工作人员，利用因职务便利获取的内幕信息以外的其他未公开的信息，违反规定，从事与该信息相关的证券交易活动，或者明示、暗示他人从事相关交易活动。利用未公开信息进行交易给投资者造成损失的，应当依法承担赔偿责任。

根据《证券法》第191条规定，证券交易内幕信息的知情人或者非法获取内幕信息的人违反《证券法》第53条的规定从事内幕交易的，责令依法处理非法持有的证券，没收违法所得，并处以违法所得1倍以上10倍以下的罚款；没有违法所得或者违法所得不足50万元的，处以50万元以上500万元以下的罚款。单位从事内幕交易的，还应当对直接负责的主管人员和其他直接责任人员给予警告，并处以20万元以上200万元以下的罚款。国务院证券监督管理机构工作人员从事内幕交易的，从重处罚。违反《证券法》第54条的规定，利用未公开信息进行交易的，依照前款的规定处罚。

根据《证券投资基金法》第20条、第123条规定，公开募集基金的基金管理人及其董事、监事、高级管理人员和其他从业人员不得泄露因职务便利获取的未公开信息、利用该信息从事或者明示、暗示他人从事相关的交易活动。

基金管理人、基金托管人及其董事、监事、高级管理人员和其他从业人员有上述行为的，责令改正，没收违法所得，并处违法所得1倍以上5倍以下罚款；没有违法所得或者违法所得不足100万元的，并处10万元以上100万元以下罚款；基金管理人、基金托管人有上述行为的，还应当对其直接负责的主管人员和其他直接责任人员给予警告，暂停或者撤销基金从业资格，并处3万元以上30万元以下罚款。

三、内幕交易、泄露内幕信息罪的认定及法律责任★★★

（一）内幕交易、泄露内幕信息罪的认定

内幕交易、泄露内幕信息罪的概念、犯罪构成、刑事立案追诉标准如表4-15所示。

表4-15　内幕交易、泄露内幕信息罪的概念、犯罪构成、刑事立案追诉标准

内幕交易、泄露内幕信息罪	具体内容
概念	是指证券、期货交易内幕信息的知情人员或者非法获取证券、期货交易内幕信息的人员，在涉及证券的发行，证券、期货交易或者其他对证券、期货交易价格有重大影响的信息尚未公开前，买入或者卖出该证券，或者从事与该内幕信息有关的期货交易，或者泄露该信息，或者明示、暗示他人从事上述交易活动，情节严重的行为

续表

内幕交易、泄露内幕信息罪		具体内容
犯罪构成	主体	《证券法》中，证券、期货交易内幕信息的知情人员包括： ①发行人及其董事、监事、高级管理人员 ②持有公司 5% 以上股份的股东及其董事、监事、高级管理人员，公司的实际控制人及其董事、监事、高级管理人员 ③发行人控股或者实际控制的公司及其董事、监事、高级管理人员 ④由于所任公司职务或者因与公司业务往来可以获取公司有关内幕信息的人员 ⑤上市公司收购人或者重大资产交易方及其控股股东、实际控制人、董事、监事和高级管理人员 ⑥因职务、工作可以获取内幕信息的证券交易场所、证券公司、证券登记结算机构、证券服务机构的有关人员 ⑦因职责、工作可以获取内幕信息的证券监督管理机构工作人员 ⑧因法定职责对证券的发行、交易或者对上市公司及其收购、重大资产交易进行管理可以获取内幕信息的有关主管部门、监管机构的工作人员 ⑨国务院证券监督管理机构规定的可以获取内幕信息的其他人员
	主观方面	非法获取证券、期货交易内幕信息的人员
	客体	该罪的主观方面只能是故意，过失不构成本罪
	客观方面	该罪侵犯的客体是证券、期货交易市场的正常管理秩序和证券、期货投资人的合法利益
		该罪的客观要件表现为行为人违反有关法规，在涉及证券发行，证券、期货交易或者其他对证券、期货交易价格有重大影响的信息尚未公开前，买卖该证券、期货，或者明示，暗示其他人买卖该证券、期货，或者泄露内幕信息，情节严重的行为
刑事立案追诉标准		根据《最高人民检察院、公安部关于公安机关管辖的刑事案件立案追诉标准的规定(二)》第 35 条规定，内幕交易、泄露内幕信息行为，涉嫌下列情形之一的，应予立案追诉： ①证券交易成交额累计在 50 万元以上的 ②期货交易占用保证金数额累计在 30 万元以上的 ③获利或者避免损失数额累计在 15 万元以上的 ④多次进行内幕交易、泄露内幕信息的 ⑤其他情节严重的情形

(二)法律责任

1. 刑事责任

根据《刑法》第 180 条规定，证券、期货交易内幕信息的知情人员或者非法获取证券、期货交易内幕信息的人员，在涉及证券的发行，证券、期货交易或者其他对证券、期货交易价格有重大影响的信息尚未公开前，买入或者卖出该证券，或者从事与该内幕信息有关的期货交易，或者泄露该信息，或者明示、暗示他人从事上述交易活动，情节严重的，处 5 年以下有期徒刑或者拘役，并处或者单处违法所得1倍以上5倍以下罚金；情节特别严重的，处5年以上10年以下有期徒刑，并处违法所得1倍以上5倍以下罚金。单位犯该罪的，对单位判处罚金，并对其直接负责的主管人员和其他直接责任人员，处5年以下有期徒刑或者拘役。

2. 行政责任

根据《证券法》第191条规定，证券交易内幕信息的知情人或者非法获取内幕信息的人违反本法第53条的规定从事内幕交易的，责令依法处理非法持有的证券，没收违法所得，并处以违法所得1倍以上10倍以下的罚款；没有违法所得或者违法所得不足50万元的，处以50万元以上500万元以下的罚款。单位从事内幕交易的，还应当对直接负责的主管人员和其他直接责任人员给予警告，并处以20万元以上200万元以下的罚款。国务院证券监督管理机构工作人员从事内幕交易的，从重处罚。违反《证券法》规定，利用未公开信息进行交易的，依照前款的规定处罚。

3. 民事责任

根据《证券法》第53条规定，内幕交易行为给投资者造成损失的，行为人应当依法承担赔偿责任。

四、操纵证券、期货市场罪的认定及法律责任★★★

(一)操纵证券、期货市场罪的认定

操纵证券、期货市场罪的概念、犯罪构成、刑事立案追诉标准如表4-16所示。

表4-16　操纵证券、期货市场罪的概念、犯罪构成、刑事立案追诉标准

操纵证券、期货市场罪		具体内容
概念		①单独或者通过合谋，集中资金优势、持股优势或者利用信息优势联合或者连续买卖 ②与他人串通，以事先约定的时间、价格和方式相互进行证券交易 ③在自己实际控制的账户之间进行证券交易 ④不以成交为目的，频繁或者大量申报并撤销申报 ⑤利用虚假或者不确定的重大信息，诱导投资者进行证券交易 ⑥对证券、发行人公开作出评价、预测或者投资建议，并进行反向证券交易 ⑦利用在其他相关市场的活动操纵证券市场 ⑧操纵证券市场的其他手段
犯罪构成	主体	该罪的主体为一般主体。凡达到刑事责任年龄并且具有刑事责任能力的自然人均可成为本罪主体；单位亦能构成本罪
	主观方面	该罪的主观方面由故意构成
	客体	该罪的客体是侵犯国家证券、期货管理制度和投资者合法权益
	客观方面	该罪的客观方面表现为利用其资金、信息等优势或者滥用职权操纵市场、制造市场假象，影响证券、期货市场

续表

操纵证券、期货市场罪	具体内容
刑事立案追诉标准	根据《最高人民检察院、公安部关于公安机关管辖的刑事案件立案追诉标准的规定(二)》第39条规定,涉嫌下列情形之一的,应予立案追诉: ①单独或者合谋,持有或者实际控制证券的流通股份数达到该证券的实际流通股份总量30%以上,且在该证券连续20个交易日内联合或者连续买卖股份数累计达到该证券同期总成交量30%以上的 ②单独或者合谋,持有或者实际控制期货合约的数量超过期货交易所业务规则限定的持仓量50%以上,且在该期货合约连续20个交易日内联合或者连续买卖期货合约数累计达到该期货合约同期总成交量30%以上的 ③与他人串通,以事先约定的时间、价格和方式相互进行证券或者期货合约交易,且在该证券或者期货合约连续20个交易日内成交量累计达到该证券或者期货合约同期总成交量20%以上的 ④在自己实际控制的账户之间进行证券交易,或者以自己为交易对象,自买自卖期货合约,且在该证券或者期货合约连续20个交易日内成交量累计达到该证券或者期货合约同期总成交量20%以上的 ⑤单独或者合谋,当日连续申报买入或者卖出同一证券、期货合约并在成交前撤回申报,撤回申报量占当日该种证券总申报量或该种期货合约总申报量50%以上的 ⑥上市公司及其董事、监事、高级管理人员、实际控制人、控股股东或者其他关联人单独或者合谋,利用信息优势,操纵该公司证券交易价格或者证券交易量的 ⑦证券公司、证券投资咨询机构、专业中介机构或者从业人员,违背有关从业禁止的规定,买卖或者持有相关证券,通过对证券或者其发行人、上市公司公开作出评价、预测或者投资建议,在该证券的交易中谋取利益,情节严重的 ⑧其他情节严重的情形

(二)法律责任

1. 刑事责任

根据《刑法》第182条规定,有下列情形之一,操纵证券、期货市场,影响证券、期货交易价格或者证券、期货交易量,情节严重的,处5年以下有期徒刑或者拘役,并处或者单处罚金;情节特别严重的,处5年以上10年以下有期徒刑,并处罚金:

(1)单独或者合谋,集中资金优势、持股或者持仓优势或者利用信息优势联合或者连续买卖的;

(2)与他人串通,以事先约定的时间、价格和方式相互进行证券、期货交易的;

(3)在自己实际控制的帐户之间进行证券交易,或者以自己为交易对象,自买自卖期货合约的;

(4)不以成交为目的,频繁或者大量申报买入、卖出证券、期货合约并撤销申报的;

(5)利用虚假或者不确定的重大信息,诱导投资者进行证券、期货交易的;

(6)对证券、证券发行人、期货交易标的公开作出评价、预测或者投资建议,同时进行反向证券交易或者相关期货交易的;

(7)以其他方法操纵证券、期货市场的。

单位犯前款罪的,对单位判处罚金,并对其直接负责的主管人员和其他直接责任人员,依照前款的规定处罚。

2. 行政责任

根据《证券法》第192条规定,违反《证券法》规定,操纵证券市场的,责令依法处理其非法持有的证券,没收违法所得,并处以违法所得1倍以上10倍以下的罚款;没有违法所得或者违法所得不足100万元的,处以100万元以上1000万元以下的罚款。单位操纵证券市场的,还应当对直接负责的主管人员和其他直接责任人员给予警告,并处以50万元以上500万元以下的罚款。

根据《期货交易管理条例》第70条规定,任何单位或者个人操纵期货交易价格的,责令改正,没收违法所得,并处违法所得1倍以上5倍以下的罚款;没有违法所得或者违法所得不满20万元的,处20万元以上100万元以下的罚款。单位操纵期货交易价格的,对直接负责的主管人员和其他直接责任人员给予警告,并处1万元以上10万元以下的罚款。

3. 民事责任

根据《证券法》第55条规定,操纵证券市场行为给投资者造成损失的,应当依法承担赔偿责任。

五、在证券交易活动中作出虚假陈述或者信息误导罪的认定及法律责任★★★

(一)在证券交易活动中作出虚假陈述或者信息误导罪的认定

在证券交易活动中作出虚假陈述或者信息误导,是指证券交易所、证券公司、证券登记结算机构、证券服务机构及其从业人员,证券业协会、证券监督管理机构及其工作人员,在证券交易活动中作出虚假陈述或者信息误导。

(二)法律责任

根据《证券法》第193条规定,在证券交易活动中作出虚假陈述或者信息误导的,责令改正,处以20万元以上200万元以下的罚款;属于国家工作人员的,还应当依法给予处分。

根据《证券法》第213条规定,证券服务机构违反《证券法》规定,未勤勉尽责,所制作、出具的文件有虚假记载、误导性陈述或者重大遗漏的,责令改正,没收业务收入,并处以业务收入1倍以上10倍以下的罚款,没有业务收入或者业务收入不足50万元的,处以50万元以上500万元以下的罚款;情节严重的,并处暂停或者禁止从事证券服务业务。对直接负责的主管人员和其他直接责任人员给予警告,并处以20万元以上200万元以下的罚款。

六、背信运用受托财产罪的认定及法律责任★★

（一）背信运用受托财产罪的认定

背信运用受托财产罪的概念、犯罪构成、刑事立案追诉标准如表 4-17 所示。

表 4-17　　背信运用受托财产罪的概念、犯罪构成、刑事立案追诉标准

背信运用受托财产罪		具体内容
概念		是指商业银行、证券交易所、期货交易所、证券公司、期货经纪公司、保险公司或者其他金融机构，违背受托义务，擅自运用客户资金或者其他委托、信托的财产，情节严重的行为
犯罪构成	主体	该罪的主体是特殊主体，为商业银行、证券交易所、期货交易所、证券公司、期货经纪公司、保险公司或者其他金融机构
	主观方面	该罪的主观方面只能是故意，过失不构成本罪
	客体	该罪侵犯的客体是金融管理秩序和客户的合法权益
	客观方面	该罪的客观方面表现为金融机构违背受托义务，擅自运用客户资金或者其他委托、信托的财产，情节严重的行为
刑事立案追诉标准		根据《最高人民检察院、公安部关于公安机关管辖的刑事案件立案追诉标准的规定（二）》第 40 条规定，涉嫌下列情形之一的，应予立案追诉： ①擅自运用客户资金或者其他委托、信托的财产数额在 30 万元以上的 ②虽未达到上述数额标准，但多次擅自运用客户资金或者其他委托、信托的财产，或者擅自运用多个客户资金或者其他委托、信托的财产的 ③其他情节严重的情形

（二）法律责任

根据《刑法》第 185 条之一的规定，商业银行、证券交易所、期货交易所、证券公司、期货经纪公司、保险公司或者其他金融机构，违背受托义务，擅自运用客户资金或者其他委托、信托的财产，情节严重的，对单位判处罚金，并对其直接负责的主管人员和其他直接责任人员，处 3 年以下有期徒刑或者拘役，并处 3 万元以上 30 万元以下罚金；情节特别严重的，处 3 年以上 10 年以下有期徒刑，并处 5 万元以上 50 万元以下罚金。

真题实练

1. 下列行为构成背信运用受托财产罪的是（　　）。

Ⅰ. 银行工作人员吸收客户资金不入账，数额巨大或者造成重大损失的

Ⅱ. 证券公司单独或合谋，集中资金优势，连续买卖，操纵证券价格

Ⅲ. 证券公司擅自运用客户资金或者其他委托财产，情节严重的

Ⅳ. 期货经纪公司违背受托义务，擅自动用客户资金，情节特别严重的

A. Ⅱ、Ⅳ　　B. Ⅰ、Ⅲ

C. Ⅲ、Ⅳ　　D. Ⅰ、Ⅱ

2. 下列行为属于《刑法》规定的利用未公开信息进行交易的是(　　)。

Ⅰ. 上市公司董事泄露该公司重组信息

Ⅱ. 基金经理利用所掌握的基金持仓信息买卖股票

Ⅲ. 证券公司从业人员利用自营部门持仓信息买卖股票

Ⅳ. 某注册会计师利用上市公司公开的财务信息买卖股票

A. Ⅲ、Ⅳ　　B. Ⅱ、Ⅲ

C. Ⅰ、Ⅲ　　D. Ⅰ、Ⅱ

3. 下列各选项中,属于《证券法》明确列示的操纵证券市场的手段的有(　　)。

Ⅰ. 单独或者通过合谋,集中资金优势、持股优势或者利用信息优势联合或者连续买卖,操纵证券交易价格或者证券交易量

Ⅱ. 与他人串通,以事先约定的时间、价格和方式相互进行证券交易,影响证券交易价格或者证券交易量

Ⅲ. 未经客户的委托,擅自为客户买卖证券,或者假借客户的名义买卖证券

Ⅳ. 在自己实际控制的账户之间进行证券交易,影响证券交易价格或者证券交易量

A. Ⅰ、Ⅱ、Ⅲ　　B. Ⅰ、Ⅱ、Ⅳ

C. Ⅰ、Ⅲ、Ⅳ　　D. Ⅱ、Ⅲ、Ⅳ

【答案及解析】

1. C　**【解析】**商业银行、证券交易所、期货交易所、证券公司、期货经纪公司、保险公司或者其他金融机构,违背受托义务,擅自运用客户资金或者其他委托、信托的财产,涉嫌下列情形之一的,应予立案追诉:①擅自运用客户资金或者其他委托、信托的财产数额在30万元以上的;②虽未达到上述数额标准,但多次擅自运用客户资金或者其他委托、信托的财产,或者擅自运用多个客户资金或者其他委托、信托的财产的;③其他情节严重的情形。Ⅰ属于吸收客户资金不入账罪,Ⅱ属于操纵证券价格罪。

2. B　**【解析】**Ⅰ错误,重组信息为内幕信息。Ⅳ错误,属于利用公开信息进行交易。

3. B　**【解析】**禁止任何人以下列手段操纵证券市场,影响或者意图影响证券交易价格或者证券交易量:①单独或者通过合谋,集中资金优势、持股优势或者利用信息优势联合或者连续买卖;②与他人串通,以事先约定的时间、价格和方式相互进行证券交易;③在自己实际控制的账户之间进行证券交易;④不以成交为目的,频繁或者大量申报并撤销申报;⑤利用虚假或者不确定的重大信息,诱导投资者进行证券交易;⑥对证券、发行人公开作出评价、预测或者投资建议,并进行反向证券交易;⑦利用在其他相关市场的活动操纵证券市场;⑧操纵证券市场的其他手段。

第五章　行业文化、职业道德与从业人员行为规范

思维导图

本章思维导图见图 5-1 所示。

- 行业文化、职业道德与从业人员行为规范
  - 证券行业文化建设
    - 行业文化建设的重要意义
    - 行业的文化理念
    - 行业文化建设的基本要求
  - 证券公司及其工作人员廉洁从业规定
    - 廉洁从业的一般规定
    - 廉洁从业的内控机制
    - 廉洁从业的要求
    - 廉洁从业监管及自律措施
  - 证券市场诚信管理
    - 中国证监会诚信管理的有关规定
    - 中国证券业协会诚信管理的有关规定
    - 证券市场禁入措施
  - 从业人员行为规范
    - 证券业从业人员
    - 证券经纪业务相关人员
    - 证券经纪业务营销人员
    - 证券投资基金销售人员及从事代销金融产品人员
    - 证券投资咨询人员
    - 保荐代表人
    - 财务顾问主办人
    - 资产管理业务投资经理
    - 证券资信评级业务人员

图 5-1　第五章思维导图

考情分析

本章为 2020 年大纲新增内容，重点介绍证券行业文化建设、证券公司及其工作人员廉洁从业规定、证券市场诚信管理、从业人员行为规范四部分内容。按照往年大纲修改情况，新增内容必然会考，而且占比较大，因此需要重点关注（见表 5-1 所示）。

表 5-1　　第五章考情分析

小节名称	题量[①]	页码[②]	性价比[③]
第一节　证券行业文化建设	0.5%	1.0%	0.5
第二节　证券公司及其工作人员廉洁从业规定	0.5%	2.2%	0.2
第三节　证券市场诚信管理	0.9%	1.5%	0.6
第四节　从业人员行为规范	7.5%	5.7%	1.3

注:①题量是根据历年真题占比计算而来;

②页码是每个小节在整本书籍的占比;

③性价比是题量和页码的比值。性价比标志着本小节的重要性。

特别提示:查看本章节视频,请使用"海绵金融 APP"或"微信"扫描右侧二维码

第一节　证券行业文化建设

考纲要求

本节考纲要求见表 5-2 所示。

表 5-2　　第五章第一节考纲要求

考纲要求	星级	具体内容
掌握	★★★	①行业文化建设的重要意义 ②行业的文化理念 ③行业文化建设的基本要求

考点梳理

一、行业文化建设的重要意义★★★

文化是一个国家、一个民族的灵魂。一个没有文化支撑的事业是注定没有生机和活力的,也是难以持续长久的。建设良好的证券行业文化对于传承和弘扬行业精神,积淀和凝聚行业价值观,指导和引领行业高质量发展具有十分重要的意义。我国证券行业经过二三十年的探索与发展,一路披荆斩棘、砥砺前行,初步形成了具有中国特色的证券行业文化。但整体来看,与证券行业规模、资本实力、利润水平等"硬指标"的快速扩张相比,行业文化、职业道德等"软实力"发展相对滞后,与业务经营发展不平衡、不协调的问题比较突出,健康的投资者文化和内部人文化缺失,制约着行业经营质量效率的全面提升。行业机构必须从战略的高度来充分认识行业文化建设的重大意义,准确把握行业文化建设规律,坚持问题导向,补短板、强弱项,不断提升行业文化"软实力",积极塑造健康向上的良好行业形象。

(一)健康良好的行业文化是行稳致远的立身之本

文化是一个企业、一个行业战略定位、发展理念、专业能力、价值取向、精神品质等各方面

因素的综合表征，是支撑长期稳定健康发展的底气所在、力量之源。如果一些行业机构对文化建设认识上有偏差，重视不够，缺乏内在主动性，甚至重发展、轻质量，重业务、轻风险等，对行业和机构自身的损害较大。证券机构应充分认识加强企业文化建设和道德风险防范的价值意义，以良好的文化积淀护航企业规范经营，不断增强行业健康发展的韧劲和动力。

（二）健康良好的行业文化是服务实体经济的内在要求

金融活，经济活；金融稳，经济稳。证券公司是直接融资的“服务商”、社会财富的“管理者”、金融创新的“领头羊”，在服务实体经济中具有不可替代的专业优势。行业机构在发展模式、价值取向、业务理念方面应通过加强行业文化建设，牢固树立与实体经济共生共荣的意识，回归业务本源。

（三）健康良好的行业文化是全面深化资本市场改革的重要保障

没有高质量的中介服务，就没有高质量的资本市场。证券行业文化是构建资本市场良好生态的关键一环，对于促进行业改革创新至关重要。行业机构应突出主业、突出基础、突出合规、突出创新、突出稳健，实现差异化发展和专业化经营，强化行业文化建设的基础性、导向性作用。

（四）健康良好的行业文化是防范金融风险的有力抓手

实践表明，证券从业人员如果没有良好的道德操守，能力越强，风险越高，破坏力越大。证券行业还比较年轻，长期处于市场经济最前沿，通过文化建设，教育引导从业者树立正确的价值观、利益观，固本强基、基业长青，谨守底线、远离乱象。

二、行业的文化理念★★★

“合规、诚信、专业、稳健”是证券行业文化理念的体现，是资本市场长期稳定健康发展的价值取向。

（一）合规是底线

资本市场是规则导向的市场，法治兴，则市场兴。证券公司作为资本市场最重要的专业机构，是资本市场的“看门人”，必须坚持一切经营活动以符合法律法规、监管规定为第一准绳。合规经营始终是证券公司生存发展不可逾越的底线，这既是行业在长期经营实践中形成的经验，也是付出巨大代价换来的教训。只有依法合规经营、才能取信于客户、取信于市场、取信于社会，从而赢得良好的生存发展环境；逾越规则的制约，热衷搞各种监管套利，打“擦边球”，对个人、对公司、乃至对整个行业形象造成严重伤害。证券机构要把合规经营摆在更加突出的位置，坚持合规创造价值、合规人人有责，带头做法律规则的坚定信仰者和践行者，让合规意识融入血液，装入心头，深入骨髓。

（二）诚信是义务

“诚招天下客，誉从信中来”。诚信是中华民族自古以来的传统美德，诚信建设是资本市场基础制度建设的重要内容，有了信任才有资本市场的未来。资本市场的发展必须以充分的信息披露为核心，证券中介机构诚实守信、勤勉尽责是解决公众公司和公众投资者之间信息不对称的重要制度安排，直接关系投资者合法权益和市场正常运行。对资产管理业务而言，“受人之托、代人理财”是资产管理行业的本质，坚持以客户为中心，遵守契约精神、履行信义义务，是发展之基。行业机构和从业人员要珍惜声誉，从日常经营管理的小事做起，从自身一言一行的小节做起，把诚信经营的品牌擦得更亮，努力打造资本市场的“百年老店”。

（三）专业是特色

证券行业是门“手艺活”，专业是行业机构安身立命之本。与银行、保险相比，证券行业在资本实力、渠道资源方面存在较大的差距，但资本市场在金融运行中具有牵一发而动全身的作用，行业的不可替代性和独特优势就体现在专业上。证券行业是金融创新最活跃的领域，如果行业竞争依靠“底线竞争”，简单打价格战，专业附加值低，不仅损害机构的专业水准，也拉低行业的格局，影响行业的可持续发展能力和竞争能力，破坏了良性发展的生态。面对证券业全方位对外开放，证券机构要有“本领恐慌”的危机感，树立追求“高精尖”的志向，磨练锐气，苦练内功，加强学习，不断提升专业水平和核心竞争力，加快建设具有全球竞争力的国际一流现代投资银行和财富管理机构。

（四）稳健是保证

金融是经营风险的行业，金融的本质就是要把握好风险和收益的平衡，金融创新和业务发展必须要有边界。经济金融形势日趋复杂，打好金融风险防控的攻坚战和持久战，是证券行业必须跨越的关口。要坚持稳中求进，把稳健作为行业的经营底色和鲜明特质，始终保持资本稳健，流动性充足，业务发展与管理能力相匹配。

三、行业文化建设的基本要求★★★

（一）坚持依法合规，筑牢发展基础

敬畏市场，合规展业。坚守合规底线，牢树合规理念，夯实市场发展根基；坚持依法展业，做到全员合规、全线合规，自觉维护市场秩序；坚持合规创造价值，打造良好市场声誉，切实发挥资本市场“看门人”作用。自觉抵制违法违规行为，坚决不碰监管“红线”，推动自身专业化发展，推动资本市场规范化建设。

（二）坚持诚实守信，恪守职业操守

敬畏法治，忠实履责。坚守契约精神，遵崇法律制度，公平公正对待客户、合作伙伴、竞争对手及社会公众等利益相关方；坚持诚信为本，忠于职业操守，规规矩矩做事，踏踏实实做人，真心实意为发行人服务、为投资者服务，自觉抵制欺诈、传播虚假信息、内幕交易、恶性竞争等行为，切实保护投资者合法权益。

（三）坚持专业精神，提升服务能力

敬畏专业，做精主业。提倡专业主义，提升专业能力，坚持守正创新，增强专业化发展“软实力”；培育工匠精神，增强学习本领，打造专业化服务的核心竞争力；着力提升把加强

党的领导和专业主义精神结合起来的能力，金融服务实体经济的能力，防范化解金融风险的能力，适应国际化发展的能力，金融机构治理能力。

（四）坚持稳健经营，促进健康发展

敬畏风险，尊重规律。完备合规风控体系，强化全面风险管理，坚持底线思维，增强忧患意识，提高风险识别、应对和化解能力，做到资本充足、业务稳健、风险可控。构建完善的治理机制，健全科学的考核机制，探索形成市场化长期性激励约束机制，努力实现基业长青，打造百年老店。

（五）坚持廉洁自律，弘扬清风正气

加强从业人员职业道德教育，倡导追求高尚道德情操，树立正确的世界观、人生观、价值观和利益观；着力培育行业廉洁文化，保持清清爽爽、规规矩矩的共事关系、客户关系，构建“亲”“清”新型政商关系，促进形成良好市场生态。自觉抵制行贿受贿、以权谋私、利益输送等不正当行为，心存纪律规矩，珍惜行业声誉，始终保持艰苦奋斗、勤俭节约的优良传统。

（六）牢记社会责任，展现良好形象

坚持金融服务人民美好生活向往的初心和使命，坚持金融服务实体经济的天职和宗旨，深化金融供给侧结构性改革，自觉维护国家金融安全，主动融入国家发展战略，强化社会责任意识，提升行业社会声誉。坚持义利兼顾，正道直行，发挥专业特长，加强经济形势分析研究，合力维护市场健康舆论生态，助力国家精准扶贫和乡村振兴，积极参与社会公益事业，与经济社会共生共荣、融合发展。

真题实练

1. 以下属于证券行业文化的是（　　）。

Ⅰ.合规　　Ⅱ.稳健

Ⅲ.诚信　　Ⅳ.专业

A. Ⅱ、Ⅲ、Ⅳ　　B. Ⅰ、Ⅲ、Ⅳ

C. Ⅰ、Ⅱ、Ⅲ、Ⅳ　　D. Ⅰ、Ⅱ、Ⅲ

2. 以下关于我国证券行业文化建设的重要意义，说法正确的是（　　）。

Ⅰ.健康良好的行业文化是服务实体经济的外在要求

Ⅱ.健康良好的行业文化是全面深化资本市场改革的重要保障

Ⅲ.健康良好的行业文化是防范金融风险的有力抓手

Ⅳ.健康良好的行业文化是行稳致远的立身之本

A. Ⅱ、Ⅲ、Ⅳ　　B. Ⅰ、Ⅲ、Ⅳ

C. Ⅰ、Ⅱ、Ⅲ、Ⅳ　　D. Ⅰ、Ⅱ、Ⅲ

【答案及解析】

1. C　**【解析】**“合规、诚信、专业、稳健”是证券行业文化理念的体现，是资本市场长期稳定

健康发展的价值取向。

2. A 【解析】证券行业文化建设的意义有:①健康良好的行业文化是行稳致远的立身之本;②健康良好的行业文化是服务实体经济的内在要求;③健康良好的行业文化是全面深化资本市场改革的重要保障;④健康良好的行业文化是防范金融风险的有力抓手。

第二节 证券公司及其工作人员廉洁从业规定

考纲要求

本节考纲要求见表5-3所示。

表5-3 第五章第二节考纲要求

考纲要求	星级	具体内容
了解	★	①廉洁从业的定义 ②证券经营机构及工作人员的范围 ③廉洁从业的内控机制要求
熟悉	★★	廉洁从业的行政监管措施、自律惩戒措施及相关法律责任
掌握	★★★	廉洁从业的禁止性要求

考点梳理

一、廉洁从业的一般规定★

根据《证券期货经营机构及其工作人员廉洁从业规定》及《证券经营机构及其工作人员廉洁从业实施细则》,廉洁从业,是指证券期货经营机构及其工作人员在开展证券期货业务及相关活动中,严格遵守法律法规、中国证监会的规定和行业自律规则,遵守社会公德、商业道德、职业道德和行为规范,公平竞争,合规经营,忠实勤勉,诚实守信,不直接或者间接向他人输送不正当利益或者谋取不正当利益。

证券经营机构是指证券公司及其境内子公司会员;工作人员是指以公司名义开展业务的人员,包括与公司建立劳动关系的正式员工、与公司签署委托协议的经纪人、劳务派遣至公司的其他人员等。证券投资咨询公司、证券资信评级公司等中国证券业协会(以下简称"协会")会员,以及在协会进行业务注册或者备案并接受协会自律管理的其他机构及个人,在从事证券相关业务时也应参照执行。

二、廉洁从业的内控机制★

(一)制度建设

证券经营机构承担廉洁文化建设、廉洁从业风险防控主体责任,应当在重要制度中以专门章节明确廉洁从业要求，建立涵盖所有业务及各个环节的廉洁从业内部控制制度，将其纳入整个内部控制体系之中。

证券经营机构应当制定具体、有效的事前风险防范体系、事中管控措施和事后追责机制，对所从事的业务种类、环节（包括业务承揽、承做、销售、交易、结算、交割、投资、采购、商业合作、人员招聘，以及申请行政许可、接受监管执法和自律管理等）及相关工作进行科学、系统的廉洁风险评估，识别廉洁从业风险点，强化岗位制衡与内部监督机制并确保运作有效。

（二）人员管理

证券经营机构应当明确董事、监事、高级管理人员及各层级管理人员的廉洁文化建设和廉洁从业管理责任，并对廉洁从业风险防控工作的相关底稿留档保存。董事、监事、高级管理人员及各层级管理人员、工作人员应当充分了解廉洁从业有关规定，落实各项廉洁从业要求，并承担相应的廉洁从业责任。

证券经营机构董事会决定廉洁从业管理目标，对廉洁从业管理的有效性承担责任。证券经营机构的高级管理人员负责落实廉洁从业管理目标，对廉洁运营承担责任。证券经营机构主要负责人是落实廉洁从业管理职责的第一责任人，各级负责人应加强对所属部门、分支机构或子公司工作人员的廉洁从业管理，在职责范围内承担相应管理责任。监事会或者监事对董事、高级管理人员履行廉洁从业管理职责的情况进行监督。

证券经营机构应当制定覆盖全体工作人员的廉洁从业规范，并将工作人员廉洁从业情况纳入人事管理体系，在遇有人员聘用、从业人员登记和后续管理、晋级、提拔、离职以及考核、审计、稽核等情形时，应当对其廉洁从业情况予以考察评估。

证券经营机构应当加强廉洁文化建设，每年开展覆盖全体工作人员的廉洁培训和教育，确保工作人员熟悉廉洁从业的相关规定，提高工作人员廉洁意识，并在新员工入职、岗位调整、员工晋升时，向其传达相应的廉洁从业要求，并要求其签署廉洁从业承诺。

证券经营机构应当指定专门部门对本机构及其工作人员的廉洁从业情况进行监督，定期或者不定期开展廉洁从业内部检查，对发现的问题及时整改，对责任人按照有关规定严肃处理。责任人为中共党员的，同时按照党的纪律要求进行处理。

（三）财经纪律

证券经营机构应当强化财经纪律，杜绝账外账等不规范行为。对于业务活动中产生的费用支出制定明确的内部决策流程和具体标准，确保相关费用支出合法合规。证券经营机构应当根据有关规定制定合理完善的公司营销制度，明确可列入营销费用的具体事项、内容、标准、额度等，并对公司营销制度和标准定期予以评估，对营销费用支出严格审查，对违反公司营销制度和标准的行为予以严厉问责，避免引发与公职人员、客户、正在洽谈的潜在客户或其他利益关系人的利益冲突。

证券经营机构应当加强对第三方机构或者个人有偿支付的管理。委托、聘用第三方机构或者个人提供投资顾问、财务顾问、产品代销、专业咨询等服务，应当明确第三方的资质条件，事先签署服务协议，履行内部审批程序，协议中应明确约定服务内容、服务期限以及费用标准等；相关规定对第三方的资质条件有明确要求的，还应当符合其规定。证券经营机构及其工作人员不得签署虚构服务主体或者服务内容的协议、利用本机构或者客户资产，向不具备相关专业能力或者未提供相应服务的第三方支付咨询费、顾问费、服务费等费用。

（四）信息保密及利益冲突

证券经营机构应当加强保密信息的管理，采取保密措施，防范工作人员利用内幕信息、未公开信息、客户信息、商业秘密等信息输送或者谋取不正当利益。证券经营机构应当完善利益冲突识别和管理机制，明确利益冲突的审查机制、处理原则和方法，防范因利益冲突处理不当出现输送或者谋取不正当利益的行为。

三、廉洁从业的要求

（一）禁止性行为★★★

1. 总体性规定

根据《证券期货经营机构及其工作人员廉洁从业规定》及《证券经营机构及其工作人员廉洁从业实施细则》，证券经营机构及其工作人员在开展证券相关业务活动中，应当严格遵守规定及其他相关规定，不得谋取不正当利益或者向公职人员、客户、正在洽谈的潜在客户及其他利益关系人输送不正当利益，不得干扰或者唆使、协助他人干扰证券监督管理或者自律管理工作。

根据《证券期货经营机构及其工作人员廉洁从业规定》第 9 条的规定，证券期货经营机构及其工作人员在开展证券期货业务及相关活动中，不得以下列方式向公职人员、客户、正在洽谈的潜在客户或者其他利益关系人输送不正当利益：

（1）提供礼金、礼品、房产、汽车、有价证券、股权、佣金返还等财物，或者为上述行为提供代持等便利；

（2）提供旅游、宴请、娱乐健身、工作安排等利益；

（3）安排显著偏离公允价格的结构化、高收益、保本理财产品等交易；

（4）直接或者间接向他人提供内幕信息、未公开信息、商业秘密和客户信息，明示或者暗示他人从事相关交易活动；

（5）其他输送不正当利益的情形。

证券期货经营机构及其工作人员按照证券期货经营机构依法制定的内部规定及限定标准，依法合理营销的，不适用前款规定。

根据《证券期货经营机构及其工作人员廉洁从业规定》第 10 条的规定，证券期货经营机构工作人员不得以下列方式谋取不正当利益：

（1）直接或者间接以第 9 条所列形式收受、索取他人的财物或者利益；

（2）直接或者间接利用他人提供或主动获取的内幕信息、未公开信息、商业秘密和客户信息谋取利益；

(3)以诱导客户从事不必要交易、使用客户受托资产进行不必要交易等方式谋取利益；

(4)违规从事营利性经营活动，违规兼任可能影响其独立性的职务或者从事与所在机构或者投资者合法利益相冲突的活动；

(5)违规利用职权为近亲属或者其他利益关系人从事营利性经营活动提供便利条件；

(6)其他谋取不正当利益的情形。

根据《证券经营机构及其工作人员廉洁从业实施细则》第 14 条的规定，证券经营机构及其工作人员在接受协会自律管理的过程中，不得以《证券期货经营机构及其工作人员廉洁从业规定》第 9 条规定的方式，向协会工作人员输送不正当利益，或者以不正当方式影响协会开展自律管理工作。协会自律管理工作，包括会籍管理、从业人员管理、制定自律规则、组织资格考试、开展自律检查、受理业务资格注册、相关业务备案及自律管理，以及法律法规规定的、中国证监会或者会员授予的其他自律管理职责。

根据《证券期货经营机构及其工作人员廉洁从业规定》第 11 条的规定，证券期货经营机构及其工作人员不得以下列方式干扰或者唆使、协助他人干扰证券期货监督管理或者自律管理工作：

(1)以不正当方式影响监督管理或者自律管理决定；

(2)以不正当方式影响监督管理或者自律管理人员工作安排；

(3)以不正当方式获取监督管理或者自律管理内部信息；

(4)协助利益关系人，拒绝、干扰、阻碍或者不配合监管人员行使监督、检查、调查职权；

(5)其他干扰证券期货监督管理或者自律管理工作的情形。

2. 各类业务禁止性行为

根据《证券经营机构及其工作人员廉洁从业实施细则》，证券经营机构及其工作人员在开展各类业务过程中，不得以下列方式输送或者谋取不正当利益(见表 5-4 所示)。

表 5-4　各类业务禁止性行为

业务类别	禁止性行为
投资银行类业务	①以非公允价格或者不正当方式为自身或者利益关系人获取拟上市公司股权 ②以非公允价格或者不正当方式为自身或者利益关系人获取拟并购重组上市公司股权或者标的资产股权 ③以非公允价格为利益关系人配售债券或者约定回购债券 ④泄露证券发行询价和定价信息，操纵证券发行价格 ⑤直接或者间接通过聘请第三方机构或者个人的方式输送利益 ⑥在证券发行与承销过程中暗箱操作，以代持、信托等方式输送或者谋取不正当利益 ⑦以与监管人员或者其他相关人员熟悉，或者以承诺价格、利率、获得批复及获得批复时间等为手段招揽项目、商定服务费 ⑧其他输送或者谋取不正当利益的行为

续表

业务类别	禁止性行为
融资融券、股票质押式回购交易等融资类业务	①违规为客户提升授信额度,或者在融资资金、融券券源有限的情况下,违反公司相关制度私自决定钱券分配 ②向特定客户以明显低于公司资金成本或者同期市场资金价格的利率提供融资,或者违反公司规定设置较宽松的违约处置条件 ③为客户违规使用融出资金、规避信息披露义务、违规减持等违规行为提供便利 ④为客户与客户之间的融资、融券违规提供中介服务 ⑤其他输送或者谋取不正当利益的行为
自营业务、资产管理业务、另类投资业务或者服务	①利用他人提供或者主动获取的内幕信息、未公开信息等从事或者明示、暗示他人从事相关交易活动 ②侵占或者挪用受托资产 ③不公平对待不同投资组合,在不同账户之间输送利益 ④以明显偏离市场公允估值的价格进行交易 ⑤编造、传播虚假、不实信息,或者利用信息优势、资金优势、持股持券优势,单独或者通过合谋,影响证券、期货及其他衍生品交易价格、交易量 ⑥以获取佣金或者其他利益为目的,用客户资产进行不必要的证券交易 ⑦让渡资产管理账户实际投资决策权限 ⑧代表投资组合对外行使投票表决权的过程中,不按照客观独立的专业判断投票 ⑨其他输送或者谋取不正当利益的行为
证券经纪业务及其他销售产品或者服务	①协助客户通过提供虚假个人信息、伪造资料、代持等方式,向不满足适当性要求及合格投资者要求的客户销售产品或者提供服务 ②通过返还佣金或者其他利益、违规给予部分客户特殊优待等方式,输送或者谋取不正当利益 ③安排向特定客户销售显著偏离公允价格的结构化、高收益、保本理财产品等交易 ④违规向其他个人或者机构泄露客户资料、账户信息、交易情况等 ⑤委托不具备资质的人员或者机构招揽客户,并输送不正当利益 ⑥以所在机构名义或者以所在机构员工身份,销售未经公司核准销售的金融产品 ⑦其他输送或者谋取不正当利益的行为
证券投资咨询业务	①收受任何可能对其独立客观执业构成影响的财物或者其他好处 ②违反独立客观执业原则发布或者允诺发布有利于发行人、上市公司以及其他利益关系人的研究观点 ③将证券研究报告内容或者观点优先提供给公司相关销售服务人员、客户及其他无关人员 ④以不正当手段为本人或者团队谋取有利评选结果、佣金分配收入或者绩效考核结果 ⑤其他输送或者谋取不正当利益的行为

根据《证券发行上市保荐业务管理办法》和《证券公司保荐业务规则》的规定，保荐代表人应当遵守职业道德准则，珍视和维护保荐代表人职业声誉，保持应有的职业谨慎，保持和提高专业胜任能力。保荐代表人应当维护发行人的合法利益，对从事保荐业务过程中获知的发行人信息保密。保荐代表人应当恪守独立履行职责的原则，不因迎合发行人或者满足发行人的不当要求而丧失客观、公正的立场，不得唆使、协助或者参与发行人及证券服务机构实施非法的或者具有欺诈性的行为。保荐代表人及其配偶不得以任何名义或者方式持有发行人的股份。

保荐代表人、保荐业务负责人、内核负责人、保荐业务部门负责人及其他保荐业务人员应当保持独立、客观、审慎，与发行人及其关联方不存在利害关系，不存在妨碍其进行独立专业判断的情形。

保荐代表人及其他保荐业务相关人员属于内幕信息的知情人员，应当遵守法律、行政法规和中国证监会的规定，不得利用内幕信息直接或者间接为保荐机构、本人或者他人谋取不正当利益。

3. 其他业务禁止性行为

证券经营机构及其工作人员在信息技术服务外包、物品和服务采购、项目招投标、人员招聘等业务相关活动中，应当建立严格的内部监督管理机制，不得违反公平公正原则，防范相关工作人员输送或者谋取不正当利益。

（二）报告义务

证券期货经营机构应当于每年 4 月 30 日前，向中国证监会有关派出机构报送上年度廉洁从业管理情况报告。有下列情形之一的，证券期货经营机构应当在 5 个工作日内，向中国证监会有关派出机构报告：

（1）证券期货经营机构在内部检查中，发现存在违反《证券期货经营机构及其工作人员廉洁从业规定》行为的；

（2）证券期货经营机构及其工作人员发现监管人员存在应当回避的情形而未进行回避、利用职务之便索取或者收受不正当利益等违反廉洁规定行为的；

（3）证券期货经营机构及其工作人员发现其股东、客户等相关方以不正当手段干扰监管工作的；

（4）证券期货经营机构或者其工作人员因违反廉洁从业规定被纪检监察部门、司法机关立案调查或者被采取纪律处分、行政处罚、刑事处罚等措施的。

出现前款第（1）项情形的，应当同时向主管纪检监察部门报告，出现第（1）（2）（3）项情形且涉嫌犯罪的，相关部门应当依法移送监察、司法机关。

有下列情形之一的，证券经营机构应当在 10 个工作日内，向协会报告：

（1）证券经营机构发现其工作人员违反《证券经营机构及其工作人员廉洁从业实施细则》规定，且进行内部追责的；

(2)证券经营机构及其工作人员发现协会工作人员存在利用职务之便索取或者收受不正当利益等违反廉洁规定行为的;

(3)证券经营机构或者其工作人员因违反廉洁从业相关规定被纪检监察部门、司法机关立案调查或者被采取纪律处分、行政处罚、刑事处罚等措施的。

四、廉洁从业监管及自律措施★★

(一)行政监督管理措施及相关法律责任

根据《证券期货经营机构及其工作人员廉洁从业规定》,中国证监会应当加强对证券期货经营机构及其工作人员廉洁从业的监督管理。中国证监会在对证券期货经营机构及其工作人员的现场检查中,可以将廉洁从业管理情况纳入检查范围。证券期货经营机构及其工作人员应当予以配合。

1. 行政监督管理措施

证券期货经营机构及其工作人员违反《证券期货经营机构及其工作人员廉洁从业规定》的,中国证监会可以采取出具警示函、责令参加培训、责令定期报告、责令改正、监管谈话、认定为不适当人选、暂不受理行政许可相关文件等行政监管措施。证券期货经营机构及其工作人员违反《证券期货经营机构及其工作人员廉洁从业规定》,并构成违反《证券法》《证券投资基金法》《证券公司监督管理条例》《期货交易管理条例》规定违法情形的,中国证监会可以采取限制业务活动,限制向董事、监事、高级管理人员支付报酬、提供福利,责令更换董事、监事、高级管理人员等行政监管措施,并按照相关法律法规的规定进行处罚。

证券期货经营机构及其工作人员违反《证券期货经营机构及其工作人员廉洁从业规定》第9条、第10条、第11条、第12条、第13条、第14条、第15条规定,按照相关法律法规的规定进行处罚,相关法律法规没有规定的,处以警告、3万元以下罚款。证券期货经营机构及其工作人员违反《证券期货经营机构及其工作人员廉洁从业规定》,公司董事、监事、高级管理人员和其他人员负有管理责任的,中国证监会可以对其采取第18条和第20条规定的行政监管措施或者行政处罚。

证券期货经营机构工作人员违反相关法律法规和《证券期货经营机构及其工作人员廉洁从业规定》,情节严重的,中国证监会可以依法对其采取市场禁入的措施。证券期货经营机构工作人员在开展证券期货业务及相关活动中向公职人员及其利益关系人输送不正当利益,或者唆使、协助他人向公职人员及其利益关系人输送不正当利益,情节特别严重的,中国证监会可以依法对其采取终身市场禁入的措施。

证券期货经营机构及其工作人员涉嫌违反党纪、政纪的,中国证监会将有关情况通报相关主管单位纪检监察部门;涉嫌犯罪的,依法移送监察、司法机关,追究其刑事责任。

2. 从重、减轻和免于处理的情形

证券期货经营机构及其工作人员违反《证券期货经营机构及其工作人员廉洁从业规

定》，有下列情形之一的，中国证监会应当从重处理：

（1）直接、间接或者唆使、协助他人向监管人员输送利益；

（2）连续或者多次违反《证券期货经营机构及其工作人员廉洁从业规定》；

（3）涉及金额较大或者涉及人员较多；

（4）产生恶劣社会影响；

（5）曾为公职人员特别是监管人员，以及曾任证券期货经营机构合规风控职务的人员违反《证券期货经营机构及其工作人员廉洁从业规定》；

（6）中国证监会认定应当从重处理的其他情形。

证券期货经营机构通过有效的廉洁从业风险管理，主动发现违反《证券期货经营机构及其工作人员廉洁从业规定》的行为，并积极有效整改，落实责任追究，完善内部控制制度和业务流程，及时向中国证监会报告的，依法免于追究责任或者从轻、减轻处理。证券期货经营机构工作人员违反《证券期货经营机构及其工作人员廉洁从业规定》，事后及时向中国证监会报告，或者积极配合调查的，依法免于追究责任或者从轻、减轻处理。

（二）自律惩戒措施及相关法律责任

根据《证券经营机构及其工作人员廉洁从业实施细则》，中国证券业协会依据章程、相关自律规则制定和实施行业廉洁从业自律规则，对证券经营机构及其工作人员进行廉洁从业的自律管理，对会员及其工作人员的执业行为进行监督、检查，并可以在现场检查中将廉洁从业情况纳入检查范围。会员及其工作人员应当予以配合，如实提供有关资料，不得拒绝、阻挠、逃避检查，不得谎报、隐匿、销毁相关证据材料。

1. 自律惩戒规则

中国证券业协会对违反廉洁从业规定的会员及其从业人员，采取自律惩戒措施，并按照规定记入证券期货市场诚信档案。中国证券业协会发现证券经营机构及其工作人员涉嫌违反党纪、政纪的，将有关情况报中国证监会；涉嫌违反证券相关行政法规及部门规章的，移送中国证监会处理；涉嫌犯罪的，移送监察、司法机关依法追究其刑事责任，并向中国证监会报告。

证券经营机构违反《证券经营机构及其工作人员廉洁从业实施细则》的，协会视情节轻重，按照有关规定采取谈话提醒、警示、责令改正等自律管理措施，或者行业内通报批评、公开谴责、暂停或者取消协会授予的业务资格、暂停会员权利、取消会员资格等纪律处分。

证券经营机构工作人员违反《证券经营机构及其工作人员廉洁从业实施细则》的，协会视情节轻重，按照有关规定采取谈话提醒、要求参加强化培训、警示、责令所在机构给予处理等自律管理措施，或者行业内通报批评、公开谴责、暂停执业、终止执业等纪律处分。

协会实施自律措施时，按照有关规定区分依法合理营销活动与输送或者谋取不正当利益行为、区分机构责任与个人责任。对相关证券经营机构及其工作人员采取自律措施的，按照有关规定记入协会诚信信息系统，并按规定记入证券期货市场诚信档案。证券经营机构及其董事、监事、高级管理人员及各层级管理人员，对本公司及工作人员的违规行为负有管理责任的，参照上述规定采取自律措施。

2. 从重、减轻和免于处理的情形

有下列情形之一的，协会可对其从轻或减轻采取自律措施，情节特别轻微，未造成不良影响的，协会可视情况对其免于采取自律措施。

(1)主动发现、上报违反《证券经营机构及其工作人员廉洁从业实施细则》行为并积极有效整改，落实内部追责的；

(2)能够配合检查，并如实说明相关违反《证券经营机构及其工作人员廉洁从业实施细则》行为的；

(3)主动采取措施消除、减轻不良影响的；

(4)协会认定可从轻或减轻处理的其他情形。

证券经营机构及其工作人员违反《证券经营机构及其工作人员廉洁从业实施细则》，有下列情形之一的，协会应当从重处理：

(1)产生较大不良影响；

(2)在协会检查、调查过程中，不如实提供有关文件或者资料，伪造、隐匿、篡改、毁损证据，或者逃避、拒绝、阻碍协会工作人员依照有关规定履行自律管理职责的；

(3)对投诉人、举报人、证人等有关人员进行打击报复、陷害的；

(4)协会认定应当从重处理的其他情形。

真题实练

1. 对廉洁从业管理的有效性承担责任的是(　　)。

A. 证券经营机构主要负责人　　B. 证券经营机构高级管理人员

C. 董事会　　D. 监事会

2. 以下关于廉洁从业的内控机制中财经纪律的说法，正确的是(　　)。

Ⅰ. 业务活动中产生的费用支出制定明确的内部决策流程和具体标准，确保相关费用支出合法合规

Ⅱ. 证券经营机构委托、聘用第三方机构或者个人提供投资顾问、财务顾问、产品代销、专业咨询等服务，应当明确第三方的资质条件，事先签署服务协议，履行内部审批程序，协议中应明确约定服务内容、服务期限以及费用标准等

Ⅲ. 证券经营机构及其工作人员不得签署虚构服务主体或者服务内容的协议、利用本机构或者客户资产，向不具备相关专业能力或者未提供相应服务的第三方支付咨询费、顾问费、服务费等费用

Ⅳ. 证券经营机构应当根据有关规定制定合理完善的公司营销制度，明确可列入营销费用的具体事项、内容、标准、额度

A. Ⅰ、Ⅱ、Ⅲ　　B. Ⅰ、Ⅱ、Ⅳ

C. Ⅱ、Ⅲ、Ⅳ D. Ⅰ、Ⅱ、Ⅲ、Ⅳ

【答案及解析】

1. C 【解析】董事会决定廉洁从业管理目标，对廉洁从业管理的有效性承担责任。

2. D 【解析】证券经营机构应当强化财经纪律，杜绝账外账等不规范行为。对于业务活动中产生的费用支出制定明确的内部决策流程和具体标准，确保相关费用支出合法合规。证券经营机构应当根据有关规定制定合理完善的公司营销制度，明确可列入营销费用的具体事项、内容、标准、额度等，并对公司营销制度和标准定期予以评估，对营销费用支出严格审查，对违反公司营销制度和标准的行为予以严厉问责，避免引发与公职人员、客户、正在洽谈的潜在客户或其他利益关系人的利益冲突。证券经营机构应当加强对第三方机构或者个人有偿支付的管理。委托、聘用第三方机构或者个人提供投资顾问、财务顾问、产品代销、专业咨询等服务，应当明确第三方的资质条件，事先签署服务协议，履行内部审批程序，协议中应明确约定服务内容、服务期限以及费用标准等；相关规定对第三方的资质条件有明确要求的，还应当符合其规定。证券经营机构及其工作人员不得签署虚构服务主体或者服务内容的协议，利用本机构或者客户资产，向不具备相关专业能力或者未提供相应服务的第三方支付咨询费、顾问费、服务费等费用。

第三节 证券市场诚信管理

考纲要求

本节考纲要求见表 5-5 所示。

表 5-5 第五章第三节考纲要求

考纲要求	星级	具体内容
熟悉	★★	中国证监会及中国证券业协会诚信管理的有关规定
掌握	★★★	证券市场禁入措施的实施对象、内容、期限及程序

考点梳理

一、中国证监会诚信管理的有关规定★★

《证券期货市场诚信监督管理办法》规定，中国证监会建立全国统一的证券期货市场诚信档案数据库，记录证券期货市场诚信信息。

（一）诚信信息的采集和管理

从事证券期货市场活动的证券从业人员的下列诚信信息，记入诚信档案：

（1）姓名、性别、国籍、身份证件号码，法人或者其他组织的名称、住所、统一社会信用代码等基本信息；

（2）中国证监会、国务院其他主管部门等其他省部级及以上单位和证券期货交易场所、证券期货市场行业协会、证券登记结算机构等全国性证券期货市场行业组织（以下简称“证券期货市场行业组织”）作出的表彰、奖励、评比，以及信用评级机构、诚信评估机构作出的信用评级、诚信评估；

（3）中国证监会及其派出机构作出的行政许可决定；

（4）发行人、上市公司、全国中小企业股份转让系统挂牌公司及其主要股东、实际控制人，董事、监事和高级管理人员，重大资产重组交易各方，及收购人所作的公开承诺的未履行或者未如期履行、正在履行、已如期履行等情况；

（5）中国证监会及其派出机构作出的行政处罚、市场禁入决定和采取的监督管理措施；

（6）证券期货市场行业组织实施的纪律处分措施和法律、行政法规、规章规定的管理措施；

（7）因涉嫌证券期货违法被中国证监会及其派出机构调查及采取强制措施；

（8）违反《证券法》第171条的规定，由于被调查当事人自身原因未履行承诺的情况；

（9）到期拒不执行中国证监会及其派出机构生效行政处罚决定及监督管理措施，因拒不配合中国证监会及其派出机构监督检查、调查被有关机关作出行政处罚或者处理决定，以及拒不履行已达成的证券期货纠纷调解协议；

（10）债券发行人未按期兑付本息等违约行为、担保人未按约定履行担保责任；

（11）因涉嫌证券期货犯罪被中国证监会及其派出机构移送公安机关、人民检察院处理；

（12）以不正当手段干扰中国证监会及其派出机构监管执法工作，被予以行政处罚、纪律处分，或者因情节较轻，未受到处罚处理，但被纪律检查或者行政监察机构认定的信息；

（13）因证券期货犯罪或者其他犯罪被人民法院判处刑罚；

（14）因证券期货侵权、违约行为被人民法院判决承担较大民事赔偿责任；

（15）因违法开展经营活动被银行、保险、财政、税收、环保、工商、海关等相关主管部门予以行政处罚；

（16）因非法开设证券期货交易场所或者组织证券期货交易被地方政府行政处罚或者采取清理整顿措施；

（17）因违法失信行为被证券公司、期货公司、基金管理人、证券期货服务机构以及证券期货市场行业组织开除；

（18）融资融券、转融通、证券质押式回购、约定式购回、期货交易等信用交易中的违约失信信息；

（19）违背诚实信用原则的其他行为信息。

（二）诚信信息的效力期限

《证券期货市场诚信监督管理办法》规定的违法失信信息，在诚信档案中的效力期限为3年，但因证券期货违法行为被行政处罚、市场禁入、刑事处罚和判决承担较大侵权、违约民事赔偿责任的信息，其效力期限为5年。

法律、行政法规或者中国证监会规章对违法失信信息的效力期限另有规定的，国务院其他主管部门对其产生的违法失信信息的效力期限另有规定的，从其规定。效力期限，自对违法失信行为的处理决定执行完毕之日起算。超过效力期限的违法失信信息，不再进行诚信信息公开，并不再接受诚信信息申请查询，公民、法人或者其他组织根据《证券期货市场诚信监督管理办法》申请查询自己信息的除外。

二、中国证券业协会诚信管理的有关规定★★

《中国证券业协会诚信管理办法》规定，中国证券业协会建立诚信信息管理系统、诚信状况评估和检查制度，对会员和从业人员的诚信建设进行日常管理。

（一）诚信信息

诚信信息，是指会员、从业人员在经营、执业活动中是否遵纪守法、诚实守信的信息和对评价其诚信状况有影响的其他信息。

诚信信息包括：基本信息、奖励信息、处罚处分信息及协会自律规则规定的其他信息。

（1）诚信基本信息与证券业协会会员信息管理系统、从业人员信息管理系统基本信息保持一致。

（2）奖励信息包括受奖励单位或个人、表彰单位、表彰内容、荣誉称号或奖励等级、表彰时间和文号等。

下列主体作出的表彰、奖励、评比应记入奖励信息：①中国证券业协会、中证机构间报价系统股份有限公司及地方性证券业协会；②中国证券业协会认为有必要记录其奖励信息的其他单位。

（3）处罚处分信息包括受处罚处分机构或个人名称、受处罚处分机构责任人、处罚处分时间、效力期限、处罚处分原因、做出处罚处分决定的机构、处罚处分类别、文号等。

下列信息应记入处罚处分信息：①中国证券业协会、中证机构间报价系统股份有限公司、地方性证券业协会等证券市场行业组织实施的自律惩戒措施；②中国证券业协会认为有必要记录的其他情况。

会员对本单位从业人员作出的处罚处分不作为处罚处分信息，但应记入诚信信息备注栏。

（二）诚信信息的效力期限

诚信信息的基本信息长期有效，奖励信息、处罚处分信息效力期限为3年，但因证券期货违法行为被行政处罚、市场禁入的信息，效力期限为5年。效力期限自奖励、处罚处分决定生效之日起算。奖励、处罚处分本身有执行期间的，效力期限自执行期间届满之日起算。

超过效力期限的诚信信息转入历史记录库。转入历史记录库的信息不再提供查询服务,但法律法规及证券业协会另有规定的除外。

(三)诚信信息的使用与查询

效力期限内的诚信信息根据性质分为公开信息和有限公开信息。公开信息在证券业协会网站公布,内容包括协会会员和从业人员信息管理系统公开的会员和从业人员基本信息、会员和从业人员效力期限内受奖励次数、证券业协会对会员和从业人员作出的公开谴责及自律惩戒决定,证券业协会认为有必要公开的其他诚信信息。任何机构或个人可以通过证券业协会网站查询公开诚信信息。

效力期限内除公开信息以外的信息为有限公开信息。从业人员可登录证券业协会从业人员管理系统查询本人的诚信信息。其他机构、个人可持查询申请书、本机构、本人及查询对象的身份证明文件向证券业协会申请查询从业人员的诚信信息。查询申请书应注明查询原因、用途。

(四)诚信状况评估与检查

从业人员受奖励、受处分处罚以及其他影响诚信状况的情况纳入诚信状况评估。

证券业协会可根据行业诚信建设需要,对会员、从业人员诚信情况进行检查,对于违反诚信规定的会员、从业人员,采取自律惩戒措施。

(五)诚信自律管理与责任

从业人员对自己报送的诚信信息的真实性、准确性、完整性负责。从业人员报送的诚信信息有虚假内容的,证券业协会应采取谈话提醒、警示及其他自律管理措施;情节严重的,证券业协会应给予纪律处分。

三、证券市场禁入措施★★★

(一)证券市场禁入措施的实施对象

根据《证券市场禁入规定》,下列人员违反法律、行政法规或者中国证监会有关规定,情节严重的,中国证监会可以根据情节严重的程度,采取证券市场禁入措施:

(1)发行人、上市公司、非上市公众公司的董事、监事、高级管理人员,其他信息披露义务人或者其他信息披露义务人的董事、监事、高级管理人员;

(2)发行人、上市公司、非上市公众公司的控股股东、实际控制人,或者发行人、上市公司、非上市公众公司控股股东、实际控制人的董事、监事、高级管理人员;

(3)证券公司的董事、监事、高级管理人员及其内设业务部门负责人、分支机构负责人或者其他证券从业人员;

(4)证券公司的控股股东、实际控制人或者证券公司控股股东、实际控制人的董事、监事、高级管理人员;

(5)证券服务机构的董事、监事、高级管理人员等从事证券服务业务的人员和证券服务机构的实际控制人或者证券服务机构实际控制人的董事、监事、高级管理人员；

(6)证券投资基金管理人、证券投资基金托管人的董事、监事、高级管理人员及其内设业务部门、分支机构负责人或者其他证券投资基金从业人员；

(7)中国证监会认定的其他违反法律、行政法规或者中国证监会有关规定的有关责任人员。

(二)证券市场禁入措施的内容

被中国证监会采取证券市场禁入措施的人员，在禁入期间内，除不得继续在原机构从事证券业务或者担任原上市公司、非上市公众公司董事、监事、高级管理人员职务外，也不得在其他任何机构中从事证券业务或者担任其他上市公司、非上市公众公司董事、监事、高级管理人员职务。

被采取证券市场禁入措施的人员，应当在收到中国证监会作出的证券市场禁入决定后立即停止从事证券业务或者停止履行上市公司、非上市公众公司董事、监事、高级管理人员职务，并由其所在机构按规定的程序解除其被禁止担任的职务。

(三)证券市场禁入措施的期限

违反法律、行政法规或者中国证监会有关规定，情节严重的，可以对有关责任人员采取3年至5年的证券市场禁入措施；行为恶劣、严重扰乱证券市场秩序、严重损害投资者利益或者在重大违法活动中起主要作用等情节较为严重的，可以对有关责任人员采取5年至10年的证券市场禁入措施。有下列情形之一的，可以对有关责任人员采取终身的证券市场禁入措施：

(1)严重违反法律、行政法规或者中国证监会有关规定，构成犯罪的；

(2)从事保荐、承销、资产管理、融资融券等证券业务及其他证券服务业务，负有法定职责的人员，故意不履行法律、行政法规或者中国证监会规定的义务，并造成特别严重后果的；

(3)违反法律、行政法规或者中国证监会有关规定，采取隐瞒、编造重要事实等特别恶劣手段，或者涉案数额特别巨大的；

(4)违反法律、行政法规或者中国证监会有关规定，从事欺诈发行、内幕交易、操纵市场等违法行为，严重扰乱证券、期货市场秩序并造成严重社会影响，或者获取违法所得等不当利益数额特别巨大，或者致使投资者利益遭受特别严重损害的；

(5)违反法律、行政法规或者中国证监会有关规定，情节严重，应当采取证券市场禁入措施，且存在故意出具虚假重要证据，隐瞒、毁损重要证据等阻碍、抗拒证券监督管理机构及其工作人员依法行使监督检查、调查职权行为的；

(6)因违反法律、行政法规或者中国证监会有关规定，5年内被中国证监会给予除警告之外的行政处罚3次以上，或者5年内曾经被采取证券市场禁入措施的；

(7)组织、策划、领导或者实施重大违反法律、行政法规或者中国证监会有关规定的活动的；

(8)其他违反法律、行政法规或者中国证监会有关规定，情节特别严重的。

违反法律、行政法规或者中国证监会有关规定，情节严重的，中国证监会可以单独对有关责任人员采取证券市场禁入措施，或者一并依法进行行政处罚；涉嫌犯罪的，依法移送公安机关、人民检察院，并可同时采取证券市场禁入措施。

有下列情形之一的，中国证监会可以对有关责任人员从轻、减轻或者免予采取证券市场禁入措施：

(1)主动消除或者减轻违法行为危害后果的；

(2)配合查处违法行为有立功表现的；

(3)受他人指使、胁迫有违法行为，且能主动交待违法行为的；

(4)其他可以从轻、减轻或者免予采取证券市场禁入措施的。

共同违反法律、行政法规或者中国证监会有关规定，需要采取证券市场禁入措施的，对负次要责任的人员，中国证监会可以比照应负主要责任的人员，适当从轻、减轻或者免予采取证券市场禁入措施。

(四)证券市场禁入措施的程序

中国证监会采取证券市场禁入措施前，应当告知当事人采取证券市场禁入措施的事实、理由及依据，并告知当事人有陈述、申辩和要求举行听证的权利。

被采取证券市场禁入措施者因同一违法行为同时被认定有罪或者进行行政处罚的，如果对其所作有罪认定或行政处罚决定被依法撤销或者变更，并因此影响证券市场禁入措施的事实基础或者合法性、适当性的，依法撤销或者变更证券市场禁入措施。

被中国证监会采取证券市场禁入措施的人员，中国证监会将通过中国证监会网站或指定媒体向社会公布，并记入被认定为证券市场禁入者的诚信档案。

真题实练

1. 根据《证券市场禁入规定》，证券市场禁入措施的实施对象是(　　)。

Ⅰ. 发行人、上市公司的董事、监事、高级管理人员

Ⅱ. 发行人、上市公司的控股股东、实际控制人

Ⅲ. 上市公司控股股东、实际控制人、董事、监事、高级管理人员

Ⅳ. 证券公司的董事、监事、高级管理人员及其内设业务部门负责人

A. Ⅰ、Ⅱ、Ⅲ、Ⅳ　　B. Ⅰ、Ⅲ、Ⅳ

C. Ⅰ、Ⅱ、Ⅳ　　D. Ⅱ、Ⅲ

2. 根据《中国证券业协会诚信管理办法》，诚信信息中的奖励信息、处罚处分信息效力期限为(　　)年，但因证券期货违法行为被行政处罚、市场禁入的信息，效力期限为(　　)年。

A. 15　30　　B. 10　15

C.3　5　　　　D.5　10

【答案及解析】

1.A　【解析】根据《证券市场禁入规定》，下列人员违反法律、行政法规或者中国证监会有关规定，情节严重的，中国证监会可以根据情节严重的程度，采取证券市场禁入措施：①发行人、上市公司、非上市公众公司的董事、监事、高级管理人员，其他信息披露义务人或者其他信息披露义务人的董事、监事、高级管理人员；②发行人、上市公司、非上市公众公司的控股股东、实际控制人，或者发行人、上市公司、非上市公众公司控股股东、实际控制人的董事、监事、高级管理人员；③证券公司的董事、监事、高级管理人员及其内设业务部门负责人、分支机构负责人或者其他证券从业人员；④证券公司的控股股东、实际控制人或者证券公司控股股东、实际控制人的董事、监事、高级管理人员；⑤证券服务机构的董事、监事、高级管理人员等从事证券服务业务的人员和证券服务机构的实际控制人或者证券服务机构实际控制人的董事、监事、高级管理人员；⑥证券投资基金管理人、证券投资基金托管人的董事、监事、高级管理人员及其内设业务部门、分支机构负责人或者其他证券投资基金从业人员；⑦中国证监会认定的其他违反法律、行政法规或者中国证监会有关规定的有关责任人员。

2.C　【解析】《中国证券业协会诚信管理办法》第17条规定，诚信信息的效力期限为：①基本信息长期有效；②奖励信息、处罚处分信息效力期限为3年，但因证券期货违法行为被行政处罚、市场禁入的信息，效力期限为5年。

第四节　从业人员行为规范

考纲要求

本节考纲要求见表5-6所示。

表5-6　第五章第四节考纲要求

考纲要求	星级	具体内容
了解	★	①证券业从业人员的登记程序 ②证券公司承担技术、合规管理和风险控制职责的人员不得从事的工作 ③违反经纪业务相关规定的人员承担的法律责任 ④证券经纪人与证券公司之间的委托关系 ⑤证券投资基金销售人员的有关规定 ⑥从事代销金融产品人员的有关规定 ⑦证券投资咨询人员从业登记管理有关规定 ⑧证券资信评级业务人员有关规定

续表

考纲要求	星级	具体内容
熟悉	★★	①从事证券经纪业务相关人员不得存在的行为 ②证券投资咨询人员禁止性行为规定和法律责任 ③保荐代表人应具备的条件 ④保荐代表人的权利及发行人的义务 ⑤财务顾问主办人应该具备的条件 ⑥财务顾问主办人执业行为规范 ⑦资产管理投资经理执业行为管理的有关要求
掌握	★★★	①从事证券业务的专业人员范围 ②证券业从业人员应当符合的要求 ③证券业从业人员登记的类别 ④证券业从业人员执业行为准则 ⑤证券从业人员职业道德准则 ⑥证券业从业人员的违规处理规定及惩戒机制 ⑦证券公司从事经纪业务相关人员的要求 ⑧证券经纪业务营销人员执业行为的范围、禁止性规定 ⑨证券投资咨询人员分类 ⑩证券投资顾问与证券分析师的注册登记要求 ⑪保荐代表人执业行为规范 ⑫保荐代表人违反有关规定的法律责任或被采取的监管措施 ⑬客户资产管理业务投资经理应该具备的条件

考点梳理

一、证券业从业人员

(一)从事证券业务的专业人员范围★★★

根据《证券业从业人员资格管理办法》,从事证券业务的专业人员是指:

(1)证券公司中从事自营、经纪、承销、投资咨询、受托投资管理等业务的专业人员,包括相关业务部门的管理人员。

(2)基金管理公司、基金托管机构中从事基金销售、研究分析、投资管理、交易、监察稽核等业务的专业人员,包括相关业务部门的管理人员;基金销售机构中从事基金宣传、推销、咨询等业务的专业人员,包括相关业务部门的管理人员。

(3)证券投资咨询机构中从事证券投资咨询业务的专业人员及其管理人员。

(4)证券资信评估机构中从事证券资信评估业务的专业人员及其管理人员。

(5)中国证监会规定的其他人员。

(二)证券业从业人员应当符合的要求★★★

根据《关于证券业从业人员登记管理有关事项的通知》,证券公司中从事证券业务的人员应当符合《证券法》等法律法规、中国证监会规定、中国证券业协会自律规则的要求，品行良好，具备从事证券业务所需的专业能力。包括但不限于，满足基本要求：品行端正，具有良好的职业道德；最近3年未受过刑事处罚；未被中国证监会认定为证券市场禁入者，或者已过禁入期；通过相应的证券业从业人员资格考试等。在满足基本要求基础上，从事证券投资咨询业务、保荐代表人、证券经纪人还应当满足《证券、期货投资咨询管理暂行办法》《证券发行上市保荐业务管理办法》《证券经纪人管理暂行规定》的相关规定。

证券公司中从事证券业务的人员应当向中国证券业协会进行登记。证券投资咨询机构、证券评级机构中从事证券相关业务的人员，参照证券公司中从事证券业务人员的有关规定进行登记管理。从业人员不须申请取得从业资格和执业证书。

（三）证券业从业人员的登记类别★★★

根据《关于证券业从业人员登记管理有关事项的通知》，从业人员登记类别设为一般证券业务、证券经纪人、证券投资咨询（投资顾问）、证券投资咨询（分析师）、证券投资咨询（其他）、保荐代表人等六类。应当根据从业人员实际从事的业务类别和相应要求进行登记，同一人员只能登记为一个类别。

（四）证券业从业人员的登记程序★

根据《关于证券业从业人员登记管理有关事项的通知》，从业人员应当通过所在机构进行登记，机构应当自从业人员入职（含试用期）之日起7个工作日内，通过协会从业人员管理平台，将经本机构审核过的从业人员登记信息提交至协会进行登记。登记信息完备的，协会在登记后生成唯一登记编号。登记信息不完备或不符合规定要求的，协会通知机构及时补正。

从业人员所从事的业务类别或其他重要登记信息发生变化的，所在机构应当自发生变化之日起7个工作日内办理变更登记。从业人员离职的，所在机构应当自劳动关系（或委托代理关系）解除之日起7个工作日内办理注销登记。

（五）证券业从业人员执业行为准则★★★

《证券法》《证券业从业人员执业行为准则》对证券业从业人员的执业行为作出了具体规定：

（1）从业人员应自觉遵守法律、行政法规，接受并配合中国证监会的监督与管理，接受并配合证券业协会的自律管理，遵守交易场所有关规则、所在机构的规章制度以及行业公认的职业道德和行为准则。

（2）从业人员在执业过程中应当维护客户和其他相关方的合法利益，诚实守信，勤勉尽责，维护行业声誉。

（3）从业人员应依照相应的业务规范和执业标准为客户提供专业服务，了解客户需求、财务状况及风险承受能力，为客户推荐合适的产品或服务，充分揭示其推荐产品或服务涉及的责任、义务及相关风险，包括但不限于法律风险、政策风险、市场风险等。

(4)从业人员应当品行良好,具备从事证券业务所需的专业能力。

(5)从业人员应保守国家秘密、所在机构的商业秘密、客户的商业秘密及个人隐私,对客户服务结束或者离开所在机构之后,仍应按照有关规定或合同约定承担上述保密义务。

(6)从业人员应当公平对待所有客户,不得从事与履行职责有利益冲突的业务。遇到自身利益或相关方利益与客户的利益发生冲突或可能发生冲突时,应及时向所在机构报告;当无法避免时,应确保客户的利益得到公平的对待。

(7)机构或者其管理人员对从业人员发出指令涉嫌违法违规的,从业人员应及时按照所在机构内部程序向高级管理人员或者董事会报告。机构未妥善处理的,从业人员应及时向中国证监会或者证券业协会报告。

(8)从业人员应当尊重同业人员,公平竞争,不得贬损同行或以其他不正当竞争手段争揽业务。

(9)证券从业人员不得从事以下活动:

①从事内幕交易或利用未公开信息交易活动,泄露利用工作便利获取的内幕信息或其他未公开信息,或明示、暗示他人从事内幕交易活动;

②利用资金优势、持股优势和信息优势,单独或者合谋串通,影响证券交易价格或交易量,误导和干扰市场;

③编造、传播虚假信息,作出虚假陈述或信息误导,扰乱证券市场;

④损害社会公共利益、所在机构或者他人的合法权益;

⑤从事与其履行职责有利益冲突的业务;

⑥接受利益相关方的贿赂或对其进行贿赂,如接受或赠送礼物、回扣,补偿或报酬等,或从事可能导致与投资者或所在机构之间产生利益冲突的活动;

⑦买卖法律明文禁止买卖的证券;

⑧利用工作之便向任何机构和个人输送利益,损害客户和所在机构利益;

⑨违规向客户作出投资不受损失或保证最低收益的承诺;

⑩隐匿、伪造、篡改或者毁损交易记录;

⑪中国证监会、中国证券业协会禁止的其他行为。

(10)禁止证券公司及其从业人员从事下列损害客户利益的行为:

①利用因职务便利获取的内幕信息以外的其他未公开的信息,违反规定,从事与该信息相关的证券交易活动,或者明示、暗示他人从事相关交易活动;

②在证券交易活动中作出虚假陈述或者信息误导;

③不在规定时间内向客户提供交易的确认文件;

④未经客户的委托,擅自为客户买卖证券,或者假借客户的名义买卖证券;

⑤为牟取佣金收入,诱使客户进行不必要的证券买卖;

⑥其他违背客户真实意思表示,损害客户利益的行为;

⑦私下接受客户委托买卖证券。

违反前款规定给客户造成损失的,应当依法承担赔偿责任。

(11)从业人员应主动倡导理性成熟的投资理念,坚持长期投资、价值投资导向,自觉弘扬行业文化,加强自身职业道德修养,规范自身行为,履行社会责任,遵守社会公德,服务社会和投资者。

(六)证券从业人员职业道德准则★★★

为深入践行行业文化理念,加强证券从业人员职业道德建设,防范道德风险,维护行业声誉,保护投资者及其他利益相关方合法权益,促进行业健康发展,《证券从业人员职业道德准则》对证券从业人员职业道德准则作出了具体规定:

(1)敬畏法律,遵纪守规。从业人员应遵从宪法,对证券行业相关法律法规、监管规定、自律规则以及道德准则心存敬畏,牢固树立依法合规、遵德展业理念,自觉接受监管和自律管理,抵制违反规则及道德准则的行为。

(2)诚实守信,勤勉尽责。从业人员应表里如一、言而有信,珍视行业声誉与职业声誉,坚守契约精神,保护并合理运用受托资产,真实、准确、完整地披露相关信息,自觉抵制弄虚作假、误导欺骗等行为。

(3)守正笃实,严谨专业。从业人员应恪守职业操守,规矩做事、踏实做人、不偏不倚,客观、审慎、专业地为投资者及其他利益相关方提供服务,自觉抵制利用资源、信息等不对称损害客户及其他利益相关方合法权益的行为。

(4)审慎稳健,严控风险。从业人员应牢固树立风险底线意识,提高风险识别、应对和化解能力,审慎执业,主动履行报告义务,严防执业过程中因不当行为带来的各类业务风险,自觉抵制侥幸心理与短视行为。

(5)公正清明,廉洁自律。从业人员应树立正确的世界观、人生观、价值观和利益观,清廉自律,在开展证券业务及相关商业活动中,应保持清爽规矩的共事关系、客户关系,自觉抵制直接或者间接向他人输送或者谋取不正当利益的行为。

(6)持续精进,追求卓越。从业人员应树立持续学习理念,坚持与时俱进、不断更新业务知识与技能,守正创新、秉持工匠精神为客户及其他利益相关方提供优质服务,自觉抵制不思进取、固步自封的工作学习态度和行为。

(7)爱岗敬业,忠于职守。从业人员应忠于所在机构,认真做好本职工作,公私分明,保护并合理使用所在机构资产,及时报告与所在机构存在的或潜在的利益冲突,自觉抵制损害所在机构合法权益的行为。

(8)尊重包容,共同发展。从业人员应遵从社会公德,尊重客户、合作伙伴、竞争对手及社会公众等利益相关方,尊重和包容不同的意见及文化、语言、专业等背景差异,共同营造没有歧视和偏见的行业发展环境、职业氛围。

(9)关爱社会,益国利民。从业人员应自觉维护国家利益和金融安全,积极参与普惠金融、绿色金融、金融扶贫、投资者教育保护等活动,自觉践行社会责任,做有担当、有格局、令人尊重的从业人员。

(七)证券业从业人员的违规处理及惩戒机制★★★

根据《关于证券业从业人员登记管理有关事项的通知》,机构聘用不符合规定要求的人员从事证券业务的,机构或从业人员在登记中存在弄虚作假等违规行为的,协会将视情节轻重采取自律管理措施或纪律处分。从业人员受到协会“暂停执业”纪律处分的,协会予以中止登记。从业人员受到刑事处罚、被证券市场禁入或受到协会“终止执业”纪律处分的,协会予以注销登记。

根据《证券期货市场诚信监督管理办法》《建设证券基金行业文化、防范道德风险工作纲要》,中国证监会及国务院其他部门、地方人民政府、国家司法机关和有关组织建立对证券市场参与主体的失信联合惩戒制度机制,提供证券市场主体的相关诚信信息,依法实施联合惩戒。在工作中,将以惩治违法和奖励合规为保障,采取有效措施,形成良好的行业文化与个人职业素养,切实优化软环境,提升软实力,推进行业做大做强。坚持“弘扬守信和惩戒失信并重”的原则,完善激励政策、创新奖励机制、落实鼓励措施,借助各种方式、各种手段,利用各种场合、各种时机,加大对失信行为的惩处力度,完善联合惩戒体系,增加违规成本代价,真正让“好人好受、坏人难受”。

监管机构将加大惩戒力度。落实“双罚”与“终生追责”,集中查处典型案例,对严重背离“合规、诚信、专业、稳健”精神的重大违法违规行为,将责任落实到个人,实行双罚,对公司依法采取暂不受理相关行政许可、限制业务、撤销相关牌照的监管措施,对责任人依法采取认定为不适当人选、撤销高管资格的监管措施。对于责任人一追到底,防止责任人通过辞职、离职等手段逃避追责。灵活运用刑事、民事、行政、自律等多种手段,形成多层次追责体系。

自律组织将充分发挥自律措施效果。发挥自律措施在惩戒违法违规、督促合法从业方面的引导和威慑作用。对违反职业道德准则要求的行为,依法从重处理,充分发挥自律措施对从业人员的管理作用。将牵头制定“奖优惩劣”的具体制度和评价指标,优化完善对个人惩戒的机制和规则依据,加大对个人违背诚信、合规、专业、稳健要求的自律处罚力度;开展典型标杆评选工作,在全行业评选优秀单位和优秀从业人员;集中披露行业典型惩戒案例,汇总形成案例警示录;牵头组织媒体通过专栏报道、论文征集、最佳实践等形式开展专题宣传活动,通过常态化的宣传、教育、惩戒,推动从业人员普遍树立“以诚信为荣、以失信为耻”职业道德观念,行业社会形象改观,违法失信行为减少,初步形成“不想为”的局面。

二、证券经纪业务相关人员

(一)从事证券经纪业务相关人员的要求★★★

根据《关于加强证券经纪业务管理的规定》,证券公司应当建立健全证券经济业务人员管理和科学合理的绩效考核制度,规范证券经济业务人员行为。

与客户权益变动相关业务的经办人员之间，应当建立制衡机制。涉及客户资金账户及证券账户的开立、信息修改、注销，建立及变更客户资金存管关系，客户证券账户转托管和撤销指定交易等与客户权益直接相关的业务应当一人操作、一人复核，复核应当留痕。涉及限制客户资产转移、改变客户证券账户和资金账户的对应关系、客户账户资产变动记录的差错确认与调整等非常规性业务操作，应当事先审批，事后复核，审批及复核均应留痕。

(二)从事证券经纪业务人员不得存在的行为★★

根据《关于加强证券经纪业务管理的规定》，证券公司从事证券经纪业务的人员应当客观说明公司业务资格、服务职责、范围等情况，不得提供虚假、误导性信息，不得采取不正当竞争手段开展业务，不得诱导无投资意愿或者无风险承受能力的投资者参与证券交易活动。

(三)从事技术、风险监控、合规管理人员不得从事的工作★

根据《关于加强证券经纪业务管理的规定》，从事技术、风险监控、合规管理的人员不得从事营销、客户账户及客户资金存管等业务活动。

(四)违反证券经纪业务相关规定的人员承担的法律责任★

证券从业人员发生违反法律、行政法规、监管机构和其他行政管理部门规定以及自律规则、证券公司证券经纪业务管理制度行为的，证券公司应当追究其责任。证券公司及证券营业部违反《关于加强证券经纪业务管理的规定》的，中国证监会及其派出机构将视情况依法采取责令改正、监管谈话、出具警示函、暂不受理与行政许可有关的文件、责令处分有关人员、暂停核准新业务、限制业务活动等监管措施。违反法律法规的，依法进行行政处罚。构成犯罪的，移送司法机关处理。

三、证券经纪业务营销人员

(一)证券经纪人与证券公司之间的委托关系★

《证券经纪人管理暂行规定》对证券经纪人与证券公司之间的委托关系作出了相关规定。

1. 委托与接受委托

证券经纪人，是指接受证券公司的委托，代理其从事客户招揽和客户服务等活动的证券公司以外的自然人。

证券公司可以通过公司员工或者委托公司以外的人员从事客户招揽和客户服务等活动。委托公司以外的人员的，应当按照《证券公司监督管理条例》规定的证券经纪人形式进行，不得采取其他形式。

证券经纪人为证券从业人员，应当符合规定的条件。

证券经纪人应当在执业过程中向客户明示其与证券公司的委托代理关系，并在委托合同约定的代理权限、代理期间、执业地域范围内从事客户招揽和客户服务等活动。证券经纪人只能接受一家证券公司的委托，并应当专门代理证券公司从事客户招揽和客户服务等活动。证券经纪人在执业过程中，可以根据证券公司的授权，从事下列部分或者全部活动：

(1)向客户介绍证券公司和证券市场的基本情况；

(2)向客户介绍证券投资的基本知识及开户、交易、资金存取等业务流程；

(3)向客户介绍与证券交易有关的法律、行政法规、中国证监会规定、自律规则和证券公司的有关规定；

(4)向客户传递由证券公司统一提供的研究报告及与证券投资有关的信息；

(5)向客户传递由证券公司统一提供的证券类金融产品宣传推介材料及有关信息；

(6)法律、行政法规和中国证监会规定证券经纪人可以从事的其他活动。

2. 签订委托合同

证券公司应当在与证券经纪人签订委托合同前，对其资格条件进行严格审查。对不具备规定条件的人员，证券公司不得与其签订委托合同。

证券公司与证券经纪人签订委托合同，应当遵循平等、自愿、诚实信用的原则，公平地确定双方的权利和义务。

委托合同应当载明下列事项：

(1)证券公司的名称和证券经纪人的姓名；

(2)证券经纪人的代理权限；

(3)证券经纪人的代理期间；

(4)证券经纪人服务的证券营业部；

(5)证券经纪人的执业地域范围；

(6)证券经纪人的基本行为规范；

(7)证券经纪人的报酬计算与支付方式；

(8)双方权利义务；

(9)违约责任。

证券经纪人的执业地域范围，应当与其服务的证券公司的管理能力及证券营业部的客户管理水平和客户服务的合理区域相适应。

3. 执业前培训和登记

证券公司应当对证券经纪人进行不少于60个小时的执业前培训，其中法律法规和职业道德的培训时间不少于20个小时。证券公司应当对证券经纪人执业前培训的效果进行测试。

证券公司应当在与证券经纪人签订委托合同、对其进行执业前培训并经测试合格后，为其向中国证券业协会进行登记。登记事项包括证券经纪人的姓名、身份证号码、代理权限、代理期间、服务的证券营业部、执业地域范围和公司查询与投诉电话等。

(二)证券经纪业务营销人员执业行为的禁止性规定★★★

(1)根据《关于加强证券经纪业务管理的规定》，营销人员不得经办客户账户及客户资金存管业务。

(2)根据《证券经纪人管理暂行规定》,证券经纪人不得有下列行为:

①替客户办理账户开立、注销、转移,证券认购、交易或者资金存取、划转、查询等事宜;

②提供、传播虚假或者误导客户的信息,或者诱使客户进行不必要的证券买卖;

③与客户约定分享投资收益,对客户证券买卖的收益或者赔偿证券买卖的损失作出承诺;

④采取贬低竞争对手、进入竞争对手营业场所劝导客户等不正当手段招揽客户;

⑤泄露客户的商业秘密或者个人隐私;

⑥为客户之间的融资提供中介、担保或者其他便利;

⑦为客户提供非法的服务场所或者交易设施,或者通过互联网络、新闻媒体从事客户招揽和客户服务等活动;

⑧委托他人代理其从事客户招揽和客户服务等活动;

⑨损害客户合法权益或者扰乱市场秩序的其他行为。

(3)根据《证券经纪人执业规范(试行)》,证券经纪人应在《证券经纪人管理暂行规定》和所服务证券公司授权的范围内执业,除不得有《证券经纪人管理暂行规定》禁止的行为外,也不得有以下行为:

①以所服务证券公司或证券营业部的名义,与客户或他人签订任何合同、协议;

②代客户在相关合同、协议、文件等资料上签字;

③在执业过程中索取或收受客户款项和财物;

④向客户提供非由所服务证券公司统一提供的研究报告及与证券投资有关的信息、证券类金融产品宣传推介材料及有关信息;

⑤违背职业道德的其他行为。

四、证券投资基金销售人员及从事代销金融产品人员★

(一)证券投资基金销售人员的有关规定

根据《证券投资基金销售管理办法》,未经基金销售机构聘任,任何人员不得从事基金销售活动,中国证监会另有规定的除外。《证券投资基金销售人员从业资质管理规则》对证券投资基金销售人员作出了相关规定。

1. 证券投资基金销售人员

证券投资基金销售人员是指下列基金销售人员:

(1)基金销售机构总部及主要分支机构负责基金销售业务的部门中从事基金销售业务管理的人员,包括部门基金业务负责人;

(2)基金销售机构从事基金宣传推介活动、基金理财业务咨询等活动的人员。

2. 基金销售机构

基金销售机构是指办理基金销售业务的基金管理公司和经中国证监会认定的取得基

金销售业务资格的其他机构，包括商业银行、证券公司、证券投资咨询机构、专业基金销售机构等。基金销售机构应当建立健全并有效执行基金销售人员的持续培训制度，加强对基金销售人员行为规范的检查和监督。

3. 基金销售人员应取得从业资质证明

基金销售人员在开展基金宣传推介、基金理财业务咨询等活动时应通过适当的方式向基金投资人出示从业资质证明。

(二)从事代销金融产品人员的有关规定

根据《证券公司代销金融产品管理规定》，证券公司从事代销金融产品活动的人员，应当符合规定的条件，并遵守证券从业人员的管理规定。证券公司应当对金融产品营销人员进行必要的培训，保证其充分了解所负责推介金融产品的信息及与代销活动有关的公司内部管理规定和监管要求。证券公司从事代销金融产品活动的人员不得接受委托人给予的财物或其他利益。

证券公司及其从业人员违反《证券公司代销金融产品管理规定》的，中国证监会及其派出机构依法采取监管措施或者给予行政处罚。

五、证券投资咨询人员

(一)证券投资咨询人员的概念★★★

证券投资咨询人员，即从事证券投资咨询业务的投资咨询人员，主要包括证券投资顾问及证券分析师两类。

(二)证券投资咨询人员从业登记管理的有关规定★

为了加强对证券投资咨询活动的管理，保障投资者的合法权益和社会公共利益，根据《证券、期货投资咨询管理暂行办法》《证券投资咨询机构执业规范(试行)》，从事证券投资咨询业务，必须取得中国证监会的业务许可。未经中国证监会许可，任何机构和个人均不得从事各种形式证券投资咨询业务。登记人员需满足的基本要求，包括但不限于：品行端正，具有良好的职业道德；未被中国证监会认定为证券市场禁入者，或者已过禁入期等。

证券投资咨询人员申请登记为从事证券投资咨询业务的人员，在满足基本要求基础上，还应当具备下列条件：

(1)具有中华人民共和国国籍；

(2)具有完全民事行为能力；

(3)品行良好、正直诚实，具有良好的职业道德；

(4)未受过刑事处罚或者与证券业务有关的严重行政处罚；

(5)具有大学本科以上学历；

(6)证券投资咨询人员具有从事证券业务两年以上的经历，期货投资咨询人员具有从事期货业务两年以上的经历；

(7)通过中国证监会统一组织的证券从业人员资格考试;

(8)中国证监会规定的其他条件。

从事证券投资顾问业务的营销、客服等直接为客户提供服务,但不涉及向客户提供投资建议的业务人员应当符合证券从业人员的规定条件。

从事证券投资顾问业务的营销、客服等直接为客户提供服务,同时向客户提供投资建议的人员应取得证券投资顾问登记编码。从事发布证券研究报告业务的人员应取得证券分析师登记编码。

(三)证券投资顾问和证券分析师的注册登记要求★★★

1. 注册登记的分类

证券投资咨询人员主要包括证券投资顾问及证券分析师两类。根据《证券投资咨询机构执业规范(试行)》《关于证券投资顾问和证券分析师注册登记有关事宜的通知》《证券投资顾问和证券分析师注册登记程序及要求》,证券公司、证券投资咨询机构应当按照《证券投资顾问业务暂行规定》和《发布证券研究报告暂行规定》的要求,根据选择的证券投资顾问、发布证券研究报告业务类别,做好证券投资咨询执业人员分类管理,并向中国证券业协会申请办理证券投资顾问、证券分析师的注册登记。

注册登记为证券投资顾问的人员,其申请从事的证券业务类别为证券投资咨询业务(投资顾问);注册登记为证券分析师的人员,其申请从事的证券业务类别为证券投资咨询业务(分析师)。证券投资咨询机构从业人员只能与一家证券经营机构签订劳动合同,不得以任何形式同时在两家或两家以上的证券经营机构执业。

2. 注册登记的申报

证券公司、证券投资咨询机构为现有证券投资咨询执业人员,集中办理证券投资顾问、证券分析师的注册登记,应当向证券业协会报送下列书面申请材料:

(1)公司证券投资咨询业务许可证明复印件;

(2)申请注册为证券投资顾问的人员基本信息表,包括人员姓名、身份证号码、登记编码、所在业务部门、工作地点等信息;

(3)申请注册为证券分析师的人员基本信息表,包括人员姓名、身份证号码、登记编码、所在业务部门、工作地点等信息;

(4)公司证券投资顾问人员管理制度、证券分析师人员管理制度及人员分类情况说明;

(5)公司关于所提供材料真实、准确、完整的承诺书;

(6)证券业协会要求提供的其他材料或者证明文件。

证券公司、证券投资咨询机构向证券业协会提交书面申请时,应当同步在中国证券业执业证书管理系统,录入有关人员的申请材料和相关信息。

3. 新增人员、变更岗位及注销登记

(1) 新增人员注册登记。

证券公司、证券投资咨询机构可以依据证券投资咨询相关法规、《证券业从业人员资格管理办法》等规定的证券投资咨询执业资格条件,按照《证券投资顾问和证券分析师注册登记程序及要求》明确的注册登记程序及要求,为从事证券投资顾问、发布证券研究报告业务的新增人员,在证券业协会办理证券投资顾问、证券分析师注册登记。

(2) 变更岗位注册登记。

证券投资顾问变更岗位从事发布证券研究报告业务,或者证券分析师变更岗位从事证券投资顾问业务,所在的证券公司或者证券投资咨询机构应当在 7 个工作日内,向证券业协会申请注销有关人员的原注册登记,并为该人员办理新的注册登记。有关人员变更注册登记完成后,方可从事相关业务。

(3) 注销登记。

证券投资顾问或者证券分析师变更岗位,不再从事证券投资顾问或者发布证券研究报告业务的,所在证券公司、证券投资咨询机构应当在该事项发生之日起 7 个工作日内,向证券业协会办理申请注销有关人员的证券投资顾问或者证券分析师注册登记。

证券投资顾问、证券分析师离职,其所在证券公司、证券投资咨询机构应当在劳动合同解除之日起 7 个工作日内提交离职备案。证券业协会依据公司提交的该人员离职备案材料,办理注销该人员的证券投资顾问或者证券分析师注册登记。

(四)证券投资咨询人员禁止性行为规定和法律责任★★

1. 禁止性行为规定

根据《证券法》,证券投资咨询机构及其从业人员从事证券服务业务不得有下列行为:

(1) 代理委托人从事证券投资;

(2) 与委托人约定分享证券投资收益或者分担证券投资损失;

(3) 买卖本证券投资咨询机构提供服务的证券;

(4) 法律、行政法规禁止的其他行为。

有前款所列行为之一,给投资者造成损失的,应当依法承担赔偿责任。

根据《证券、期货投资咨询管理暂行办法》,证券投资咨询机构及其投资咨询人员,不得从事下列活动:

(1) 代理投资人从事证券、期货买卖;

(2) 向投资人承诺证券、期货投资收益;

(3) 与投资人约定分享投资收益或者分担投资损失;

(4) 为自己买卖股票及具有股票性质、功能的证券以及期货;

(5) 利用咨询服务与他人合谋操纵市场或者进行内幕交易;

(6) 法律、法规、规章所禁止的其他证券、期货欺诈行为。

根据《发布证券研究报告执业规范》，在证券研究报告发布之前，制作发布证券研究报告的相关人员不得向证券研究报告相关销售服务人员、客户及其他无关人员泄露研究对象覆盖范围的调整、制作与发布研究报告的计划，证券研究报告的发布时间、观点和结论，以及涉及盈利预测、投资评级、目标价格等内容的调整计划。

2. 法律责任

根据《证券法》及《证券、期货投资咨询管理暂行办法》等相关规定，任何单位和个人发现证券投资咨询机构、投资咨询人员或其他机构和个人有违反《证券、期货投资咨询管理暂行办法》规定的行为时，可以向中国证监会及其授权的地方证券、期货监管部门[以下简称“地方证管办(证监会)”]投诉和举报。地方证管办(证监会)对违反该暂行办法的行为，应当进行立案调查并将调查结果报中国证监会备案。地方证管办(证监会)根据投资人或者社会公众的投诉或者举报，有权要求证券投资咨询机构及其投资咨询人员说明情况并提供相关资料。

证券投资咨询人员违反《证券法》第 161 条的规定，给投资者造成损失的，应当依法承担赔偿责任。证券投资咨询人员违反《证券、期货投资咨询管理暂行办法》第 18 条、第 19 条、第 20 条、第 21 条、第 22 条、第 24 条的规定或者未按《证券、期货投资咨询管理暂行办法》规定向证券主管部门履行报告、年检义务的，由地方证管办(证监会)单处或者并处警告、没收违法所得、1 万元以上 3 万元以下罚款；情节严重的，地方证管办(证监会)应当向中国证监会报告，由中国证监会作出暂停或者撤销其业务资格的处罚；构成犯罪的，依法追究刑事责任。

根据《证券投资咨询机构执业规范(试行)》相关规定，证券投资咨询机构从业人员违反《证券投资咨询机构执业规范(试行)》的，中国证券业协会将根据有关自律规则，视情节轻重采取自律管理措施或纪律处分，并记入中国证券业协会诚信信息管理系统，同时将纪律处分信息报送中国证监会。

另外，根据《关于加强对利用“荐股软件”从事证券投资咨询业务监管的暂行规定》，向投资者销售或者提供“荐股软件”，并直接或者间接获取经济利益的，属于从事证券投资咨询业务，应当经中国证监会许可，取得证券投资咨询业务资格。未取得证券投资咨询业务资格，任何机构和个人不得利用“荐股软件”从事证券投资咨询业务。

证券投资咨询机构及其工作人员利用“荐股软件”从事证券投资咨询业务，违反相关法律法规和《关于加强对利用“荐股软件”从事证券投资咨询业务监管的暂行规定》的，中国证监会及其派出机构依法采取监管措施或者依法进行处罚；涉嫌犯罪的，依法移送司法机关。未取得证券投资咨询业务资格的机构和个人利用“荐股软件”从事非法证券投资咨询活动的，中国证监会及其派出机构按照法律法规和《国务院办公厅关于严厉打击非法发行股票和非法经营证券业务有关问题的通知》的规定，配合地方政府、工商行政管理部门、公安机关、司法机关等，依法予以查处；涉嫌犯罪的，依法追究刑事责任。

六、保荐代表人

(一)保荐代表人应具备的条件★★

根据《证券发行上市保荐业务管理办法》,保荐机构履行保荐职责,应当指定品行良好、具备组织实施保荐项目专业能力的保荐代表人具体负责保荐工作。保荐代表人应当熟练掌握保荐业务相关的法律、会计、财务管理、税务、审计等专业知识,最近5年内具备36个月以上保荐相关业务经历、最近12个月持续从事保荐相关业务,最近3年未受到证券交易所等自律组织的重大纪律处分或者中国证监会的行政处罚、重大行政监管措施。

中国证券业协会制定保荐代表人自律管理规范,组织非准入型的水平评价测试,保障和提高保荐代表人的专业能力水平。

(二)保荐代表人执业行为规范★★★

1. 保荐代表人执业行为总体规范

根据《证券发行上市保荐业务管理办法》,保荐机构及其保荐代表人、其他从事保荐业务的人员应当遵守法律、行政法规和中国证监会、证券交易所、中国证券业协会的相关规定,恪守业务规则和行业规范,诚实守信,勤勉尽责,尽职推荐发行人证券发行上市,持续督导发行人履行规范运作、信守承诺、信息披露等义务。

保荐机构及其保荐代表人、其他从事保荐业务的人员不得通过从事保荐业务谋取任何不正当利益。

2. 培训及工作底稿要求

保荐机构应当建立健全对保荐代表人及其他保荐业务相关人员的持续培训制度。

保荐机构应当建立健全工作底稿制度,按规定建设应用工作底稿电子化管理系统。保荐机构应当为每一项目建立独立的保荐工作底稿。保荐代表人必须为其具体负责的每一项目建立尽职调查工作日志,作为保荐工作底稿的一部分存档备查;保荐机构应当定期对尽职调查工作日志进行检查。保荐工作底稿应当真实、准确、完整地反映保荐工作的全过程,保存期不少于20年。

保荐机构应当指定2名保荐代表人具体负责1家发行人的保荐工作,出具由法定代表人签字的专项授权书,并确保保荐机构有关部门和人员有效分工协作。保荐机构可以指定1名项目协办人。

3. 持续督导及相关报告

保荐机构应当针对发行人的具体情况,确定证券发行上市后持续督导的内容,督导发行人履行有关上市公司规范运作、信守承诺和信息披露等义务,审阅信息披露文件及向中国证监会、证券交易所提交的其他文件,并承担下列工作:

(1)督导发行人有效执行并完善防止控股股东、实际控制人、其他关联方违规占用发行人资源的制度;

(2)督导发行人有效执行并完善防止其董事、监事、高级管理人员利用职务之便损害发行人利益的内控制度；

(3)督导发行人有效执行并完善保障关联交易公允性和合规性的制度，并对关联交易发表意见；

(4)持续关注发行人募集资金的专户存储、投资项目的实施等承诺事项；

(5)持续关注发行人为他人提供担保等事项，并发表意见；

(6)中国证监会、证券交易所规定及保荐协议约定的其他工作。

证券发行后，保荐机构不得更换保荐代表人，但因保荐代表人离职或者不符合保荐代表人要求的，应当更换保荐代表人。保荐机构更换保荐代表人的，应当通知发行人，并在5个工作日内向中国证监会、证券交易所报告，说明原因。原保荐代表人在具体负责保荐工作期间未勤勉尽责的，其责任不因保荐代表人的更换而免除或者终止。

保荐机构法定代表人、保荐业务负责人、内核负责人、保荐业务部门负责人、保荐代表人和项目协办人应当在发行保荐书上签字，保荐机构法定代表人、保荐代表人应当同时在证券发行募集文件上签字。

持续督导工作结束后，保荐机构应当在发行人公告年度报告之日起的10个工作日内向中国证监会、证券交易所报送保荐总结报告书。保荐机构法定代表人和保荐代表人应当在保荐总结报告书上签字。保荐总结报告书应当包括下列内容：

(1)发行人的基本情况；

(2)保荐工作概述；

(3)履行保荐职责期间发生的重大事项及处理情况；

(4)对发行人配合保荐工作情况的说明及评价；

(5)对证券服务机构参与证券发行上市相关工作情况的说明及评价；

(6)中国证监会、证券交易所要求的其他事项。

4. 内部控制制度及问责机制

保荐机构应当建立健全并执行覆盖全部保荐业务流程和全体保荐业务人员的内部控制制度，包括但不限于立项制度、质量控制制度、问核制度、内核制度、反馈意见报告制度、风险事件报告制度、合规检查制度、应急处理制度等，定期对保荐业务内部控制的有效性进行全面评估，保证保荐业务负责人、内核负责人、保荐业务部门负责人、保荐代表人、项目协办人及其他保荐业务相关人员勤勉尽责，严格控制风险，提高保荐业务整体质量。

保荐机构应当建立健全内部问责机制，明确保荐业务人员履职规范和问责措施。保荐业务人员被采取自律监管措施、自律处分、行政监管措施、市场禁入措施、行政处罚、刑事处罚等的，保荐机构应当进行内部问责。保荐机构应当在劳动合同、内部制度中明确，保荐业务人员出现前款情形的，应当退还相关违规行为发生当年除基本工资外的其他薪酬。

(三)保荐代表人的权利及发行人的义务★★

1. 保荐代表人的权利

根据《证券发行上市保荐业务管理办法》,保荐机构及其保荐代表人履行保荐职责,可以对发行人行使下列权利:

(1)要求发行人按照《证券发行上市保荐业务管理办法》规定和保荐协议约定的方式,及时通报信息;

(2)定期或者不定期对发行人进行回访,查阅保荐工作需要的发行人材料;

(3)列席发行人的股东大会、董事会和监事会;

(4)对发行人的信息披露文件及向中国证监会、证券交易所提交的其他文件进行事前审阅;

(5)对有关部门关注的发行人相关事项进行核查,必要时可聘请相关证券服务机构配合;

(6)按照中国证监会、证券交易所信息披露规定,对发行人违法违规的事项发表公开声明;

(7)中国证监会、证券交易所规定或者保荐协议约定的其他权利。

2. 发行人的义务

根据《证券发行上市保荐业务管理办法》,发行人及其控股股东、实际控制人、董事、监事、高级管理人员,为证券发行上市制作、出具有关文件的律师事务所、会计师事务所、资产评估机构等证券服务机构及其签字人员,应当依照法律、行政法规和中国证监会、证券交易所的规定,配合保荐机构及其保荐代表人履行保荐职责,并承担相应的责任。保荐机构及其保荐代表人履行保荐职责,不能减轻或者免除发行人及其控股股东、实际控制人、董事、监事、高级管理人员、证券服务机构及其签字人员的责任。

发行人及其控股股东、实际控制人、董事、监事、高级管理人员未有效配合保荐机构及其保荐代表人开展尽职调查和其他相关工作的,中国证监会可以责令改正,并对相关单位和责任人员采取监管谈话、重点关注、出具警示函、责令公开说明等监管措施。情节严重的,采取12个月到60个月内不接受相关单位及其控制的下属单位公开发行证券相关文件,对责任人采取认定为不适当人选等监管措施,或者采取证券市场禁入的措施。

(四)保荐代表人违反有关规定的法律责任或被采取的监管措施★★★

中国证监会依法对保荐机构及其保荐代表人、其他从事保荐业务的人员进行监督管理。证券交易所、中国证券业协会对保荐机构及其保荐代表人、其他从事保荐业务的人员进行自律管理。

(1)保荐机构、保荐代表人、保荐业务负责人、内核负责人、保荐业务部门负责人及其他保荐业务相关人员违反《证券发行上市保荐业务管理办法》,未诚实守信、勤勉尽责地履行相关义务的,中国证监会责令改正,并对其采取监管谈话、重点关注、责令进行业务学习、出具警示函、责令公开说明、认定为不适当人选、责令增加内部合规检查的次数并提交合规检查报告、责令处分有关责任人员并报告结果、对保荐机构及其有关董事、监事、高级管理人员给予谴责等监管措施;依法应给予行政处罚的,依照有关规定进行处罚;情节严重涉嫌犯罪的,依法移送司法机关,追究其刑事责任。

(2)保荐代表人出现下列情形之一的,中国证监会可以视情节轻重,采取责令改正、监管谈话、出具警示函等监管措施;情节严重的,中国证监会可以在3个月到12个月内不受理保荐机构、保荐代表人具体负责的推荐:

①制作或者出具的文件不齐备或者不符合要求;

②擅自改动申请文件、信息披露资料或者其他已提交文件;

③申请文件或者信息披露资料存在相互矛盾或者同一事实表述不一致且有实质性差异;

④文件披露的内容表述不清,逻辑混乱,严重影响投资者理解;

⑤未及时报告或者未及时披露重大事项;

⑥指定不符合《证券发行上市保荐业务管理办法》第4条规定要求的人员具体负责保荐工作;

⑦未通过内核程序,以公司名义对外提交或披露保荐业务项目文件;

⑧采取业务包干等承包方式或其他形式进行过度激励;

⑨以显著低于行业定价水平等不正当竞争方式招揽业务,违反公平竞争、破坏市场秩序。

(3)保荐代表人出现下列情形之一的,中国证监会可以根据情节轻重,在3个月到36个月内不受理相关保荐代表人具体负责的推荐;情节特别严重的,采取认定为不适当人选的监管措施:

①尽职调查工作日志缺失或者遗漏、隐瞒重要问题;

②未完成或者未参加辅导工作;

③重大事项未报告、未披露;

④未参加持续督导工作,或者持续督导工作未勤勉尽责;

⑤因保荐业务或其具体负责保荐工作的发行人在保荐期间内受到证券交易所、中国证券业协会公开谴责;

⑥唆使、协助或者参与发行人干扰中国证监会及其发行审核委员会、证券交易所及其上市委员会的审核工作;

⑦伪造或者变造签字、盖章;

⑧严重违反诚实守信、勤勉尽责义务的其他情形。

(4)保荐代表人出现下列情形之一的,中国证监会可以采取认定为不适当人选的监管措施;情节严重的,对其采取证券市场禁入的措施:

①在与保荐工作相关文件上签字推荐发行人证券发行上市,但未参加尽职调查工作,

或者尽职调查工作不彻底、不充分，明显不符合业务规则和行业规范；

②通过从事保荐业务谋取不正当利益；

③本人及其配偶持有发行人的股份；

④唆使、协助或者参与发行人及证券服务机构提供存在虚假记载、误导性陈述或者重大遗漏的文件；

⑤参与组织编制的与保荐工作相关文件存在虚假记载、误导性陈述或者重大遗漏。

(5)发行人出现下列情形之一的，中国证监会可以暂停保荐机构的保荐业务资格12个月到36个月，责令保荐机构更换相关负责人，对保荐代表人采取认定为不适当人选的监管措施；情节严重的，撤销保荐业务资格，对相关责任人采取证券市场禁入的措施：

①证券发行募集文件等申请文件存在虚假记载、误导性陈述或者重大遗漏；

②持续督导期间信息披露文件存在虚假记载、误导性陈述或者重大遗漏。

(6)发行人公开发行证券上市当年即亏损的，中国证监会可以暂停保荐机构的保荐业务资格3个月，对保荐代表人采取认定为不适当人选的监管措施，尚未盈利的企业或者已在证券发行募集文件中充分分析并揭示相关风险的除外。亏损或盈利涉及的净利润，以扣除非经常性损益前后孰低者为计算依据。

(7)发行人在持续督导期间出现下列情形之一的，中国证监会可以根据情节轻重，在3个月到12个月内不受理相关保荐代表人具体负责的推荐；情节特别严重的，对保荐代表人采取认定为不适当人选的监管措施：

①证券上市当年累计50%以上募集资金的用途与承诺不符；

②公开发行证券并在主板上市当年营业利润比上年下滑50%以上；

③首次公开发行股票并上市之日起12个月内控股股东或者实际控制人发生变更；

④首次公开发行股票并上市之日起12个月内累计50%以上资产或者主营业务发生重组；

⑤上市公司公开发行新股、可转换公司债券之日起12个月内累计50%以上资产或者主营业务发生重组，且未在证券发行募集文件中披露；

⑥实际盈利低于盈利预测达20%以上；

⑦关联交易显失公允或者程序违规，涉及金额较大；

⑧控股股东、实际控制人或其他关联方违规占用发行人资源，涉及金额较大；

⑨违规为他人提供担保，涉及金额较大；

⑩违规购买或出售资产、借款、委托资产管理等，涉及金额较大；

⑪董事、监事、高级管理人员侵占发行人利益受到行政处罚或者被追究刑事责任；

⑫违反上市公司规范运作和信息披露等有关法律法规，情节严重的；

⑬中国证监会规定的其他情形。

(8)保荐代表人被暂不受理具体负责的推荐或者被采取认定为不适当人选的监管措施的，对已受理的该保荐代表人具体负责推荐的项目，保荐机构应当更换保荐代表人，并指派与本项目无关的人员进行复核；对负有责任的保荐业务负责人、内核负责人、保荐业务部门负责人等人员，保荐机构应当根据内部管理规定进行问责惩戒，情节严重的，应当予以更换。

保荐机构、保荐业务负责人、内核负责人或者保荐业务部门负责人在1个自然年度内被采取《证券发行上市保荐业务管理办法》第65条规定的监管措施累计5次以上，中国证监会可以暂停保荐机构的保荐业务资格3个月，责令保荐机构更换保荐业务负责人、内核负责人或者保荐业务部门负责人。保荐代表人在2个自然年度内被采取《证券发行上市保荐业务管理办法》第65条规定的监管措施累计2次以上，中国证监会可以6个月内不受理相关保荐代表人具体负责的推荐。

(9)对中国证监会拟采取的监管措施，保荐机构及其保荐代表人提出申辩的，如有充分证据证明下列事实且理由成立，中国证监会予以采纳：

①发行人或者其董事、监事、高级管理人员故意隐瞒重大事实，保荐机构和保荐代表人已履行勤勉尽责义务；

②发行人已在证券发行募集文件中做出特别提示，保荐机构和保荐代表人已履行勤勉尽责义务；

③发行人因不可抗力致使业绩、募集资金运用等出现异常或者未能履行承诺；

④发行人及其董事、监事、高级管理人员在持续督导期间故意违法违规，保荐机构和保荐代表人主动予以揭示，已履行勤勉尽责义务；

⑤保荐机构、保荐代表人已履行勤勉尽责义务的其他情形。

七、财务顾问主办人

(一)财务顾问主办人应具备的条件★★

根据《上市公司并购重组财务顾问业务管理办法》，财务顾问主办人应当具备下列条件：

(1)具备中国证监会规定的投资银行业务经历；

(2)参加中国证监会认可的财务顾问主办人胜任能力考试且成绩合格；

(3)所任职机构同意推荐其担任本机构的财务顾问主办人；

(4)未负有数额较大到期未清偿的债务；

(5)最近24个月无违反诚信的不良记录；

(6)最近24个月未因执业行为违反行业规范而受到行业自律组织的纪律处分；

(7)最近36个月未因执业行为违法违规受到处罚；

(8)中国证监会规定的其他条件。

(二)财务顾问主办人执业行为规范★★

1. 签章及报告制度

财务顾问的法定代表人或者其授权代表人、部门负责人、内部核查机构负责人、财务顾问主办人和项目协办人应当在财务顾问专业意见上签名,并加盖财务顾问单位公章。

财务顾问应当建立健全内部报告制度,财务顾问主办人应当就中国证监会在反馈意见中提出的问题按照内部程序向部门负责人、内部核查机构负责人等相关负责人报告,并对中国证监会提出的问题进行充分的研究、论证,审慎回复。回复意见应当由财务顾问的法定代表人或者其授权代表人、财务顾问主办人和项目协办人签名,并加盖财务顾问单位公章。

财务顾问应当建立健全内部检查制度,确保财务顾问主办人切实履行持续督导责任,按时向中国证监会派出机构提交持续督导工作的情况报告。

2. 保密及培训制度

财务顾问及其财务顾问主办人应当严格履行保密责任,不得利用职务之便买卖相关上市公司的证券或者牟取其他不当利益,并应当督促委托人、委托人的董事、监事和高级管理人员及其他内幕信息知情人严格保密,不得进行内幕交易。

财务顾问应当按照中国证监会的要求,配合提供上市公司并购重组相关内幕信息知情人买卖、持有相关上市公司证券的文件,并向中国证监会报告内幕信息知情人的违法违规行为,配合中国证监会依法进行的调查。

财务顾问主办人应当参加中国证券业协会组织的相关培训,接受后续教育。

八、资产管理业务投资经理

(一)资产管理业务投资经理应具备的条件★★★

根据《证券期货经营机构私募资产管理业务管理办法》《关于证券期货经营机构从事私募资产管理业务投资经理登记的通知》,证券公司投资经理应当具备从事证券业务所需的专业能力,具有3年以上投资管理、投资研究、投资咨询等相关业务经验,具备良好的诚信记录和职业操守,且最近3年未被监管机构采取重大行政监管措施、行政处罚,符合法律法规规定的其他条件。

(二)资产管理业务投资经理执业行为管理的有关要求★★

根据《证券期货经营机构私募资产管理业务管理办法》,证券期货经营机构应当采取有效措施,确保私募资产管理业务与其他业务在场地、人员、账户、资金、信息等方面相分离,不同投资经理管理的资产管理计划的持仓和交易等重大非公开投资信息相隔离,控制敏感信息的不当流动和使用,切实防范内幕交易、利用未公开信息交易、利益冲突和利益输送。投资经理应当在授权范围内独立、客观地履行职责,重要投资应当有详细的研究报告和风险分析支持。

证券期货经营机构应当对不同资产管理计划之间发生的同向交易和反向交易进行监控。同一资产管理计划不得在同一交易日内进行反向交易。确因投资策略或流动性等需要发生同日反向交易的,应要求投资经理提供决策依据,并留存书面记录备查。

证券期货经营机构和托管人应当加强对私募资产管理业务从业人员的管理,加强关键岗位的监督与制衡，投资经理、交易执行、风险控制等岗位不得相互兼任，并建立从业人员投资申报、登记、审查、处置等管理制度，防范与投资者发生利益冲突。证券期货经营机构分管私募资产管理业务的高级管理人员、私募资产管理业务部门负责人以及投资经理离任的，证券期货经营机构应当立即对其进行离任审查，并自离任之日起30个工作日内将审查报告报送中国证监会相关派出机构和证券投资基金业协会。

九、证券资信评级业务人员★

（一）证券评级业务的定义

根据《证券市场资信评级业务管理暂行办法》，证券评级业务，是指对下列评级对象开展资信评级服务：

（1）中国证监会依法核准发行的债券、资产支持证券以及其他固定收益或者债务型结构性融资证券；

（2）在证券交易所上市交易的债券、资产支持证券以及其他固定收益或者债务型结构性融资证券，但国债除外；

（3）上述两条的证券的发行人、上市公司、非上市公众公司、证券公司、证券投资基金管理公司；

（4）中国证监会规定的其他评级对象。

（二）证券评级业务的原则

证券评级机构及证券资信评级业务人员从事证券评级业务，应当遵循一致性原则，对同一类评级对象评级，或者对同一评级对象跟踪评级，应当采用一致的评级标准和工作程序。评级标准有调整的，应当充分披露。

证券评级机构及证券资信评级业务人员从事证券评级业务，应当制定科学的评级方法和完善的质量控制制度，遵守行业规范、职业道德和业务规则，勤勉尽责，审慎分析。

（三）证券资信评级业务高级管理人员应具备的条件

根据《证券市场资信评级业务管理暂行办法》，资信评级机构负责证券评级业务的高级管理人员，应当具备下列条件：

（1）具备从事证券业务所需的专业能力；

（2）熟悉资信评级业务有关的专业知识、法律知识，具备履行职责所需要的经营管理能力和组织协调能力，且通过证券评级业务高级管理人员资质测试；

（3）无《公司法》《证券法》规定的禁止任职情形；

（4）未被金融监管机构采取市场禁入措施，或者禁入期已满；

（5）最近3年未因违法经营受到行政处罚，不存在因涉嫌违法经营、犯罪正在被调查的情形；

（6）正直诚实，品行良好，最近3年在税务、工商、金融等行政管理机关，以及自律组织、商业银行等机构无不良诚信记录。

境外人士担任资信评级机构负责证券评级业务的高级管理人员职务的，还应当在中国境内或者香港、澳门等地区工作不少于3年。

(四)证券资信评级业务人员的回避及禁止行为

证券评级机构应当建立回避制度。证券评级机构评级委员会委员及评级从业人员在开展证券评级业务期间有下列情形之一的，应当回避：

(1)本人、直系亲属持有受评级机构或者受评级证券发行人的股份达到5%以上，或者是受评级机构、受评级证券发行人的实际控制人；

(2)本人、直系亲属担任受评级机构或者受评级证券发行人的董事、监事和高级管理人员；

(3)本人、直系亲属担任受评级机构或者受评级证券发行人聘任的会计师事务所、律师事务所、财务顾问等证券服务机构的负责人或者项目签字人；

(4)本人、直系亲属持有受评级证券或者受评级机构发行的证券金额超过50万元，或者与受评级机构、受评级证券发行人发生累计超过50万元的交易；

(5)中国证监会认定的足以影响独立、客观、公正原则的其他情形。

证券评级机构的董事、监事和高级管理人员以及评级从业人员不得以任何方式在受评级机构或者受评级证券发行人兼职。

(五)证券资信评级业务人员的法律责任

证券评级机构及从业人员违反《证券市场资信评级业务管理暂行办法》规定的，中国证监会派出机构应当向证券评级机构发出警示函，对责任人或者高级管理人员进行监管谈话，责令限期整改。

证券评级机构逾期未改正的，中国证监会可以不受理由其出具的评级报告。

证券评级机构及其从业人员未勤勉尽责，出具的文件有虚假记载、误导性陈述或者重大遗漏的，依照《证券法》第213条的规定处理。证券评级机构的从业人员，故意提供虚假资料，诱骗投资者买卖证券的，依照《证券法》相关规定处理。

利用证券评级业务进行内幕交易的，依照《证券法》第191条的规定处理。

证券评级机构有下列行为之一的，责令改正，给予警告，并处以1万元以上3万元以下的罚款；对直接负责的主管人员和其他直接责任人员给予警告，并处以1万元以上3万元以下的罚款；情节严重或者拒不改正的，依照《证券法》第213条相关规定处理：

(1)违反回避制度或者利益冲突防范制度；

(2)违反信息保密制度；

(3)未按照《证券市场资信评级业务管理暂行办法》规定进行跟踪评级；

(4)未按照《证券市场资信评级业务管理暂行办法》规定披露信息，或者未对其所依据的文件资料内容的真实性、准确性、完整性进行核查和验证；

（5）涂改、倒卖、出租、出借证券评级业务许可证，或者以其他形式非法转让证券评级业务许可证；

（6）违反《证券市场资信评级业务管理暂行办法》规定，拒不报送、提供经营管理信息和资料，或者报送、提供的经营管理信息和资料有虚假记载、误导性陈述或者重大遗漏；

（7）承诺给予高等级信用级别，贬低、诋毁其他证券评级机构、评级从业人员等不正当竞争行为；

（8）内部控制机制、管理制度与业务制度不健全、执行不规范，拒不改正；

（9）为他人提供融资或者担保；

（10）董事、监事和高级管理人员投资其他证券评级机构。

真题实练

1. 下列关于证券经纪业务营销人员执业行为管理的说法，正确的有（　　）。

Ⅰ. 证券经纪人可以向客户介绍证券公司和证券市场的基本情况

Ⅱ. 证券经纪人可以替客户办理账户开立、注销、转移等

Ⅲ. 证券经纪人可以替客户办理证券认购、交易或者资金存取、划转、查询等

Ⅳ. 证券经纪人可以向客户介绍证券投资开户、交易、资金存取等业务流程

A. Ⅰ、Ⅳ　　B. Ⅱ、Ⅲ

C. Ⅰ、Ⅱ、Ⅲ　　D. Ⅰ、Ⅱ、Ⅲ、Ⅳ

2. 向投资者销售或者提供"荐股软件"，并直接或者间接获取经济利益的，属于从事（　　）。

A. 证券经纪业务　　B. 一般证券业务

C. 承销与保荐业务　　D. 证券投资咨询业务

3. 根据《证券发行上市保荐业务管理办法》，保荐代表人出现下列情形之一且情节严重的，将可能被采取市场禁入的措施。（　　）

Ⅰ. 持有发行人股份

Ⅱ. 在保荐文件上签字，但未参加尽职调查工作

Ⅲ. 通过从事保荐业务谋取不正当利益

Ⅳ. 参与组织编制的与保荐工作相关文件存在虚假记录、误导性陈述或者重大遗漏

A. Ⅰ、Ⅱ、Ⅲ　　B. Ⅱ、Ⅲ、Ⅳ

C. Ⅰ、Ⅳ　　D. Ⅰ、Ⅱ、Ⅲ、Ⅳ

【答案及解析】

1. A　**【解析】**根据《证券经纪人管理暂行规定》，证券经纪人不得有下列行为：①替客户办理账户开立、注销、转移，证券认购、交易或者资金存取、划转、查询等事宜；②提供、传播虚假或者误导客户的信息，或者诱使客户进行不必要的证券买卖；③与客户约定分享投资收益，对客户证券买卖的收益或者赔偿证券买卖的损失作出承诺；④采取贬低

竞争对手、进入竞争对手营业场所劝导客户等不正当手段招揽客户;⑤泄露客户的商业秘密或者个人隐私;⑥为客户之间的融资提供中介、担保或者其他便利;⑦为客户提供非法的服务场所或者交易设施,或者通过互联网络、新闻媒体从事客户招揽和客户服务等活动;⑧委托他人代理其从事客户招揽和客户服务等活动;⑨损害客户合法权益或者扰乱市场秩序的其他行为。

2. D 【解析】向投资者销售或者提供"荐股软件",并直接或者间接获取经济利益的,属于从事证券投资咨询业务,应当经中国证监会许可,取得证券投资咨询业务资格。

3. D 【解析】保荐代表人出现下列情形之一的,中国证监会可以采取认定为不适当人选的监管措施;情节严重的,对其采取证券市场禁入的措施:①在与保荐工作相关文件上签字推荐发行人证券发行上市,但未参加尽职调查工作,或者尽职调查工作不彻底、不充分,明显不符合业务规则和行业规范;②通过从事保荐业务谋取不正当利益;③本人及其配偶持有发行人的股份;④唆使、协助或者参与发行人及证券服务机构提供存在虚假记载、误导性陈述或者重大遗漏的文件;⑤参与组织编制的与保荐工作相关文件存在虚假记载、误导性陈述或者重大遗漏。